汽车轻量化技术与应用系列丛书

新能源汽车铝合金材料工艺及应用

Aluminum Alloy Materials, Process and Application of New Energy Vehicles

主　编　张友国
副主编　丁　波　廖　莺
参　编　王雪峰　陆　彬

机械工业出版社

新能源汽车节能减排和提高续驶里程的迫切需求，推动了铝合金材料在车身、底盘、动力系统等零部件上的广泛应用。本书涵盖新能源汽车用铝合金零部件正向开发所涉及的各个方面，包括铝挤压、铝压铸、铝冲压和铝连接四大铝合金核心技术的材料、工艺及工程应用。书中以正向开发的铝合金车身项目为主要案例，将铝合金原材料选择、零部件生产工艺、CAE仿真分析、零部件试验、整车试验和碰撞维修整个生命周期过程串联在一起；既对汽车用铝合金材料及工艺的理论进行了介绍，又列举了众多铝合金零部件开发设计的案例，具有针对性和实战意义；系统性地为主机厂一线工程师和铝合金零部件开发相关的工程师及项目管理人员展示了新能源汽车用铝合金零部件从材料和工艺选型到系统匹配，再到试验验证的详细过程。

本书适合汽车整车和动力系统结构设计工程师、轻量化工程师、项目管理工程师以及高等院校汽车类专业师生阅读参考，特别适合有志于研究铝合金在新能源汽车上应用的读者阅读参考。

图书在版编目（CIP）数据

新能源汽车铝合金材料工艺及应用 / 张友国主编．—北京：机械工业出版社，2021.8

（汽车轻量化技术与应用系列丛书）

ISBN 978-7-111-68441-1

Ⅰ.①新… Ⅱ.①张… Ⅲ.①新能源 - 汽车轻量化 - 铝合金 - 车体结构 - 结构设计 Ⅳ.①U469.7

中国版本图书馆 CIP 数据核字（2021）第 110905 号

机械工业出版社（北京市百万庄大街22号 邮政编码100037）
策划编辑：赵海青 责任编辑：赵海青 王 婕
责任校对：张 薇 责任印制：单爱军
北京虎彩文化传播有限公司印刷
2021年9月第1版第1次印刷
184mm×260mm · 20.75 印张 · 499 千字
0 001—1 900 册
标准书号：ISBN 978-7-111-68441-1
定价：169.00元

电话服务　　　　　　　　网络服务
客服电话：010-88361066　机 工 官 网：www.cmpbook.com
　　　　　010-88379833　机 工 官 博：weibo.com/cmp1952
　　　　　010-68326294　金　书　网：www.golden-book.com
封底无防伪标均为盗版　机工教育服务网：www.cmpedu.com

编写委员会

主　　　编　张友国
副 主 编　丁　波　廖　莺
参　　　编　王雪峰　陆　彬
编委会成员　黄智钢　任赛良　顾立志　安　康　程小山
　　　　　　刘琪明　王富强
专 家 委 员　宋小文（浙江大学博士生导师）
　　　　　　李落星（湖南大学博士生导师）
支 持 单 位　顺达模具科技有限公司
　　　　　　宁波市北仑赛维达机械有限公司

序 Preface

进入 21 世纪以来，中国汽车产业经历了辉煌的发展时期，在 2018 年汽车行业首次出现负增长，传统汽车市场的增长渐显疲态。经济、能源和环境可持续发展的要求使汽车行业对新能源汽车敞开了怀抱，不管是新能源造车势力的兴起，还是国际传统造车巨头的大举转型，无一不表明电动汽车的时代已经到来。前瞻未来，电动化、轻量化、自动化、数字化和互联网化已成为未来汽车发展的趋势，古老的汽车产业将面临一次洗礼。

中国的电动汽车市场是一片有待开发的蓝海，未来的潜力非常惊人。随着更多新能源汽车厂商的加入，消费者的选择越来越多，市场供应越来越好，质量越来越高，成本越来越低，规模越来越大。

电动汽车行业的竞争是综合实力的竞争，是团队、资金、供应链管理、产品、商业模式、品牌塑造和智能化体验等方面的全面比拼。互联网 + 电动汽车从传统汽车行业走出来，但又不能拘泥于传统，只有创新和差异化的竞争策略，才能在这场激烈的竞争中突围。

消费者在选择电动汽车的时候，主要关注的是续驶里程和充电的便利性。这两者的主要难点集中在续驶里程，如果电动汽车的综合续驶里程能普遍达到 500km 以上（即与燃油汽车不相上下），那么对公共充电桩的依赖性就会降低，消费者的里程焦虑也会大大缓解。但是，更大能量密度的电池在研发中也存在一定的技术和成本瓶颈，而汽车零部件轻量化技术的应用具有更大的可行性和经济性。

近年来，随着电动汽车的蓬勃发展，铝合金在汽车上的大量应用受到广泛关注，而目前国内外还没有系统性介绍汽车铝合金零部件开发与验证的书籍。在此情况下，新能源主机厂一线工程师、高校教师以及与铝合金零部件开发相关的上下游产业顶尖供应商紧密合作，结合理论知识并提炼实际应用案例总结，最终完成了这本《新能源汽车铝合金材料工艺及应用》。

本书涵盖新能源汽车用铝合金零部件正向开发所涉及的各个方面，包括铝挤压、铝压铸、铝冲压和铝连接四大铝合金零部件核心技术的材料、工艺及工程应用。书中以正向开发的铝合金车身项目为主要案例，将铝合金原材料选择、零部件生产工艺、CAE 仿真分析、零部件试验、整车试验和碰撞维修整个生命周期过程串联在一起。

电动汽车发展是一个过程，在这个过程当中，汽车产业的从业者一定要开放团结，才能真正普及电动汽车技术，推动电动汽车市场发展，这必将带来整个汽车产业和市场的巨大变化。电动汽车是实体的产品，能不能把高品质、高质量的汽车批量交付到用户手中才是核心。

作为一本系统性、全面解密新能源汽车铝合金零部件开发技术的专业书籍，希望借此能打破行业前沿知识技术的封锁，让更多的汽车零部件厂商和主机厂的工程师们能够更好地将铝合金材料应用在汽车零部件上，为更轻量化、更高续驶里程、更绿色节能的电动汽车的发展添砖加瓦！

爱驰汽车联合创始人

前言
Preface

如今，发展新能源和节能减排是全球的共识，各国政府也纷纷出台强力政策支持新能源汽车的发展和燃油汽车节能减排技术。轻量化对于燃油汽车的节能减排及新能源汽车的续驶里程至关重要，因此被提升到一个非常重要的位置。目前，各种铝合金零件被广泛应用在汽车上，应用比例也逐年提升，因此，对于相关应用技术的需求也越来越迫切。

当前，各大传统主机厂和供应商从技术路线、工艺及生产上都面临着重大的技术升级和转型。对于汽车用钢、汽车用塑料的零部件和整车开发，各大主机厂和供应商已经拥有成熟的技术经验。但是，针对汽车产业在节能减排压力下需要大规模使用铝合金零件，以及涉及的铝挤压件、铝冲压件、铝压铸件、铝连接、铝维修等相关技术，很多主机厂和供应商都缺乏足够的经验和成熟稳定的工艺来支撑量产项目的推进，导致其没有足够的信心将成品交付给客户和消费者使用。

虽然国外一些主机厂很早就在高端车型或者跑车上对铝合金零部件进行了研究和生产，但是出于技术垄断等原因，市面上非常缺少铝合金车身材料工艺和设计开发系统性的书籍或者知识来源，外文图书网站上也没有相关的系统性著作。很多做汽车底盘全铝副车架、全铝车身或者钢铝混合车身开发的国内车企，要么支付了昂贵的咨询费给外国公司以获得技术支持，要么自己边开发边对标边摸索，走了不少弯路。这就是编者萌生撰写这本书的缘由，期望通过编写和出版本书对新能源汽车铝合金轻量化的推广和减少汽车碳排放以及提升电动汽车续驶里程尽自己的一份力量。

本书内容共分为8章，由具有铝合金零部件正向开发经验丰富的一线骨干技术专家合作编写，书稿成型后请宋小文教授和李落星教授进行了审阅，在此表示衷心的感谢。同时，还要感谢Winter Wang、Kevin Sun、Lin Li、徐祥合、张银杰、王鹏、付东旭、郭朝阳、王东源等人对编写本书的帮助。

由于编者的立场和项目经历的影响，书中融入了不少个人的经验总结，难免有考虑不足之处，诚恳地希望读者有不同见解和意见时，能够及时联系编者进行讨论交流，从而推动技术的不断更新与完善。本书编辑邮箱为cmpzhq@163.com。读者亦可扫描封底二维码添加编辑微信并进入本书读者群与编者沟通交流。

《新能源汽车铝合金材料工艺及应用》编写组

作者简介

主编，张友国，汽车高级工程师，上海引进高层次人才，浙江大学硕士，同济大学博士；研究方向为汽车架构平台的零部件设计与系统集成、仿真及轻量化；发表论文5篇，作为第一发明人获汽车相关授权发明专利十多项。本书副主编及其他提供支持的编委会成员都是曾在上汽、福特、丰田、比亚迪等顶尖传统主机厂以及新能源汽车OEM的研发中心浸润过十多年的技术专家或者管理人员，分别在各个铝合金应用模块如铝挤压、铝冲压、铝铸造、铝连接、整车碰撞安全、性能、铝维修等方面具有丰富的实战经验，经历过无数零件开发成功和失败的洗礼。本书将编者的项目经验进行了总结、归纳、整理，书中相关的知识要点也由各参与者在各种会议和论坛进行了宣讲和讨论，并结合国内外该领域的专家意见进行了修正。编委会成员在各种行业技术峰会和评奖活动中斩获丰厚：中国车身大会2018年度特别荣誉勋章、2019年国际压铸展特别贡献奖、2019年国际电动汽车会议突出贡献奖、2021年国际压铸展特别贡献奖。

目录 Contents

序
前言
作者简介

第1章 概述
1.1 中国汽车市场现状 …………………………… 1
1.2 铝合金轻量化是汽车发展的趋势 …………… 2
1.3 主机厂铝合金应用案例 ……………………… 4
   1.3.1 蔚来汽车全铝车身及铝合金电驱动 …… 4
   1.3.2 爱驰汽车钢铝混合车身及铝合金电驱动 … 5
   1.3.3 奥迪钢铝混合车身及铝合金电池壳体 …… 6
   1.3.4 泛亚汽车车身轻量化路线 ……………… 8
参考文献 …………………………………………… 9

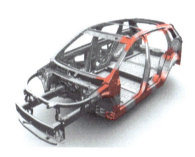

第2章 汽车铝合金挤压型材的材料、工艺及设计
2.1 汽车用铝挤压型材件概述 …………………… 10
2.2 铝合金挤压型材件的材料 …………………… 12
   2.2.1 型材件用铝合金的化学成分 …………… 13
   2.2.2 铝合金型材的热处理 …………………… 13
   2.2.3 铝合金型材的力学性能 ………………… 14
2.3 铝合金挤压型材的工艺 ……………………… 15
   2.3.1 铝挤压关键设备 ………………………… 17
   2.3.2 铝挤压关键工艺控制 …………………… 17
   2.3.3 铝挤压模具介绍 ………………………… 19
2.4 铝合金挤压型材的设计 ……………………… 23
   2.4.1 铝挤压零件的设计准则 ………………… 23
   2.4.2 铝挤压零件的3D数模设计 …………… 26
2.5 铝合金挤压型材的试验、测量及要求 ……… 27

2.5.1 铝挤压型材件的 DVP 试验 …………… 27
2.5.2 型材的尺寸精度要求 ………………… 30
2.5.3 表面质量缺陷及要求 ………………… 33
2.6 典型零部件设计案例介绍 ………………… 33
2.6.1 铝合金前纵梁选材耐撞性设计案例 …… 33
2.6.2 铝合金前防撞梁主梁耐撞性仿生设计案例 … 38
参考文献 ………………………………………… 46

第3章 汽车铝合金铸造件的材料、工艺及设计

3.1 概述 ……………………………………… 47
3.2 铝合金铸造零件材料 ……………………… 48
3.2.1 铸铝零件的材料牌号及分类 …………… 48
3.2.2 铸铝零件材料处理工艺 ………………… 49
3.2.3 铸铝零件材料典型性能 ………………… 51

3.3 铝合金结构件铸造工艺 …………………… 56
3.3.1 熔模铸造 ……………………………… 57
3.3.2 砂型铸造 ……………………………… 59
3.3.3 高真空压铸 …………………………… 62
3.4 铸件通用设计要求 ………………………… 67
3.4.1 铸件零件 CAD 三维设计 ……………… 67
3.4.2 零件 CAD 二维图样设计 ……………… 71
3.4.3 结构设计要求 ………………………… 74
3.4.4 性能试验 ……………………………… 76
3.4.5 潜在失效模式及对策 ………………… 78
3.5 铸铝零件模流数值仿真 …………………… 81
3.5.1 CAE 模流数值仿真概述 ……………… 81
3.5.2 Cast Designer 模流仿真实例 ………… 83
3.5.3 Magma 模流仿真实例 ………………… 87
3.5.4 模流分析的缺陷及措施 ………………… 90
3.6 典型铝铸件的设计开发验证 ……………… 91
3.6.1 前扭纵梁设计开发 …………………… 91
3.6.2 三种铸造工艺铝合金减震塔及验证 …… 99
参考文献 ………………………………………… 107

目 录

第4章 汽车铝合金冲压件的材料、工艺及设计

- 4.1 概述 ……………………………………… 108
- 4.2 铝合金板料生产工艺 …………………… 109
- 4.3 铝合金板料的技术要求 ………………… 111
  - 4.3.1 化学成分 …………………………… 111
  - 4.3.2 铝合金板料的热处理 ……………… 112
  - 4.3.3 表面处理及使用特性 ……………… 114
  - 4.3.4 力学性能及可成形性 ……………… 114
  - 4.3.5 试验方法及结果判定 ……………… 116
- 4.4 铝合金板冲压成形工艺介绍 …………… 117
  - 4.4.1 冷冲压成形 ………………………… 117
  - 4.4.2 热冲压成形 ………………………… 118
- 4.5 铝合金薄板的冲压难点及解决方案 …… 119
  - 4.5.1 铝合金板料冲压开裂 ……………… 119
  - 4.5.2 铝合金板冲压回弹 ………………… 120
  - 4.5.3 铝合金板冲压起皱叠料 …………… 121
  - 4.5.4 铝板零件外观缺陷及分析 ………… 123
  - 4.5.5 铝板时效性对冲压成形的影响 …… 124
- 4.6 典型案例设计 …………………………… 125
  - 4.6.1 前围板 ……………………………… 125
  - 4.6.2 侧围外板 …………………………… 130
- 参考文献 ……………………………………… 131

第5章 汽车铝合金零件典型连接工艺

- 5.1 自冲铆接 ………………………………… 133
  - 5.1.1 SPR 工艺过程 ……………………… 133
  - 5.1.2 SPR 工艺特点 ……………………… 134
  - 5.1.3 SPR 工艺参数 ……………………… 134
  - 5.1.4 SPR 设计要求 ……………………… 136
  - 5.1.5 SPR 连接检测 ……………………… 138
  - 5.1.6 SPR 连接强度及影响因素 ………… 139
  - 5.1.7 SPR 供应商及设备 ………………… 142
  - 5.1.8 SPR 过程工艺监控 ………………… 143
  - 5.1.9 SPR 返修方案 ……………………… 143
  - 5.1.10 SPR 应用案例 …………………… 144

5.2 旋转攻丝铆接 … 145
5.2.1 FDS 连接工艺介绍 … 145
5.2.2 FDS 连接成形机理 … 146
5.2.3 FDS 连接优缺点 … 147
5.2.4 FDS 连接设计要求 … 147
5.2.5 FDS 连接检测要求 … 148
5.2.6 FDS 连接性能及影响因素 … 149
5.2.7 FDS 连接应用 … 150

5.3 铝点焊 … 150
5.3.1 铝点焊基本原理 … 150
5.3.2 铝点焊焊接特点 … 151
5.3.3 铝点焊常见焊接缺陷 … 152
5.3.4 铝点焊设计要求 … 153
5.3.5 铝点焊检测要求 … 154
5.3.6 铝点焊的性能及影响因素 … 156
5.3.7 铝点焊电极使用寿命 … 157
5.3.8 铝点焊应用案例 … 157

5.4 冷金属过渡焊接 … 158
5.4.1 CMT 机理 … 158
5.4.2 CMT 特点 … 159
5.4.3 CMT 设计要求 … 159
5.4.4 CMT 检测规范 … 161

5.5 结构胶粘接 … 162
5.5.1 车身用胶概述 … 162
5.5.2 结构胶的特点 … 162
5.5.3 结构胶接头形式及失效模式 … 164
5.5.4 结构胶连接性能的影响因素 … 164
5.5.5 结构胶混合连接及性能对比 … 165

5.6 紧固连接 … 167
5.6.1 拉铆螺母/螺柱 … 168
5.6.2 压铆螺母 … 173
5.6.3 压铆螺柱 … 177
5.6.4 套筒螺母 … 178
5.6.5 钢丝螺套 … 181

5.7 铝螺柱焊接 … 185
5.7.1 铝螺柱介绍 … 186

目 录

    5.7.2　铝螺柱焊接工艺 …………………… 187
    5.7.3　铝螺柱焊接特点 …………………… 187
    5.7.4　铝螺柱焊接的设计要求 …………… 188
    5.7.5　铝螺柱焊接质量 …………………… 189
    5.7.6　铝螺柱焊接的应用 ………………… 190
    5.7.7　铝螺柱焊接的返修 ………………… 191
参考文献 ……………………………………… 192

第6章　铝合金车身设计开发及碰撞维修

6.1　概述 …………………………………… 193
    6.1.1　汽车车身定义和分类 ……………… 193
    6.1.2　车身结构分块 ……………………… 194
    6.1.3　白车身设计要求 …………………… 196
    6.1.4　设计流程 …………………………… 199
6.2　前舱骨架总成设计 …………………… 202
    6.2.1　前舱骨架总成概述 ………………… 202
    6.2.2　前纵梁设计步骤 …………………… 203
6.3　前围总成设计 ………………………… 204
    6.3.1　前围概述 …………………………… 204
    6.3.2　前围结构特点及设计 ……………… 205
    6.3.3　前围与其他系统的关系 …………… 208
    6.3.4　前围重要结构件的材料和料厚 …… 210
    6.3.5　前围的密封 ………………………… 210
6.4　地板总成设计 ………………………… 211
    6.4.1　地板概述 …………………………… 211
    6.4.2　地板的结构组成 …………………… 212
    6.4.3　地板总成典型工艺及材料介绍 …… 213
    6.4.4　地板设计思路及其布置 …………… 214
    6.4.5　后围板设计注意事项 ……………… 216
6.5　侧围总成设计 ………………………… 217
    6.5.1　侧围总成概述 ……………………… 217
    6.5.2　侧围结构组成及作用 ……………… 217
    6.5.3　侧围总成设计要求 ………………… 220
    6.5.4　侧围总成断面设计 ………………… 221
6.6　顶盖总成设计 ………………………… 223

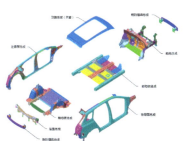

XI

       6.6.1 顶盖概述 …………………………… 223
       6.6.2 顶盖总成结构设计 ………………… 224
   6.7 门盖总成设计 …………………………… 225
       6.7.1 铝合金车门总成设计 ……………… 225
       6.7.2 铝合金机盖总成设计 ……………… 226
   6.8 铝合金车身的碰撞维修 ………………… 228
       6.8.1 铝合金车身修复要求及注意事项 … 229
       6.8.2 铝合金车身连接的修复 …………… 230
       6.8.3 铝合金车身维修符号 ……………… 233
   参考文献 ……………………………………… 233

第7章 铝合金车身的性能开发及轻量化设计

   7.1 概述 ……………………………………… 235
   7.2 车身强度耐久性能 ……………………… 236
       7.2.1 白车身强度理论 …………………… 236
       7.2.2 白车身疲劳耐久 …………………… 239
       7.2.3 车顶抗凹性、雪压强度及案例 …… 240
       7.2.4 悬置安装点强度 …………………… 244
       7.2.5 举升点强度 ………………………… 246
       7.2.6 脱钩安装点强度 …………………… 247
   7.3 车身 NVH 性能 ………………………… 249
       7.3.1 模态 ………………………………… 250
       7.3.2 扭转刚度 …………………………… 254
       7.3.3 弯曲刚度 …………………………… 255
       7.3.4 接头刚度 …………………………… 256
       7.3.5 原点动刚度 ………………………… 259
       7.3.6 噪声传递函数 ……………………… 263
       7.3.7 振动传递函数 ……………………… 269
   7.4 铝合金车身被动碰撞安全 ……………… 271
       7.4.1 汽车碰撞安全法规 ………………… 271
       7.4.2 新车评价规程 ……………………… 272
       7.4.3 中国保险安全指数 ………………… 276
       7.4.4 铝合金车身被动碰撞安全结构设计 … 279
   7.5 碰撞安全 CAE 分析案例 ……………… 279
       7.5.1 前部碰撞 CAE 仿真及优化设计案例 … 280

目录

7.5.2 侧面碰撞CAE仿真及优化设计案例 …… 286
7.6 车身轻量化设计 …………………… 290
7.6.1 前地板的轻量化设计 …………… 291
7.6.2 后扭力盒的轻量化设计 ………… 295
参考文献 ………………………………… 297

第8章 铝合金材料工艺与新能源车架构开发展望

8.1 铝合金新材料 …………………… 299
8.1.1 铸铝新材料 …………………… 299
8.1.2 超塑性铝合金板 ……………… 300
8.1.3 7XXX系铝合金 ……………… 301
8.1.4 泡沫铝 ………………………… 303

8.2 铝合金新工艺 …………………… 304
8.2.1 新铸造工艺 …………………… 304
8.2.2 新的铝合金连接技术 ………… 307
8.2.3 铝合金温热成形 ……………… 312
8.3 新能源车铝合金架构平台开发前景 ……… 314
8.3.1 铝合金架构平台简介 ………… 314
8.3.2 铝合金架构平台布置策略 …… 315
8.3.3 铝合金架构平台共享 ………… 317
参考文献 ………………………………… 317

第 1 章 概述

1.1 中国汽车市场现状

随着汽车工业的高速发展,汽车市场的竞争日趋激烈,客户对汽车的安全性、舒适性和油耗的要求也不断提高。着眼于国家的可持续发展战略,政府对汽车厂商整车产品降低能耗排放的要求会越来越严格,因此整车轻量化、降低油耗和污染物排放是每个汽车厂商现阶段急需解决的问题。

国际能源署(International Energy Agency)提出到2050年要实现全球二氧化碳(CO_2)排放量在2005年基础上减少50%,其中交通运输领域的温室气体排放要减少到30%。部分欧美国家纷纷公布了禁售燃油汽车的时间表。车企巨头之一的大众汽车也在2018年年底宣布计划在2026年后不再推出新的燃油汽车;而戴姆勒则提出了零排放出行的目标,计划到2030年插电混合动力汽车和纯电动汽车的销量达到乘用车销量的50%以上。

从能源的制约和欧美国家汽车市场的发展规律考虑,中国汽车市场的年销量已到达瓶颈期。根据上汽集团原总裁陈志鑫多年的市场调研和研究结果表明,国家能源安全是中国燃油汽车保有量增长强大的制约因素(表1-1)。如果限定石油对外依存度不超过65%(国家安全线,国务院发展研究中心《中国中长期能源发展战略研究》),若当前燃油汽车每百公里燃料消耗量(油耗)约6.9L,那么我国的石油供给量折合能供给的乘用车辆数为1.53亿辆,折合能供给的汽车保有量为1.83亿辆。即便到2020年新车燃料消耗量降为每百公里5L,燃油汽车的保有量也不能超过2.41亿辆。

表 1-1 国家能源安全对燃油汽车保有量的制约

石油对外依存度(%)	国内石油产量/亿t	石油总消费量/亿t	汽车可用石油量/亿t	百公里油耗的5种情况/L	单车每年消耗石油量/t	石油折合能供给的乘用车辆数/亿辆	石油折合能供给的汽车保有量/亿辆
65	2.2	6.29	5.69	6.9	3.726	1.53	1.83
				6.3	3.402	1.67	1.97
				6	3.24	1.75	2.05
				5.5	2.97	1.91	2.21
				5	2.7	2.11	2.41

汽车产业对国家经济发展和国民生活质量的提升具有重大意义，但燃油汽车所需消耗的石油量给国家能源安全带来很大的压力，因此政府推动产业绿色升级、大力推广新能源汽车（主要是纯电动汽车和氢燃料电池汽车两类）的生产销售势在必行。

1.2 铝合金轻量化是汽车发展的趋势

汽车轻量化是汽车工业发展的核心问题，也是考量各个主机厂汽车研发水平的重要指标，尤其是对于新能源电动汽车，汽车重量关系到续驶里程等关键指标，主机厂对于新能源汽车轻量化的需求更加迫切。

整车轻量化，就是在满足汽车性能要求的情况下，最大限度地降低汽车重量，从而提高整车动力性，减少能耗，降低有害物排放。对于新能源汽车来说，轻量化的直接受益就是增加续驶里程。

轻量化的方法很多。一方面，新的智能化、高新技术的出现，如通过ACC雷达、激光传感器、主动式降噪系统等智能化器件和系统的应用，从主动安全和主动性能优化的角度降低了对结构强度等的要求。例如，电驱动的电机噪声，如果通过改变结构的方法去削弱和避免，不仅技术难度大、费用高，还会增加重量。而通过谐波注入的手段进行削弱，不仅效果明显，而且灵活性更高，性价比更高。另一方面，通过将传统轻质材料和工艺逐步在汽车上扩大应用也可以实现轻量化。比如铝合金、镁合金、铝镁合金、PP+玻纤、片状膜塑料（SMC）以及碳纤维等材料的推广。特别是铝合金的大量应用，给汽车带来明显的轻量化效果和经济性，某车型全铝车身如图1-1所示。

图1-1 某车型全铝车身

目前，国内外关于铝合金材料或者工艺相关的书籍也有一些，通常是从生产技术和制造工艺的角度对铝合金的某些方面进行专业阐述，系统性地介绍新能源汽车铝合金零部件设计开发和验证过程以及采用铝合金材料和工艺的书暂时没有。

本书就是为了弥补这方面的知识空缺。

铝合金是一种绿色环保的金属材料，除了具有可回收性和可循环利用的优点，重量轻、性能优异、价格合理等也让铝合金成为在汽车、航海、航空航天、建筑等多个领域应用的多功能材料。在成型上，铝合金能采用多种比较成熟的工艺实现，包括铝挤压、铝冲压、铝铸造和快速成形技术等，可以满足不同零部件的厚度、形状以及性能要求，为设计工程师提供了无限的想象和创作的空间与自由度，也给各行各业带了无数的优秀产品。

铝合金材料在汽车零部件上的应用，具有众多独特的优势：

1）可回收和循环使用：铝材料是完全可重复回收及循环使用的，且经过熔炼和提炼后的铝材料性能不会产生损失或者退化。对于许多铝合金零件来说，当产品的寿命走到终点，或者车辆进行报废之后，铝合金零部件依然可以进行拆解并进行回收再利用，其原料有较高的价值而不会导致其被随意丢弃或者填埋，最终大部分还是会在回收后制造成新的铝合金产品。在生产工艺过程中产生的废料或者不良品，也可以进行回铝重做，生产出合格的零部件。据一项数据统计，20年来，所有工业上用的铝产品，其中60%～70%的铝材料依然在循环使用当中。

2）优异的轻量化材料：铝材料的密度是 $2700kg/m^3$，虽然比塑料（$1000kg/m^3$ 左右）和碳纤维（$1750kg/m^3$ 左右）的密度要大，但是只有常用的金属材料如钢、铁、铜（$7900kg/m^3$ 左右）等的 1/3。它的这种轻质特性使得其应用在汽车特别是新能源车上时，可以显著提高燃油效率或者续驶里程；也提高了零部件在生产运输过程中的运输便捷性，降低运输费用。

3）耐蚀性：虽然和异金属的连接会存在电化学腐蚀，但是一般情况下，铝合金零件并不容易生锈。当铝合金长期暴露于空气中时，铝与氧气形成氧化膜可以有效防止腐蚀。铝合金可以有效抵抗盐雾、各种化学品等的腐蚀，因此一般部位的汽车铝合金零件不需要做镀层、油漆、涂防锈油等防腐措施，从而可降低成本。

4）强度性能：工业纯铝的抗拉强度在 80～100MPa。通过添加一些合金元素，如 Si、Mn、Mg、Fe、Cu、Zn、Cr 等进行合金化，可以调整铝合金的强度性能和弹性模量。目前，铝合金强度性能最好的就是 7XXX 系铝合金，航空铝 7075 的抗拉强度≥560MPa，美国科研团队研究出的铝合金最高强度为 850MPa，日本的铝合金最高强度能达到 900MPa 左右。据新闻报道，陕西超强金属材料科技有限公司研制的 7Y69 铝合金材料，最大抗拉强度能达到 917～957MPa，达到超高强度钢的抗拉强度等级。这些超强铝合金材料目前主要应用在航空航天、舰艇、装甲坦克等领域。一些抗拉强度较低的 7XXX 系铝合金材料，比如 7005 等则逐步被探索应用在汽车防撞梁、门框等耐撞的部位上。而 5XXX 系和 6XXX 系的一些抗拉强度在 100～300MPa 的中低强度铝合金材料，则被大量应用在汽车的各种零部件上。同时，铝合金在环境温度降低时强度反而增加的性能，使其成为低温工况下的首选金属材料。

5）弹性模量和伸长率性能：在汽车上一些特殊位置，除了强度要求，还有弹性模量和材料伸长率的要求。比如汽车前防撞梁和门槛梁，在发生碰撞时，不仅对抗拉强度有一定要求，对弹性模量也要有一定要求，这样可以延长碰撞发生的时间，降低碰撞减速度，从而减少对乘员的伤害。而铝合金材料可以较好地满足这个要求。同时在伸长率上，较高的伸长率可以使铝合金零件在撞击时不会发生脆裂，而铝合金的弹塑性变形可使能量吸收过程稳定且可控。伸长率好同样对机械连接有帮助，比如自冲铆接（SPR）连接时，铆接点不会发生裂纹。

1.3 主机厂铝合金应用案例

1.3.1 蔚来汽车全铝车身及铝合金电驱动

蔚来汽车的 ES8 车身采用全铝结构，铝合金材料占比达到 91%。如图 1-2 所示，蔚来 ES8 铝车身骨架结构几乎全部使用铝合金材料，其中包含铝板冲压件 79 个（71 个 6XXX 系铝板和 8 个 5XXX 系铝板），铝压铸件 14 个，以及铝挤压件 18 个（6 个 7XXX 系铝合金，12 个 6XXX 系铝合金）。蔚来 ES8 铝车身骨架采用的连接工艺主要有热熔自攻螺接（FDS）、SPR、铝点焊、激光焊接、弧焊、胶粘和抽芯拉铆。

图 1-2　蔚来 ES8 铝车身骨架

注：该图片来源于欧洲车身会议（ECB）。

图 1-3 所示为蔚来 ES8 三合一电驱动，其中电机控制单元（MCU）壳体、减速器壳体、电机壳体和端盖等零件都采用了铝合金铸造。

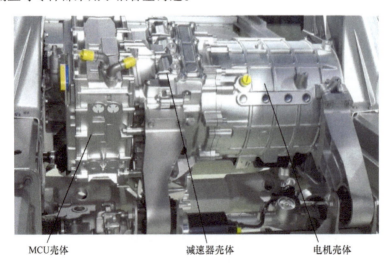

图 1-3　蔚来 ES8 三合一电驱动

1.3.2 爱驰汽车钢铝混合车身及铝合金电驱动

爱驰 U5 的 MAS 平台是上钢下铝车身结构的模块化电动汽车平台，具有高强度、轻量化、集成化、模块化特征。如图 1-4 所示，白车身铝合金材料占比为 52%，架构安全件基本全部采用铝挤压型材和高真空压铸铝合金结构件，而车身地板面板采用铝板冲压件，与传统车相比，白车身减重 50kg。

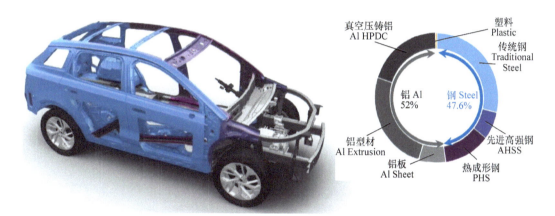

图 1-4　爱驰汽车 U5 上钢下铝混合车身

图 1-5 所示为爱驰汽车开发的三合一电驱动。其中 MCU 壳体、减速器壳体、后端盖、接线盒盖板零件用到了铝合金铸件，而电机壳体则采用了铝合金挤压型材。

图 1-5　爱驰汽车三合一电驱动

不论是铝合金车身，或者铝合金电池包外壳，还是电驱动的铝合金壳体零件，都离不开铝合金材料的研究与选型，以及采用的工艺方案这些共性问题。本书第 2～4 章将分别从铝合金挤压、铝合金铸造及铝合金冲压三种工艺及常用材料进行展开；第 5 章介绍铝合金连接工艺；第 6 章融合上述三种成型工艺和铝连接工艺在铝车身开发中的应用；第 7 章从整车刚度模态耐久和安全性能方面进行仿真和验证；第 8 章对未来的技术进行了展望。

1.3.3 奥迪钢铝混合车身及铝合金电池壳体

奥迪在铝制车身设计和制造方面一直处于比较领先的位置。早在1982年，奥迪就与美国的铝合金厂合作研发铝合金车身来降低车身重量，并在之后奥迪A8的几代车型上都进行了应用。一方面，奥迪整体框架技术的进一步发展使得白车身零件数量不断减少，同时也减少了车身连接点的数量，D2(第二代)使用了334个零件，D3(第三代)使用了267个零件，D4（第四代）使用了243个零件。另一方面，奥迪所应用的铝合金种类数量及屈服强度不断增加，D2使用了7种合金，屈服强度为100~200MPa；D3使用了10种合金，屈服强度为120~240MPa；D4使用了13种合金，屈服强度为120~280MPa。

奥迪e-tron是奥迪首款纯电动量产车型，基于纵置模块化平台MLB Evo打造。MLB Evo平台是MLB平台的升级产品，相较于后者，它的最大变化是通过轻量化技术的运用，使整车重量约降低了50kg。平台轻量化技术的优势非常多，轻盈的车身能够提高操控稳定性，也将大大提高汽车的续驶里程。针对日益提高的安全碰撞测试要求，为了更有效地保护碰撞时乘员的安全，奥迪e-tron在A柱、B柱、雪橇板及座椅横梁等驾驶舱框架部位采用了超强热成形钢，占比为22%。覆盖件、后地板面板等非碰撞安全结构件部位采用了铝板；前、后防撞梁和吸能盒等部位采用了铝挤压件；减震塔属于结构复杂的重要承载部位，为铸造铝合金件；白车身的其余部分则采用传统钢板，保证车身的刚度、强度，降低维修成本，占比57%；车身材料占比如图1-6所示。

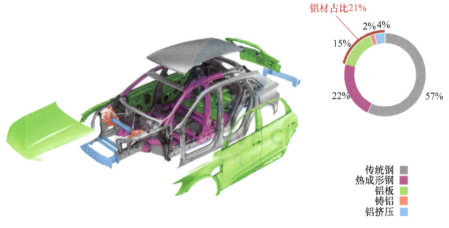

图1-6 奥迪e-tron车身材料占比

注：该图片来自ECB。

奥迪e-tron的高压锂电池采用了铝合金外壳，铝挤压框架的结构。该电池壳体的结构不仅能够在碰撞时有效地保护电池，而且相较于其他车型还增加了27%的扭转刚度，为车身轻量化提供了更多的优化空间。图1-7a所示为奥迪e-tron电池壳体结构，依次是内部的铝型材吸能结构、铝合金外壳的下层、电池组外的壳体架构与电池框架、置于底部的冷却系统及防碎石冲击的底部防护板。电池壳体的载荷路径如图1-7b所示。

钢板和铝合金有着不同的材料特性，因此奥迪e-tron采用了多种不同的车身连接工艺。除了较为常用的SPR、FDS、电阻点焊、激光拼焊和激光钎焊外，还采用了无铆钉连接

（Clinching）、摩擦塞铆焊（Friction Element Welding，FEW）等先进的连接工艺，如图 1-8 所示。

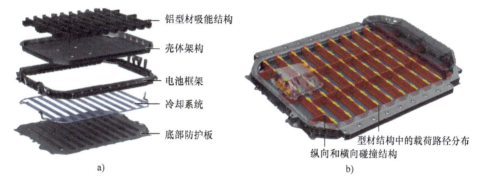

图 1-7 奥迪 e-tron 电池壳体结构及载荷路径

注：该图片来自 ECB。

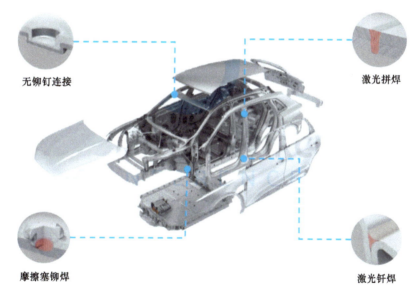

图 1-8 奥迪 e-tron 车身连接工艺

注：该图片来自 ECB。

其中，无铆钉连接是可塑性薄板的不可拆卸式冲压点连接技术的国际注册名称。它利用专业的冲压设备和连接模具，在外力作用下，使被连接的两个板件挤压塑性变形，在挤压处互相镶嵌，形成一个圆形的连接点，将板件点连接起来。这是一种过程简单、成本低且效率高的点连接方法，通常用于非承载部位的异种材料连接。

摩擦塞铆焊（FEW）是一种先进的连接技术，它通过"紧固件"的高速旋转及适当的压力穿透上层板料，这时"紧固件"暂停压入，保持旋转产生热量并熔化下层板料，在压力的作用下，完成"紧固件"与下层板料的焊接。摩擦塞铆焊是一种 FDS 与电阻点焊（Resistance Spot Welding，RSW）结合的工艺，常用于超高强度钢、热成形钢与铝合金的连接。

1.3.4 泛亚汽车车身轻量化路线

整车的轻量化体系分为三方面：整车轻量化设计体系、整车轻型材料开发体系和轻型材料的制造连接工艺体系，泛亚车身轻量化技术路线如图1-9所示。

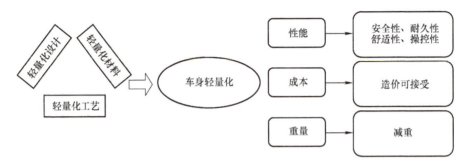

图1-9 泛亚车身轻量化技术路线

1. 设计

在车身结构设计上，泛亚具有完备的结构设计优化体系，如图1-10所示。

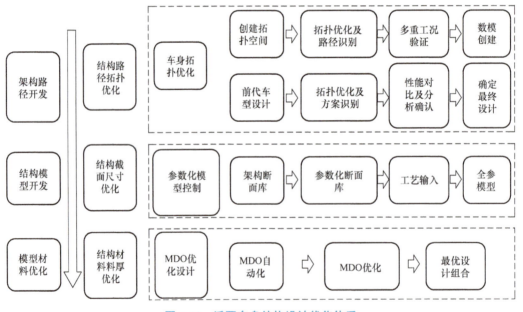

图1-10 泛亚车身结构设计优化体系

注：MDO指Multidisciplinary Design Optimization，多学科设计优化。

2. 材料

车身轻量化材料发展路线如图1-11所示。现阶段可规模利用的轻型材料主要有三种：①轻型非金属材料，如片状模塑料（SMC）、玻璃纤维增强塑料（Glass Fiber Reinforced Plastic，GFRP）、碳纤维增强复合材料（Carbon Fiber Reinforced Polymer，CFRP）、车身复合材料；②轻质金属材料，如冲压铝板、铝挤压型材、铝铸造型材、镁合金、轻质合金；③高强度材料，如高强度钢、超高强度钢、三代钢。

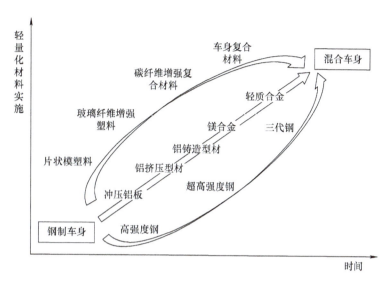

图 1-11 车身轻量化材料发展路线

不同的轻量化材料可以根据其特性应用到车身不同部位，例如塑料设计性好、加工性强，可以应用在背门；铝板质量轻，可以应用在结构简单的前机盖；热成形钢板强度高，可以应用在与车身安全强相关的 B 柱位置。通过轻质材料的应用，传统的钢制车身已经发展为混合车身，达到车身轻量化的目的。

3. 工艺

轻量化材料的应用必须与产品生产工艺相结合，只有设计与制造相匹配，才能达到有效的减重目标。产品制造工艺主要包括成型工艺与连接工艺。

车身轻量化成型工艺的发展路径由传统钢成形到热成形，然后到第三代钢成形，再到现在的铝制零件成型工艺广泛应用。铝制零件成型包括铝板冷冲压、铝挤压型材、高压真空薄壁铸铝等工艺。

车身轻量化连接工艺的发展路径由传统钢钢连接到先进钢钢连接，然后到钢铝连接，再发展至其他连接方法。传统钢与钢连接主要包括钢点焊、弧焊、结构胶焊；先进高强度钢与钢连接主要包括激光钎焊、激光焊；钢与铝连接主要包括 SPR、FDS、铝点焊；其他连接主要包括异种材料结构胶连接、超薄钢板点焊连接、远程激光焊连接。

参考文献

[1] 陈志鑫，汪晓健. 我国电动汽车产业化发展策略研究 [J]. 上海节能，2018（8）：1-6，18.
[2] 陈虹. 汽车车身轻量化研究和创新应用 [J]. 上海汽车，2018，337（9）：38-42，53.
[3] 纽北. 铝点焊，想说爱你不容易 [J]. 汽车工艺师，2018（5）：12-17.
[4] 赵贤珠. 以轻量化为目标的汽车车身结构优化方法综述 [J]. 科技创新与应用，2017（19）：87，89.

第 2 章 汽车铝合金挤压型材的材料、工艺及设计

2.1 汽车用铝挤压型材件概述

近几十年来，铝型材零件在性能、成本、可靠性和生产效率等方面有明显的优势，在全世界的建筑行业和制造业中得到广泛的应用。

在制造业中，设计工程师可以选择的材料很多，包括钢、铜、塑料、复合材料、陶瓷、铝和镁等；可以选择的工艺也很多，包括辊压成形、冲压成形、铸造、3D 打印、注塑成型、吹塑成型、挤压和锻造等。每一种材料和对应工艺的选用适用于特定的场合和要求。采用铝合金挤压工艺成型的不同型材零部件截面形状可满足汽车上不同部位零件的应用需求，如铝车身型材件、动力电池型材框架、动力总成托架、电机壳体零件等，如图 2-1 ~ 图 2-4 所示。

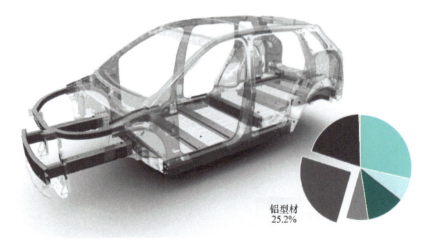

图 2-1 爱驰 U5 铝车身型材件应用示意图

注：该图片来自 2019 年澳门车展报告。

多种汽车零部件在设计时之所以选择了铝合金材料和铝挤压工艺，也是由于铝挤压型材的综合表现超过了其他的材料。铝合金型材件的应用除了可以显著降低重量，提高零部件的刚度模态和耐撞性，还具有以下几个优点：

图 2-2　某车型铝合金动力电池型材框架

图 2-3　电动汽车动力总成托架

图 2-4　电动汽车的电机壳体零件

1）铝挤压型材截面尺寸精度高。铝合金由于生产工艺不同，精度各不相同。对于高真空压铸结构件，由于铸件的收缩和热处理导致变形，尺寸偏差通常比较大，偏差大的能达到 1～3mm。而对于铝挤压工艺，截面尺寸精度一般更高，尺寸更稳定且更容易控制。通过高精的模具加工和模具改进，汽车用铝挤压型材零件完全可以满足绝大部分汽车产品的尺寸精度要求。通常，挤压后的型材截面形状的尺寸精度就能满足产品设计的要求，尺寸精度可控制在 1mm 之内。因此，在尺寸精度上，铝挤压工艺是一种成熟、优异、有竞争力的工艺。

2）减少制造工序。由于铝挤压型材的截面可以复杂多样，厚度的设计自由度也比较大，铝挤压型材的毛坯就可以实现较高的尺寸精度，从而实现设计零件数量的最少化，以及从挤压毛坯到最终成品零件的制造工序最少化。仅通过切割、钻孔、冲孔、机械加工和弯曲等工序就可以交付使用。如果在力学性能的要求上需要调整，也可以增加热处理工艺环节。

3）良好的导热性和无缝特性。在汽车上，铝被广泛用于传递热量进行冷却和加热。在单位重量导热性上，铝合金比大部分其他金属材料表现优异。比如在电驱动电桥控制器中的散热器、汽车前端的冷却模块以及空调的冷水管等。铝挤压型材可以制成空心形状的管路，以避免或降低液体泄漏的风险，电机壳体的冷却水路、水管接头、电池包水冷管路都是采用铝挤压型材。同时，对于一些有电磁兼容性（EMC）要求的区域来说，无缝的铝型材件也可以起到很好的屏蔽作用。

4）易连接性和易装配性。铝合金零件的连接形式多种多样，如焊接、搅拌摩擦焊、机械连接（包括 FDS 和 SPR）、胶接、嵌入和卡接等，都适合连接铝型材和其他材料零件。在装配上，通过螺栓与其他零件进行固定的形式更是丰富灵活。

5）生产周期短。不论是为了满足小批量生产的 mule 车、软模造车零件，还是大批量生产的硬模零件，铝挤压型材零件开发周期短的优势非常明显。简单的铝挤压型材零件从开模到出件，周期只要 1~2 周；即使截面复杂、尺寸较大的一些汽车铝挤压型材零件，如电机壳体和门槛梁，开模周期也就 4 周左右。而像铸造、冲压零件的开模周期通常在 4~16 周。而 3D 打印快速成形、金属粉末烧结成形虽然在单个零件制作上周期更短，但是费用更高，且有时难以满足零件数量和性能上的要求。

6）模具费用低。铝型材零件的一套挤压模具成本在几千元到几万元之间，与铸造、冲压模具几十万元到几百万元的费用相比，要便宜很多。对主机厂来说，采用挤压成型件就可以节省很大一部分的一次性投入费用，也会使后期的设计变更成本降低，增加设计灵活度。

2.2　铝合金挤压型材件的材料

铝合金材料的种类很多，常用的可以分为从 1XXX 系列到 7XXX 系列，不同材料的合金成分、特点和应用场合都有所差异，见表 2-1。对于汽车用挤压型材件，选择的铝合金材料要考虑多个方面因素，包括满足强度的特定要求、焊接性、成型性、耐蚀性和切削性等。如果没有特殊要求，选择最常用于挤压的铝合金材料是最可靠和最经济的。

表 2-1　铝合金的分类

分类	合金成分	特点	主要应用
1XXX	纯铝，纯度可达 99% 以上	导电性好，耐蚀性好，外表色泽美观，不可热处理	化学工业、铝箔包装
2XXX	Al-Cu 合金	强度硬度高，耐热和加工性能好，可热处理	航空铝材
3XXX	Al-Mn 合金	塑形高，加工焊接性能好，耐蚀性良好，强度较低，不可热处理	存储用的槽、罐，飞机导油管，门窗等
4XXX	Al-Si 合金	熔点低，溶体流动性好，耐磨，大部分不可热处理	焊接的添加材料等
5XXX	Al-Mg 合金	耐蚀性好，疲劳和焊接性能良好，不可热处理	汽车零部件，化工产品存储，飞机油箱等
6XXX	Al-Mg-Si 合金	中等强度，耐蚀性高，工艺性能好，可热处理	交通工具中的零部件，建筑型材
7XXX	Al-Zn-Mg-Cu 合金	强度高，焊接性能良好，易加工，较好的耐蚀性和较高的韧性，可热处理	航空航天领域，汽车特殊零部件

汽车用铝挤压型材件的材料绝大多数采用 6XXX 系列和 7XXX 系列铝合金，6XXX 系列使用的比例达到 90% 以上。而 6XXX 系列中最常用的合金是 6063、6060、6061 和

6082，用于生产实心、半空心和空心截面形状的零件。6063 和 6060 应用广泛，它不仅容易挤压、焊接，并且具有良好的表面粗糙度和出色的耐蚀性；6061 具有较高的抗拉强度、良好的耐蚀性、焊接性和机加工特性；其他如 6005、6008、6106 等合金也会根据需要选用。如果需要满足高强度的要求，那么 7003、7075 等 7XXX 系列铝合金也会被选用。

2.2.1 型材件用铝合金的化学成分

铝合金是多种元素混合的金属，可提供多种特定的材料属性。各合金元素的添加改变了产品性能和特性，如导热系数、力学性能、热膨胀系数、表面粗糙度、硬化特性、耐蚀性以及可挤压性。如 Al-Mg-Si 合金中添加 Cu 元素后，可能会形成 $Al_4CuMg_3Si_4$ 相、Al_2CuMg 相和 $CuAl_2$ 相，可以增大合金在热加工时的塑性，也能增加热处理强化性能，抑制挤压效应，降低各向异性。合金 6063、6101 和 6463 具有出色的可挤压性，而合金 7075 和 7178 则很难挤压。因此，对某一铝合金材料的化学成分含量需严格控制，从而满足特定的需求。

化学成分分析方法应按照 ASTM E3061 或 ASTM E1251 的标准进行开展，当分析方法发生冲突时应采用 ASTM E3061 标准进行分析。各合金牌号对应的基本化学成分参照 GB/T 3190—2020《变形铝及铝合金化学成分》或 EN 573-3 的标准规定。汽车常用铝合金型材的化学成分要求见表 2-2。

表 2-2 汽车常用铝合金型材的化学成分要求

合金牌号	化学成分（质量分数）（%）											
	Si	Fe	Cu	Mn	Mg	Cr	Zn	Ti	Zr	其他单个	其他总和	AL
6060	0.3~0.6	0.1~0.3	0.1	0.1	0.35~0.6	0.05	0.15	0.1	—	0.05	0.15	剩余
6063	0.2~0.6	0.35	0.1	0.1	0.45~0.9	0.1	0.1	0.1	—	0.05	0.15	剩余
6005	0.6~0.9	0.35	0.1	0.1	0.4~0.6	0.1	0.1	0.1	—	0.05	0.15	剩余
6061	0.4~0.8	0.7	0.15~0.4	0.15	0.8~1.2	0.04~0.35	0.25	0.15	—	0.05	0.15	剩余
6082	0.7~1.3	0.5	0.1	0.4~1.0	0.6~1.2	0.25	0.2	0.1	—	0.05	0.15	剩余
6106	0.3~0.6	0.35	0.25	0.05~0.2	0.4~0.8	0.2	0.1	—	—	0.05	0.10	剩余
7003	0.3	0.35	0.2	0.3	0.5~1.0	0.2	5.0~6.5	0.2	0.05~0.25	0.05	0.15	剩余
7075	0.4	0.5	1.2~2.0	0.3	2.1~2.9	0.18~0.28	5.1~6.1	0.2	—	0.05	0.15	剩余

2.2.2 铝合金型材的热处理

所有铝合金，无论产品形式如何，均可按热处理或不可热处理分类。汽车常用的铝挤压材料 6XXX 和 7XXX 合金都是可以通过热处理来调制力学性能。汽车用铝合金型材件常用的几种热处理状态主要有 T4、T5、T6 和 T7 状态。各种 TX 状态代表的含义说明见表 2-3。铝型材从挤压机挤出经冷却处理后是 T4 状态，不经过时效炉的时效处理，屈服强度和抗拉强度较低，适合后期的弯曲等变形加工。一般用在车身、底盘等结构件上时，会进行时效处理到 T5、T6 或 T7 的状态，以改善力学性能。

表 2-3 汽车用铝型材件常用热处理状态代号说明与应用

状态代号	说明与应用
T4	固溶热处理自然时效到基本稳定的状态 适用于固溶热处理后，不再进行冷加工（可进行矫直、矫平，但不影响力学性能极限）的产品
T5	由高温成形过程冷却，然后进行人工时效的状态 适用于由高温成形过程冷却后，不经过冷加工（可进行矫直、矫平，但不影响力学性能极限），予以人工时效的产品
T6	固溶热处理后进行人工时效的状态 适用于高温成形过程冷却后，不经过冷加工（可进行矫直、矫平，但不影响力学性能极限）的产品
T7	固溶热处理过时效的状态 适用于固溶热处理后，为获得某些重要特性，在人工时效时，强度在时效曲线上越过了最高峰点的产品

2.2.3 铝合金型材的力学性能

力学性能要求部分参考 GB/T 6892—2015《一般工业用铝及铝合金挤压型材》。汽车常用铝合金型材的力学性能一般要求见表 2-4。铝型材供应商会基于各材料牌号基本力学性能要求，通过调整材料成分配比、挤压工艺参数和热处理工艺来获得性能更优异的产品。主机厂在选用不同供应商时，也需要关注供应商实际产品的测试性能和国标要求的性能之间的差异。

表 2-4 汽车常用铝合金型材的力学性能一般要求

合金牌号	供应状态	壁厚 /mm	抗拉强度 R_m/MPa	屈服强度 $R_{p0.2}$/MPa	伸长率 A_{50mm}（%）	布氏硬度参考值 /HBW
6060	T6	≤ 3.00	≥ 190	≥ 150	≥ 6	70
6063	T6	≤ 10.00	≥ 215	≥ 170	≥ 6	75
6005	T4	≤ 25.00	≥ 180	≥ 90	≥ 13	50
6005	T5	≤ 6.3	≥ 250	≥ 200	≥ 7	—
6005	T6，空心型材	≤ 5.00	≥ 255	≥ 215	≥ 6	85
6008	T4，空心型材	≤ 10.00	≥ 180	≥ 90	≥ 13	50
6008	T6，空心型材	≤ 5.00	≥ 250	≥ 200	≥ 6	85
6061	T6	≤ 5.00	≥ 260	≥ 240	≥ 7	95
6082	T6	≤ 5.00	≥ 290	≥ 250	≥ 6	95
6106	T6	≤ 10.00	≥ 250	≥ 200	≥ 6	75
7003	T5	—	≥ 310	≥ 260	≥ 8	—
7003	T6	≤ 10.00	≥ 350	≥ 290	≥ 8	110
7075	T6	≤ 25.00	≥ 530	≥ 460	≥ 4	150
7075	T73	≤ 25.00	≥ 485	≥ 420	≥ 5	135

2.3 铝合金挤压型材的工艺

铝挤压的基本原理很简单。加热过的铝棒流过铝挤压模具的入口和出口，成型出不同的轮廓和形状。简单的挤压模具开口得到简单的型材形状，复杂的挤压模具开口得到复杂的型材形状。铝合金的热挤压方法主要有正向挤压和反向挤压两种，两者最大的差异点在于坯料是否在挤压腔内移动。正向铝挤压工艺如图 2-5 所示，挤压垫 2 固定在挤压轴 1 上，挤压机运动时，挤压筒 3 固定不动，挤压轴 1 和挤压垫 2 挤压坯料 4，迫使坯料 4 从挤压模 5 的模孔中流出，获得挤压型材件 7，而 6 为模座，与挤压模 5 固定。

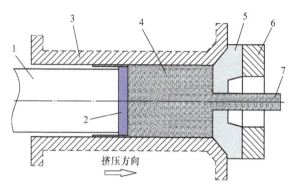

图 2-5　正向铝挤压工艺

1—挤压轴　2—挤压垫　3—挤压筒　4—坯料　5—挤压模　6—模座　7—型材件

反向铝挤压工艺如图 2-6 所示，挤压型材件的出件方向和挤压轴（静止不动）相对运动方向相反，挤压机运动时，挤压筒 2 与坯料 3 和堵板 5 一起运动，挤压模 4 固定在挤压轴 1 上静止不动，迫使坯料 3 从挤压模 4 的模孔中流出，获得挤压型材件 6。

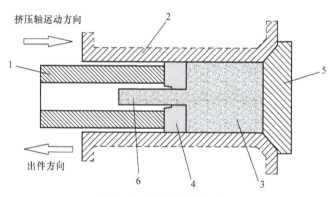

图 2-6　反向铝挤压工艺

1—挤压轴　2—挤压筒　3—坯料　4—挤压模　5—堵板　6—型材件

正向铝挤压和反向铝挤压工艺各有优缺点。正向铝挤压的挤压轴等工装价格较便宜，可挤压尺寸更大、截面形状更复杂的型材产品，实现多孔模挤压更容易。反向铝挤压所需的挤压力小，可以减少废料的产生，同时尺寸精度更好，但是也具有成形零件表面质量较差、力学性能降低以及型材产品的截面和大小受空心挤压轴强度的限制等缺点。汽车用铝挤压型材件中，大部分采用的是正向铝挤压工艺，挤压成型的 3D 示意图如图 2-7 所示。

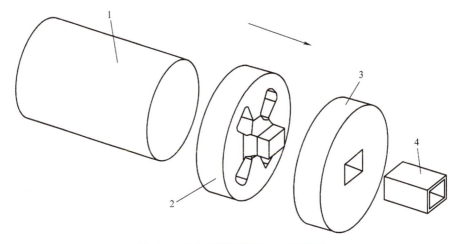

图 2-7 正向铝挤压工艺 3D 示意图
1—铝棒 2—上模 3—下模 4—型材件

铝合金挤压成型工艺会因零部件尺寸及质量要求的不同、生产设备条件的差异、采购材料的规格和材料供应状态的不同等因素而有所差异,各个铝合金挤压型材厂会根据具体情况选择最合适自己的工艺流程。一般,汽车用铝合金型材件的挤压生产工艺流程图如图 2-8 所示。

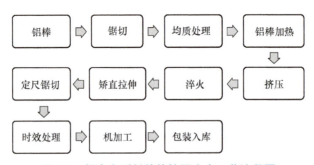

图 2-8 铝合金型材件的挤压生产工艺流程图

铝挤压工艺通过使用大吨位的压机使加热过的铝棒通过钢模,并且根据设定的模具形状最终得到不同截面的铝型材件。铸造的铝棒(自制或外购)被锯切成所需的长度,并根据需要进行均质处理,挤压前还需在熔炉中进行加热。挤出的型材还要经过淬火(有风冷和水冷两种形式)、矫直拉伸、定尺锯切、时效处理和机加工等几个简单的步骤,最终检测合格后包装入库和发货。

与铝合金板的轧制设备相比,铝挤压设备结构简单、价格较低,发展速度很快。随着铝合金型材件在工业上的大量应用,铝合金挤压成型工艺也越来越成熟。一方面,挤压设备的吨位在提高,可挤出零件的复杂程度和大小在提升;另一方面,生产线在自动化、智能化、高精度、在线检测和高效率方面也得到了长足的发展;同时,铝挤压模具的设计、工艺仿真、模具寿命、开发周期和成本也在不断改善。反过来,这些因素也进一步促进了铝合金型材件在汽车上的应用。生产出集成度、尺寸精度、性能更高和成本更低的铝合金型材件,是铝合金挤压成型工艺未来的发展趋势和方向。

2.3.1 铝挤压关键设备

（1）挤压机　按照结构类型来分，包含立式挤压机和卧式挤压机；按照传动方式分，一般分为油压挤压机、水压挤压机和机械挤压机。目前，汽车用挤压型材基本采用的是卧式油压挤压机，挤压机的吨位一般为 500～10000t。挤压机压力的大小，决定了可挤压型材件的轮廓大小和截面形状。越高吨位的挤压机，能挤压轮廓越大、形状越复杂的零件。传统的挤压机一般由机座、模具、盛锭筒、挤压杆、油缸等构件组成。图 2-9 所示为专利 CN200620061069.6 中提到的一种铝型材挤压机示意图。

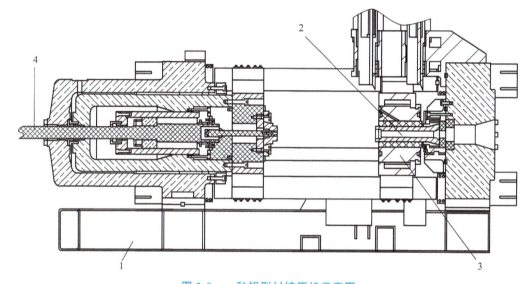

图 2-9　一种铝型材挤压机示意图
1—机座　2—盛锭筒　3—保温座　4—挤压杆

（2）加热炉　常见的有三种：①燃料炉，优点是效率高、成本较低，缺点是温度控制较差；②电阻加热炉，优点是温度控制好、体积小，但是成本较高；③感应加热炉，优点是加热快、自动化程度高，但是成本较高。

（3）其他设备　主要有：①锯切机，将长铝棒裁剪成多段不同长度的短铝棒；②淬火装置，可以有风冷、水冷或两者兼有；③牵引机，牵引挤出的型材直线拉出；④中断锯，型材被牵引一定长度后，需被切割成一定的长度；⑤固定出料台、出料运输机、移料机、输送辊道等，都是辅助型材出料和转移的设备；⑥张力矫直机，将有一定弯扭变形的型材进行矫正拉直。

2.3.2 铝挤压关键工艺控制

（1）淬火工艺　淬火工艺相关参数的选择，会影响型材的残余应力和变形。湖南大学李落星等基于 Fluent 和 Ansys 软件，通过仿真分析来改进淬火冷却中水管喷嘴速度大小和分布，来减小型材内应力和变形。

（2）挤压温度　挤压温度被证明是影响挤压型材的微观组织和力学性能的重要因素，其在挤压过程中是动态变化的。挤压坯料塑性变形区的温度要在金属塑性最好的温度范围内,而塑性变形区的金属温度取决于铝棒和工模具的加热温度、金属变形热以及周边介质吸热情况。为了提高生产效率、降低变形抵抗力,在保证不出现热脆性而产生裂纹情况下,应尽量提高挤压的温度。每种铝合金牌号适合的挤压温度范围不一样,既要从理论分析和仿真角度进行考虑,又要结合生产经验进行生产调试。

(3) 挤压速度 挤压速度和挤压温度密切相关。挤压速度越快,金属流动速度越快,被周边介质吸收的热量就越小,挤压温度就越高,反之亦然。因挤压铝合金材料及挤压型材截面的不同,挤压速度的变化范围差异性比较大。而在具体型材产品的挤压中,随着挤压环境条件的变化,挤压速度也跟着不断变化。挤压速度越快,生产效率越高,而允许挤压最大速度的前提条件是,型材产品不出现表面裂纹、不形成划道等表面缺陷,以及保证横截面尺寸稳定。传统的挤压工艺中,采用均一的挤压速度进行挤压,会导致型材出模口时温度上升较快;而李落星等提出通过 PID 控制的方式来实时调节挤压速度,可以有效控制型材出模口温度恒定,从而优化性能和尺寸精度。

(4) 弯曲加工 铝型材产品要最终交付使用,通常需要进一步的机加工、弯曲加工、热处理等多种后处理方式。其中值得一提的是弯曲加工方法,主要有拉弯、滚弯、绕弯、压弯和液压胀形。拉弯工艺主要通过夹头对型材的两端或一端进行夹紧并施加弯矩,具有尺寸精度高、回弹量小、工艺成熟和稳定性好等优点,是铝型材弯曲加工中应用最广泛的工艺。滚弯工艺是将型材通过滚弯机旋转的滚轴使型材弯曲的工艺,可分为二维滚弯和三维滚弯。绕弯成型是型材件环绕弯曲模具旋转产生弯曲的工艺。压弯成型则是型材件在带弯曲形状的上、下模具的压力下成型,如图 2-10 所示。在铝车身中,需要弯曲的零件有铝防撞梁、顶盖横梁、车顶行李架、散热器上横梁等。

图 2-10 某型材零件压弯模具

图 2-11 所示为某车型车顶行李架零件,在挤出后需要经过弯曲成型。铝型材件经过弯曲后,产生截面的畸变、起皱和弯曲回弹不可避免,同时也是生产中较难控制和解决的问题。如果弯曲弧度较大,则会在弯曲拐角处出现壁厚减薄裂纹。在拉弯的回弹、失效形式、机理和影响因素的研究上,湖南大学刘志文在博士论文《车身用铝型材制备过程中典型成形缺陷的仿真分析与优化控制》中做了较为详尽的描述,可以作为工程应用的参考。图 2-12 所示为柳州凌云汽车零部件公司在专利 CN 201621428310.4 中展示的一种车门密封条导槽拉弯模结构示意图。

图 2-11　某车型车顶行李架零件

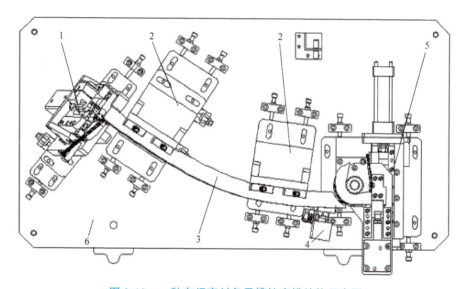

图 2-12　一种车门密封条导槽拉弯模结构示意图
1—切断机构　2—型材固定支架　3—型材　4—辅助压料机构　5—拉弯机构　6—底座

2.3.3　铝挤压模具介绍

1. 分类

铝挤压模具是铝挤压成型工艺中最为关键的要素。模具设计的合理性、模具材料的选择和模具加工尺寸精度等，直接影响挤压模具的寿命以及挤压型材产品的表面质量、尺寸精度和力学性能。挤压模具的分类多种多样，按照模具孔的数量，可以分为单孔模和多孔模；按照挤压型材产品结构，可以分为实心模、半空心型材模和空心型材模，图 2-13 所示为三种模具对应的挤压型材零件的分类；按照模具结构，可以分为整体模、分流组合模、嵌合模等。

挤压模具本质上是具有一定厚度，包含一个或多个孔的圆形钢盘零件。实心模具用于生产不包含任何中空的零件。如果零件不大的话，则一般可以考虑做多孔模。图 2-14 所示即为工字形型材实心多孔模示意图，可以一次挤出 4 根型材产品，提高生产效率。

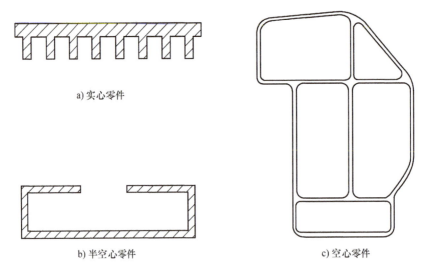

图 2-13 挤压型材零件的分类

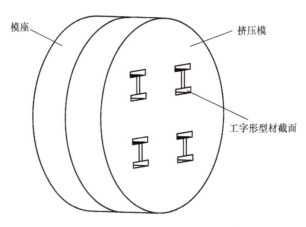

图 2-14 工字形型材实心多孔模示意图

半空心模和空心模则用于生产包含中空的零件，一般分为上模和下模。汽车用零件常见的都是采用这两种形式的模具，而复杂截面的铝型材常采用平面分流组合模具来成型。平面分流组合模具有以下几个特点：可以成型多孔内腔的空心型材产品或者复杂的半空心型材；可实现连续挤压并截取任意长度的型材；易拆换和维修加工，模具成本低；焊缝较多，容易出现失效；对模具加工和装配精度要求高，上下模要求严格对中；变形阻力和挤压力大。汽车产品上的型材通常带有空心结构，故而常用的模具形式是平面分流组合模。其特征是将模芯放在模孔中，相互嵌套构成一个成型空心型材内腔形状的整体结构，模芯在模子中如同舌头。

下面以上海友升铝业在专利 CN 201521014145.3 中提到的一种日字形铝型材件平面分流组合模具为例来简要介绍一下。如图 2-15 所示，模具分为上模 7 和下模 8，上模 7 包括分流孔 3 以及分流孔之间的分流桥 1，以及中部的公头（或称为模芯）4，下模 8 则包含焊合室 5、模孔和空刀。上模公头 4 和下模模孔嵌套部分则组成了工作带 6，决定了型材的内腔和外部尺寸。铝棒在挤压机推杆的推动下，经过多个分流孔分成几股金属流，然后在焊合

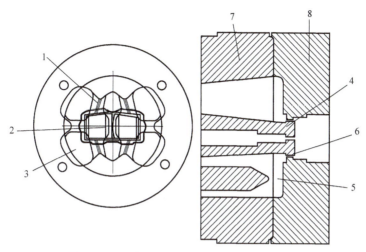

图 2-15 日字形铝型材件平面分流组合模具

1—分流桥 2—直冲孔 3—分流孔 4—公头 5—焊合室 6—工作带 7—上模 8—下模

室内交汇并重新焊合在一起,并通过工作带后成型获得所需形状的型材。分流桥的作用是将一根铝棒分流成多股金属流,并支撑中部的模芯,常见的分流桥截面为矩形倒角形或水滴形。模芯的强度和刚度需要重点关注,焊合压力较大的情况下,模芯容易失稳,进而影响型材件截面的壁厚尺寸。空刀是为了减少挤压摩擦让金属流顺利通过,避免划伤型材表面。图 2-16 所示为山东大学在专利 CN 201710970057.8 中展示的一种平面分流组合模具三维示意图,可以很清晰地看出模具的关键组成部分。

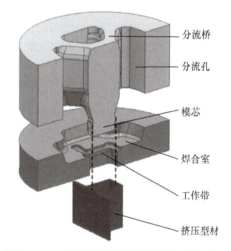

图 2-16 一种平面分流组合模具三维示意图

挤压模具的工作条件比较恶劣,长时间在高温、高压下工作并承受交变的载荷,且挤压型材的材料如果强度高,流动性差,那么对模具的磨损就会更严重。常见的模具失效形式有断裂、变形、磨损等。比如对于 6063-T5 的电机壳体的型材件来说,通常模具在挤压 3000～5000 套机壳零件后,就需要新开模具进行替换了,否则零件的尺寸精度就会难以满足要求,或模具容易出现断裂。在模具选材时,要综合多方面因素进行考虑,最终选择最合适的材料。常用的模具材料有 3Cr2W8V、4Cr5MoSiVI 钢或者 5CrNiMo 钢等。

2. 参数和工艺流程

挤压模具的重要结构参数包括模角 a(胚料被挤压收缩处的斜面和胚料中心线的夹角)、工作带长度 l(一般工作带的长度为 2～10mm)、工作带直径 d_1(工作带是指模子中用于保证型材的形状、尺寸和质量的工作区间)和出口直径 d_2。

图 2-17 所示为型材挤压模具制模工艺流程图,包括模具设计、粗车、电火花加工、热处理、线切割加工、磨削加工和渗氮处理等。

3. 存在的问题

在铝挤压工艺过程中，常遇到的几种模具失效和零件质量缺陷的问题如下：

（1）分流桥断裂 由于铝棒材料强度过高、分流桥支撑强度不足等原因，导致分流桥出现断裂的现象，一般出现在结构薄弱应力集中的地方。产生失效的主要形式和原因有：

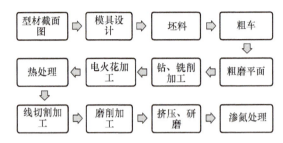

图 2-17 型材挤压模具制模工艺流程图

1）疲劳裂纹。由于交变应力的反复冲击和交变的温度冲击，导致模具材料出现微小裂纹进而加速拓展。

2）磨损。模具型腔在金属流的长时间剧烈摩擦下，不可避免地会产生磨损。

3）塑性变形。模具型腔在高温和交变载荷下产生软化和塑性变形。

（2）焊合不良 焊缝位于分流桥的下方，是金属分流后重新焊合形成的结合面。经扩口试验等手段可以看出一般扩口撕裂出现在焊合线的位置，也表明该区域是零件的薄弱之处。如果焊合不良，则可能出现肉眼可见的缝隙。主要原因有金属流供应不足，在焊合室没有充分焊合就流出模口。

（3）型材弯曲和扭拧 由于零件截面不对称或厚度不均匀，引起型材各部位金属流速不一致；或者由于模芯较多，挤压力较大时，模芯发生弹性形变。

（4）型材力学性能不均匀 比较常见的一是型材横截面上的力学性能差异，主要是截面上不同位置的温度不一，最终导致不同位置的抗拉强度、屈服强度和伸长率的差异；二是挤压长度方面上的力学性能差异，一方面是由于挤压过程中的挤压速度影响，金属流通过模口的温度有波动，另一方面是在开始挤压时，铝合金坯料变形不充分，挤压出的型材件金属组织不均匀，在挤压结束时，容易产生缩尾现象，因此去头切尾也是常用的减少挤压长度上力学性能差异的方法。

（5）起皮、表面粗糙等表面缺陷 原因有挤压筒杂质残留、清洁度不高、铝棒内部杂质以及出口温度过高等。

而在挤压模具设计和挤压工艺生产过程中，就是要尽量避免以上的失效情况和质量缺陷问题，延长模具的寿命，获得尺寸精度高、力学性能均匀的型材零件。在模具设计过程中，会通过 CAE 数值仿真的手段来分析模具的强度和零件的成型情况。孙雪梅在论文《复杂铝合金型材挤压过程数值建模与模具优化设计方法研究》中提到，通过建立基于 HyperXtrude 的铝合金型材挤压过程的数值模型来研究材料变形规律，可以揭示工艺与模具参数的影响规律，探讨复杂截面型材的模具结构优化设计方法。

4. 提高模具寿命的方法

（1）模具结构设计合理 保证有足够的强度，改善各区域受力的均匀性，避免应力集中。

（2）模具钢选材和热处理合理 选择合适的热作模具钢，如 4Cr5MoSiV1，同时进行淬火和回火处理以提升性能。

（3）工作带的寿命延长 工作带是铝金属成型的关键因素，任何引起工作带失效的因素都可能导致模具过早失效。可以通过各种方法来延长工作带和模具寿命，其中一种方法是氮化。渗氮是一种表面处理工艺，可使工作带表面变得极为光滑和坚固。

（4）保证模具表面粗糙度和关键尺寸精度符合要求　要求在机加工过程中必须满足表面粗糙度和尺寸精度的要求，各成型面连接处光滑连接。

（5）设备操作和工艺过程严格管控　设备操作熟练、模具预热充分、铝棒均匀化处理、合理的保温温度和时间。

2.4　铝合金挤压型材的设计

2.4.1　铝挤压零件的设计准则

对汽车工程师来说，在很多部位都可以考虑使用铝挤压型材。在设计上，铝挤压型材可以很容易地形成复杂的形状，同时挤压型材的模具便宜、尺寸精度高，且集成度高。但是在需要变截面的场合，铝型材就不适用了，这也是设计上的一个局限性。不过从总体来说，铝型材给设计工程师带来了足够的设计和想象空间，而较少受制于传统工艺和材料的局限性。

铝合金具有很多有价值的特性，如易于回收，从而降低了生命周期成本；重量轻，因此降低了运输成本；而挤压工艺则可以满足多种功能性要求。汽车零部件设计中首先要考虑的是产品满足功能性要求并具有较好的综合效益，而铝合金型材件便可以满足多种汽车产品所需的技术要求。汽车工程师需要从功能角度，彻底分析该零件需承担什么样的功能：零件基本功能是什么？具有哪些基本形状和尺寸？与周边零件的匹配连接要求是什么？对强度模态有什么要求？对耐蚀性、表面质量的要求是什么？除了依靠工程师自身的经验和对标其他同类产品的设计选型，还可以借助CAE仿真优化来实现以最小的重量和成本来满足零部件要求。

在汽车上，很多零部件逐渐将传统钣金冲压件替换为铝挤压型材件，从而更好地满足设计需求以及实现轻量化和降低综合成本。白车身上常见的铝合金型材替代钣金冲压件有前后防撞梁、前后纵梁、座椅横梁和门槛梁。挤出的铝型材截面不需要通过切边等机加工就可以满足尺寸和形状要求。在重量上，铝型材防撞梁比钢冲压防撞梁减重20%以上。

如图2-18所示，传统的钢材门槛梁由4个钢板冲压件通过焊点连接在一起，而更换为挤压型材门槛梁，零件数量减少为1个，既减少了连接工序和费用，又实现了更高的结构强度以提升侧碰耐撞性，且缩短了交货时间。在车辆遭受来自侧面冲击时，门槛梁和B柱等零部件共同保护乘员的安全。门槛梁结构对白车身、整车的刚度模态也有重要的作用。在纯电动汽车中，电池包一般布置在前地板的下部、门槛梁的内侧。因为电池包在受到冲击时内部元器件猛烈撞击导致电池破损容易导致起火，所以门槛梁的设计至关重要。特别是在侧碰和斜柱碰时，门槛梁的弯曲变形不能侵占电池包的安全距离，因此门槛梁结构强弱对电池包的安全影响较大。部分车型如日产LEAF，门槛梁采用钢板焊接而成，动力电池门槛梁留了较大的安全距离。而特斯拉Model S的门槛梁采用了铝型材件，动力电池的安装支耳直接装配在门槛梁上，从而增大了电池布置空间，增加了电池容量，提高了续驶里程。

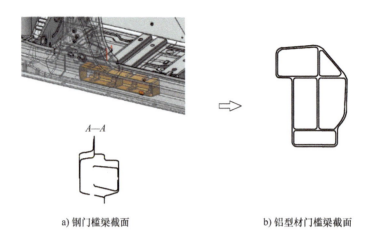

a) 钢门槛梁截面　　　　　　　　b) 铝型材门槛梁截面

图 2-18　钢材门槛梁和铝型材门槛梁截面对比

为了开发出良好的汽车用铝型材零件，满足功能的同时具有良好的工艺性，如图 2-19 所示，需考虑以下的一些设计注意事项：

> 1）设计合适的金属厚度，尽可能使各处的金属厚度均匀，且平滑过渡，壁厚不能太薄，一般不小于 2mm，否则成型的零件很难挤出。
> 2）型材截面尽量对称，尽量减少型腔的数量，增加模具的稳定性。对于多孔的截面，孔的大小尽量均匀且不能太小，否则难以成型。
> 3）尽可能在大平面上设置一些筋条，有助于减少扭曲，并改善平整度。
> 4）对于两个成型面交叉处的圆角要尽量大，以利于材料的流动。
> 5）各个尺寸公差的要求尽量合理，非功能尺寸可以适当放宽。
> 6）避免锋利的边缘。

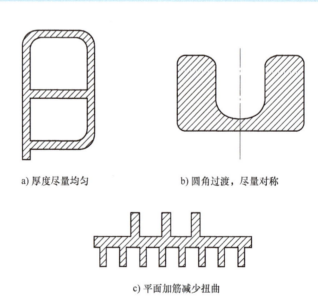

a) 厚度尽量均匀　　　　　b) 圆角过渡，尽量对称

c) 平面加筋减少扭曲

图 2-19　型材截面设计注意事项

以下因素会影响汽车铝型材件的经济性,需要设计师在设计时予以考虑:①产品形状和重量;②铝合金材料和热处理状态;③尺寸公差;④表面粗糙度。

产品的形状和重量是产品单价和模具价格的主要决定因素。通常,实心挤压比半空心挤压更经济,半空心挤压比空心挤压更经济;对称截面形状比不对称截面形状更经济。但是如果复杂的截面形状可以带来更少的零件、更轻的重量,那么综合成本也会更低。铝合金材料和热处理状态选择主要考虑零件的性能要求、单价和模具费用,以最经济性的选择来满足性能要求。尺寸公差需满足行业标准的型材要求(GB/T 14846—2014《铝及铝合金挤压型材尺寸偏差》),通常,采用高精度型材所产生的费用比较高,因此,要严格考量特殊公差尺寸要求的必要性,以减少不必要的成本。表面粗糙度要求也会增加单件成本和包装运输费用,但一般来说,汽车上的铝型材件在这方面不做特殊要求。

此外,铝合金型材件因其材料的力学性能特性,与钢相比,在碰撞中更容易出现材料失效(如撕裂)的情况,特别是在烧焊的热影响区域。图2-20所示的前防撞梁总成,拖钩套筒和前防撞横梁烧焊、吸能盒和前防撞横梁烧焊在碰撞时都出现了断裂或撕裂。因此,在对型材零件的材料和截面进行设计后,要经过仿真和试验来验证结构性能是否满足要求。另外,在关键碰撞传力区域的铝合金件连接,要尽量避免或者减少使用烧焊工艺。图2-21所示的防撞梁总成的吸能盒与防撞横梁及纵梁的连接采用了分段式焊接,可以降低失效的概率。

图2-20 铝合金前防撞梁碰撞中的撕裂

图2-21 铝合金前防撞梁的分段式焊接设计

2.4.2 铝挤压零件的 3D 数模设计

因为铝合金型材件截面处处相同，所以其 3D 数模的设计很简单。有些汽车工程师在设计铝型材件时习惯采用在 generative shape design 模块中先做片体，再在 part design 模块中长料厚的方法。其实，最好的设计思路是直接在 part design 模块中建立型材截面的草图，再画型材的引导线，最后通过 Rib 扫略命令，生成实体，不仅快速便捷，而且数据易于修改和维护。以下通过一个弯曲型材件为例来介绍主要的建模过程：

1）建立封闭的型材截面草图，如图 2-22 所示。

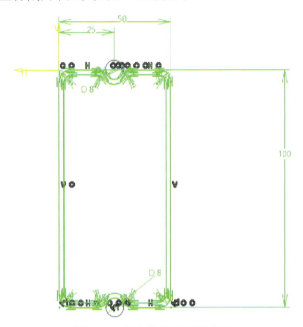

图 2-22 封闭的型材截面草图

2）建立型材引导线 guide line，再用 Rib 命令扫略生成实体，如图 2-23 所示。其中，红色线为型材截面图 A Sketch ZX，黄色线为引导线 guide line。

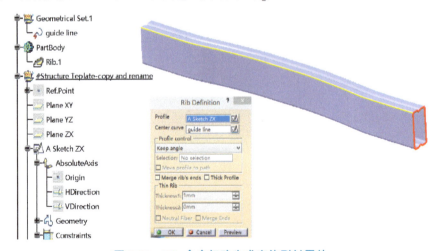

图 2-23 Rib 命令扫略生成实体型材零件

2.5 铝合金挤压型材的试验、测量及要求

2.5.1 铝挤压型材件的 DVP 试验

以某防撞梁吸能盒型材件为例,它的设计验证计划(DVP)大纲见表 2-5。

表 2-5 某防撞梁吸能盒 DVP 试验关键项目

试验对象	试验名称	试验方法	试验目标及要求
材料 6063-T6	化学成分	GB/T 7999—2015《铝及铝合金光电直读发射光谱分析方法》	满足 GB/T 3190—2020《变形铝及铝合金化学成分》中化学成分要求
挤压型材	力学性能	GB/T 16865—2013《变形铝、镁及其合金加工制品拉伸试验用试样及方法》	R_m>220MPa;R_p0.2>180MPa;A_{50}>6%
挤压型材	布氏硬度试验	GB/T 231.1—2018《金属材料 布氏硬度试验 第1部分:试验方法》	HBW>75
挤压型材	静态压溃试验	截取一定长度的型材,施加径向力使型材压溃一定的距离	不出现裂纹或者裂纹大小可接受
挤压型材	高速拉伸试验	取标准试片,以不同的拉伸速率,获得材料的应力应变曲线	完善材料卡片信息,用于 CAE 碰撞分析
挤压型材	扩口试验	GB/T 32790—2016《铝及铝合金挤压焊缝焊合性能检验方法》	焊缝断口不能呈光滑平直状形貌
挤压型材	低倍组织试验	GB/T 6892—2015《一般工业用铝及铝合金挤压型材》	不允许有裂纹、缩尾;光亮晶粒、夹杂物、白斑、初晶等点状缺陷不多于 2 点,且每点直径不大于 0.5mm;氧化膜符合要求;成层深度不超过 0.5mm;焊缝不允许焊合不良
挤压型材	ELV 试验	GB/T 30512—2014《汽车禁用物质要求》	镉(Cd)的质量百分数 ≤ 0.01% 铅(Pb)的质量百分数 ≤ 0.1% 汞(Hg)的质量百分数 ≤ 0.1% 六价铬(CrVI)的质量百分数 ≤ 0.1% 多溴联苯(PBBs)的质量百分数 ≤ 0.1% 多溴联二苯醚(PBDEs)的质量百分数 ≤ 0.1% 等

(1)低速拉伸试验测力学性能 铝型材的力学性能测试可以依据 GB/T 16865—2013《变形铝、镁及其合金加工制品拉伸试验用试样及方法》中取样和测试的方法,对型材样件的抗拉强度、规定非比例延伸强度、断后伸长率等参数进行测量。铝型材零件用的一般是矩形试样,可以选择比例试样或定标距试样,所使用的测量设备如图 2-24 所示。三次测量获得的 6063 材料的低速拉伸应力 - 应变曲线如图 2-25 所示,低速拉伸应变率为 0.001/s。

(2)高速拉伸试验 对于碰撞关键铝型材零件,如前防撞梁吸能盒、前纵梁和门槛梁,往往还需要做高速拉伸试验和材料失效试验,从而建立该类零件材料牌号的材料卡片,输入到 CAE 的仿真分析中,计算型材零件压缩速度以及预测失效提供重要的数据库。图 2-26 所示为 6063 材料在高速拉伸高应变率(500/s)下的应力 - 应变曲线图。

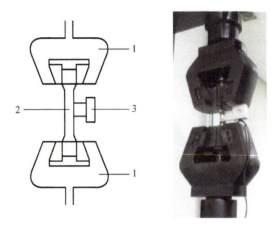

图 2-24　测量型材样件力学性能的设备

1—夹具　2—试样　3—引伸计

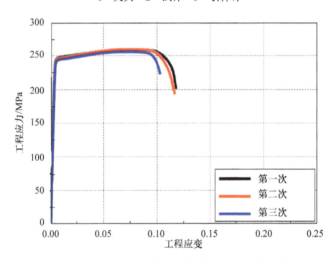

图 2-25　6063 材料的低速拉伸应力 - 应变曲线

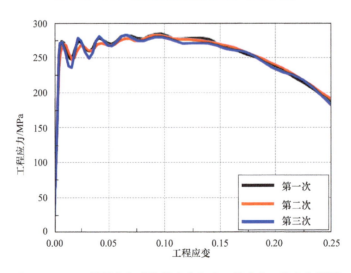

图 2-26　6063 材料在高速拉伸高应变率下的应力 - 应变曲线图

（3）静态压溃试验　静态压溃试验主要在汽车碰撞时会承受径向压溃力的零件上测试。最典型的代表性零件即铝车身前后防撞梁、吸能盒和前后纵梁。在受到径向力作用下，型材压溃的模式以及失效形式会直接影响碰撞侵入量和碰撞稳定性。

如图2-27所示，进行静态压溃试验时，取一定长度的型材试样，并在万能试验机下，以一定的压溃速度（如25mm/min）对型材施加径向载荷，直至压缩到设定的长度。主要从三个方面判断型材压溃试验结果是否满足要求：一是看压溃后的样件压溃形式，是波浪状叠加还是其他形状；二是查看是否产生裂纹，如有裂纹，大小和数量是多少；三是通过对压溃力和压溃位移曲线（图2-28）的积分可以求出压溃中吸收的机械能。

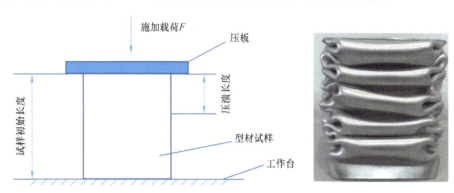

图2-27　静态压溃试验示意图及压溃试样

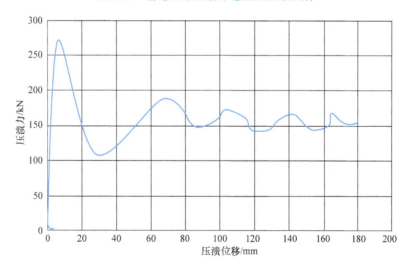

图2-28　压溃试验的压溃力-位移曲线

（4）扩口试验　采用平面分流组合模挤出的汽车用铝型材件，存在焊合线。图2-29所示为"日"字形型材件焊合线位置，分别编号为1～6。这些焊合线位置往往容易因为焊合不良而导致零件失效问题，因此行业内一般会通过扩口试验或者折断试验来校验型材的焊合质量，具体测试方法见GBT 32790—2016《铝及铝合金挤压焊缝焊

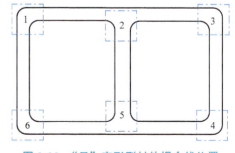

图2-29　"日"字形型材件焊合线位置

合性能检验方法》。扩口试验是截取一定长度的型材试样后，利用圆锥形压头对型材存在焊缝的腔体进行扩口，使型材试验发生胀裂（图2-30）。然后根据断口形貌判定焊缝焊合性能：如果胀裂位置不在焊合线位置，或者焊缝断口呈纤维状形貌或者剪切唇状形貌，则可以认定焊合性能合格；如果焊缝断口呈光滑平直状形貌，则认定不合格。

图2-30　扩口试验示意图及扩口后试样

（5）弯曲试验　弯曲试验有针对零部件级的三点弯曲试验，主要应用在前、后防撞梁型材上；也有针对料片级的弯曲试验，主要应用于碰撞时受到弯曲力冲击的型材零件，如门槛梁等。图2-31所示为对型材提取料片进行的弯曲试验示意图，取一定大小的料片，弯曲一定角度（如120°），查看弯曲后的料片是否出现失效。一般情况下，伸长率越高的铝合金型材，弯曲性能越好。

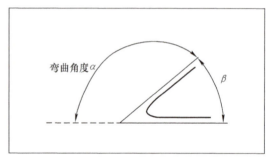

图2-31　弯曲试验示意图（型材提取料片）

（6）低倍组织试验　铝型材的内部缺陷有夹杂、气孔、内部裂纹、缩尾、焊合不良等情况，可以通过低倍组织试验（GB/T 6892—2015《一般工业用铝及铝合金挤压型材》）来检测。其中，缩尾是指在型材截面的中间位置出现不合层类似喇叭状的现象。

2.5.2　型材的尺寸精度要求

型材的尺寸偏差一般要求应满足GB/T 14846—2014《铝及铝合金挤压型材尺寸偏差》的标准要求。有特殊尺寸精度要求时，需要在图样中进行标注说明。

汽车用铝型材的尺寸偏差项目包括横截面（壁厚尺寸、非壁厚尺寸、角度）、平面间隙、弯曲度（纵向弯曲度和纵向波浪度）、扭拧度、切斜度几个主要测量对象，见表2-6。每一项偏差等级都可以分为普通级、高精级和超高精级。不同大小零件的不同尺寸大小的偏差等级定义都有差别，可以参考GB/T 14846—2014中表5～表15中的定义要求。

对于横截面来说，尺寸偏差是最为关键的测试对象。目前，铝型材厂家常用的检测手段是截面测量投影仪和尺寸分析系统。首先将型材样件放在测试平台或夹具上，然后通过投影获取型材实际的截面形状；再通过尺寸分析系统与型材理论设计尺寸和公差进行对比分析，从而识别出超差的尺寸。提高截面尺寸精度的措施包括合理设计挤压模具，提高模具加工和装配精度，保证挤压轴和挤压模具的中心一致，控制挤压温度和挤压速度等参数。

挤压方向上的尺寸偏差主要有扭拧、弯曲和波浪。扭拧是指型材零件在纵向上发生角度偏转的情况，弯曲是指在纵向上呈弧形状不平直的情况，而波浪则是指在纵向上持续起伏不平。不同零件在长度、截面尺寸以及配合上要求都不一样，故而对扭拧度、弯曲度和波浪度的要求都不一样，有特殊要求的需在图样中注明。提高型材挤压方向上尺寸精度的措施除了对模具和挤压工艺参数进行合理控制，还需要保证淬火时长度方向上冷却均匀，调整矫直工艺等。

其他尺寸偏差项的测量可以通过直尺、游标卡尺、R规、专业测量仪器等进行测量。

表 2-6 汽车用铝型材尺寸偏差等级分类

偏差项目		偏差等级分类
横截面	壁厚尺寸偏差	普通级、高精级、超高精级
	非壁厚尺寸偏差	普通级、高精级、超高精级
	角度偏差	普通级、高精级、超高精级
平面间隙		普通级、高精级、超高精级
弯曲度	纵向弯曲度	普通级、高精级、超高精级
	纵向波浪度（或硬弯）	普通级、高精级、超高精级
扭拧度		普通级、高精级、超高精级
切斜度		普通级、高精级、超高精级

以铝挤压电机壳体的尺寸要求来说，特殊的尺寸要求如图 2-32 和图 2-33 所示，需要重点关注的尺寸包括水道的径向尺寸和位置度，以及端部装配面外径等。

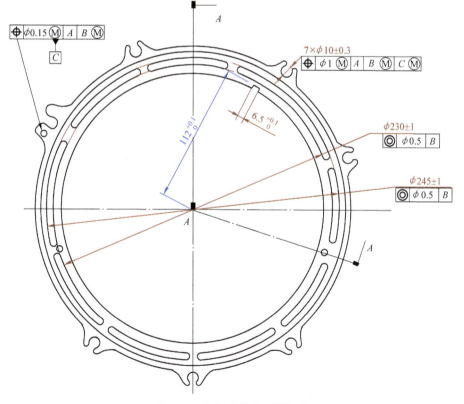

图 2-32 电机壳体主视图标注

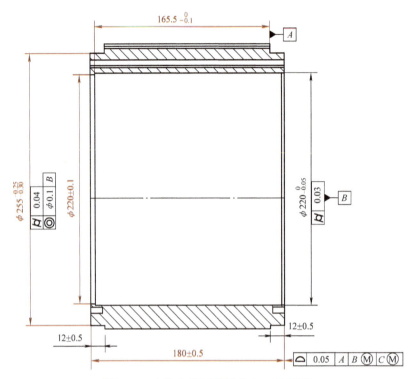

图 2-33 电机壳体剖视图（A—A）标注

铝挤压供应商在拿到铝型材零件成品图后，需要自行转换出一份铝挤压型材毛坯图。图 2-34 所示即为对应的电机壳体的铝挤压型材毛坯图，用于指导后续的挤压模具设计及型材产品尺寸检测和验收。

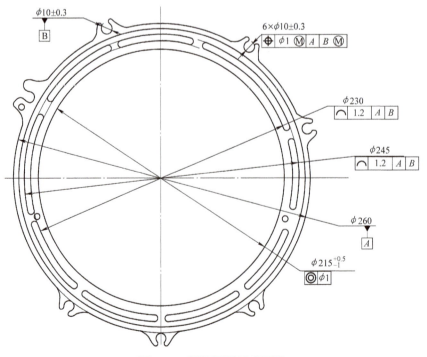

图 2-34 铝挤压型材毛坯图

2.5.3 表面质量缺陷及要求

铝型材常见的表面缺陷有气泡、橘皮、车轮纹、擦伤等，这些缺陷一般与挤压工艺过程的坯料与设备清洁度、铸锭加热的温度、挤压出口温度和拉伸矫直过程密切相关。气泡是型材局部表皮呈圆形或条状空腔鼓起的缺陷，橘皮指型材表面出现像橘皮一样凹凸不平的皱褶，车轮纹指型材表面横向的连续周期性条纹，擦伤指型材表面因与其他物体接触并发生滑动或错动导致出现的伤痕。

交货状态的铝型材一般要求不能有上述表面缺陷。如果是轻微的缺陷，一般在不影响外观和性能的情况下也可以通过打磨等方式进行修复。

2.6 典型零部件设计案例介绍

前文分别介绍了铝合金挤压型材件的材料成分、力学性能、铝挤压成形工艺及模具、零部件设计及注意事项和DVP试验及质量要求等。在具体的应用中，需要结合型材零件的使用环境及其他设计要求进行使用，如碰撞安全性、刚度模态、疲劳耐久、表面外观、螺接焊接、总布置装配、综合成本、可维修性等特定要求。以下通过铝合金车身中的铝合金前纵梁选材耐撞性设计以及前防撞梁主梁耐撞性仿生设计的两个案例，为工程师在日常设计工作中提供一种铝挤压型材开发及验证的思路作为参考。

2.6.1 铝合金前纵梁选材耐撞性设计案例

在正碰和偏置碰等前部碰撞工况下，前纵梁是铝车身最重要的组件之一，如图2-35所示。发生碰撞时，前纵梁不仅需要将碰撞力沿着传力路径进行传递，还需要变形吸收一部分碰撞能量来减小冲击，且变形量需要精准控制来避免对乘员舱的侵入量过大。碰撞压溃模式设计时，通常会在前纵梁的前端开诱导压溃筋或者孔，来使前部先压溃后部后压溃，从而保证碰撞吸能的层次性和稳定性。同时，底盘的前副车架安装在前纵梁下部，而有前驱车型的电驱动总成通过左、右悬置安装在前纵梁上，这些对前纵梁的强度和疲劳耐久强度都有很高的要求。要特别提醒一点的是，在承受冲击载荷或交变载荷较大的区域，应尽量避免或减少烧焊工艺的使用，降低焊接热影响区域性能下降导致零件失效的风险。

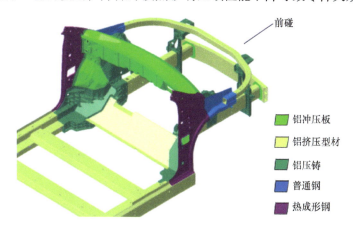

图 2-35 前部碰撞铝车身结构和材料示意图

本案例中，只重点介绍在前纵梁设计中铝合金材料的选择及对比验证。很多新能源汽车的前纵梁都采用铝合金挤压成型，这是因为它具有出色的腔体强度和能够很好地吸收能量的特点。但同时工程师面临一个很大的挑战，即要根据不同项目的情况，从多种铝型材的材料中进行选择。

对于铝挤压前纵梁，目前主流铝车身主机厂使用的材料见表2-7。

表 2-7　铝挤压前纵梁材料

车　　型	前纵梁材料
奥迪 A8	6XXX 铝型材
宝马 6 系 GT	6XXX 铝型材
凯迪拉克 CT6	7XXX 铝型材
蔚来 ES8	7XXX 铝型材
爱驰汽车 U5	6XXX 铝型材

可以看出，不同车型前纵梁使用的铝材料主要都是 6XXX 和 7XXX 型材。与 6XXX 铝型材相比，7XXX 铝型材具有更高的强度，但成本较高，而且对于复杂的横截面来说更难挤压。

某项目前期，经过综合考虑经济性和工艺性，选择了 6063-T6、6082-T6 和 7003-T6 三种材料作为前纵梁材料的备选项，通过对这三种材料各项材料级和零部件级进行试验来选择。

1. 准静态轴向压溃试验

准静态轴向压溃试验在图 2-36a 所示的 600kN 万能试验机上进行。测试步骤如下：

1）调整通用测试机的上下工作台之间的间距使其大于组件的长度，然后将组件放置在工作台的中央。

2）调整设备上的工作台使其向下移动，直到与样品顶部之间没有缝隙为止。输入零部件的相关信息，例如位移、变形和峰值力。

3）将三种材料型材高度从 200mm 压缩到 100mm，压溃结果如图 2-36b 所示。

从轴向压溃结果来看，6063-T6 材料在发生轴向压溃时只显示出很小的裂纹，压溃效果较好；6082-T6 在中间筋的交叉处显示出扭曲的位错撕裂，裂纹长度在 10mm 左右，压溃效果一般；7003-T6 在中间筋的相交处具有明显的位错撕裂，裂纹长度大于 25mm，压溃效果差。

2. 高速碰撞仿真和物理碰撞试验

（1）建立单侧前纵梁碰撞的 CAE 模型

为了简化模型，设计了单侧前纵梁碰撞的 CAE 模型，如图 2-37 所示。单个前纵梁固定到质量为 1000kg（整车质量为 1800kg）的可移动台车上，并以 V_0 的速度撞击刚性壁障。前纵梁的中心线与地面的高度为 455mm，前纵梁的长度为 700mm（与车辆相同）。

根据分析单因素的测试方法，将 6063-T6、6082-T6 以及 7003-T6 三种材料应用在同一前纵梁截面中。在相同的试验条件下，将三种材料的前纵梁参数代入图 2-37 的模型中，运用 hyper-mesh/Oasys 和 LS-DYNA 软件，进行仿真。

第 2 章 汽车铝合金挤压型材的材料、工艺及设计

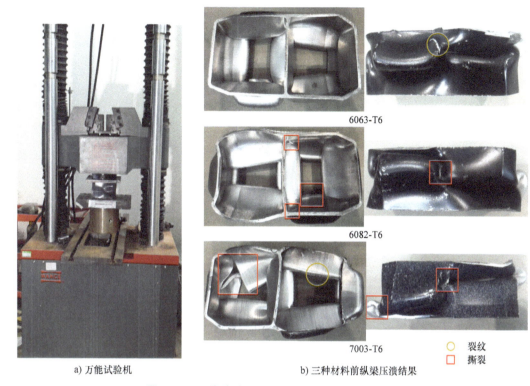

a) 万能试验机　　　b) 三种材料前纵梁压溃结果

○ 裂纹　□ 撕裂

图 2-36　万能试验机及三种材料前纵梁压溃结果

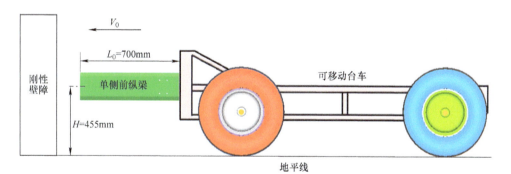

图 2-37　单侧前纵梁碰撞的 CAE 模型

CAE 仿真模型中前纵梁主要信息见表 2-8。

表 2-8　CAE 仿真模型中前纵梁主要信息

序号	型材截面	材料
1	345mm、80mm，外表面厚度3.0mm，中间筋厚度2.5mm	6063-T6

35

（续）

序号	型材截面	材料
2	外表面厚度3.0mm，中间筋厚度2.5mm，145mm×80mm	6082-T6
3	外表面厚度3.0mm，中间筋厚度2.5mm，145mm×80mm	7003-T6

（2）单侧前纵梁CAE仿真结果与分析

正面碰撞时，为了保护乘员的安全，既不能有太大的侵入量，要适当控制碰撞变形距离，又不能有太大的碰撞力给乘员造成伤害。碰撞力、变形距离、能量吸收效率是评估碰撞中三种材料前纵梁性能表现的重要因素。

三种材料单侧前纵梁碰撞的变形位移-碰撞力曲线与变形位移-吸收能量曲线如图2-38

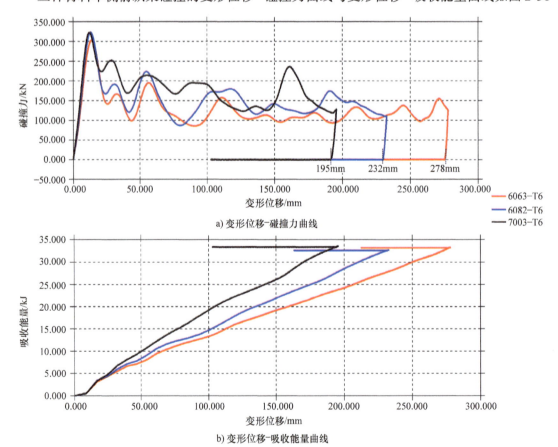

a) 变形位移-碰撞力曲线

b) 变形位移-吸收能量曲线

图2-38 三种材料仿真结果

表 2-9　三种材料的碰撞仿真评价参数

评价参数	材料		
	6063-T6	6082-T6	7003-T6
吸收能量 /kJ	33.22	32.67	33.53
变形距离 /mm	278	232	195
能量吸收能力 /(kJ/mm)	0.119	0.141	0.172
质量 /kg	2.682	2.682	2.682
能量吸收效率 /kJ/(mm·kg)	0.044	0.053（+20.5%）	0.064（+45.5%）

所示。其中，红色曲线表示 6063-T6 材料对应的结果，蓝色曲线表示 6082-T6 材料对应的结果，黑色曲线表示 7003-T6 材料对应的结果。碰撞仿真评价参数见表 2-9，可以看出 7003-T6 的纵梁的能量吸收效率最高，比 6063-T6 的纵梁高 45.5%；而 6082-T6 纵梁的能量吸收效率比 6063-T6 能量吸收效率高 20.5%。从成本的角度来看，7003-T6 是最昂贵的，而 6082-T6 和 6063-T6 相差不大。

（3）物理碰撞试验

为了验证三种材料前纵梁在物理碰撞试验中的表现，根据图 2-37 的 CAE 模型，搭建了物理碰撞模型，并按对应工况进行了碰撞，碰撞结果如图 2-39 和图 2-40 所示。从结果看，与 CAE 仿真结果有较大的差异，主要是 6082-T6 和 7003-T6 测试中在 X 方向发生了脆性撕裂，出现失效，而这在 CAE 仿真中很难预测。6063-T6 的测试中发生了轻微的韧性撕裂，变形模式基本和 CAE 仿真一致。进一步分析，6082-T6 和 7003-T6 材料的纵梁大概率从拐角处撕裂，这是由于铝挤压融合工艺中材料性能的差异，导致挤压融合工艺过程出现问题。

a) 碰撞前　　　　　　　　　　b) 碰撞后

图 2-39　三种材料前纵梁物理碰撞试验前后的状态

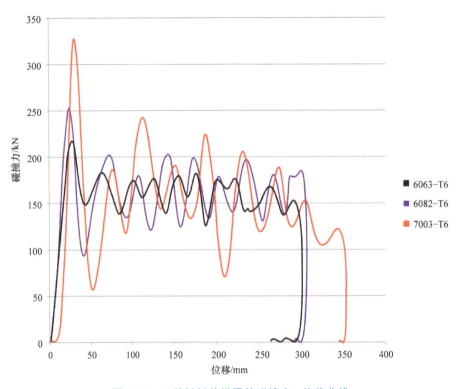

图 2-40 三种材料前纵梁的碰撞力 - 位移曲线

2.6.2 铝合金前防撞梁主梁耐撞性仿生设计案例

前防撞梁总成作为车身的最前端,在行人保护、提高车辆的维修经济性、提升碰撞安全性、提高白车身的扭转弯曲刚度等方面起着重要的作用。前防撞梁总成一般由防撞梁主梁、两侧的吸能盒、端部封板三个部分组成。前防撞梁总成属于总装件,如果是全铝合金零件,则可以不通过涂装车间,直接送到总装车间进行装配。

上一案例描述和验证了前纵梁材料选型的情况;本案例将以前防撞梁型材件为例,阐述主梁截面仿生设计选型。在车辆碰撞过程中,防撞梁主梁需要将碰撞能量尽可能均匀地传递给两侧的吸能盒部件,因此主梁需要具备较高的抗弯强度。同时,防撞梁主梁本身的型材强度发生溃缩变形时也会吸收一部分的碰撞能量。为了使防撞梁主梁达到有效传递能量和吸能的作用,需要从结构及材料两方面进行设计。市场上大部分车型的铝合金前防撞梁主梁截面以"日"字形、"目"字形、"田"字形为主。考虑到挤压工艺,截面以"日"字形、"目"字形居多,基本料厚多为 3mm。

1. 搭建碰撞模型

为了进一步研究截面与防撞梁碰撞性能之间的关系,从自然界典型的承力结构中借鉴了蝎子壳梯度形(以下简称梯度形)、蜗牛壳形、蜘蛛网形和胚胎球形,得到四类不同的仿生截面 B、C、D、E 方案,并和对照组 A 进行对比,如图 2-41 所示。这四类截面保留了生物体原有的基本特征,并进行了抽象和重构。

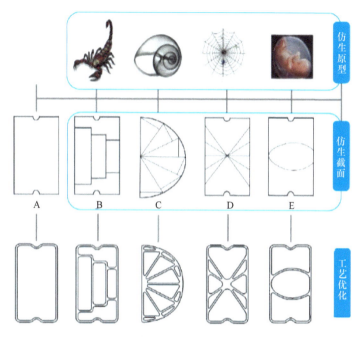

图 2-41 铝合金前防撞梁主梁的仿生截面

梯度形设计是生物材料普遍采用的基本性能优化策略之一，可获得梯度变化的力学性能，实现局域刚度、强度与韧性的优化分布与相互匹配；蜗牛壳作为蜗牛的"房子"，能承受比自重大 2200 倍的压力，为蜗牛免受其他生物的伤害和冲击提供了有力的保护，这与贝壳仿生结构的力学特性类似；蜘蛛网所具有的独特几何外形，具有较高的强度和柔性；胚胎球形是大部分卵生动物或哺乳动物在母体胚胎时的形态，当受到冲击时，能最大限度地分散吸收的能量以减少损伤。基于一款两座高速电动汽车的工况进行分析，整备质量约为 933kg，防撞梁主梁中心线离地间隙 h = 455mm。模拟正面碰撞速度为 50km/h，壁障等碰撞模型依据 GB 11551—2014《汽车正面碰撞的乘员保护》，简化后的铝合金前防撞梁正面碰撞模型如图 2-42 所示。

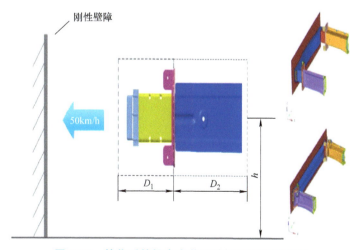

图 2-42 简化后的铝合金前防撞梁正面碰撞模型

为了分析车辆发生正面 100% 刚性壁障碰撞（FFB）时铝合金防撞梁仿生截面的作用，通过减少弱相关因素的影响，对模型进行了简化。选择 X 向长度 D_1 = 200mm 的前防撞梁总成，以及前纵梁 D_2 = 400mm 的数据作为碰撞零件，将车体其他部分简化为一个长方体。分析时，重点关注前防撞梁和纵梁前段变形区压溃的仿真结果。

2. 弯曲刚度分析模型

在正面 40% 偏置可变形壁障碰撞（ODB）工况下，良好的防撞主梁刚度能使碰撞力较均匀地传递到左右前纵梁，从而对碰撞结果产生积极影响。因此，建立了三点弯曲模型对防撞主梁的静态刚度进行分析计算，如图 2-43 所示。

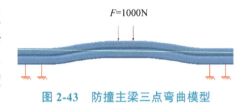

图 2-43 防撞主梁三点弯曲模型

$$k = F/\delta \quad (2-1)$$

式中，k 是弯曲刚度（N/mm）；F 是施加在主梁的作用力（N）；δ 是由力产生的最大位移（mm）。

利用 Hypermesh 软件建立有限元模型，零部件网格主要采用四边形壳单元模拟，网格平均尺寸为 5mm×5mm；防撞梁总成内部的缝焊连接采用 Rigid 单元模拟，防撞梁总成和纵梁之间的螺栓连接采用 Rigid 单元模拟，纵梁内板和纵梁外板之间的点焊焊接采用六面体单元模拟。使用 Radioss 软件进行非线性求解，各主要零件的力学性能参数见表 2-10。

表 2-10 各主要零件的力学性能参数

零件名称	料厚 /mm	材料牌号	屈服强度 $R_{p0.2}$/MPa	抗拉强度 R_m/MPa
防撞主梁	—	6082-T6	≥ 270	≥ 300
吸能盒	2.5	6063-T6	≥ 170	≥ 215
防撞梁连接板	4.0	6082-T6	≥ 270	≥ 300
前纵梁封板	2.0	HC420DP	420 ~ 550	≥ 780
前纵梁外板	2.0	HC420DP	420 ~ 550	≥ 780
前纵梁内板	2.0	HC420LA	420 ~ 520	470 ~ 600

3. CAE 碰撞及弯曲刚度分析结果

分别对对照组防撞梁和四类仿生截面防撞梁对应的模型在同等计算条件下进行求解。不同截面防撞梁在 15ms 时的碰撞变形图如图 2-44 所示，从碰撞变形来看，方案 A、B、E 的防撞主梁两端完全压溃，而方案 C、D 的防撞主梁两端并未完全变形；从碰撞主梁中间区域的位移量来看，方案 A 和方案 E 的位移量最大，方案 B 的位移量最小。从弯曲刚度的计算结果来看（图 2-45），方案 A 的弯曲刚度最小，方案 B 和方案 E 的弯曲刚度相差不大，方案 C 和方案 D 的弯曲刚度最大，基本和正面碰撞时主梁的变形模式吻合。

图 2-46 所示为 5 个方案碰撞压溃过程中的防撞主梁的吸能量对比。分析 5 条吸能曲线，总吸能量大小顺序为：梯度形 > 蜘蛛网形 > 胚胎球形 > 蜗牛壳形 > 对照模型。

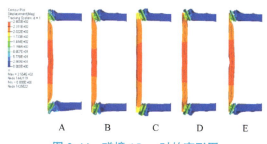

图 2-44 碰撞 15ms 时的变形图

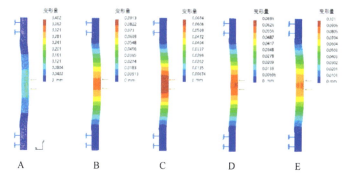

图 2-45 防撞主梁的弯曲刚度

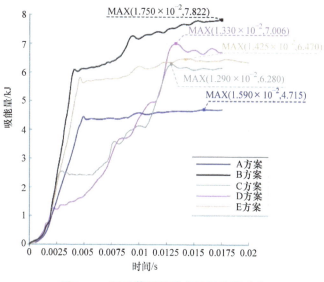

图 2-46 不同截面防撞主梁吸能量对比

5 个方案碰撞前 20ms 的 B 柱加速度变化曲线如图 2-47 所示。图中 B 柱加速度达到最大时,是吸能盒压溃后的加速度值。根据工程经验值,在前 20ms 防撞梁压溃的过程中,B 柱加速度值在 275 ~ 343m/s² 之间比较理想。过大,则对乘员伤害加大;过小,则影响安全气囊的及时点爆。对比碰撞过程,分析图 2-47 的加速度曲线可以发现,方案 A 和方案 B 的峰值都超过了343m/s²，而方案C、方案D和方案E的峰值都在理想区间内。

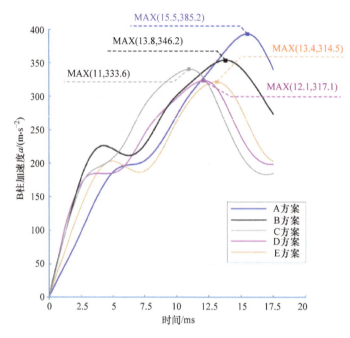

图2-47　碰撞前20ms的B柱加速度变化曲线

对于防撞梁方案优劣的评估，最重要的4个评估因素分别是防撞梁总成重量、20ms内B柱最大加速度、防撞主梁吸能量大小和防撞主梁弯曲刚度。5个方案的评估因素值见表2-11。

表2-11　5个方案的评估因素值

评估因素	A方案	B方案	C方案	D方案	E方案
防撞梁总成重量 m/kg	1.50	2.26	2.22	2.71	1.78
20ms内B柱最大加速度 a/(m·s⁻²)	385.2	346.2	333.6	317.1	314.5
防撞主梁吸能量大小 E/kJ	4.72	7.82	6.28	7.006	6.47
防撞主梁弯曲刚度 k/(N·mm⁻¹)	2487	10952	14836	14367	9901

根据统计学方法，将各评估因素的工程数值依照线性一次方程量化为得分：重量从1.5~3kg的得分分别是10~6分；综合车身结构耐撞性以及约束系统匹配要求，设定加速度在275~343m/s²区间内的评为10分，343~392m/s²区间内的得分分别为10~6分，245~275m/s²区间内的得分分别为6~10分；结合前防撞梁吸能量对碰撞的影响，设定吸能量在4.5~10kJ区间内的得分分别为6~10分，吸能量在3~4.5kJ区间内的得分分别为3~6分；结合弯曲刚度对偏置碰撞时均匀分配力的影响，设定刚度值在0~6000N/mm区间内的得分分别为0~6分，刚度值在6000~18000N/mm区间内的得分分别为6~10分。

建立数学模型。对于多变量的方程为

$$\max: Y(X) = aX_1 + bX_2 + cX_3 + dX_4$$

$$\begin{cases} X_1 = \dfrac{(m-1.5)}{3-1.5}(10-6)+6 \\ X_2 = \dfrac{a-245}{275-245}(10-6)+6; \quad 245 < a < 275 \\ X_2 = 10; \quad 275 < a < 343 \\ X_2 = 10 - \dfrac{a-343}{392-343}(10-6); \quad 343 < a < 392 \\ X_3 = \dfrac{E-4.5}{10-4.5}(10-6)+6; \quad 4.5 < E < 10 \\ X_3 = \dfrac{E-3}{4.5-3}(6-3)+3; \quad 3 < E < 4.5 \\ X_4 = k\left(\dfrac{6-0}{6000-0}\right); \quad 0 < k < 6000 \\ X_4 = \dfrac{k-6000}{18000-6000}4+6; \quad 6000 < k < 18000 \end{cases} \quad (2\text{-}2)$$

式中，Y 是方案的综合得分，满分是 10 分；自变量 X_1、X_2、X_3、X_4 分别是重量、加速度、防撞主梁吸能量和弯曲刚度的得分；a、b、c、d 分别是相关性系数，根据本项目的偏好与侧重点，取值分别定义为 35%、20%、30% 和 15%。

各方案具体的评分见表 2-12。

表 2-12 A～E 方案综合得分

评估参数	评分描述	相关性系数	A 方案	B 方案	C 方案	D 方案	E 方案
重量 X_1	重量 1.5～3kg 得分分别为 10～6 分	35%	9.99	7.97	8.07	6.78	9.26
加速度 X_2	加速度 275～343m/s² 评为 10 分，从 343～392m/s² 得分分别为 10～6 分，从 245～275m/s² 得分分别为 6～10 分	20%	8.28	9.87	10.00	10.00	10.00
防撞主梁吸能量 X_3	吸能量 4.5～10kJ 得分分别为 6～10 分，吸能 3～4.5kJ 得分分别为 3～6 分	30%	6.16	8.42	7.29	7.82	7.43
防撞主梁弯曲刚度 X_4	刚度值 0～6000N/mm 得分分别为 0～6 分，刚度值 6000～18000N/mm 得分分别为 6～10 分	15%	2.49	7.65	8.94	8.79	7.30
综合得分 Y	各项参数加权求和	—	7.37	8.44	8.35	8.04	8.57

由表 2-12 可知，方案 E 的综合得分最高，为 8.57 分，在几个仿生截面中最符合本项目的设计目标要求。从表 2-11 可得，与对照组的口字形防撞梁相比，E 方案重量增加 18%，防撞主梁吸能量增加 37%，最大加速度降低 18.3% 达到 314.5m/s²，在理想目标区间内，弯曲刚度则提升 16.3%。

以上研究对比了四类仿生截面对防撞梁的正面碰撞影响，从而得出胚胎球形是最佳方案。将具有胚胎球形截面的防撞梁结构作为测试对象，探索了不同数量的胚胎球形对防撞梁耐撞性仿真结果的影响。建立数学模型为

目标函数：$\text{Max} Y(\beta,\delta)$

$$\text{s.t.} \begin{cases} m(\beta,\delta) > 0 \\ \alpha(\beta,\delta) > 0 \\ E(\beta,\delta) > 0 \\ 1 \leqslant \beta < \infty, 1 < \delta < 4 \end{cases} \qquad (2\text{-}3)$$

式中，$Y(\beta,\delta)$ 是目标函数，它也是式（2-2）中的方案综合得分；β 是不同球形数量和排布；δ 是防撞主梁不同区域的料厚。

为探究不同数量胚胎球形在防撞主梁腔体内的不同排布对正面碰撞的影响，先取 $\delta = 2$。为了简化计算过程，又设计了 2 个球形、3 个球形、4 个球形、5 个球形共四个方案与 1 个球形方案进行对比，如图 2-48 所示。

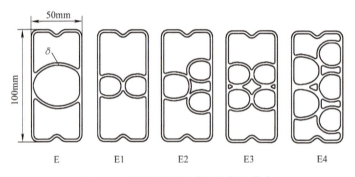

图 2-48　防撞梁不同球形数量和排布

由 LS-DYNA 仿真计算后得出各方案在碰撞 15ms 时的变形结果，如图 2-49 所示。由图可知，方案 E、E1、E3 的防撞主梁两端压溃变形良好，方案 E2 和 E4 防撞主梁两端变形不够充分。各方案主梁的弯曲刚度结果如图 2-50 所示，从 E、E1、E2、E3 到 E4，弯曲刚度逐渐提升，基本和正面碰撞时主梁的变形模式吻合。

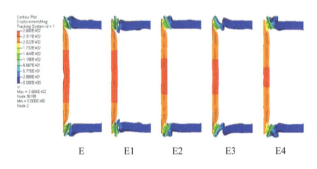

图 2-49　碰撞 15ms 时的变形结果

各方案的评估参数见表 2-13。由表可知：在防撞主梁吸能量方面，吸能量最多的是方案 E3，吸能量为 8.35kJ；在碰撞 20ms 内加速度的表现方面，方案 E 和 E1 是最优的；在重量和弯曲刚度方面，球形数量越多，重量越重，弯曲刚度越大。

根据式（2-3）的计算方式，各方案的综合得分见表 2-14。

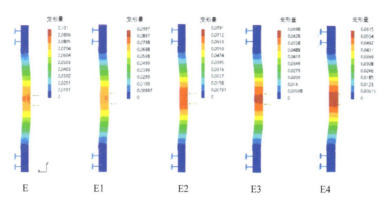

图 2-50 弯曲刚度结果

表 2-13 E~E4 方案的评估参数

方案代号	E	E1	E2	E3	E4
防撞梁总成重量 m/kg	1.78	1.80	2.10	2.20	2.48
20ms 内最大加速度 a_{max}/(m·s^{-2})	32.09	28.96	35.17	35.63	37.26
防撞主梁吸能量大小 E/kJ	6.47	7.41	6.93	8.35	6.15
防撞主梁弯曲刚度 k/(N·mm^{-1})	9901	10030	12642	14367	16260

表 2-14 E~E4 方案综合得分

评估参数	E	E1	E2	E3	E4
重量 X_1/kg	9.26	9.2	8.4	8.13	7.39
加速度 X_2/(m·s^{-2})	10	10	9.86	9.5	8.19
梁吸能量 X_3/kJ	7.43	8.11	7.77	8.8	7.2
防撞主梁弯曲刚度 k/(N·mm^{-1})	7.30	7.34	8.21	8.79	9.42
综合得分 Y	8.56	8.75	8.47	8.70	7.80

从力的传递路径角度分析，E、E1 和 E3 由于传力路径是直线，容易压溃；E2 的 3 个球形组成三角形，结构稳定，不容易压溃变形；E4 更是组成了两个稳定的三角形稳定路径，如图 2-51 所示。从几个方案的碰撞变形结果以及吸收能量的大小来看，也验证了这一点。

通过对上述不同结构的分析得知，方案 E1 的两个球形防撞主梁的综合得分最高，为 8.75 分，在几种球形排布方案中最符合本项目的设计目标要求；在受到同样冲击载荷情况下，球的排布沿着受力方向"一"字形排布，比三角形排布方式更有利于压溃变形；在球的排布为沿着受力方向"一"字形排布时，如果压溃变形良好，那么球的数量越多，吸收的能量越多。

在方案 E1 的基础上，仅通过更改两个球

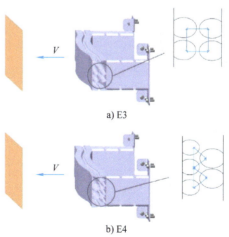

图 2-51 防撞主梁受力分析图

形防撞主梁的不同料厚组合，研究料厚对碰撞结果的影响。研究结果表明，如果料厚太厚，则压溃变形不充分，吸能水平降低。如果料厚太薄，则可压溃的材料不足，吸能量也会降低。

4. 结论

通过模拟仿真，对基于仿生形状截面的铝合金前防撞梁的正面碰撞进行了系统研究，得出以下结论：

1）研究了梯度形、蜗牛壳形、蜘蛛网形和胚胎球形四类不同的截面形状防撞梁应用在电动汽车上时对正面碰撞的影响。综合考虑轻量化、碰撞加速度、防撞主梁的吸能量和弯曲刚度，发现胚胎球形截面防撞梁的设计能够使前防撞梁的传力合理，提高耐撞性能和吸能效果。与对照组口字形防撞梁相比，防撞主梁的重量增加18%，吸收能量增加37%，最大加速度降低13.8%，刚好在理想的目标区间内，而弯曲刚度则提升16.3%。

2）为了探究不同球形数量在防撞主梁腔体内的不同排布对正面碰撞的影响，又设计了2个球形、3个球形、4个球形、5个球形共4个方案的仿真计算，再将其结果与1个球形方案进行对比，得出2个球形方案的综合得分最高。与1个球形方案对比，2个球形方案的防撞主梁重量几乎不增加，加速度仍然在理想范围内，但是吸收能量增加14.5%，刚度提升0.5%。

3）对于每个车型的铝合金防撞主梁，其耐撞性一般都有最优匹配值。在材料和结构不变的情况下，防撞梁的料厚过厚或者过薄都会减少正面碰撞的吸能量。

参考文献

[1] 上海友升铝业有限公司.日字型铝型材挤压直冲模具：201521014145.3 [P]. 2015-12-09.

[2] 李落星，周佳，张辉.车身用铝、镁合金先进挤压成形技术及应用 [J].机械工程学报，2012，48（18）：35-43.

[3] 李落星，胡理中，刘志文，等.铝合金挤压型材淬火模拟研究及工艺参数的改进 [J].湖南大学学报（自然科学版），2013，40（2）：71-76.

[4] 刘志文.车身用铝型材制备过程中典型成形缺陷的仿真分析与优化控制 [D].长沙：湖南大学，2017.

[5] 高安江，王明坤，孙文超，等.H13铝型材挤压模具失效分析及改进 [J].轻合金加工技术，2014，42（1）：34-38.

[6] 山东大学.一种分流模挤压非完全对称型材的纵向焊缝焊合质量的预测方法：201710970057.8 [P]. 2017-10-18.

[7] 柳州凌云汽车零部件有限公司.车门密封条导槽拉弯模：201621428310.4 [P]. 2016-12-24.

[8] 孙雪梅.复杂铝合金型材挤压过程数值建模与模具优化设计方法研究 [D].济南：山东大学，2014.

[9] 陈焰，罗春辉.日本铝挤压生产的发展动向 [J].有色金属加工，1994（6）：13-20.

[10] 李建湘，刘静安，杨志兵.铝合金特种管、型材生产技术 [M].北京：冶金工业出版社，2008.

[11] 吴锡坤.铝型材加工实用技术手册 [M].长沙：中南大学出版社，2006.

第 3 章

汽车铝合金铸造件的材料、工艺及设计

3.1 概述

铸造是一门历史悠久的技术，图 3-1 所示为三千多年以前用泥范（泥型）浇注的青铜后母戊鼎，随着科学技术的不断发展，制造工艺不断进步，各种铸造技术不断成熟，如失蜡铸造、金属铸造、砂型铸造、高压铸造、离心铸造、陶瓷铸造、电磁铸造、挤压铸造等铸造工艺都可以直接制作出最终所需产品，不需二次加工来满足需求。

根据溶液的浇注方法不同，铸造分成重力铸造与压力铸造两种。重力铸造顾名思义，是指金属熔液在重力作用下进入型腔的工艺，也称为浇注，通常包含砂型浇注、金属型浇注、熔模铸造、消失模铸造、泥膜铸造等。压力铸造是指金属熔液在重力之外的作用力下进入型腔的工艺，也称为压铸，

图 3-1 青铜后母戊鼎

通常包含真空压铸、低压铸造等，它的特点是金属熔液能以较高的速度填满型腔，效率高，适用于大批量生产和样件制造。

铝铸件有着重量轻、比强度高、比刚度高、加工性好和吸能性强等诸多优势，为了减轻整车重量，被广泛应用在汽车行业中。铝铸件在铸造时易产生疏松、气泡和氧化物夹杂等问题，这些限制了铝铸件的使用范围。现阶段铝铸件在底盘结构件使用不多，因为底盘结构件形状复杂、结构大、厚度小，力学性能要求比较高，导致零件制造工序烦琐，而且对制造技术、装备要求较高，制造成本也很高。虽然有制造较复杂、成本较高的缺点，但是铝铸件在车身受力件、底盘结构件、电池包壳体、动力系统壳体等零件上还是有很好的使用前景，尤其是薄壁型铝铸件（薄壁铸件：壁厚 2.0 ~ 4.0mm，超薄壁铸件：壁厚 <2.0mm），可以明显减轻整车重量，而且力学性能优秀。图 3-2 ~ 图 3-6 所示分别是铝合金铸造在车身结构件、底盘副车架、动力系统壳体、动力电池包壳体和

图 3-2 铝合金铸造车身结构件

电动助力转向系统壳体上的应用案例。随着铸造技术越来越成熟，成本越来越低，铝合金铸造在汽车结构件上的应用也会越来越广泛。

图 3-3　铝合金铸造底盘副车架

图 3-4　铝合金铸造动力系统壳体

图 3-5　铝合金铸造动力电池包壳体

图 3-6　铝合金铸造电动助力转向系统壳体

3.2　铝合金铸造零件材料

铝合金具有良好的铸造性能。因为铝的熔点低（纯铝：660.23℃），而铝铸件熔炼温度范围是 730～750℃，所以可以使用压力铸造等制造工艺来减少零件的缺陷，提升零件的精度、表面质量、制造节拍。因为铝合金凝固时潜热比较大，同等质量下，铝合金的凝固时间远大于钢铸件的凝固时间，而且铝合金的流动性比较好，可以铸造出壁厚薄、形状复杂的零件。

3.2.1　铸铝零件的材料牌号及分类

目前，可以规模使用的铝铸件材质有以下几类：Al-Mg 系、Al-Si 系、Al-Si-Mg 系和 Al-Si-Cu 系等。Al-Si 系又名铝硅系，是现在使用最多的铸造铝合金。因为其易于铸造，可以铸造结构复杂的铸件，且耐蚀性高、耐热性好，被广泛应用在发动机的气缸头、电动机壳体、泵体、活塞等零件的铸造上。Al-Mg 系合金不易铸造，热强性低，使用温度需小于 200℃，但是合金力学性能优秀，耐蚀性良好，可以铸造耐冲击、耐蚀、结构简单的零件，应用在舰船配件、氨用泵体等铸件，常用的合金有 ZL301 和 ZL302。Al-Si-Mg 系合金有良好的可铸造性、力学性能、耐热性和抗疲劳性，可以使用在航空航天、军事、汽车等行业。常见传统压铸铝合金的材料牌号与力学性能见表 3-1。德国莱茵菲尔登公司研发了一类高强韧压铸合金——SF-36 及 Castaduct-42，SF-36 合金是一种低 Fe、高 Mn 和含 Sr 的 AlSi$_9$Mg 铝合金，有着高应力、高载荷和高韧性的优点，可以应用于汽车车身结构件。

表 3-1 常见传统压铸铝合金的材料牌号与力学性能

材料牌号	商业标准	360	A360	380	A380	383	384	390	13	A13	43	218
	美国标准学会	360.0	A360.0	380.0	A380.0	383.0	384.0	B390.0	413.0	A413.0	C443.0	518.0
抗拉强度 /MPa		300	320	320	320	310	330	320	300	290	230	310
屈服强度 /MPa		170	170	160	160	150	170	250	140	130	100	190
伸长率（%）		2.5	3.5	3.5	3.5	3.5	2.5	<1	2.5	3.5	9.0	5.0
布氏硬度 HBN		75	75	80	80	75	85	120	80	80	65	80
疲劳强度 /MPa		140	120	140	140	145	140	140	130	130	120	140

3.2.2 铸铝零件材料处理工艺

（1）热处理工艺 进行热处理工序，可以提升铝铸件的力学性能。热处理的目的为：①提高铝铸件的综合力学性能；②消除偏析和针状组织；③改善组织和性能；④稳定铝铸件的组织和尺寸；⑤消除铸造应力。

热处理工艺分为以下几种：

1）退火处理：把零件加热到 300℃左右后保温一定的时间，然后随炉冷却至室温。

2）固溶处理：将零件加热到接近于共晶体的熔点后在该温度下进行足够时间的保温，然后迅速进行冷却处理。固溶处理是为了尽可能溶解强化组元，其效果受固溶处理温度、保温时间和冷却速度 3 个因素的影响。

3）时效处理：把完成固溶处理的零件加热到特定温度，保温处理一段时间，然后在空气冷却至室温。在室温下进行的时效处理为自然时效，在高于室温下进行的时效处理并有保温操作的处理被称为人工时效。人工时效又被分为不完全人工时效、完全人工时效和过人工时效 3 种。

4）循环处理：经过多次冷却加热循环操作使固溶体不断收缩膨胀，引起晶格轻微移动，使质点更加稳定，可以提升零件的尺寸精度。因此，循环处理可以应用于精密零件的铸造。

国内铸造合金的热处理状态及代号见表 3-2。

表 3-2 国内铸造合金的热处理状态及代号

类别	代号	用途	备注
固溶处理加自然时效	T4	通过加热、保温和快速冷却，提高合金的力学性能，特别是塑性和室温下的耐蚀性	由于固溶处理后并不会马上投入生产使用，会存放一段时间，相当于固溶处理加自然时效
固溶处理加不完全人工时效	T5	固溶处理后再进行不完全人工时效，不完全人工时效温度较低，时间较短，可以再次提升铸件力学性能	铸件继续保留高塑性，不过耐蚀性减弱，尤其晶格间腐蚀的趋势增强
固溶处理加完全人工时效	T6	时效温度较高，时间较长，该时效下合金的抗拉强度最高，但塑性降低	合金耐蚀性能降低
固溶处理加过人工时效	T7	提升零件尺寸精度及耐蚀能力，应用在高温环境下使用的产品，稳定化处理的温度接近零件的工作环境温度	时效温度高于 T6，提升铸件抗应力腐蚀能力，还可以保持较高的力学性能

以 AlSi10MnMg 材料为例，无热处理状态的材料力学性能与 T4～T7 热处理状态的材料力学性能对比如图 3-7 和表 3-3 所示。图 3-8a 所示为热处理前的微观组织结构，图 3-8b 所示为经过 T6 热处理的微观组织结构，对比可以看出，热处理后的晶粒更细小。

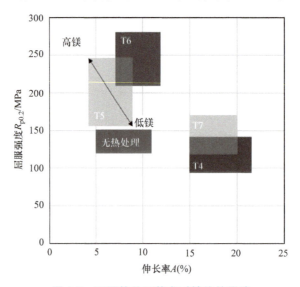

图 3-7　不同热处理状态对性能的影响

表 3-3　不同热处理状态性能对比

材料	热处理状态	屈服强度 $R_{p0.2}$/(N/mm²)	抗拉强度 R_m/(N/mm²)	伸长率 A（%）	布氏硬度 HBW
AlSi10MnMg	无	120～150	250～290	5～11	75～95
	T4	95～140	210～260	15～22	60～75
	T5	155～245	275～340	4～9	80～110
	T6	210～280	290～340	7～12	90～110
	T7	120～170	200～240	15～20	60～75

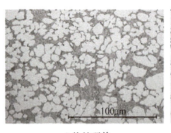

a) 热处理前

b) 热处理后

图 3-8　热处理前后微观组织对比

（2）提高铝合金耐蚀性的表面处理技术　由于在大气中铝合金表面往往会形成一层附着力强、致密的、具有一定保护性的自然氧化膜，所以铝合金在正常使用环境下耐蚀性能很好。但还存在一种应力腐蚀，即在环境与应力的共同作用下，铝合金产生严重的腐蚀破坏，比较常见的失效有应力腐蚀开裂。应力腐蚀的产生有 3 个条件：腐蚀介质、在这些介质中敏感的铝合金材料、应力门槛值。现在提升铸件耐蚀性能的主要方式是零件表面处理，例如阳极氧化、化学转化、电镀、微弧氧化、涂装等。

（3）铸件表面质量处理工艺　铸件表面质量处理的工艺有两类：表面热处理和表面机械强化。表面热处理使用高频淬火、渗碳、氰化、氮化等方法提高铸件表面材质的抗疲劳强度。表面机械强化使用铸件外表滚压、喷丸等措施，在铸件外表构成预压应力层，能够降低形成疲劳失效的拉应力，以此来提升铸件表面的抗疲劳强度。

3.2.3　铸铝零件材料典型性能

铸铝合金车身零件从性能上主要考虑碰撞安全相关和强度耐久相关的需求，一般要求见表3-4。铸态铸铝件的力学性能主要取决于材料的成分，几种典型铝合金材料的成分见表3-5。可以通过低Fe含量来提高延展性，通过调整Mg含量的占比来改变强度和伸长率。实际生产中，同一牌号材料不同的生产厂家、不同的成分添加及热处理工艺差异都会导致铝合金件的力学性能差异。在正向开发中，不管是前期的CAE模拟分析，还是后期的零部件DV试验，都离不开对铸铝件材料力学性能的测定。

表3-4　铸铝零件性能需求

性能需求	抗拉强度 R_m/（N/mm^2）	屈服强度 $R_{p0.2}$/（N/mm^2）	伸长率 A_{50}（%）
标准合金件	≥240	≥140	0.5～1.5
碰撞相关件	≥180	≥120～150	≥10
强度相关件	≥215	≥150～180	≥7

表3-5　几种典型铝合金材料的成分

材料	成分							
	Si	Fe	Cu	Mn	Mg	Zn	Ti	其他
AlSi9MnMg	9.5～11.5	0.15	0.03	0.5～0.8	0.1～0.5	0.07	0.15	Sr
AlSi10MnMg	9.0～11.5	0.20	0.03	0.4～0.8	0.1～0.6	0.07	0.15	Sr
AlSi9MnMoZr	8.5～10.5	0.15	0.03	0.35～0.6	0.06	0.07	0.15	Sr
AlMg5Si2Mn	1.8～2.6	0.2	0.03	0.4～0.8	5.0～6.0	0.03	0.2	—

汽车的高速碰撞是一个动态变形溃缩过程，在典型的汽车正面碰撞测试中，车身材料的应变率可达500/s甚至更高。因此想要通过CAE模拟正面碰撞（FFB和ODB）来提前识别铸铝零件的失效风险，必须进行材料的静态拉伸和高速拉伸试验。

以某AlSi系材料为例，介绍一下试验的过程和结果。

材料性能试验包含以下几个主要的测试：

1）材料成分试验：光谱分析仪对某AlSi系材料的棒材进行成分分析，保证材料成分满足要求。

2）材料料片的屈服强度试验：依据ISO 6892-1/DIN 50125标准，万能拉力机拉伸试验，确保 $R_{p0.2}$ ≥ 120MPa。

3）材料料片的抗拉强度试验：依据ISO 6892-1/DIN 50125标准，万能拉力机拉伸试验，确保 R_m ≥ 180MPa。

4）材料料片的伸长率试验：依据 ISO 6892-1/DIN 50125 标准，万能拉力机拉伸试验，确保 $A_{50}>10\%$。

表 3-6 某 AlSi 系材料的测试项目

材料种类	试验类型	试样种类	加载水平	次数	工作内容
AlSi 合金	静态拉伸（单向）	2	1	3	应变率 0.001/s
	动态拉伸	1	5	3	应变率 1/s、10/s、100/s、200/s、500/s
	静态缺口拉伸（R5）	2	1	3	速度 2mm/min
	静态缺口拉伸（R20）	2	1	3	速度 2mm/min
	静态中心孔拉伸	1	1	3	速度 2mm/min
	静态剪切	1	1	3	速度 2mm/min
	静态穿孔	1	1	3	速度 2mm/min
	静态压缩	1	1	3	应变率 0.001/s
	MAT24 材料卡	1	1	1	包括 MAT24 材料卡开发及各工况对标
	GISSMO 断裂	1	1	1	包括 GISSMO 断裂材料卡开发及各工况对标

在零件压铸前，可以先用某 AlSi 系材料铝液压铸试片和试棒进行材料性能摸底测试，如图 3-9 所示。针对具体某压铸零件，为了测试某 AlSi 系材料的静态和高速拉伸的力学性能曲线，从其他类似壁厚的结构件本体上取样，取样规格如图 3-10a 和图 3-10b 所示，适用于板厚≤2.5mm 结构件，如果板厚 > 2.5mm，则测量段宽度应设计为厚度的 2 倍及以上，直接把图里测试段宽度标出。测试方法参考 ISO 6892-1：2009，Metallic materials-Tensile testing。

用于测试某 AlSi 系材料断裂特性的试件包括剪切样件、R5 缺口样件、R20 缺口样件、中心孔试件、R5 缺口平板样件、R20 缺口平板样件、棒材拉伸样件、压缩样件、穿孔试样件，各样件尺寸如图 3-10c ~ 图 3-10k 所示。材料试验后试件照片如图 3-11 所示。

图 3-9 材料性能测试试件

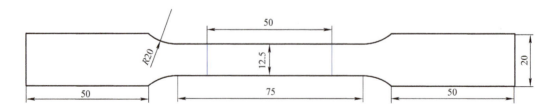

a）静态测试样件尺寸

图 3-10 测试试样尺寸

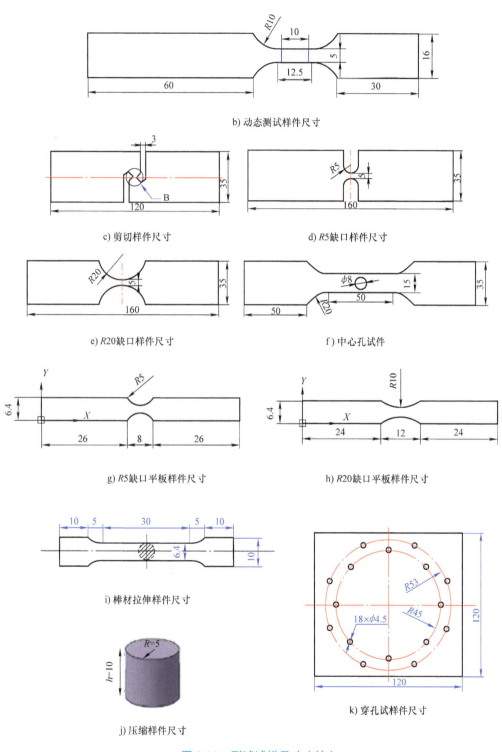

图 3-10 测试试样尺寸（续）

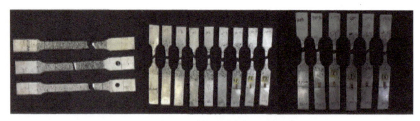

a) 6个应变率的拉伸试验后试件

b) 剪切、R5缺口、R20缺口试验后试件

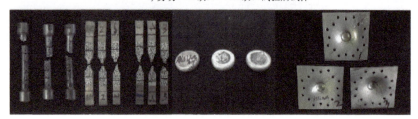

c) 棒材拉伸、R5平面缺口、R20平面缺口、静态压缩、穿孔试验后试件

图 3-11　材料试验后试件照片

得到如图 3-12a 所示的多应变率工程应力 - 应变曲线。通过硬化曲线和几个公式，得到图 3-12b 所示的真实应力 - 应变曲线。

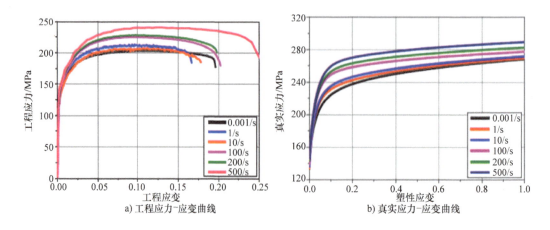

a) 工程应力-应变曲线　　　b) 真实应力-应变曲线

图 3-12　工程 / 真实应力 - 应变曲线

断裂性能相关的曲线如图 3-13 所示，可以看出三组试验的材料性能一致性比较高，这为 CAE 仿真的准确精度提供了支持。

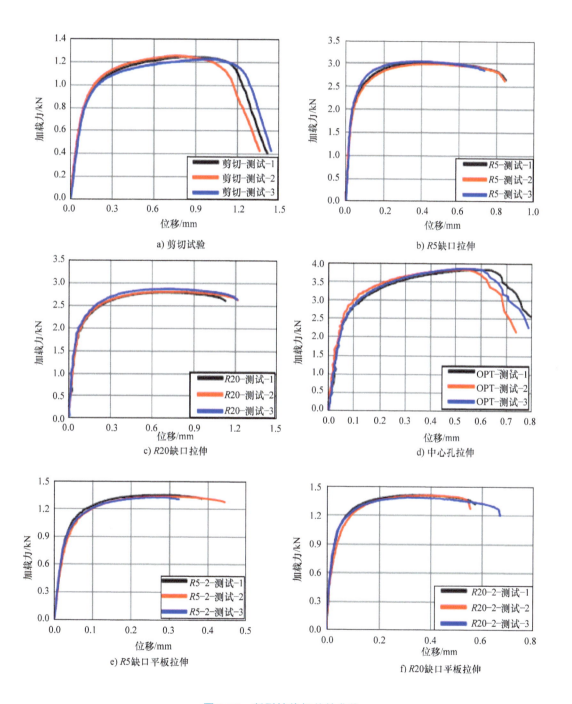

图 3-13　断裂性能相关的曲线

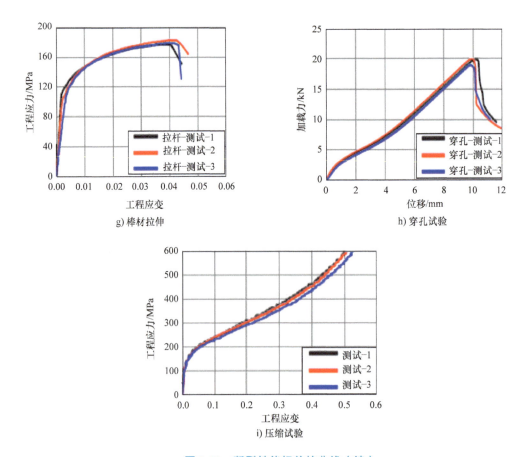

图 3-13 断裂性能相关的曲线（续）

3.3 铝合金结构件铸造工艺

铸件的工艺包含铸件结构设计、浇注系统的设计、收缩尺寸的设计、排气的设计、冷却系统的设计以及特种铸造工艺设计等方面。进行铸件的产品设计时需要考虑以下内容：铸件的机加量、浇注系统的设计、分型面的布置、模具的工艺、产品定义的公差、铸件凝固时的收缩及拔模角度等。

铝合金铸件的制作工艺根据模具材料可以分为黏土铸造、熔模铸造、砂型铸造和金属铸造；根据铝液浇注的动力可以分为重力铸造、低压铸造、高压铸造，几种工艺相互匹配应用的情况见表3-7。重力、低压和高压铸造工艺所对应的设备投资、工艺复杂度、模具费用、生产效率等不同评价指标的比较见表3-8。

表 3-7 铝合金铸件的工艺应用组合

模具材料	重力铸造	低压铸造	高压铸造
砂型铸造	广泛应用	小部分应用	—
熔模铸造	广泛应用	—	—
黏土铸造	广泛应用	—	—
金属铸造	广泛应用	广泛应用	广泛应用

汽车铝合金铸造件的材料、工艺及设计 第 3 章

表 3-8 重力、低压和高压铸造工艺比较

浇注动力	设备投资	工艺复杂度	模具费用	气孔率	尺寸精度	壁厚优势	生产效率
重力铸造	低	低	低	低	低	低	低
低压铸造	中	中	低	低	低	中	低
高压铸造	高	高	高	高	高	高	高

本项目铝合金车身设计的铸铝结构件由于设计的特殊性，对材料的伸长率要求比较高（大于 10%），这就大大限制了能使用的材料和工艺。材料方面，除了类似 Castaduct-42 等新研制的伸长率高、免热处理的材料，其余铝合金材料铸造后都需要通过热处理工艺来提升伸长率，对于零件气孔的要求比较高。采用压铸工艺时，可以通过提高模具型腔真空度来实现，另一方面也可以通过一些特种铸造，比如充氧压铸、半固态压铸来实现。限于篇幅，仅在本章节对项目中使用到的熔模铸造、砂型铸造、高真空压铸进行较为详细的介绍，而充氧压铸和半固态压铸等并未用在本项目上，仅在第 8 章进行简单介绍。

3.3.1 熔模铸造

1. 熔模铸造简介

熔模铸造法又称失蜡铸造法，使用蜡料或易熔材料制作模坯，在模坯包裹上几层耐火材料，等外表干燥硬化后熔化模坯形成型壳，型壳再经高温烘烤后就可以进行浇注铸造。失蜡铸造法是一种高精度铸造方法，是我国发展最早的铸造工艺，在我国航空、军工类铸造零件上应用较多。

失蜡铸造法生产的铸件尺寸精度高、表面质量好，能够生产形状结构复杂的铸件，例如流线型轮廓的发动机叶片等零件。该工艺所铸造的零件是近净成型部件，公差可达 0.075mm，并获得良好的表面粗糙度。但是因其生产周期较长且成本较高，一般只用于生产小批量且中小型的铸件。

熔模铸造产品质量的好坏，主要取决于模样的精度以及型壳的质量水平。而组成型壳的涂料也是关键因素，涂料性能和成本决定了铸件的生产效率、成本和质量。

2. 熔模铸造工艺介绍

熔模铸造的关键工艺过程与消失模类似，都是利于可融化或者可消失的物质做成零件的模样，区别点在于熔模铸造是在铝液注入型腔前就已融化形成型腔，而消失模则是通过铝液的高温进入型腔后直接将模样气化消失取代后填充满型腔。通常来说，这类工艺较多采用的是重力浇注，当然有些结合了其他的精密铸造技术。比如，最近刚被研发出的一种真空低压消失模型壳型铸造技术，能够制造结构复杂的大尺寸薄壁型铝（镁）合金铸件。

本项目减震塔开发中涉及的熔模铸造采用了苏氏集成精密成型技术（简称"SIIC 技术"），属于重力铸造。SIIC 技术在传统熔模铸造工艺的基础上，集成了各种液体半液态金属成型工艺的优点。目前，该类样件只用在铝合金车身开发样车的前期阶段，可以实现高度的集成化，减少机加工等，图 3-14 所示为某一应用 SIIC 技术成型的一体式铝合金车身架构，是一个比较好的样车制造工艺探索。

熔模铸造的工艺流程如图 3-15 所示，过程示意图如图 3-16 所示，其中的重要步骤描述如下。

图 3-14 熔模铸造一体式铝合金车身架构

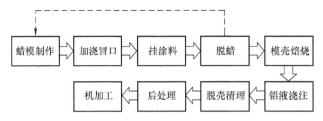

图 3-15 熔模铸造的工艺流程

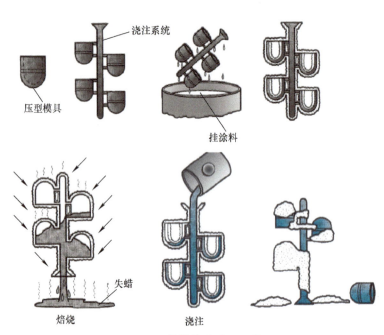

图 3-16 熔模铸造过程示意图

1）制造压型模具。由于压模会直接影响熔模质量，进而决定铸件的质量，所以其尺寸精度、表面质量要很高。若零件大批量、高精度制造，则要使用钢或铝合金加工压型；若小批量制造，则可采用易熔合金浇注压型。

2）浇注系统设计。浇注系统有把控合金溶液充型、保证零件质量的关键作用，大尺寸、薄壁型铸件大部分形状复杂，浇注系统的设计对这种铸件质量的影响更大。浇注系统设计是 SIIC 技术的核心技术，通过系统地对主浇道、副浇道、水口、冒口及挡渣排气结构进行设计，来实现对金属液体流动的方向、速度、排气浮渣及铸件凝固补缩的控制，实现浇注过程的快速浇注、平稳充型。

3）制造蜡模。一般使用石蜡、蜂蜡、硬脂酸和松香等制造蜡模，广泛采用的是50%石蜡加50%硬脂酸。生产大型薄壁铸件必须有相应的大型薄壁蜡模，即在一个模具中一次注蜡压制出整体成型的大型薄壁蜡模，其关键就是需要有配套的压蜡机及压蜡参数，把加热至熔融态的蜡模材料注入压型，待蜡模冷却凝固后取出。当只是少量制作零件时，可以使用3D打印技术制造蜡模，提高效率、减少成本。当大批量制作零件时，可以使用熔融沉积成型（Fused Deposition Modelling，FDM）和光固化成型（Stereo Lithography Apparatus，SLA）等工艺。

4）制造型壳。将蜡模浸入涂料中，再放入硬化剂中进行化学硬化。SIIC有自己研制的涂料配比和砂子级配关系，结合环境温度、湿度要求，使大型薄壁蜡件在制壳过程中的模壳变形及干燥速度得到有效控制，既能提升模壳的强度，又能保证模壳的透气性和退让性。模壳是铸造高质量铸件的基础。

5）造型和焙烧。为了预防型壳在浇注过程中失效破裂变形，对型壳进行加强，把型壳竖着放在铁箱中，四周使用干砂填充压紧，这个工艺被称为造型。之后，再通过焙烧将蜡熔化分离。

6）浇注脱壳。为了提高合金溶液的填充能力，应在壳体烧制后保持高温（600～700℃）时浇注。溶液冷却后铸件凝固，通过除去壳体取得连接有浇注口的产品。

7）表面处理、热处理、机加工。根据零件的要求，进行相应的表面钝化处理、热处理或者机加工。

3. 熔模铸造的缺陷及失效模式

1）浇不足：铝液没有填充满整个型腔，导致零件存在缺肉、冷隔等情况。可以通过调整铝液温度、提高浇注速度、保证浇注量等方法解决。

2）夹砂、结疤：可能由于涂料黏度、砂粒质量不佳、焙烧时间等因素造成。

3）缩孔、缩松：可能由于浇注系统设计问题、型壳的散热差或者浇注温度偏高等因素导致。

4）零件变形：可能由于蜡模变形或者型壳变形、铸件冷却到脱壳处理的时间过短等因素造成。

3.3.2 砂型铸造

1. 砂型铸造简介

由于砂型模具耐压力不高，只能采用砂型重力浇注（图3-17）或者低压铸造（图3-18），而不能使用高压压铸。砂型铸造的优点是应用范围广，无论是大尺寸或小尺寸零件，结构简单或者复杂都能做，且砂的成本相对较低，还可以回收利用，是汽车铸造类零件小批量样件生产中最常用到的工艺，图3-19所示为砂型铸造电机壳体零件。它的缺点是砂模是一次性的，铸件冷却后必须破坏砂模，导致每个零件都是不同砂模生产出来的，在尺寸一致性上有一定的影响，而且效率不高，在汽车大批量生产中成本优势不大。目前在砂型铸造件研发和生产方面，德国和日本走在了前列。德国的EB公司主要制造发动机缸体，Grundwald主要制造汽车底盘、车身结构件；日本的Ryobi也是著名的汽车铝合金砂模零件生产企业。由日本公司研发并推广的使用转移涂料技术进行砂型模具成型的方法大

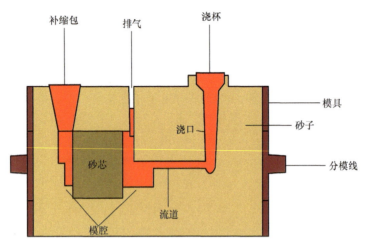

图 3-17 砂型重力浇注示意图

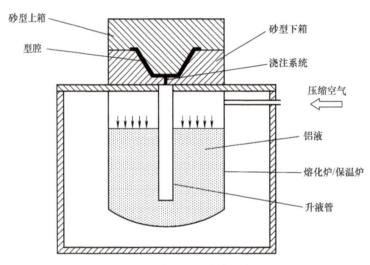

图 3-18 砂型低压铸造示意图

幅提高了铸件的尺寸精度和表面质量，并且成本增加可控，对于一些精密铸件的应用有较大的意义。该工艺是基于原型直接喷刷涂料，再进行填砂紧实和烘干，涂料可以直接转移到砂型表面，完美复制零件的轮廓，从而获得精密且表面光洁的铸件。国内也有不少厂家和学者对砂型铸造的工艺进行提升优化，比如李明珠等研究了薄壁缸体表面黏砂烧结引起废品率高的问题，可以通过优化砂型工艺、涂料喷涂工艺来解决。

图 3-19 砂型铸造电机壳体

2. 砂型铸造工艺介绍

本项目砂型样件的制作就是采用了低压铸造，它是通过控制熔化炉内铝液表面形成低压，使铝液在反重力作用下，由下而上进入型腔进行填充并冷却的工艺，而冷却顺序是自上而下。该工艺中，熔融铝液不会暴露在空气中，气体孔隙率和氧化缺陷最小化。这样生产的铸件组织致密、气孔少，可生产大型薄壁零件。

目前，常用的砂型铸造模具是采用分箱式砂型，简单点的零件使用两箱造型，复杂零件使用三箱造型工艺。分型面的选择原则通常要考虑出模、取件的方便，模具的简便性以及减少砂芯数量，方便下芯。浇注系统的设计，则要考虑金属熔液的填充时间、填充速度、浇道的数量和位置等多种因素。同时可以在热节处增加热铁来加快零件厚大区域的快速冷却和减少缺陷风险。冒口的设计，则可以使金属液中的残渣集中在冒口处，避免夹杂。

3D打印技术应用在砂型铸造中，可以通过激光烧结（SLS）覆膜砂制作砂芯或者沙箱，也可以直接制备一体式砂型，有别于传统的分箱式砂型。传统的工艺是采用手工造型，通常需要8~12周，而3D打印技术的应用提高了效率，大型薄壁件的生产周期可以缩短约1/3。图3-20和图3-21所示为江苏九银智能科技有限公司用3D技术打印的砂芯和电机壳体水道砂芯。

图3-20　3D打印砂芯

图3-21　3D打印电机壳体水道砂芯

砂型铝铸件的工艺过程主要包括造型制芯、涂料、下芯合箱、铝液压铸、落砂、切浇口冒口、机加工和热处理。本项目的铸件壁厚比较薄，主壁厚都在3mm左右，对铝熔液填充模具的难度很大，不仅需要保证金属液的温度和填充速度，也要控制压力。

本项目使用的砂型铸铝件工艺过程如下：

1）造型模具。由于是消耗品，每个生产零件必经该步骤。制作模样和砂芯之后并定位，砂模是通过将型砂填充到模箱中。当砂子夯实后，将模样移除时，会形成铸件需要的空腔。任何不能体现在铸件模样上的特征，都需要放置型砂做成的砂芯。有些型砂还需要进行烘干。

2）夹紧模具。模具成型后，先对模腔表面用润滑剂进行润滑，以便后续铸件和砂模的分离。然后，将模具的几个部分定位，并牢固地夹紧在一起，最终合型为铸型。

3）低压压铸。将砂型模具和压铸系统连通后，通过压缩空气，使熔化炉内的铝液通过升液管和浇口进入到型腔中并充满。铝液冷却凝固后，铸件的毛坯形状就会形成。大多数缺陷如收缩或者裂纹均出现在凝固阶段。整个工艺压铸过程主要分为升液阶段、充型阶段、增压阶段、保压阶段和泄压阶段。

4）落砂去浇口。凝固后，就可以对砂模进行破坏，取出铝铸件。随后，通过打磨、喷丸、切割等工艺去除铸件表面黏附的砂子以及浇口。

5）热处理。将零件放入热处理炉，按照零件的性能需求进行相关的热处理，在该过程中难免出现零件变形和尺寸偏差。这就需要通过对零件变形进行校正：需要在淬火前检查校形工具是否齐全，零件完成淬火后必须马上校形。

6）机加工。将热处理后的铸件根据定位要求放在工装上，按照需求进行机加工，获得需要的安装面或匹配面。

3. 砂型铸造的缺陷及失效模式

常见的砂型铸造的缺陷及失效模式有以下几种：

1）砂眼、针孔：在浇注期间，由于存在于砂模中气体的释放而引起的气孔类缺陷。它产生的原因通常是低渗透性、不良气体排放和砂模的高含水量。

2）砂流痕：浇注过程中砂模腐蚀导致的表面浸渍，该缺陷最终形成于铸造部件的表面中。

3）结痂：由于砂模表面的一部分在凝固过程中剥落并嵌入铸造表面。

4）表面夹砂、黏砂：铸造件表面由砂和金属的混合物组成，多是由于型腔的设计制造或者型砂的质量问题引起的。通过使用好的型砂，将砂模更硬地夯实可以最大限度地减少这种缺陷。

5）模具移位：由于上下箱体相对位置发生位移而引起的缺陷，导致铸件在分型线处存在缺陷。

6）砂芯移位：由于芯砂箱移位或者熔融金属的浮力引起的。

3.3.3 高真空压铸

压铸工艺根据真空度的高低可以分为普通压铸、真空压铸和高真空压铸。高真空压铸技术指合金溶液在高压高真空作用下，快速射入型腔，大幅减少型腔内的气体和铸件气孔，如图3-22所示。作为一种快速的近净成型工艺，高真空压铸拥有生产节拍高、尺寸精度高、力学性能优秀的优点，能够铸造出结构复杂、轮廓清晰的薄壁型深腔零件，满足制造业的发展需求，特别适用于车身和底盘部件的一体化设计和整体成型。高真空铸件的力学性能受多个技术因素的影响。

1. 普通压铸成型技术缺点及改进

1）模具型腔内气体夹杂到铸件中：普通压铸时，铝液被高速压射后充填模具型腔时的液态为湍流，模具型腔内的气体不能及时排除而夹杂到铸件中，形成气孔缺陷，机加后很容易存在表面缺陷。通过高温热处理，表面的气孔在铸件表面容易形成鼓泡，如图3-23所示。

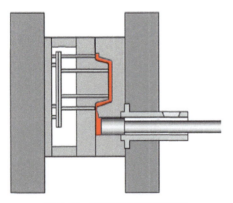

图3-22　高真空压铸工艺图

图3-23　零件热处理后表面鼓泡

2）凝固补缩困难，如图 3-24 所示。

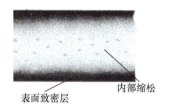

图 3-24　普通压铸凝固补缩

铸件内部疏松，有气泡和氧化物夹杂之类的产品缺陷影响了零件的力学性能，限制了铸件的推广使用，无法满足汽车轻量化的高端需求。在这种情况下，高真空压铸技术应运而生，已广泛应用于底盘结构件以及车身结构件的量产上。

2. 高真空压铸理论基础

压铸时，铝液充填的形态非常复杂，涉及流体力学、热力学、数学等多学科交叉的理论。典型的压铸充填理论主要有三个，分别是勃兰特的全壁厚填充理论、Frommer 提出的喷射填充理论以及 Barton 提出的三阶段充填理论，分别适用于不同的情况，需要具体问题具体分析。

高压下，铝液在浇注过程中的流体流动主要涉及两个重要参数，雷诺数 Re 和韦伯数 We。雷诺数 Re 是流体力学中表征流体流动的重要参数，其定义如下

$$Re = \frac{\rho V_R d}{\eta} = \frac{惯性力}{黏性力} \qquad (3\text{-}1)$$

式中，ρ 是流体的密度（kg/m³）；η 是流体的黏度（Pa·s）；V_R 是流体中介于最大和最小速度之间的平均速度（m/s）；d 是从最小速度到最大速度的过渡长度（m）。

Re 数小，流体流动时，黏性力占主要地位，流体呈层流流动状态；Re 数大，惯性力占优势，流体呈湍流状态。一般认为，当 $Re<2000$ 时，流动状态为层流；当 $Re>10000$ 时，流动状态完全变成紊流。

韦伯数 We 是流体力学中表征流体流动的另一重要参数，其定义如下

$$We = \frac{\rho V_w^2 l}{\sigma} = \frac{惯性力}{表面张力} \qquad (3\text{-}2)$$

式中，V_w 是垂直于自由表面的法向分速度（m/s）；l 是流动通道中的宽度（m）；σ 是熔体的表面张力（N/s）。

We 可以用来判断表面张力是否能够阻止表面膜的破裂，使自由表面继续保持原来的形状。$We<1$，认为自由表面完整；$We>1$，金属自由表面会不可避免地产生氧化膜的折叠卷入，同时也可能将空气卷入金属溶体中。

铸件进行冷却凝固时，冷却速度是影响组织形态的关键因素，冷却速度越大，过冷度就会越大，会产生较多的晶核，晶粒会越细。对于 AlSi 系合金，冷却速度越快，初生 α-Al 组织越细，枝晶间距越短。

3. 高真空压铸工艺介绍

（1）压铸机的选择　压铸机对铸件的产品质量、生产节拍、制造成本都有着严重影响，

因此压铸机的选择十分重要，要评估各方面影响后再选择合适的压铸机。依据压室的工作状态将压铸件分为热室压铸机和冷室压铸机，依据活塞的运动方式又可以分成立式和卧式两种压铸机。目前，铝合金的真空压铸一般采用的都是卧式冷室压铸机。压铸机的规格通常基于多个参数来确定，例如夹紧力、注射力和模具打开行程。胀型力 F 和锁模力 T 的计算方法见式（3-3）和式（3-4）。

$$F = AP_i \qquad (3\text{-}3)$$
$$T \geq Fk \qquad (3\text{-}4)$$

式中，A 是总的压铸投影面积；P_i 是压铸比压，通常取 500～900kg/cm^2；k 是安全系数。

对压铸机来说，有以下几个步骤：抽芯前移、合模、压射、铸件凝固、开模、抽芯退出、顶出、顶出复位。

（2）模具的设计　首先要设计模具的型腔，主要确定零件分型面、模穴数量、结构布置；其次要考虑的是可能的浇排方案，浇口充型位置和材料流动方向等。零件重量、金属溶液填充时间以及浇口的填充速度是进行模具设计的基础数据。模具设计的难点在于如何把单穴结构转为多穴结构，因为模穴数量增多，设计难度也会加大。多穴结构的设计难点是如何保证所有模穴一起完成充型。减震塔是双模穴。进行真空压铸模具设计时需注意的要素与传统压铸基本相同，还要考虑零件结构、产品质量要求等因素。当真空压铸模具的腔体被抽真空时，模具分型面可能不需要密封环，但模具的表面需要平的并且没有飞散的材料，真空度要求很高时，需要增加密封圈。如图 3-25 所示，为某一大小为 900mm×500mm×350mm 结构铸件的定模，圆柱位置为进料口，边上一圈为密封圈。某高真空压铸零件的压铸工艺参数的示例见表 3-9。

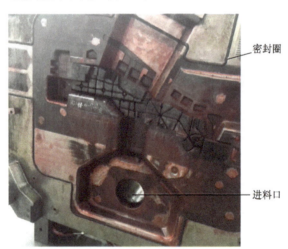

图 3-25　高真空压铸定模实物图

表 3-9　压铸工艺参数示例

项　目	参　数
金属熔液材料	某 AlSi 系合金
压室中金属液的温度	660℃
模具材料	Dievar

（续）

项　　目	参　　数
冲头速度	低速速度：0.2m/s
	高速速度：2.8m/s
零件体积	0.004m³
内浇口速度	40m/s
冲头直径	120mm
模拟软件	Magma

（3）浇口浇道的设计　浇注系统的作用是提供合金溶液流入模具腔体的通道，其结构设计对产品质量的影响很大，浇注系统设计不合理可以引发铸件产生各种缺陷，例如浇不足、冷隔、夹渣、气孔、缩松和其他铸造缺陷。浇注系统应该使金属熔液快速平稳地充满型腔，同时减少对型腔的冲击和烧蚀，减少湍流和紊流的发生。浇注系统的主要设计内容包含三块：选择合理的结构类型、设计合理的内浇口位置、设计合理的截面尺寸。此外，浇注系统的选择也非常重要，那么怎样才能选择正确的浇注系统呢？首先，浇铸系统的设计需要考虑零件的功能要求，特别应该关注零件不同区域的工程要求，比如零件关键区域的位置分布。针对零件的高应力-应变区、密封区、机加区等特殊区域，要考虑进浇口优先充填的原则。其次，浇注系统的设计要考虑高真空模具的特点，保证材料平稳充填。最后，排气系统的设计要准确布置末端充填区域，确保模腔内的空气被抽离，避免残余气体留置。

设计合理的浇口面积十分重要，需要考虑很多条件：铸件结构形状、壁厚、充型路径、最后充型点、排气孔、充型时间、浇口速度等。其中特别需要注意的是内浇口的设计，如图3-26所示，它是将铝液从横浇道引入型腔的关键路径，对铸件质量影响最大。常用的内浇口有顶浇口、侧浇口、环形浇口、中心浇口和梳形浇口等。

一般在加工区域多的方向选择进料口，而把形状相对简单、加工面少的部位作为最后填充区域。在浇口的设计中，可以依据产品的结构形状布置浇口：确定金属液填充方向和流量分布，从而确定浇口的位置、流动方向、厚度和长度。

浇道的设计优化常常用到模流分析软件中的粒子追踪功能（图3-27），通过查看仿真分析结果中的粒子流动形态来预测金属液紊流的现象，从而指导浇道的设计优化。

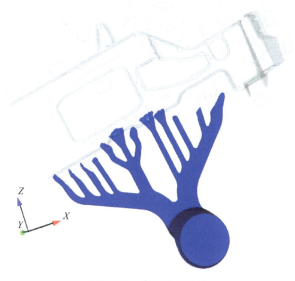

图3-26　浇口分配方案

（4）真空系统和真空机选型　图3-28所示为传统压铸设备结构示意图，图3-29所示为压铸设备实物图，图3-30所示则为增加了瑞士方达瑞抽真空系统的示意图。真空系统由排气元件、真空泵、真空罐、气动控制装置和可编程逻辑控制器（Programmable Logic Controller，PLC）等装置组成。

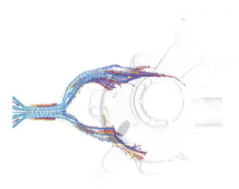

图3-27　粒子追踪功能示意图

真空系统使用范围广泛，能够直接设计在新模具中，也可以在旧模具上改造使用；能够制造铝、锌、镁合金等有色金属；冷室、热室压铸机都可使用；能够在自动化数控压铸机中使用。低压或者低速压铸等有特殊要求的压铸，做一些简单优化后也能使用。真空机的排气能力必须与排气元件能力互相匹配，才能够产生最优的真空效果。

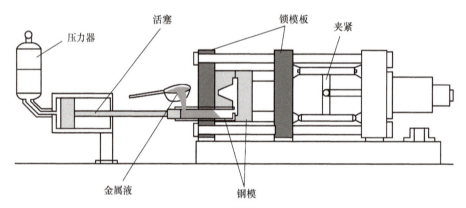

图3-28　传统压铸设备结构示意图

图3-29　压铸设备实物图

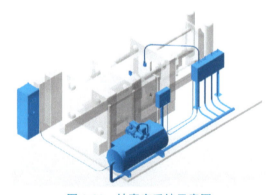

图3-30　抽真空系统示意图

（5）真空阀的选择　真空压铸工艺的重点是尽量减少铝液和气体的接触，而高真空压铸的关键技术之一是如何在短时间内将型腔中的气体排出，并在铝液充型过程中关闭真空通道，避免金属液进入真空通道，侵蚀真空系统。所有内部排气通道都要求汇合于排气元件接口处，除了与排气元件相连的接口外，不容许出现任何其他排气口。同时，真空元件的排气点一定要设置在定模块上，否则会造成排气胶管拖动而过早损坏。图 3-31 所示为高真空压铸排气通道示意图。瑞士方达瑞公司的排气元件按结构形式可分为真空阀和真空冷却块，其选择取决于产品质量要求和经济性。产品质量要求高的需采用真空阀，按规格和排气能力可分为超小型、小型、中型、大型和超大型。

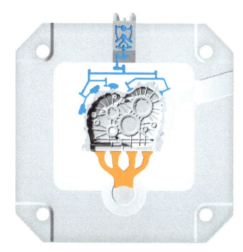

图 3-31 高真空压铸排气通道示意图

4. 高真空压铸的缺陷及优化

在铝合金铸造过程中，针孔一般为氢气孔，液态铝合金熔体中的氢气含量随浇注温度的升高逐渐增加，其在凝固过程中释放的氢气逐渐增多。

气体聚集成气泡后残留在凝固好的铸件中形成气孔；气孔缺陷会减小零件的真实受载面积，容易使零件局部产生应力集中进而造成零件开裂失效。

一些常见的高真空压铸铝合金铸件的气孔缺陷有：①精炼过程中除气不完全的气孔；②排气槽设置不合理模型憋气的气孔；③压铸参数不合理造成卷气孔；④缩气孔；⑤产品结构壁厚相差太大造成的气孔。

总之，真空压铸工艺复杂，生产制造中需要注意的事项众多，各个生产要素之间互相影响。设计模具时，要遵守基本的设计原则，也要根据实际情况灵活调整。周边条件和基本信息都要收集全面，保证模具设计没有问题，才可能产出高性能的铸件。

3.4 铸件通用设计要求

3.4.1 铸件零件 CAD 三维设计

与传统车身件相比，铸铝零件的建模思路和要求都不一样，以下简要介绍一下重点建模要求。

1. 实体建模中的常用命令

如图 3-32 和图 3-33 所示，列出了实体建模中的常用命令。其中几个重要命令的介绍如下。

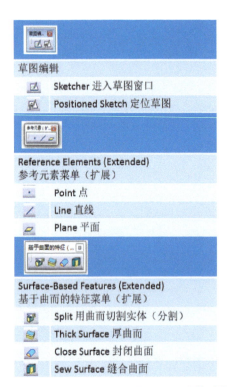

图 3-32 实体建模中的常用命令（1）

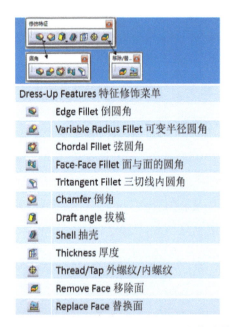
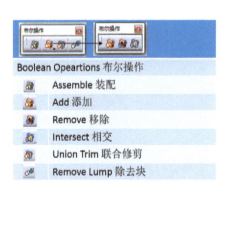

图 3-33 实体建模中的常用命令（2）

（1）创建加厚曲面特征 　加厚曲面特征可以在曲面特征的两侧添加壁厚，让曲面特征变成实体特征，步骤如下：

1）Step1：找到工具栏中"基于曲面的特征"，在其下拉选项里单击"厚曲面"选项。

2）Step2：点击工作区域或特征树中的曲面特征选项，会出现对话框，调整对话框中的厚度。

3）Step3：选择确定后，完成实体特征创建，曲面已经完成加厚。

（2）创建分割实体特征 　分割实体特征可以用曲面特征修剪现有的实体特征，步骤如下：

1）Step1：在"基于曲面的特征"工具栏中选择"分割"选项。

2）Step2：选中使用分割的曲面。

3）Step3：点击确定完成特征创建。可以看到，实体已被曲面切割。

（3）拉伸或凸台 　按照以下步骤创建凸台特征：

1）step1：选择草图轮廓。

2）step2：单击凸台按钮。

3）Step3：弹出对话框，修改凸台属性。

4）Step4：单击确定，工作完成，凸台特征会出现在特征树中，草图也会调整到凸台下面。

2. 铸件实体建模思路和注意事项

（1）建模思路　铸件建模的思路是，首先需要确定出模方向，即主模线的确定；然后先做出本体，后加特征，分别做好对应的各个实体结构，经过布尔运算到本体上，最后开孔。

（2）注意事项

1）绘制草图时尽可能使用坐标平面，平行的草图就用一个平面绘制。例如，好几个草图都与 xy 面平行，那都可以用 xy 面作为绘图面。

2）草图里进行标注和约束时，尽可能不关联实体，如需标注与实体的关系，则直接与目标实体的草图进行约束，便于更新。

3）所有的草绘放在一个图集中。

4）禁止在一个几何体中完成所有特征创建，需要将一个特征做在一个几何体中，再把几个几何体通过布尔运算结合在一起。

5）对称件不要用装配里的 Symmetry 命令，一般左右对称件直接做到一个 model 里。若需要做 DMU 的，那就新建一个 part 文件，再把零件单独复制过来，使用 as result with link 来粘贴，与以前的零件保留关联。

6）关闭混合建模。

7）建模时要注意有参化，便于更新。

3. 结构树说明

图 3-34 和图 3-35 所示为铸件建模模板和实体建模命令的结构树说明，在建模过程中，应严格按照此模板将参数特征放在对应的图形集下面，保证参数清晰、规范，方便以后修改。

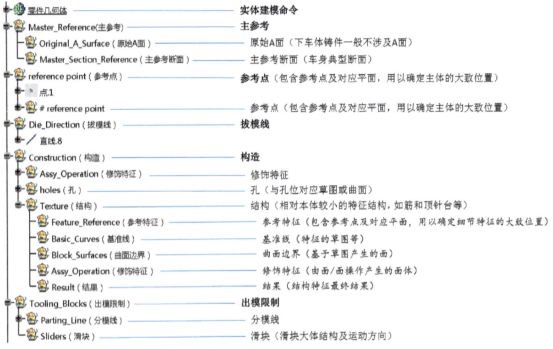

图 3-34　铸件建模模板结构树

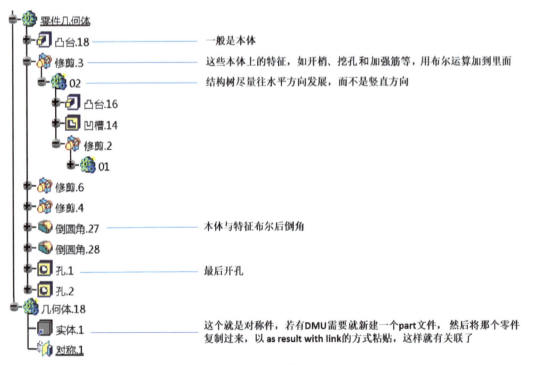

图 3-35　实体建模命令结构树

4. 分模线

确定分模线的原则有以下两点：
1) 分模线以拔模方向正视，为外轮廓。
2) 分模线以上或以下，零件没有负角。
如图 3-36 所示为分模线的实例。

5. 拔模分析

用拔模分析命令对零件进行拔模分析，如图 3-37 所示。设置拔模角度 >1° 显示为绿色，分模线以上拔模分析为绿色（机加部分除外）；反转拔模，分模线以下拔模分析为绿色（机加部分除外），则零件拔模合理，如图 3-38 所示。

图 3-36　分模线的实例

图 3-37　拔模分析命令

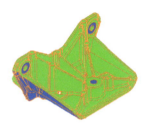
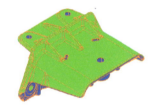

图 3-38　拔模分析实例

6. 料厚分析

用料厚分析命令对零件进行料厚分析，如图 3-39 所示。分析得到不同料厚的区域，根据需求，对料厚过薄、过厚或不满足要求的区域进行修改，如图 3-40 所示。

图 3-39　料厚分析命令

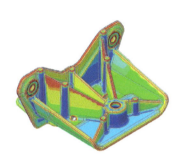
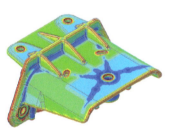

图 3-40　料厚分析实例

3.4.2　零件 CAD 二维图样设计

与车身钢板零件相比，铸铝件的二维图样设计需注意以下几个方面。

1. 壁厚公差的定义

车身结构件业内一般参考欧洲的标准 DIN 1688-4 铸件尺寸偏差要求，见表 3-10。当然也可以根据零件的实际情况要求与供应商协商料厚的公差，比如减震塔的主壁厚为（3±0.5）mm。

表 3-10 铸件尺寸偏差要求

精度等级	与出模方向的关系	线形尺寸中可允许的偏差（长、宽、高、中心线距离、直径、半径）											铸件一般公差一致性参考 DIN1680-4	可适用的本体长度 /mm
		基础尺寸范围 /mm												
		≤18	18-30	30-50	50-80	80~120	120~180	180~250	250~315	315~400	400~500	500~630	630~800	800~1000	1000~1250		
GTA 14/5	固有的（料厚是在一个模具上，比如筋的厚度在一个模具上）	±0.25	±0.35	±0.4	±0.45	±0.55	±0.65	±0.75	±0.8	±0.85	±0.95	±1.1	±1.2	±1.4	±1.6	GTA14/5	>500
GTA 14/5	非固有的（料厚是由分动定模合成的，比如分型面上的料厚）	±0.55	±0.65	±0.7	±0.75	±0.85	±0.95	±1.0	±1.1	±1.1	±1.2	±1.4	±1.5	±1.7	±1.9	GTA14/5 plus allowance	
GTA 14	固有的	±0.22	±0.26	±0.31	±0.37	±0.44	±0.5	±0.6	±0.65	±0.7	±0.8	±0.9	±1.0	±1.2	±1.3	GTA 14	>180
GTA 14	非固有的	±0.42	±0.46	±0.51	±0.57	±0.64	±0.7	±0.8	±0.85	±0.9	±1.0	±1.1	±1.2	±1.4	±1.5	GTA 14 plus allowance	

2. 零件关键和非关键区域的定义

根据不同的要求，可以将铸件分为不同的区域：A 区域为关键区，主要是 CAE 分析出的高应力-应变区；B 区域为功能区，主要是装配连接上的搭接区和装配区。在图样上应该明确标明这些区域，如图 3-41 所示。

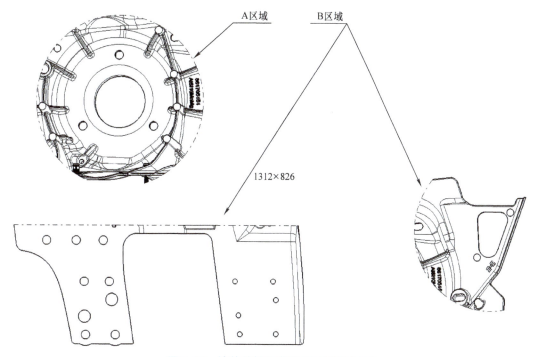

图 3-41 铸件关键和非关键区域标识图

3. 机加工面轮廓度的定义

根据零件装配需求，机加工面的轮廓度一般定义为 0.6mm 或者 1mm，图 3-42 所示为后扭纵梁机加工面的轮廓度定义；而非机加工面有些区域因为需要拔模角等原因，轮廓度公差比较大。

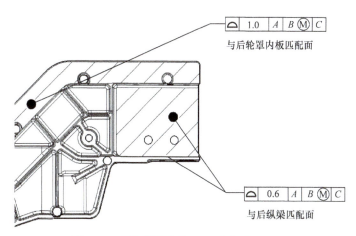

图 3-42 后扭纵梁机加工面的轮廓度定义

3.4.3 结构设计要求

（1）出模方向及最小出模角度　出模方向项目初期优先参考 Benchmark 进行初定义，后根据工艺部门及工艺商相关要求进行优化更新。考虑压铸工艺的稳定生产及模具寿命，最小出模角度一般定义为 1°。

（2）最小圆角　最小圆角为 $R=0.5$ mm，但无特殊情况时，一般圆角的设计都是 $R>1$ mm。圆角增加有利于提高铸件的刚性和可压铸性，减少热应力，延长模具的寿命。如图 3-43 所示为后扭转盒局部圆角优化。

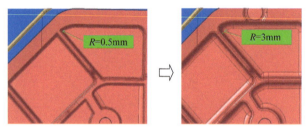

图 3-43　后扭转盒局部圆角优化

（3）加强筋　从提高力学性能方面优化，加深加强筋能够加强零件的刚度和强度，且不会增加过多重量，常见铸件加强筋断面如图 3-44 所示。$\phi 11$ mm 的圆台面，同时拔模 1°，顶部倒圆角（$R=1.5$ mm），底部倒圆角（$R=2$ mm），如图 3-44a 所示。当加强筋深度过深时，为了防止根部烧伤，加大拔模角为 3°，并与 1° 拔模面圆滑过渡（如 $R=100$ mm），如图 3-44b 所示。

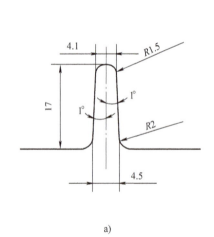

a)

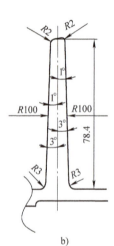

b)

图 3-44　常见铸件加强筋断面

（4）顶针相关　常见顶针凸台断面如图 3-45 所示，$\phi 11$ mm 的圆台面，同时拔模 1°，顶部倒圆角（$R=1$ mm），底部倒角根据特征深度不同，倒圆角（$R=1\sim3$ mm）。同时需重点关注非加工面由顶针产生的顶针印记高度，避免产生对手件匹配问题。

（5）料厚过渡均匀　均一的料厚可以改善铸件的热节、气孔等缺陷，提升力学性能，减少模具的局部过热，从而延长模具寿命，同时也能起到减重降本的作用。后扭转盒局部料厚优化如图 3-46 所示。

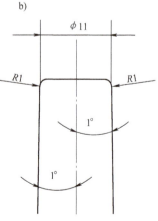

图 3-45　顶针凸台断面

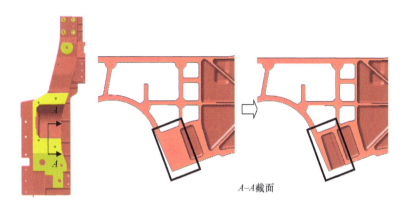

图 3-46　后扭转盒局部料厚优化

（6）减少滑块的应用　减少滑块的应用可以降低模具费用，延长模具寿命，提高生产效率。散热器立柱滑块优化如图 3-47 所示。

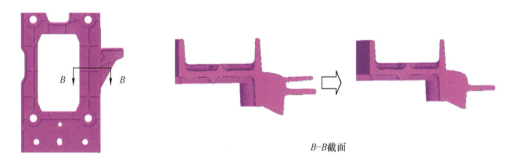

图 3-47　散热器立柱滑块优化

（7）零件或模具不可有刀边　零件上刀边的存在对操作人员容易造成割手等工伤；模具上形成尖角，容易产生模具热裂而损坏寿命。前扭转盒封板刀边优化如图 3-48 所示。

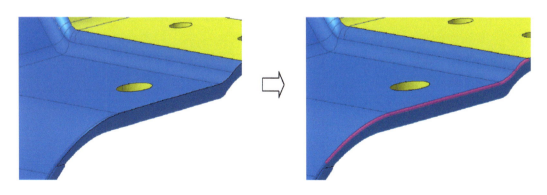

图 3-48　前扭转盒封板刀边优化

（8）加强筋补强　零件上大面积的平面容易造成产品变形，通过加强筋补强可以提升刚度，改善可压铸性。前减振器座加强筋补强如图 3-49 所示。

图 3-49 前减振器座加强筋补强

3.4.4 性能试验

1. 零部件性能试验

（1）零部件孔隙率试验 依据 ASTM E 505 标准，通过 X 光或者 CT 设备扫描，确保零部件孔隙率满足表 3-11 的要求。

表 3-11 ASTM E 505 孔隙率标准

类别	适用铸件厚度 /mm	ASTM E 505 要求	最大空隙面积（参考）
A 类孔隙度	厚度 ≤ 9.5	重要区域：Level 1	1%
		功能区域：Level 2	17%
		非重要区域：Level 3	26%
	9.5 < 厚度 ≤ 25.4	重要区域：Level 1	11%
		功能区域：Level 2	33%
		非重要区域：Level 3	45%
B 类孔隙度（冷填）	厚度 ≤ 9.5	不允许	—
C 类孔隙度（收缩）	9.5 < 厚度 ≤ 25.4	重要区域：Level 1	3%
		功能区域：Level 2	40%
		非重要区域：Level 3	55%
D 类孔隙度（外部杂质）	厚度 ≤ 9.5	不允许	—

（2）零部件外观缺陷试验 依据 DIN EN ISO 10049 标准，目测确保零部件无冷隔、开裂、毛刺、生锈、白斑，表面光滑平整。

（3）零部件焊接性试验

1）起泡试验：热处理前进行 3h 530℃ 高温监控铸件质量。

2）热处理：按流程定义参数，确保满足以下要求。

① 非熔化极惰性气体保护电弧焊（Tungsten Inert Gas Welding，TIG）测试无需额外材料，只熔化铸造材料（暗缝）。

② 显微切片与图像评价。

③ 焊层总孔隙度 <10%，分布均匀。

④ 最大孔隙 <1mm。

⑤ 用焊接薄板进行 MIG 焊接性试验。

⑥ 显微切片与图像评价。

⑦ 焊层总孔隙度 <10%，分布均匀。

（4）零部件弯曲试验 确保满足回弹角 α（d=2mm）> 60°，如图 3-50 所示。

（5）零部件尺寸检测 以图样和 DIN 1688-4 为标准，通过三坐标、检具进行测量，确保关键尺寸合格率 100%，总体尺寸合格率不低于 80%。

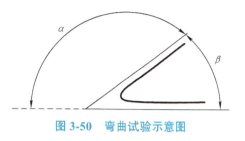

图 3-50 弯曲试验示意图

2. 标准件性能试验

（1）拉铆螺母性能试验 检测扭转力矩，确保满足以下要求：

1）破坏扭转力矩 > 10N·m。

2）螺母头部下表面与板材上表面贴合且无明显缝隙，表示安装到位。

3）安装后产品不松动、不脱落。

4）用适配螺栓应能手动顺利拧入。

5）产品性能测试结果能满足标准要求。

（2）压铆螺母性能试验 检测扭转力矩，确保满足以下要求：

1）检验扭转力矩 > 35N·m。

2）推出力 > 900N。

3）保证载荷：将铆螺母拧入螺纹芯棒中，并施加到规定载荷，保持 15s，螺母应不脱扣或断裂；当除去载荷后，应可用手将铆螺母旋出，或轻锤击铆螺母后用手旋出。

4）头部结合强度：将铆螺母拧入螺纹芯棒中，施加载荷直至断裂，断裂应不发生在头与圆柱部分交接处。

5）破坏扭转力矩：将铆螺母铆接在板材上，在没有任何润滑的条件下，拧入试验螺栓，施加扭转力矩直至铆螺母断裂或螺纹脱扣。

6）产品性能测试结果能满足标准要求。

（3）螺纹气孔试验 检测攻螺纹孔，测量气孔大小，确保满足图 3-51 所示的要求。

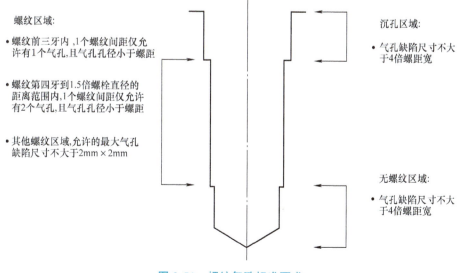

图 3-51 螺纹气孔标准要求

3. 防腐性能试验

在防腐方面,也要对铸件进行中性盐雾试验。以减震塔为例,试验条件、方法和结果如下。

(1)试验环境条件 室温状态下,喷射溶液温度为(35±2)℃;溶液pH为6.5~7.2;浓度为(50±5)g/L;盐雾沉降率为(1.5±0.5)mL/(80cm^2/h),中性盐雾720h。

(2)试验方法及标准 中性盐雾试验方法及标准通常参照GB/T 10125—2012《人造气氛腐蚀试验盐雾试验》。

(3)试验结果 减震塔盐雾试验结果见表3-12,试验照片如图3-52所示。

表3-12 减震塔盐雾试验结果

样件编号	试验项目	技术要求	试验结果	备注
1#	盐雾试验	中性盐雾720h后铸铝料件无白锈	中性盐雾720h后铸铝料件无白锈	合格

图3-52 减震塔盐雾试验照片

3.4.5 潜在失效模式及对策

1. 铸件的潜在失效模式及后果分析

潜在失效模式及后果分析(Failure Mode and Effects Analysis,FMEA)是根据潜在失效的产生原因,施加一定措施来预防潜在失效的有效工具。对铸铝件进行FMEA(表3-13),可以提前识别潜在的不良或者缺陷,预测其可能造成的后果和风险,及时采取措施,从而提高生产效率、改善产品质量,节约成本。

表3-13 设计失效模式与效果分析

项目	潜在失效模式	潜在失效影响	潜在失效原因/机理	建议措施
材料选择	铸件成本、使用寿命、维修费用	铸件成本高,或者不能满足力学性能要求	铸件结构对材料的要求(例如高的流动性能)	进行Benchmark对标,根据市场定位选取合适的材料
		铸件无法满足其材料的强度、刚度的要求	铸件对其材料的强度、刚度的要求	
性能要求	力学性能不良	耐蚀性不满足要求	零件未经防腐蚀等工艺处理	表面处理/热处理
	内部气孔	铸件无法满足其材料的强度、刚度的要求	压铸件制造时内部混入气体	通过X光或者CT设备扫描,确保零部件孔隙率满足要求
	缩孔、缩松	产生裂纹、内应力等	金属的收缩,金属液的填充和流动不足	建立良好的补缩

（续）

项目	潜在失效模式	潜在失效影响	潜在失效原因/机理	建议措施
尺寸精度的要求	与周边环境配合不良	匹配困难	铸造缺陷：铸型局部过热等	冷却量、浇口位置微调
		匹配困难	热处理后材料变形	调整冷却介质，确保零件内应力最小；等温淬火
安装条件	与周边环境配合不良	安装困难或无法安装	定位不准确，功能尺寸不正确	尺寸精度要求高时，增加定位结构
		装配困难或不能装配	零件公差设置不对或者安装点设计不对	设计公差时考虑公差累积
定位面力学性能	定位面力学性能不足	装配困难或不能装配	定位面力学性能不足	定位面与匹配面的匹配紧密，不可以有偏差，装配完成后，零件的匹配面要能承载目标载荷
铸件壁厚的设计	零件生产成本、模具制造成本	重量增加，模具制造成本加大	1. 壁厚过厚，重量增加 2. 壁厚过薄，力学性能不满足目标要求，模具制造成本加大	配合 CAE 仿真分析优化壁厚
加强筋的设计	安装、配合强度不够，产生缩痕	表面质量不好，影响装配和外观	1. 加强筋结构太弱或者设计不合理 2. 加强结构太厚	参考 Benchmark 并根据 CAE 建议，优化加强筋布置
紧固件的选用	安装不牢固，产生噪声	影响性能，引起噪声	紧固件选用不合理，强度不够	重新选择合适的紧固件，并规定相应的力矩要求

铸件的金属溶液在冷却凝固时会产生收缩，在零件最后凝固位置产生孔洞的现象，称为缩孔。体积大并且集中的孔隙称为集中缩孔，简称缩孔（图3-53）；体积小并且分散的孔隙称为分散性缩孔，简称缩松。缩孔的形状没有规律，表面粗糙，肉眼可见粗糙的树枝晶末梢，这点也是与气孔的差别。孔洞是零件发生内应力、变形和裂纹失效的根本原因。

为了预防零件产生缩孔和缩松缺陷，可以根据铸件材质冷却凝固时的收缩特点改进铸造方式，在产品冷却凝固时创造良好的补缩条件，让缩松转变成缩孔。可以在零件最后凝固位置安置局部挤压销，在铸件最后凝固过程中通过局部的挤压提高缩松区域的密度，减少缩松区域的孔隙，这样就可以获得质量优秀的零件。

图 3-53　通过低倍显微镜查看铸件断口处是否有缩孔

模具中的金属溶液在冷却凝固时产生收缩，一些合金冷却至固态时会产生相变进而收缩或膨胀。它们会使零件的局部产生尺寸变化，这一部分的变化被周边环境阻碍无法正常收缩或膨胀，会在零件内板出现应力、变形以及裂纹。液态合金在冷却凝固时被周边环境限制了体积收缩或膨胀而在零件内板出现的应力，称为铸造应力，这是零件发生变形、裂纹等缺陷的根本原因。减弱铸造应力的方法：根据零件的结构优化产品制造工艺，使产品冷却凝固时各部位的温度保持一致，提升铸型与型芯的退让性，减弱模具对铸件体积变化的制约。

铸件中任何形式的热裂纹都会损害其力学性能，并且铸件可能由于使用期间的裂纹传播而破裂，从而导致事故。因此，零件禁止热裂纹存在。表面裂纹易于发现并补救，如果产品的材质可以焊接，则应进行补焊；如果无法焊接，那么零件就会报废。因为零件内部的裂纹难以察觉，所以内裂的危害性很大。

2. 前后扭转盒钢丝螺纹套失效及临时和长期方案

（1）失效的描述　螺纹套规格是 M12×1.5×30，装在前后扭转盒铸件上的理论强度等级是 12 级，实际测试下来能够满足的扭转力矩范围是 130~210N·m。总装车间装配时，在扭力达到 90N+180°（实测扭转力矩在 160~200N·m 之间）后，部分钢丝螺纹套跟转失效，如图 3-54 所示。分析原因可能有以下两点：

1）钢丝螺纹套处的铸件存在气孔，影响连接的强度。

2）铸件处钢丝螺套规格所能承受的扭转力矩范围，不能完全涵盖螺栓的扭转力矩范围。

图 3-54　扭转盒钢丝螺纹套失效

（2）临时返修方案　前后扭转盒副车架安装点钢丝螺套失效，可采用 M14×1.5×35 的钢丝螺套返工，螺栓建议用 10.9 级全螺纹 M14×1.5×120 的六角法兰面螺栓；螺栓扭转力矩要求：法兰面接触尺寸扭转力矩依据 M12 原螺栓产生的夹紧力范围，即 72~89kN，建议 M14 的扭转力矩释放到 130N·m+90°，其产生的预紧力范围理论值为 72~102kN。具体步骤见表 3-14。

表 3-14　临时返修步骤

步骤	详细描述	图示
钻孔	底孔 φ14.40（14.38~14.56），最小深度 45mm	
攻螺纹	用专用丝锥进行攻螺纹，攻螺纹有效螺纹长度：最小 36.5mm	
检测	专用塞尺检测	
装钢丝螺纹套	用专用工具旋入钢丝螺套，钢丝螺纹套离结合面的距离 0.25~0.5P（P 为螺距）	
检测	螺纹塞尺检测	

（3）长期方案
1）改进钢丝螺纹套处的铸件存在气孔，提高连接强度。
2）重新选用钢丝螺套的规格，钢丝螺套长度增加到 M14×1.5×36，从而满足扭转力矩的要求。

3.5 铸铝零件模流数值仿真

3.5.1 CAE 模流数值仿真概述

在铸造业不断发展的过程中，人们对铸造零件的质量要求越来越高，尤其是金属液填充成型的铸造工艺，设计出合理的浇注系统是获得优质压铸件的重要途径。在铝合金压铸件的制造过程中，金属液在模具型腔内的温度、流速、压力大小及填充模式，对铸造产品的质量都会有非常重要的影响，产品的缺陷如卷气、收缩等质量问题都与其有关联。图 3-55 所示为某横梁支架零件金属液充填示意图。

图 3-55 某横梁支架零件金属液充填示意图

铝液填充型腔的过程非常复杂，涉及流体动力学和热力学，还受到多种特性的影响，例如液体金属的材料、密度、流动性、稳定性及凝固温度，铸件的结构，浇铸口位置及数量，填充速度，填充压力，浇注系统，模具温度等。这些因素是动态的，又是相互影响的。传统的铸铝件模具设计和制造一般通过设计人员的经验来判断，常常会导致试模的结果不理想，一旦修模或重开就会导致开发周期变长。而铸造的模流分析和预测则改善了这一问题。

模流分析技术基于流体学、热学的理论，建立金属熔液在型腔中流动、凝固的数学模型，利用计算机图形学技术来形象、直观地模拟成型时熔体的动态填充和冷却过程。对铸铝零件的 CAE 模流数值仿真的意义在于可以在铸造方案设计时，就对各种过程参数进行模拟仿真，并根据仿真结果发现的问题修正铸造设计方案，最终确定模具和浇注方案。从仿真的结果可以看到整体充型过程、最后填充部位、粒子追踪（熔体在模具中的流动形态分布）、料液追踪（不同浇口流出的熔体不同的颜色显示）等。而模具侵蚀的分析可以研究侵蚀率与冲击角度和冲击速度的关系，给出充型时模具侵蚀的结果；根据这一结果可以优化流道、浇口及模具的设计，提高模具寿命。

可以对铸铝件的铸造过程进行仿真计算的软件非常多，较有影响的包括德国的 MAGMA、法国的 ProCAST、美国的 Flow 3D 及 Cast Designer、日本的 JSCAST、英国的 SOLSTAR 等。如图 3-56 和图 3-57 所示，即为用 Flow 3D 分析铸铝前立柱的填充压力和填充速度。

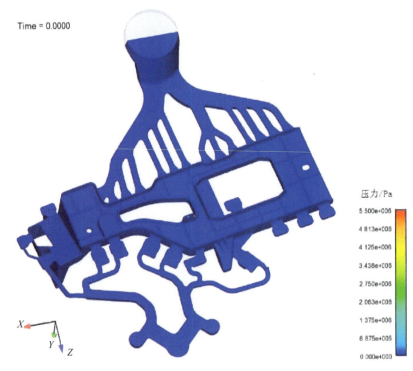

图 3-56 填充压力

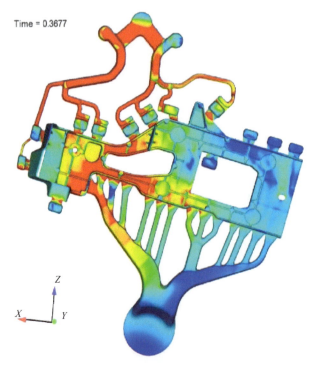

图 3-57 填充速度

Dieringa等人利用Flow 3D软件观察了超薄壁厚铸造件压铸过程当中的流动及能量控制方程，并且根据试验分析确认了其中的关键参数。张宇等人以超薄壁散热器壳体（最小壁厚0.8~1mm）为研究对象，运用Magma软件对半固态压铸工艺成型过程进行了数值模拟，得出压射速度对浆料的流动和充型的影响，并得到目标值。华红芳等人以中冷器壳体为研究对象，通过Magma软件模拟重力铸造的充型凝固过程，通过多种方案的分析，优选合适的工艺参数。包雪松等人通过Procast软件运用虚拟仿真技术，对散热片的模具制造工艺进行了仿真，获得了最佳的压铸工艺和参数，并进行了实际的验证。

压铸过程中，金属液充填速度快、充型时间短，尤其对于薄壁铸件，金属液从浇注系统充型至薄壁位置时，铸件截面急剧变化。在这一瞬间，金属液的流态极其复杂，金属液与模具型腔以及型腔内的空气之间伴随着强烈的热量和动量的转换，同时金属液在充型过程中会发生凝固、卷气、卷渣等行为。因此，可以应用CAE数值仿真方法从流体力学角度来分析压铸充型过程中的流动特征。铸铝件模流数值仿真技术路线如图3-58所示。

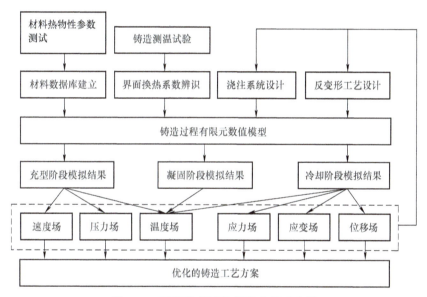

图3-58 铸铝件模流数值仿真技术路线

3.5.2 Cast Designer模流仿真实例

通过Cast Designer软件的应用，可以分析铸铝结构件后纵梁填充过程中的各项参数。

1. 零件模型建造

后纵梁材料为AlSi10MnMg，最大外形尺寸890mm×338mm×333mm，重量10.8kg，壁厚2~10mm，网格的划分为Size=2.5mm；四面体的有限元网格具有更好的随形性，这对形状复杂的薄壁熔模铸件特别有利。网格单元总数为55万，符合此次压铸过程仿真分析的精度需求，如图3-59所示。

2. 仿真参数设置

材料属性（铸造材料、模具材料等）及工艺参数（温度、铸造压力、充填速度、充填时间、冲头面积、浇口面积等）的详细输入如图3-60所示。

图 3-59　后纵梁模型网格

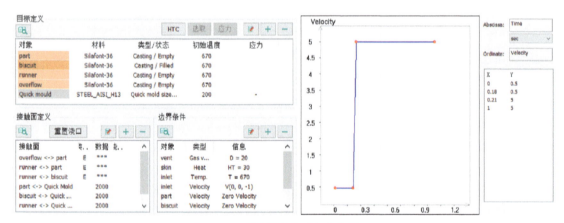

图 3-60　后纵梁模流分析参数输入

3. 仿真分析结果

（1）充填时间速度分析　为避免在压铸过程中出现冷隔、充填不足等问题，以及减少成型周期，通常使用足够大的充填速度。通过仿真得出的充型时间为 0.236s。

经过分析，流体的最大速度为 60m/s，图 3-61 所示是 0.236s 时后纵梁充填速度分布云图。

（2）充填温度分析　充填结束阶段模具温度场平衡状态分析，显示零件和浇排系统温度均匀性温差在 10℃左右，符合铝合金压铸模具温度场控制指标 50℃内。整体模流设计温度平衡，不会出现因为温差造成的充填不良和内部应力翘曲缺陷。充填前端温度在 660℃以上，在材料固液相以上，不会导致末端充填不良现象。

为保证填充，充填前端温度一定要控制在材料许可范围之内，一定不能低于材料的液相线温度。一般充填前端温度在（670±20）℃内可接受。图 3-62 所示为后纵梁填充过程中充填温度分布云图，在 660~670℃之间，较为均匀，填充良好。

（3）流体分析的卷气位置　卷气指金属液在充填过程中，从各个方向流入汇聚时，将模具腔内气体包裹使之无法从排气孔排出的现象，会造成铸件内出现缺陷；铸件壁厚差异大时，金属液倾向于往厚区流动造成紊流效应，这也是造成卷气的主要原因。

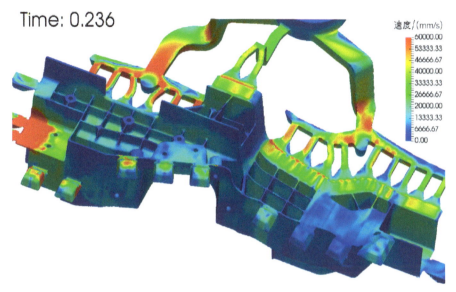

图 3-61　后纵梁充填速度分布云图

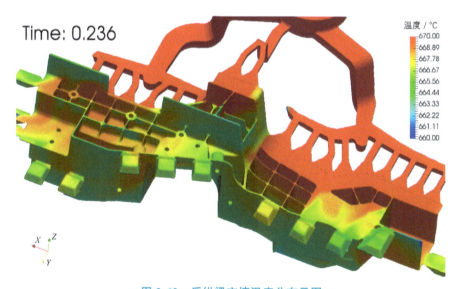

图 3-62　后纵梁充填温度分布云图

图 3-63 所示为后纵梁卷气分布云图，卷气改善的方法如下：

1）改变排气孔的位置、加大排气孔尺寸以改善排气问题，即将排气孔设在最后填充的区域，确保有足够大的排气孔足让填充式空气逃逸。

2）缩减肉厚比例，保持均匀的零件壁厚，可以减小紊流效应。

3）低速区间距离的设定和高速充填速度都会影响喷射流，造成卷气。利用较长的低速区间和比较低的高速射出速度，能使腔内的气体有足够的时间排出。

4）超高真空压铸工艺的采用，可以有效降低卷气现象。

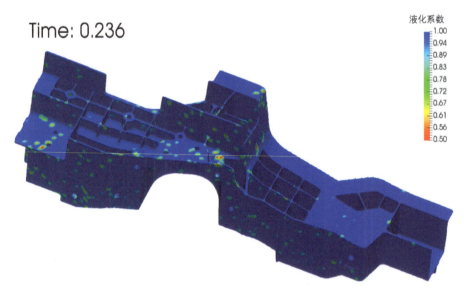

图 3-63　后纵梁卷气分布云图

（4）充填气体压力分析　填充压力是压铸过程中非常重要的指标，压力在模具型腔内的分布及传递效果会影响产品的外观质量和尺寸控制。可以说，产品的设计和模具设计方案很多时候要根据压力指标来进行优化。

填充时最为关键的环节是确保填充过程中的均衡，均衡的实质是压力均衡，通过观察压力梯度的颜色变化来进行调节。填充不平衡，容易在产品一端产生压力集中，造成气压空洞。

图 3-64 所示为后纵梁在 0.236s 时的充填压力分布云图，方框内的部分压力过大（2500bar），建议增加渣包或排气。

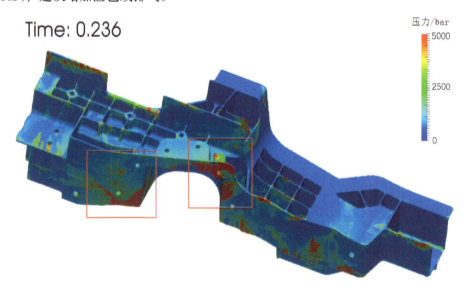

图 3-64　后纵梁充填压力分布云图

（5）凝固分析　通过 CAE 分析产品的凝固顺序，能精确地预测充填时间和冷却时间，加上模具的开合时间，即产品的成型周期。同时可采用优化模具结构以及铸件的壁厚来缩短凝固的时间，提高铸件的生产效率。对铸造件的壁厚和模具的结构进行优化，可实现缩短生产周期、提升效率。

图 3-65 所示为后纵梁凝固顺序云图，可以看出，8s 时产品大部分凝固，15s 时产品已经基本凝固，23s 时产品完全凝固。在铸造件完全凝固、冷流道系统凝固一半以上时，铸造件可脱模，得到该铸造件的成型周期为 23s（不含模具开模闭模）。

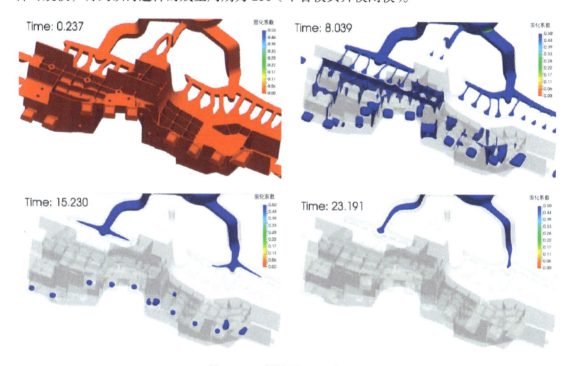

图 3-65 后纵梁凝固顺序云图

（6）凝固分析的收缩缺陷位置　收缩是指金属液射出量小于模具腔体的容积，发生铸件表面有局部下陷或内部形成真空气泡，一般发生在铸件的厚肉区，或是筋、凸毂、内圆角相接平面上；气孔就是成品内部的真空气泡。发生收缩缺陷的原因是铸件冷却时，在料厚较大的区域局部收缩，并且金属液不能进行充足的补偿。发生收缩与气孔的原因有：保压压力太小、局部的几何特征、模具冷却不均衡。

图 3-66 所示为后纵梁收缩缺陷位置分布，收缩改善的方法如下：

1）增加射出压力，平衡模具温度，优化零件壁厚。

2）如果流道与浇口不够大，则保压将会不充分。因此，增加浇口与流道的大小，使浇口的凝固时间推迟，让足够的料在保压阶段补缩。

3）通常壁厚较大的件多发生收缩。因此，优化设计产品的壁厚大小，使壁厚减薄且不会有太大的变化。

3.5.3　Magma 模流仿真实例

同样地，我们也通过 Magma 软件对铸铝结构件后纵梁填充过程中的各项参数进行分析。建模和参数设置不再细讲，直接来看几个典型的模流分析结果。

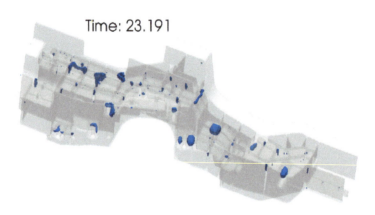

图 3-66　后纵梁收缩缺陷位置分布

1. 填充时间

后纵梁的填充时间如图 3-67 所示，可以看出充型时间为 0.2493s。

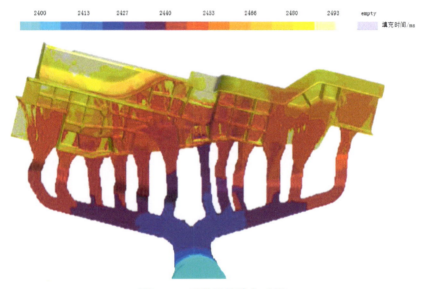

图 3-67　后纵梁的填充时间

2. 卷气分析

可用卷气观察流态以及充型过程中引起卷气发生的位置。卷气与结构有关，在充型时翻滚包卷气体，形成气液混合物。卷气值越小，生产效果越好。

图 3-68 所示为后纵梁的卷气分析，几个亮颜色的位置即为气压较大区域，存在卷气，有气孔的风险。

3. 热节

热节是因为在铝液的凝固过程中，铸件内局部区域因为料厚较厚等原因比周围铝液凝固缓慢所造成的，也是铸件最后凝固的地方。

图 3-69 所示为后纵梁的热节分析，亮色位置缩孔风险较大，在产品上都是料厚比较大的区域。图 3-70 所示为铝液填充完成的凝固过程，可以看出有效补缩时间的区间，从而可采取如增大压力、局部挤压等有效措施来减少缩孔的产生。

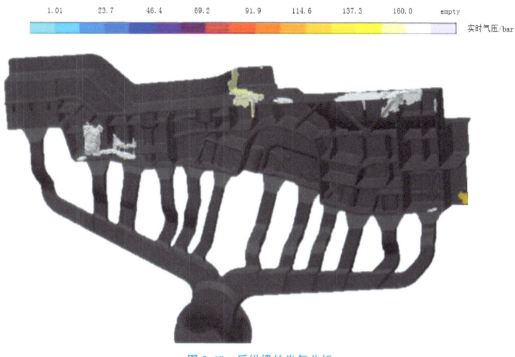

图 3-68 后纵梁的卷气分析

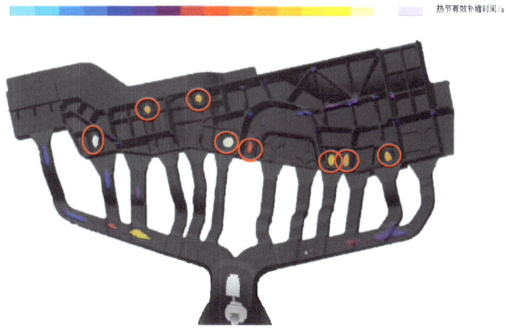

图 3-69 后纵梁的热节分析

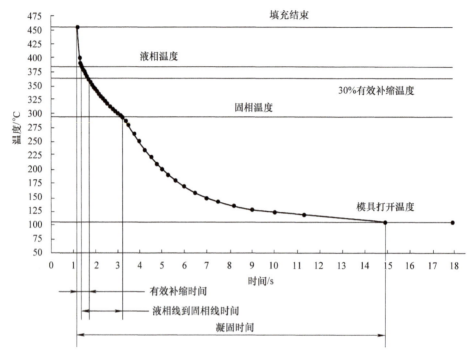

图 3-70　铝液填充完成的凝固过程

3.5.4　模流分析的缺陷及措施

1. 模流分析缺陷的分类

通过模流分析的手段可以分析出产品和模具存在的问题，通常包括如图 3-71 所示的几种类型，即充型不良、结构性气孔、结构性缩孔和模具温度不良等缺陷。

2. 改善缺陷的措施

改善缺陷的措施可以从充型改善和凝固改善两大方面着手，具体的措施见表 3-15。实际操作时，多个变量因素之间相互影响、互为约束，需要通过多次调整和仿真后得出最合适的结构设计和参数设置。

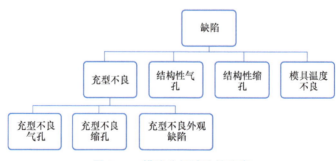

图 3-71　模流分析缺陷的分类

表 3-15 改善缺陷的措施

充型改善	浇注系统	通过调整浇注系统，调整金属液的流向、流量、充型力、温度和速度
	低速速度	降低低速阶段的卷气，降低金属液氧化
	高速切换位置	调整低速到高速的切换点，改变金属液高速喷射位置
	高速速度	通过调整高速速度改变模具型腔内气压，改善憋气状态
凝固改善	喷涂冷却	降低模具温度，加速产品冷却
	冷却	加速产品厚大位置凝固
	优化结构	匀化产品壁厚
	增压	大的压力使产品致密
	局部挤压	补充额外金属液

3.6 典型铝铸件的设计开发验证

上文讲述了铝合金压铸零件从材料到结构设计以及从工艺到验证的相关知识，下面将通过项目中前扭纵梁和前减震塔的开发设计过程为例，研究实际的应用实施情况。

3.6.1 前扭纵梁设计开发

1. 前言

在整个汽车市场处于接近饱和、销量增速明显下滑的背景下，新能源汽车特别是纯电动汽车的发展是一次汽车产业的策略性转型和绿色升级。

在白车身上，铸铝结构件主要应用于一些关键接头的位置。目前，国内汽车车身用铝的材料和铝零件生产工艺还处于研制、引进、吸收、摸索的阶段。车身铸铝件减震塔的技术比较成熟，国内研究和应用得比较多。但是前扭纵梁零件这类应用在铝合金车身碰撞关键区域上的零件，相关研究和应用都比较少。相对来说，国外的研究和应用起步较早，比如奔驰 SL R231 的后扭纵梁的设计使用了 AlSi7Mg 的材料，对刚度和力的传递都有帮助。铸件轻量化设计过程中，常常通过薄壁化、空心化和集成化三种结构优化方案来实现轻量化效果。铸铝件应用在车身上一般都会涉及钢铝异种材料连接的电化学腐蚀问题，需进行表面处理。

国际上对高真空压铸铝材料研究最深入的是 RHEINFELDEN ALLOYS 公司，而应用在高真空压铸薄壁结构件上常用的材料为 SF36（也叫 AlSi10MnMg）。该合金通过添加微量元素 Fe 和 Mn 来保证延展性，且有良好的力学性能：①抗拉强度 $R_{p0.2} \geq 120\text{MPa}$；②屈服强度 $R_m \geq 180\text{MPa}$；③伸长率 $A_{50} > 10\%$。根据 EN 1706：2013-12 标准，该材料的成分见表 3-16。

表 3-16 AlSi10MnMg 材料成分

Si	Fe	Cu	Mn	Mg	Zn	Ti	其他	Al
9.0 ~ 11.5	0.25 或 0.20	0.05 或 0.03	0.40 ~ 0.80	0.10 ~ 0.60 或 0.15 ~ 0.60	0.07	0.20 或 0.15	0.2	余量

朱必武和刘泽林等研究了 AlSi10MnMg 材料在薄壁铝合金件压铸中的应用，建立了数值仿真模型，研究其充型能力及组织力学性能。李升等通过控制 Mg 的含量以及不同热处理状态来获得不同的压铸件力学性能。

在前扭纵梁区域采用一体式铸铝件具有明显的优势：零件数量从 10 个减少到 1 个（图 3-72），减重 12.3%，且减少了几十个焊点和涂胶，同时能提升扭转刚度、尺寸精度及装配精度。

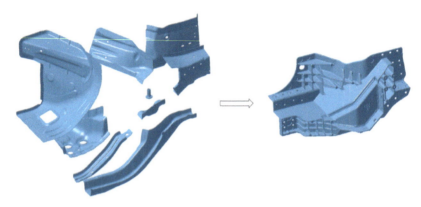

图 3-72　前扭纵梁结构铸铝前后对比

2. 材料试验

汽车整车碰撞是一个瞬态的动态过程，对于车身碰撞区域的零件来说，材料的拉伸速率能达到 $500s^{-1}$ 甚至更高。AlSi10MnMg 不同结构和不同壁厚区域的静态拉伸性能和动态（高应变率）拉伸特性都有所差异。铸件断裂行为的分析和研究，对于 CAE 仿真的准确度以及铸铝零部件的失效规避有重要的意义。为了提高仿真精度和用于导入 CAE 进行碰撞的需要，对前扭纵梁使用的 AlSi10MnMg 材料进行了多项高低速的试验，得到多应变率工程应力-应变曲线和断裂性能相关的曲线，并建立了 MAT24 材料卡和 GISSMO 断裂材料卡。

3. 零件结构设计及优化

（1）结构设计及创新　整车碰撞模拟的反馈分析，为铸件结构设计的优化提供了最关键的过程理论依据：从 Mule 车的概念设计到 TG0 状态的设计优化，再到 TG1 状态的持续优化，到最终的 TG2 量产状态设计冻结，每次变更都是伴随着布置、安全性能、模态、工艺的优化设计过程，如图 3-73 所示。

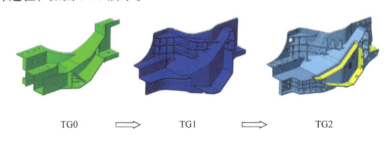

图 3-73　前扭纵梁结构演变

在零件结构上，进行了创新性设计（图 3-74）。拓扑优化前扭纵梁结构，采用三维"S形"结构形状连接前纵梁和车身纵梁，有效保证了零件之间的连接整合，并确保力传递路线。"蜂巢式"加强模块，平衡了碰撞能量传递多维度需求，并增强了铸件刚度。

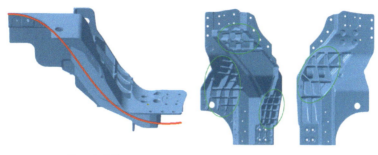

a) 三维"S形"结构　　　　　　　　b) "蜂巢式"模块

图 3-74　结构创新

（2）工艺分析及优化　结构设计的好坏大多时候直接决定了制造工艺的难易程度，以及最终生产出的零件的质量状态。比如截面不均匀有突变、圆角太大或太小、大平面没有合适的加强筋等，都会造成零件的质量缺陷。

零件制造工艺可行性分析（Design For Manufacture，DFM），全面考量了铸造工艺的技术细节，例如零件壁厚的均匀性、零件结构和金属液流态的匹配、加强筋的布置、成型模具分型面的布置以及零件拔模斜度的设定等。

原设计仅布置了12个顶针，顶出力不足，很容易发生黏模和顶针断裂；经顶针优化，更有利于零件的顶出，如图3-75a所示。原产品部分区域壁厚过厚，对于成型凝固和零件减重均为不利；通过强度模拟优化，合理减小壁厚，更利于产品压铸成型凝固的质量提高和零件减重，如图3-75b所示。原产品部分区域的深腔结构，对产品的材料充填和成型后出模影响比较大；通过优化拔模面的段差和增大拔模角度，更有利于产品压铸成型，如图3-75c所示。为了减弱零件角部应力集中，优化成型充填的流态，并防止铝液对模具的冲刷造成产品根部烧伤，如图3-75d红色区域所示，局部拔模角度从1°加大到3°，部分根部圆角从 $R3$ 增大到 $R6$。

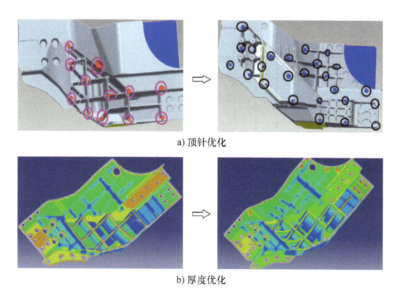

a) 顶针优化

b) 厚度优化

图 3-75　工艺优化

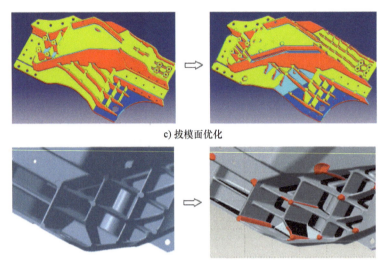

c) 拔模面优化

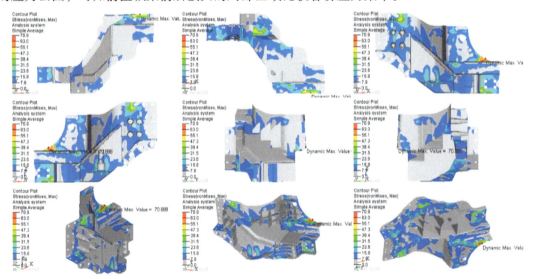

d) 筋拔模及圆角优化

图 3-75　工艺优化（续）

（3）CAE 仿真模拟　通过 CAE 强度耐久和碰撞的仿真结果，可以识别出哪些区域是薄弱点。在铸造工艺的浇口布置、模流分析时，重点对薄弱且关键的区域进行加强；质量控制时，对这类区域的孔隙率等级要求也更严苛。

1）强度耐久校核。根据前扭纵梁的强度耐久工况进行 CAE 分析，得到如图 3-76 所示的应力云图，可知前扭纵梁前后接头的局部区域比较容易应力集中。

图 3-76　前扭纵梁强度耐久应力云图

2）碰撞模拟及优化。拓扑优化是在设计空间内建立一个由有限个梁单元组成的基本结构，给定负载情况、约束条件和性能指标，然后根据算法确定设计空间内单元的去留，保留下来的单元即构成最终的拓扑方案，从而实现拓扑优化。

前扭纵梁的筋布置通过 CAE 拓扑优化的结构来完成。对于筋的设计来说，很重要的一点就是要平衡结构的强度以及成本和重量。如果结构设计得过强，那么重量就会上升；如果铸铝件结构设计的强度达不到要求，那么就会对汽车的整体安全产生很大的影响。

因此通过拓扑优化设计前扭纵梁筋的布置空间，不仅可以大大提升前扭纵梁的材料利用率，同时还能提升其强度来满足安全性能要求。前扭力盒作为乘员舱承受纵梁方向巨大冲击力的关键结构件，在安全开发过程中进行了拓扑结构优化，大大降低了应变值，从而降低了断裂失效的风险。

图 3-77 所示为前扭纵梁筋拓扑优化对比，通过应力云图分析其应变分布，同时以材料的断裂伸长率作为评判标准，超过断裂伸长率的云图区域则认为存在断裂失效风险。

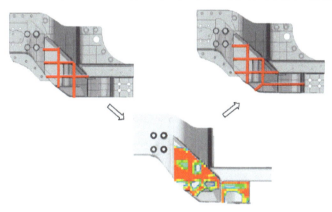

a) 优化路径

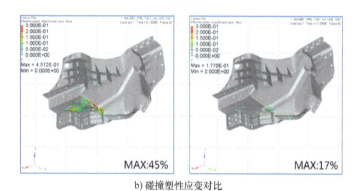

b) 碰撞塑性应变对比

图 3-77 前扭纵梁筋拓扑优化对比

3）模流分析。压铸过程的模流分析包括充填卷气分析、充填压力分析、凝固热节点分析等，如图 3-78 所示。

通过对铸件结构和形状的调整以及充填方案的优化，Magma 模流分析结果显示整体充填平稳，高速充填的卷气率有效控制在 13% 以下；充填压力整体控制在 3000Mbar 以下，局部高于 3000Mbar 区域采用抽真空降低成型影响；凝固整体控制在充填后 20s 以内；零件壁厚设计均匀化，对于局部厚大的热节点位置，均采用局部冷区或者模具抽芯机构的方案降低潜在的成型缺陷。

4. 零件物理测试

按照优化冻结后的数据开模，进行多次试模。将第一轮出件零件状态设定为 T1 状态，最终轮优化工艺后出件的零件状态设定为 T2 状态。取 T1 状态和 T2 状态的前扭纵梁零件进行对比，分别进行力学性能、X 光、气泡烘烤和金相检测分析。

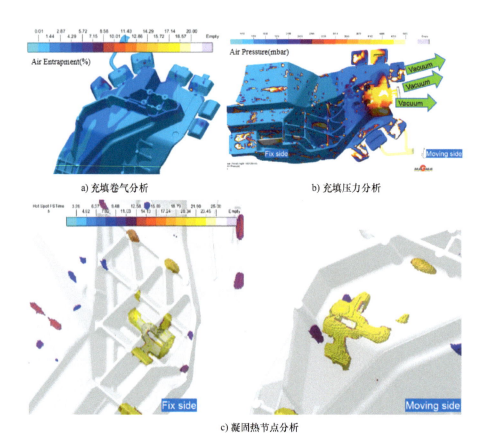

a) 充填卷气分析　　b) 充填压力分析

c) 凝固热节点分析

图 3-78　模流分析

（1）力学性能测试　选择 T1 和 T2 两种状态前扭纵梁，分别在相同位置切取试片做三次重复试验，应力-应变曲线如图 3-79 所示。

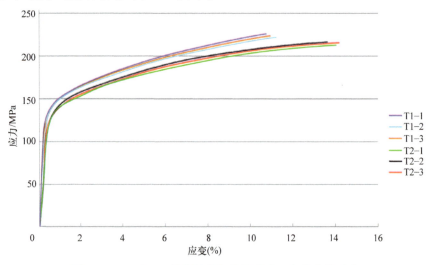

图 3-79　T1 和 T2 状态的前扭纵梁应力-应变曲线对比

得到的试验结果见表 3-17，抗拉强度、屈服强度和伸长率都满足设计要求，但是 T2 状态的零件样片伸长率更高，更符合项目需求。

表 3-17　力学性能试验数据

序号	试片厚度 /mm	R_m/MPa	$R_{p0.2}$/MPa	A_{50}（%）
T1-1	4.47	228	131	10.7
T1-2	4.51	225	129	11.3
T1-3	4.49	226	130	10.9
T2-1	4.43	216	127	14.1
T2-2	4.52	219	130	13.6
T2-3	4.54	217	125	14.3

（2）X 光检测　铸造零件的内部缺陷，往往会导致产品在整车使用过程中的疲劳耐久失效和碰撞裂痕断裂。其内部缺陷通常表现为气孔、夹渣、缩松。在铸造生产过程中，往往通过选用合格的原材料，并控制熔炼过程，再通过熔炼精炼、除渣除气、精华铝液，从而达到控制铝液质量的目的。

对于铸造零件的内部缺陷，往往会采用无损和有损的方式进行零部件内部缺陷检测。有损检测通常采用刨切的方式检测零件断面；无损检测通常是采用 X 光和工业 CT 来检测零件内部缺陷。气孔和缩松对铸造铝合金的疲劳强度有重要影响，在制造过程中，尤其是铸件凝固阶段需要特别注意控制气孔的大小和数量。铸造后需通过 X 光扫描进行检测，判断孔隙率的等级。

根据前扭纵梁零件在整车使用的工况及分布，对零件的功能区域做如下分级：

1）重要区域：指整车应力/应变高强度区域，力传递路线的高强度区域。

2）功能区域：指铝合金车身特殊的连接功能区域，比如 FDS、SPR 等。

3）非重要区域：通用要求区。

针对以上区域分级，定义了不同的空隙率标准要求，参考 ASTM E 505。

关于 X 光检测操作，对前扭纵梁的关键前后接头区域和中部螺纹孔区域进行了编号（A、B、C、D），如图 3-80 所示，然后通过 X 光检测设备来检测。

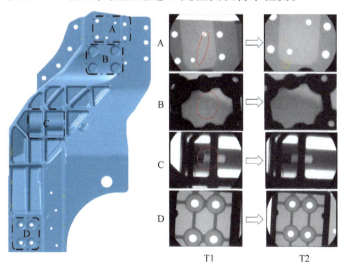

图 3-80　前扭纵梁不同区域 T1 和 T2 状态的 X 光对比

从 T1 状态前扭纵梁的 X 光效果来看，气孔主要聚集在区域 A、B、C，D 区域几乎无气孔。通过对高真空压铸的工艺参数不断调整，T2 状态下的气孔得到明显改善，满足零件质量要求。

（3）气泡烘烤试验　气泡烘烤试验是在530℃环境下进行的，烘烤时间为45min。

优化前后气泡烘烤试验对比如图3-81所示，可以看出，T2状态下某些区域的气泡比较多且大，但是与T1状态相比已经有比较明显的改善。

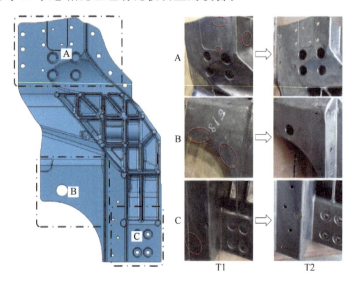

图3-81　优化前后气泡烘烤试验对比

烘烤试验显示：

1）重要区域：气泡直径控制在2mm以下，以满足结构强度需求。

2）功能区域：气泡直径控制在1mm以下，以满足连接功能需求。

3）非重要区域：气泡直径控制在5mm以下。

（4）金相检测　对T1状态和T2状态的前扭纵梁同一位置取样进行金相分析，在500倍电镜扫描下结果如图3-82所示。T2状态零件较T1状态零件的晶粒较为细化，且T2状态的晶粒更加均匀，说明T1状态铸件成型时凝固速度偏慢。两种状态硅颗粒变形明显，均为固溶处理后的组织。两种状态热处理组织均正常，无过烧现象。

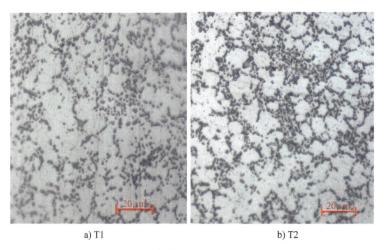

a) T1　　　　　　　　　b) T2

图3-82　金相检测材料微观组织对比

5. 整车碰撞和耐久验证

选择 T2 状态的前扭纵梁完成整车的连接装配后,进行正面 100% 碰撞(FFB)和正面 40% 偏置碰撞(ODB),试验结果如图 3-83 所示。从图中可以看出,前扭纵梁达到预期的设计目标,对碰撞力进行了有效的传递而本体并未出现失效。在偏置碰撞中整车加速度波形良好,保证了乘员舱的稳定性并给车内人员提供了足够的安全生存空间和保护。

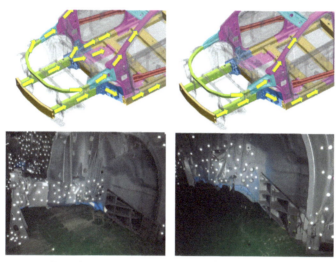

a) FFB 传力路径及纵梁变形　　b) ODB 传力路径及纵梁变形

图 3-83　整车碰撞试验结果

经过 10 万 km 的强化耐久和 20 万 km 的综合耐久试验,前扭纵梁零件本体并未出现裂纹和其他失效模式。

6. 结论

通过对某纯电动汽车铝合金车身的前扭纵梁从无到有并优化和量产的过程介绍,可以详细了解高真空压铸件的开发和应用的系统方法。通过 CAE 仿真和物理试验验证,得出以下结论:

1)铸铝前扭纵梁和传统钢材料零件结构对比,能够明显减少零件数量和连接,减轻重量,并提升刚度模态。

2)三维"S 形"结构设计有利于前碰力的传递顺畅。"蜂巢式"模块和 CAE 拓扑优化筋的分布有利于强化耐撞性。

3)晶粒的微观组织排布会影响力学性能。

4)可以通过气泡烘烤试验和 X 光检测,验证铸铝件气孔的等级情况,判断对于性能的影响。

5)经过 FFB 和 ODB 整车碰撞试验以及耐久试验,验证了前扭纵梁设计的合理性和可靠性。

3.6.2　三种铸造工艺铝合金减震塔及验证

1. 前言

对于纯电动汽车,动力电池等新部件不仅明显增加了重量,对安全性能的要求也更胜传统燃油汽车。此外，消费者偏好和政府补贴政策无疑都要求电动汽车主机厂不断探索如何增加续航里程，以提高车辆的竞争力。在电池能量密度提升遇到瓶颈的当下，使用轻量化材料提升耗电经济性成为很多主机厂的唯一选择。铝合金的密度比铁轻，成本又比碳纤维低，已广泛应用于电动汽车车身或底盘零部件中。

国内将铝合金铸造应用在量产车身结构件上的案例比较少，相关经验教训的积累也比较欠缺。汪学阳、黄志垣、廖仲杰等介绍了江淮某电动汽车减震塔由重为5.5kg的钢板件设计为一体式的重为3.6kg的铸铝件，减重1.9kg。国外对铝合金减震塔的应用比较广泛，比如宝马公司使用了高真空压铸减震塔代替钢材减震塔，实现减重40%。Lee 和 Sang Yong 以 A357 材料成型的减震塔为研究对象，分析触变成型缺陷对拉伸性能的影响。真空压铸被广泛证明是可以明显改善铸铝结构件内部孔隙率等级的有效措施，在大批量生产薄壁铝合金结构件时被广泛应用。如图 3-84 所示，一体式铸铝减震塔由于能够将传统的多个钣金件集成为一个零件，减重效果明显，对尺寸精度和性能提升都有帮助，在车身铸铝结构件中性价比最高。从行业现状来看，减震塔的主料厚基本在 3mm 左右，其他局部区域根据安装匹配或者减重的需要适当加厚或减薄。铸铝减震塔开发是一个从无到有、从设计到验证不断优化的演变过程。某纯电动汽车铝合金架构件减震塔从 TG0 状态到 TG1 状态，再到最终 TG2 量产状态的过程如图 3-85 所示。每次变更，都是伴随着布置、安全性能、模态、工艺的一个优化设计过程。不同开发阶段对性能的要求不一样，每个阶段对交付零件的生产周期和成本的敏感度也不一样。

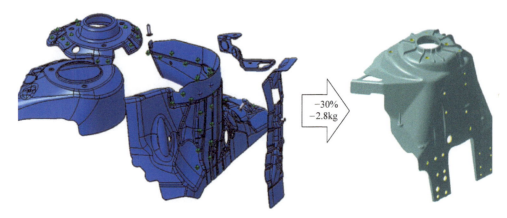

图 3-84　传统钢减震塔和铸铝减震塔结构及重量对比

图 3-85　铸铝减震塔从 TG0、TG1 到 TG2 的开发设计过程演变

2. 三种铝合金铸造工艺及材料

针对正向开发的减震塔，开发和验证过程搭载整车设计开发验证流程。从概念设计的 Mule 车到工程验证的 DV 样车，再到产品验证的 PV 样车，三个阶段用到了三种铸造工艺。

（1）熔模铸铝工艺及材料　熔模铸造属于低压重力铸造的一种，又称失蜡铸造。制作少量零件时，也可以直接通过 3D 打印技术制造模样来提高效率和降低成本，这类技术有熔融沉积成型（FDM）技术、光固化成型（SLA）技术等。

在这个工艺中，选择了传统低压压铸常用的 ZL114 作为原材料。该合金的强度比 ZL101A 更高，而且具有优良的铸造性能，其耐蚀性和其他工艺性能均与 ZL101A 相近。

工艺优势是开发周期短，支持灵活设计变更；工艺劣势是尺寸精度低，壁厚变化范围大（0.5~1.5mm），生产节拍长，效率较低下。

（2）砂型铸铝工艺及材料　砂型铸造是使用最广泛的铸造工艺，通过一次性使用的砂模来成型复杂的金属部件。而低压砂型铸造还具有成型容易、气体夹杂少、成品率高的特点，本项目用到的即是低压砂型铸造工艺。

在该工艺中，选择的铝合金原材料是 AlSi7Mg。该合金具有自然时效能力、强度较高、塑性较好、铸造性能优良、合金的耐蚀性高、焊接性好，但稍有产生气孔和缩孔的倾向。

工艺优势是开发周期短，支持灵活设计变更，尺寸稳定性良好；工艺劣势是生产节拍长，效率较低下。

（3）高真空压铸工艺及材料　传统高压压铸将熔融铝液在高真空压力下快速填充模腔，但其存在卷气、气孔等缺陷，高温固溶处理时容易出现鼓泡。在此背景下，高真空甚至是超高真空系统被应用于高压压铸来提升零件气孔等级，这就是高真空压铸工艺。该工艺减震塔采用的高压是 2700t，真空度控制在 50Mbar 以下。

在该工艺中，选择的铝合金材料是 AlSi10MgMn。该合金具有良好的流动性、高速填充能力和快速冷却的特点，并且具备良好的热处理性能，可用于高应力、高载荷和高韧性的结构件。

工艺优势是产品一致性好，生产效率高；工艺劣势是开发周期长，工艺控制复杂，设变不易。

3. 零件性能测试对比

（1）力学性能测试　屈服强度、抗拉强度和伸长率是铝合金铸件常用的力学性能评判标准。铸件本体取样的拉伸试验方法参考 ISO 6892-1 或 DIN 50125。测试样片取样应避免分模线、加强筋和顶针区域。此外尽量避免从有缺陷的样片取样，虽然针孔和弥散气孔不会很大限度地降低材料的抗拉强度，但会降低材料的断后伸长率；而卷气孔会大大降低流动试样的力学性能。

铸铝减震塔取样位置（位置编号 1#、2#、3#）如图 3-86 所示，分别在上、中、下三个区域各取一个料片进行拉伸试验。对三种工艺及材料的减震塔样件都进行了 T7 热处理，通过固溶处理并增加人工时效，使材料获得更高的延展性，增强了零件在整车碰撞中的伸长率，并获得了更好的 SPR 连接装配性能。三种类型减震塔在三个不同位置的试片应力 - 应变曲线如图 3-87 所示，拉伸试验数据见表 3-18，其中编号 R 代表熔模工艺料片，S 代表砂型工艺料片，G 代表高真空压铸工艺料片。

图 3-86 铸铝减震塔取样位置

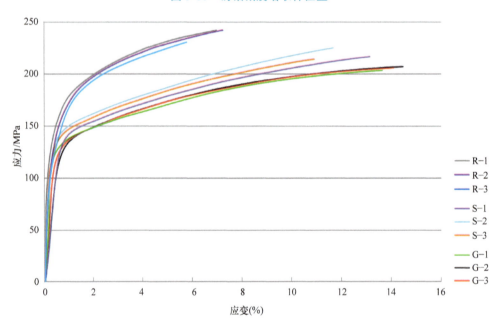

图 3-87 三种类型减震塔在三个不同位置的试片应力-应变曲线

表 3-18 三种类型减震塔在三个不同位置的拉伸试验数据

序号	工艺	材料	试片厚度/mm	R_m/MPa	$R_{p0.2}$/MPa	A_{50}(%)
R-1	熔模	ZL114A	3.90	243	155	6.7
R-2	熔模	ZL114A	3.24	244	158	7.1
R-3	熔模	ZL114A	3.26	230	150	5.8
S-1	砂型	AlSi7Mg	2.99	228	131	13.2
S-2	砂型	AlSi7Mg	3.05	234	145	11.6
S-3	砂型	AlSi7Mg	2.96	222	132	10.8
G-1	高真空压铸	AlSi10MnMg	3.07	201	130	13.8
G-2	高真空压铸	AlSi10MnMg	3.13	202	133	14.3
G-3	高真空压铸	AlSi10MnMg	2.93	205	135	14.1

从表 3-18 可知，熔模工艺的主料厚偏差最大为 30%（标准厚度为 3mm），而采用砂型和高真空压铸的主料厚偏差基本在 5% 之内。熔模工艺 +ZL114A 料片的抗拉和屈服强度最高，伸长率最低，平均为 6.5%，无法满足量产件的技术要求；砂型 +AlSi7Mg 料片的抗拉和屈服强度中等，伸长率也是中等，平均为 11.9%，可以满足量产件的技术要求；而高真空压铸 +AlSi10MnMg 料片抗拉和屈服强度最低，但也满足量产件的技术要求，伸长率最高，平均为 14.1%。

对三种工艺零件同一位置取样做金相分析，电镜扫描结果如图 3-88 所示。在同一放大比例（100 倍）下对比，熔模铸造的减震塔试片的晶粒最为粗大，砂型试片的 α 枝晶比熔模的略细小，铸件成型时凝固速度慢；而高真空压铸试片的晶粒最为细密，铸件成型时凝固速度快。高真空压铸试片的初生 α-Al 相组织细化明显，呈球状，总体分布均匀，α-Al 相组织之间存在大量黑色的共晶组织，这样的组织有利于力学性能的提高。此外，三种状态硅颗粒变形明显，都是固溶处理后的组织，且热处理组织均正常，无过烧现象。

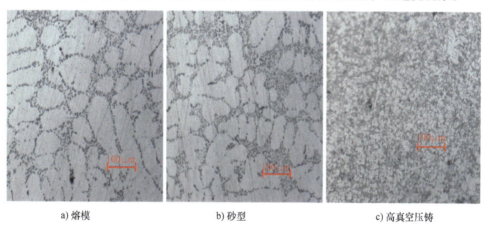

a) 熔模　　　　　　　　b) 砂型　　　　　　　　c) 高真空压铸

图 3-88　三种类型减震塔在放大比例 100 倍下的微观组织对比

（2）X 光检测　将铸件的区域划分为 A 区域——关键区（高应力 - 应变区）、B 区域——功能区（连接区，装配区）和 C 区域——其他区。减震塔不同区域对内部缺陷的要求也不一致，参考 ASTM E 505 标准，对减震塔的缺陷和孔隙率要求见表 3-19。

表 3-19　减震塔的缺陷和孔隙率要求

缺陷类型	铸件壁厚 /mm	区域 / 缺陷等级（ASTM E 505）	参考孔隙率
孔隙	< 9.5	A 区 / 1 级	1%
		B 区 / 2 级	17%
		C 区 / 3 级	26%
	9.5~25.4	A 区 / 1 级	11%
		B 区 / 2 级	33%
		C 区 / 3 级	45%
冷隔	< 25.4	不允许冷隔	不适用
收缩	9.5~25.4	A 区 / 1 级	3%
		B 区 / 2 级	40%
		C 区 / 3 级	55%
夹杂	< 25.4	不允许夹杂	不适用

通过工业 X 光对三种类型减震塔进行检测。其中，减震塔顶面既是应力集中区域也是装配连接区域，定义为 A 区，需重点关注。图 3-89 所示为三种减震塔顶部区域的 X 光检测对比，效果比较理想，未发现内部缺陷，孔隙率也在 1% 内。其他区域检测也都符合相应要求。

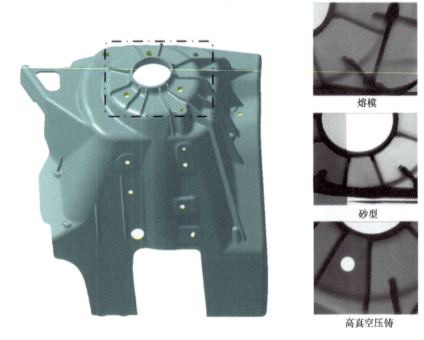

图 3-89　三种类型减震塔顶部区域的 X 光检测对比

（3）连接试验

1）压铆螺母连接测试。压铆螺母顶出力测试可以判断螺母与铸件的连接是否牢固，而扭转力矩测试则关系到螺栓扭转力矩的大小以及是否会跟转。生产中时有发生螺母在运输过程中松动或者掉落现象。为了探究三种减震塔的螺母铆接性能，分别对三种工艺减震塔的 M8 规格压铆螺母做四次顶出力和最大扭转力矩测试，结果见表 3-20 和表 3-21，可以看出均符合设计的要求。

表 3-20　三种类型减震塔的压铆螺母顶出力测试　（单位：kN）

螺母编号	顶出力要求	熔模	砂型	高真空压铸
M8-1	≥1	3.72	2.7	2.4
M8-2	≥1	3.07	2.9	2.3
M8-3	≥1	3.42	3.1	3.4
M8-4	≥1	3.22	2.6	3.6

表 3-21　三种类型减震塔的最大扭转力矩测试　（单位：N·m）

螺母编号	扭转力矩要求	熔模	砂型	高真空压铸
M8-1	≥15	45	44	45
M8-2	≥15	42	47	49
M8-3	≥15	46	43	48
M8-4	≥15	42	46	47

2）SPR 连接测试。减震塔的主料厚是 3mm，而顶面和减震器座接触位置料厚是 5mm。在铝合金车身开发项目中，共有四种不同的材料或者料厚 SPR 连接组合。根据这四种连接，在同样条件下分别对三种类型减震塔进行 SPR 连接和破检试验。如图 3-90 所示，从 SPR 连接的外观来看，熔模减震塔 SPR 点出现裂纹，不符合连接要求；砂型减震塔和高真空压铸减震塔的 SPR 连接点无开裂，满足要求。

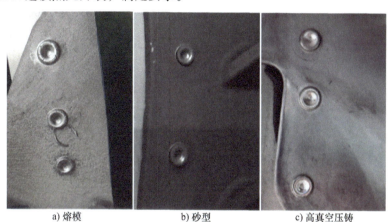

a) 熔模　　　　b) 砂型　　　　c) 高真空压铸

图 3-90　三种类型减震塔的 SPR 连接外观图

SPR 点的破检检测，主要考察几个参数：头高 $-0.3\text{mm} < h < 0.3\text{mm}$，互锁量 $Y_1 > 0.3\text{mm}$，$Y_2 > 0.3\text{mm}$，且 $(Y_1+Y_2)/2 > 0.4\text{mm}$；剩余最小料厚 $t > 0.1\text{mm}$。从图 3-91 和表 3-22 的结果来看，熔模减震塔 SPR 连接有两个组合不满足要求，砂型减震塔 SPR 连接有一个组合不满足要求，高真空压铸减震塔 SPR 连接全都满足要求。

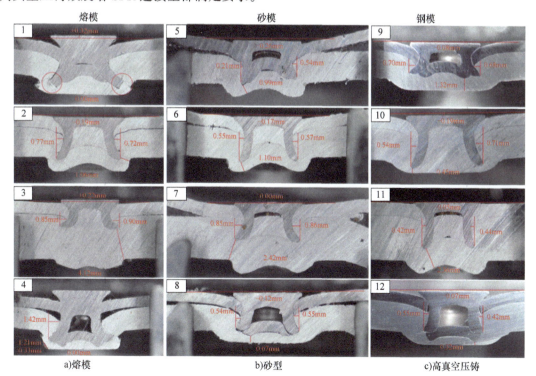

a) 熔模　　　　b) 砂型　　　　c) 高真空压铸

图 3-91　三种类型减震塔不同 SPR 连接组合的剖检图

表 3-22 三种类型减震塔不同 SPR 连接组合效果评判

序号	工艺	材料1(料厚/mm)	材料2(料厚/mm)	头高 h/mm	互锁量 左 Y_1/mm	互锁量 右 Y_2/mm	剩余最小料厚 t/mm	是否合格
1	熔模	ZL114A(3.0)	B340-590DP(1.2)	+0.32	—	—	0	否
2	熔模	ZL114A(3.0)	5182(1.2)	−0.19	0.77	0.72	1.06	是
3	熔模	ZL114A(5.0)	5182(1.5)	+0.22	0.85	0.90	4.12	是
4	熔模	ZL114A(3.0)	BR1500HS(1.2)	—	1.42	—	0	否
5	砂型	AlSi7Mg(3.0)	B340-590DP(1.2)	−0.26	0.21	0.54	0.99	否
6	砂型	AlSi7Mg(3.0)	5182(1.2)	−0.17	0.55	0.57	1.1	是
7	砂型	AlSi7Mg(5.0)	5182(1.5)	+0	0.85	0.86	2.42	是
8	砂型	AlSi7Mg(3.0)	BR1500HS(1.2)	−0.12	0.54	0.55	0.67	是
9	高真空压铸	AlSi10MnMg(3.0)	B340-590DP(1.2)	−0.08	0.70	0.68	1.32	是
10	高真空压铸	AlSi10MnMg(3.0)	5182(1.2)	−0.19	0.54	0.71	0.45	是
11	高真空压铸	AlSi10MnMg(5.0)	5182(1.5)	−0.05	0.42	0.44	2.36	是
12	高真空压铸	AlSi10MnMg(3.0)	BR1500HS(1.2)	−0.07	0.55	0.42	0.32	是

(4)性能及经济性总结 不同的铸造材料与工艺方法对铸件开发的周期、单件费、模具工装费等都有比较大的影响。结合上述的制造工艺、仿真分析、样件分析结果,对比总结见表 3-23。必须说明的是,减震塔采用的三种不同工艺所表现出的性能特点和费用预估与不同生产商的水平也有关联,数据仅供参考,不能代表业内一般情况。

表 3-23 三种类型减震塔性能及经济性综合对比

类型	熔模	砂型	高真空压铸
材料	ZL114A	AlSi7Mg	AlSi10MnMg
屈服强度/MPa	≈154	≈136	≈133
抗拉强度/MPa	≈239	≈228	≈202.7
伸长率(%)	≈6.5	≈11.9	≈14.1
开发周期/月	≈2	≈2	≈4
零件/个	≈6000	≈4000	≈200
模具/万	≈50	≈30	≈400

4. 结论

1)通过应力-应变曲线、SPR 剖检和微观组织对比可知,本体取样试片的晶粒大小会影响零件的伸长率,伸长率又决定了 SPR 连接的效果,伸长率越高,SPR 连接的可靠性越高。伸长率低于 10% 的铸件,SPR 连接时有开裂风险。

2)不同材料与工艺的选择影响了铸铝件微观组织差异和性能差异。对于新的铸铝件正向开发项目,小批量试制时优先使用砂型工艺 +AlSi7Mg;如要使用熔模工艺 +ZL114A 的铸件,则连接上可用 FDS 或者烧焊来解决(FDS 或者烧焊连接对材料伸长率并无较高的要求);大批量生产时推荐使用高真空压铸 +AlSi10MnMg 铸件。这样一来,就可以平衡性能、成本、周期等因素,满足项目开发的需求。

3)根据不同工艺材料的性能表现,对量产车上铸铝减震塔的性能定义如下:屈服强度

$R_{p0.2}$>120MPa，抗拉强度 R_m>180MPa，伸长率 A>10%。

参考文献

[1] 汪学阳，黄志垣，廖仲杰，等. 高真空压铸铝合金减震塔工艺开发及应用 [J]. 特种铸造及有色合金，2018，38（8）：860-863.

[2] MARTIN H. Aluminum alloys for structural die casting [J]. Die Casting Engineer，2013（5）：40-43.

[3] 杨斌. 3D 打印技术在熔模精密铸造样件上的应用研究 [D]. 镇江：江苏大学，2018.

[4] 阮明，刘海峰，姚红，石飞，冯志军，李宇飞. 大型薄壁铝合金减震塔砂型铸造技术研究 [J]. 铸造，2017，66（04）：327-331+336.

[5] 陈正周，宋朝辉，王菊清. 薄壁多筋铝合金腔体低压铸造工艺 [J]. 铸造，2019，68（06）：613-617.

[6] 朱必武. AlSi10MnMg 薄壁铝合金件压铸流动行为及其组织力学性能 [D]. 湖南大学，2013.

[7] 陈瑞，许庆彦，郭会廷，夏志远，吴勤芳，柳百成. Al-7Si-Mg 铸造铝合金拉伸过程应力-应变曲线和力学性能的模拟 [J]. 铸造，2016，65（08）：737-743.

[8] ZHAO X, WANG P, LI T, et al.Gating system optimization of high pressure die casting thin-wall AlSi10MnMg longitudinal loadbearing beam based on numerical simulation[J].China Foundry，2018，15（6）：436-442.

[9] 李伟，张鑫，成龙. 汽车铸件轻量化的技术路线分析 [J]. 汽车工艺与材料，2017（7）：23-32.

[10] 朱必武. AlSi10MnMg 薄壁铝合金件压铸流动行为及其组织力学性能 [D]. 长沙：湖南大学，2013.

[11] 刘泽林. AlSi10MnMg 铝合金薄壁件压铸充型能力及组织性能研究 [D]. 长沙：湖南大学，2012.

[12] 李升，陈苏坚. 高强韧铝合金 AlSi10MnMg 实现不同压铸力学性能的研究 [J]. 资源再生，2018（9）：52-56.

[13] ITABASHI M, KAWATA K. Carbon content effect on high-strain-rate tensile properties for carbon steels [J]. International Journal of Impact Engineering，2000（24）：117-131.

[14] 徐兴卫，毛进学. 铸件结构设计对铸件质量的影响 [J]. 现代铸铁，2017，37（4）：67-70+74.

[15] 佚名. 苏氏集成精密成型技术 [J]. 军民两用技术与产品，2018（17）：41.

[16] 李弘英，赵成志. 铸造工艺设计 [M]. 北京：机械工业出版社，2005.

[17] 中国机械工程学会铸造分会. 铸造手册（第5卷）：铸造工艺 [M]. 北京：机械工业出版社，2003.

[18] 李明珠. 砂型铸造发动机缸体表面黏砂研究 [D]. 哈尔滨：哈尔滨工业大学，2017.

[19] 贾志宏，等. 金属液态成型原理 [M]. 北京：北京大学出版社，2011，239-250.

[20] 蒋文明. 铝（镁）合金真空低压消失模壳型铸造技术基础研究 [D]. 武汉：华中科技大学，2011.

[21] 张涛. 精确砂型铸造技术 [J]. 科技创新导报，2018，15（22）：131-132.

[22] 王军锋. 铝合金熔模精密铸造工艺研究 [D]. 杭州：浙江工业大学，2010.

[23] 王华侨，王永凤，郭玉，等. 大型薄壁高强度铝合金异型舱壳精密砂型铸造成型关键技术应用研究 [J]. 模具制造，2019，19（3）：59-68.

[24] 杨裕国. 铝压铸成型及质量控制 [M]. 北京：化学工业出版社，2009.

第 4 章 汽车铝合金冲压件的材料、工艺及设计

4.1 概述

汽车工业中有大量的金属零件必须通过塑性加工来生产，冲压加工是金属塑性成形最基础、最常用、最重要的制造方式之一。冲压件常用在汽车车身的外覆盖件及加强结构，均可由冲压成型得到。这些冲压件通过焊接等连接工艺形成车身本体。冲压加工的技术正在往高精度、高效率、安全环保等多方向发展，冲压加工技术的进步对汽车质量和成本有直接的影响。

冲压工艺性是指设计出的金属零件，在尺寸精度、基准、结构和形状等方面能否满足冲压加工的工艺标准。汽车冲压件应满足生产工艺要求及成本控制要求，冲压工序数是衡量工艺性的重要指标之一。降低冲压流程的工序数，有利于降低冲压次数、减少工装数量、节约生产设备的成本、减小工人的工作量。制定合理的冲压工序可以节约投资额和能耗，优化冲压工序是控制汽车制造成本的重要方式之一。必要时会提交工程变更申请（Engineer Change Request，ECR），通过改进产品设计来满足制造工艺方面的要求。为实现冲压工艺，汽车覆盖件的设计应当选择大尺寸分块结构，如整体式侧围等，这样不仅可以使汽车的外形美观，还可以降低空气阻力以及冲压件的数量和焊接量，从而有效地降低成本。

在过去 20 年中，铝合金在汽车和航空航天工业中的应用一直在显著增长。特别是在汽车领域制造业，由于铝的高比强度，它在很多面板、覆盖件的材料选择上已逐步取代钢的位置。用在汽车覆盖件上的铝板，需要满足高的表面质量、高成形性能、高强度（烘烤硬化性）及连接性能优异等特点。而用在加强板上的铝板需要具备良好的成形性及一定的强度。

图 4-1 所示为奥迪 Q7 车身铝板用材情况，可以看出铝板主要应用在前盖、尾门、地板面板、侧围外板、前后门、翼子板上。

由于铝合金薄板件刚度较低，容易变形，外覆盖件容易因磕碰、刮擦等留下痕迹，大的铝板件如侧围、车门、机盖、行李舱盖、前围板、前地板、后地板等通常在主机厂的冲压车间进行冲压、包边涂胶等工序，再送到焊装车间进行下一工序，也就是通常所说的厂内件。这样可以尽量规避长途运输及搬运过程中产生的碰伤、划伤、回弹等质量缺陷。目前的冲压生产线能实现部分自动化生产，每条冲压生产线上根据生产需求配备相应吨位及数量的压力机。

汽车铝合金冲压件的材料、工艺及设计 第 4 章

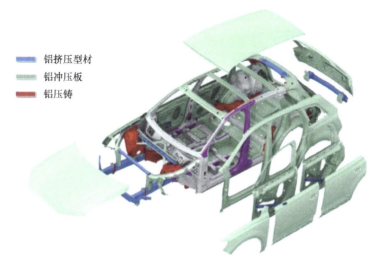

图 4-1 奥迪 Q7 车身铝板用材

注：该图片来自 2015 年 ECB 资料。

在使用铝板冲压成型大平面零件时，由于局部材料变形不足，材料内部无法形成组织应力，在大平面区域会出现局部刚度极差，易产生产品型面不可控的风险。为避免材料变形量不足的问题，可以通过在此类区域增加一些特征，实现局部材料的流动来提升刚度。与钢板相比，铝合金薄板伸长率较低，在拉延时更容易出现撕裂和起皱的现象，因此在前期设计中要进行多轮的冲压分析及数据优化。铝合金薄板冲压件对材料的均匀变形要求高于钢板，由于铝板的成形性较差，对于铝冲压件的设计要求也较多。

4.2 铝合金板料生产工艺

铝合金板的生产工艺过程通常包含铝锭熔炼、铸锭、均火、热轧、冷轧、精整、退火和入库几个工序，如图 4-2 所示。使用到的主要设备包括熔炉、铸锭铸造设备、预热炉、热轧机、冷轧机和退火炉，前期需要投入大量的资金。随着铝合金板在汽车上的应用比例逐步加大，市场需求量增速明显，如中铝、南南铝业、辽宁忠旺等企业也提升了铝板的产能。

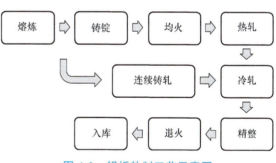

图 4-2 铝板轧制工艺示意图

熔炼主要是通过 1000℃ 左右的炉温将铝原料融化，金属液温度控制在 750℃ 左右。再添加所需要的合金元素，如 Mg、Fe、Mn、Si 等来调整合金的成分，并去除杂质渣料，最终得到纯净度较高的所需牌号的合金。

铸锭是开始轧制前的准备工序，铸锭的尺寸取决于热轧机的生产能力和参数要求。通常将熔融状态的铝液倒入铸锭模具中，待冷却至室温后再进行铣面和铣边，去除表面的氧化皮等。然后对铸锭进行预热（500℃ 左右）软化金属，同时使得铸锭内部产生均质化过

程，也便于进入后续的热轧加工，以获得最佳性能。

热轧工艺过程如图 4-3 所示，铸锭先进入热粗轧机进行轧制，将胚料的厚度进行减薄拉长，温度有一定降低。然后经过热精轧机进行进一步轧制后，厚度继续减薄，长度继续拉长，并通过卷取机卷成圆形的板卷。在不同硬度合金的热轧过程中，轧制的道次也会有所差异，硬度越高的合金轧制的次数越多。

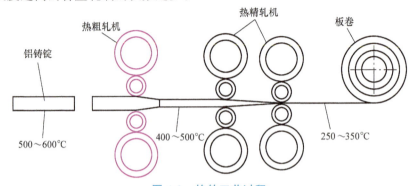

图 4-3　热轧工艺过程

之后，将从热轧机被盘绕起来的板卷运输到冷轧机上。冷轧机有各种类型和尺寸，根据技术需要可以选择单机架、3 机架或者 5 机架。先进高效的冷轧机的出口速度可高达 3000m/min。冷轧出的铝板带材表面质量好，尺寸精度高，力学性能稳定，能满足汽车用薄铝板的使用要求。冷轧工艺过程如图 4-4 所示，其是铝板料加工硬化的过程，有利于提升力学性能。

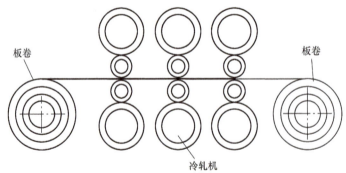

图 4-4　冷轧工艺过程

为了提高生产效率，实现铸与轧工序的连续化，也可以使用连续铸轧工艺（图 4-5），省去了铸锭工序中的铸锭、冷却和预热过程，降低了成本，且设备简单，维护方便。但是连续铸轧生产的铝合金板料表面质量相对而言会比较低，性能稳定性较差，不适于要求高的铝板冲压零部件。

精整可以将冷轧后的铝板料的质量进一步提升，修正前序步骤中产生的不良板形、残余应力和裂变等缺陷，满足汽车用铝板零件的使用要求。轧制成形的板材，其最终平整度取决于板材的材料特性和轧机的性能。如果在轧制过程中发生变形或者弯曲，在许多情况下，可以通过拉力调平，使条带充分拉伸矫正。最终的汽车用铝板都需要表面加工，除了强度外，还需在韧性、耐蚀性、可加工性和疲劳强度等综合性能方面满足零部件的使用要求。这些都需要在铝板生产工艺过程中综合考虑并且通过调试工艺和检测设备才能实现。

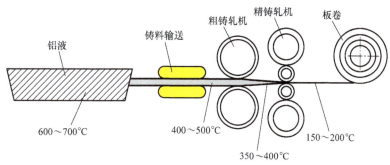

图 4-5 连续铸轧过程

5000 系列加工硬化铝合金板材性能可以在冷轧加工硬化后,通过回火退火来达到所需的力学性能,如屈服强度、抗拉强度和伸长率。6000 系列铝合金板料需要进行连续热处理,以达到最佳性能效果。

4.3 铝合金板料的技术要求

4.3.1 化学成分

化学成分分析方法应按照 ASTM E3061 或 ASTM E1251 的标准进行开展,当分析方法发生冲突时应采用 ASTM E3061 标准进行分析。各合金牌号对应的基本化学成分参照 EN 573-3 标准规定。常用的几种车用铝合金板材的化学成分要求见表 4-1。

表 4-1 常用的几种车用铝合金板材的化学成分要求

合金牌号	化学成分的质量分数(%)											
	Si	Fe	Cu	Mn	Mg	Cr	Zn	Ti	备注	其他单个	其他总和	Al
En AW-5083	0.4	0.4	0.1	0.4~1.0	4.0~4.9	0.05~0.25	0.25	0.15	—	0.05	0.15	剩余
En AW-5182	0.2	0.35	0.15	0.2~0.5	4.0~5.0	0.1	0.25	0.1	—	0.05	0.15	剩余
En AW-5454	0.25	0.4	0.1	0.5~1.0	2.4~3.0	0.05~0.2	0.25	0.2	—	0.05	0.15	剩余
En AW-5754	0.4	0.4	0.1	0.5	2.6~3.6	0.3	0.2	0.15	0.1~0.6Mn+Cr	—	—	剩余
En AW-6013	0.6~1.0	0.5	0.6~1.1	0.2~0.8	0.8~1.2	0.1	0.25	0.1	—	0.05	0.15	剩余
En AW-6016	1.0~1.5	0.5	0.2	0.2	0.25~0.6	0.1	0.2	0.15	—	0.05	0.15	剩余
En AW-6110A	0.7~1.1	0.5	0.3~0.8	0.3~0.9	0.7~1.1	0.05~0.25	0.2	—	0.2Ti+Zr	0.05	0.15	剩余
En AW-6351	0.7~1.3	0.5	0.1	0.4~0.8	0.4~0.8	—	0.2	0.2	—	0.05	0.15	剩余
En AW-6061A	0.4~0.8	0.7	0.15-0.4	0.15	0.8~1.2	0.04~0.35	0.25	0.15	—	0.05	0.15	剩余

4.3.2 铝合金板料的热处理

铝合金热处理技术是将铝合金加热到一定的温度并保持一段时间后，以一定的速度冷却，通过改变其内部组织结构来改善性能的一种方法。对于铝板的热处理，退火、淬火和时效是铝合金的主要热处理方式。退火或固溶热处理（T4、T6）要求温度接近铝合金的熔点温度（高于500℃），属于软化热处理，目的是使材料成分和内部组织变得均匀且稳定，提高材料的塑性，改善其加工性能；淬火加时效是属于强化热处理，目的是提高材料的强度。退火和加热处理后再用水淬火，可以生产出高强度和高延展性的铝合金冲压板。

1. 退火

退火是指将金属加热到适当的温度，保持一定的时间后，再用适当的速度进行冷却。该过程有利于零件降低硬度和提升加工性能；还可以减小零件的残余应力和变形量，稳定零件的状态。

1）均匀化退火：加热至440℃；保温时间为12~14h；空冷。
2）快速退火：加热至350~410℃；保温时间为30~120min；空冷或水冷。
3）高温退火：加热至350~420℃；成品厚度≥6mm，保温时间为2~10min；空冷。
4）低温退火：加热至250~300℃或150~180℃；保温时间为1~2h，空冷。

2. 淬火

铝合金淬火也叫作固溶处理，将可热处理的铝合金高温加热并保持一段时间，使材料中以第二相形式存在的合金元素充分溶解到固溶体中，再用快速冷却的方式将固溶体保持至室温，从而形成一种过饱和的固溶体，此时材料的塑性较高。

3. 时效

时效是将可热处理的铝合金淬火后，放置在室温或者较高温度的环境下一段时间，以提高铝合金力学性能和改善理化性能，是铝合金热处理的常用方式，分为自然时效和人工时效。

自然时效：把铝合金件放置在室外等自然环境下，释放零件的内部应力，达到降低甚至消除应力的目的，是最古老的时效方法。

人工时效：把铝合金件放置在高于常温的环境里并保持一段时间，用来增强其刚度和强度，与自然时效相比强度更高，屈服强度提升更为明显，但是塑性、韧性及耐蚀性一般低于自然时效。

4. 铝合金常规状态热处理标示方法

产品基础状态代号见表4-2。

表4-2 产品基础状态代号

代号	名称	说明与应用
F	自由加工状态	适用于在成形过程中，对于加工硬化和热处理条件无特殊要求的产品，该状态产品的力学性能不做规定
O	退火状态	适用于经完全退火获得最低强度的加工产品
H	加工硬化状态	1. 适用于通过加工硬化提高强度的产品，产品在加工硬化后可经过（也可不经过）使强度有所降低的附加热处理 2. H代号后面必须跟有两位或三位阿拉伯数字

（续）

代号	名称	说明与应用
W	固溶热处理状态	一种不稳定状态，仅适用于经固溶热处理后，室温下自然时效的合金，该状态代号仅表示产品处于自然时效阶段
T	热处理状态（不同于F、O、H状态）	1. 热处理后经过（或不经过）加工硬化达到稳定产品状态 2. T符号后面必须跟阿拉伯数字

热处理状态代号的说明与应用见表4-3。

表4-3 热处理状态代号的说明与应用

状态代号	说明与应用
T0	1. 固溶热处理后，经自然时效再通过冷加工的状态 2. 适用于经冷加工提高强度的产品
T1	1. 由高温成形过程冷却，然后自然时效至基本稳定的状态 2. 适用于由高温成形过程冷却后，不再进行冷加工（可进行矫直、矫平，但不影响力学性能极限）的产品
T2	1. 由高温成形过程冷却，经冷加工后自然时效到基本稳定的状态 2. 适用于由高温成形过程冷却后，进行冷加工或矫直、矫平以提高强度的产品
T3	1. 固溶热处理后进行冷加工，再经自然时效到基本稳定的状态 2. 适用于在固溶热处理后，进行冷加工或矫直、矫平以提高强度的产品
T4	1. 固溶热处理自然时效到基本稳定的状态 2. 适用于固溶热处理后，不再进行冷加工（可进行矫直、矫平，但不影响力学性能极限）的产品
T5	1. 由高温成形过程冷却，然后进行人工时效的状态 2. 适用于由高温成形过程冷却后，不经过冷加工（可进行矫直、矫平，但不影响力学性能极限），予以人工时效的产品
T6	1. 固溶热处理后进行人工时效的状态 2. 适用于高温成形过程冷却后，不经过冷加工（可进行矫直、矫平，但不影响力学性能极限）的产品
T7	1. 固溶热处理后进行时效的状态 2. 适用于固溶热处理后，为获得某些重要特性，在人工时效时，强度在时效曲线上越过了最高峰点的产品
T8	1. 固溶热处理后经冷加工，然后进行人工时效的状态 2. 适用于经冷加工或矫直、矫平以提高强度的产品
T9	1. 固溶热处理后人工时效，然后进行冷加工的状态 2. 适用于经冷加工提高强度的产品
T10	1. 由高温成形过程冷却后进行冷加工，然后人工时效的状态 2. 适用于经冷加工或矫直、矫平以提高强度的产品

常用的汽车用铝板的状态通常有O态、T4P态和H态。O态是指退火状态，产品经完全退火后可以获得最低强度的状态。T4P态是指预时效状态，产品固溶热处理后经过特殊时效处理，在一定时间内，材料强度稳定在一个较低值的状态。H态是指加工硬化状态，在H后添加的2~3位数字，表示H的细分状态；如H22，第一个数字2表示加工硬化及不完全退火的状态，第二个数字2表示产品的加工硬化程度。

同为5052的铝板材料，5052-H22铝板抗拉强度更高，适用于对铝板强度要求更高的情况，比如电池包的外壳等；5052-O铝板延伸性能较好，可以用于深拉延零件的情况。

4.3.3 表面处理及使用特性

根据不同的客户要求,轧制后的铝合金板料需要进行一些必要的表面处理,如化学清洗、钝化以及涂防锈油等。

而根据不同的使用特性,铝合金板材可以分为几种类型,包括标准板、高烘烤硬化板、高翻边性能板、高强度性能板和低应变条纹板,见表4-4。

表4-4 铝合金板材的使用特性

使用特性	代号	代号全称	释义
标准板	S	Standard	用于对表面和性能无特殊性要求的产品
高烘烤硬化板	IBR	Improved Bake Response	用于烘烤后硬化强度提升较大的产品
高翻边性能板	IH	Improved Heming	用于需要较好翻边性能的产品
高强度性能板	HS	High Strength	用于高强度部位的产品
低应变条纹板	RSS	Reduce Stretcher Strain	用于低应变要求部位的产品

4.3.4 力学性能及可成形性

力学性能部分参考 GB/T 3880.2—2012《一般工业用铝及铝合金板、带材 第2部分:力学性能》。部分汽车用铝合金板材力学性能见表4-5。

表4-5 部分汽车用铝合金板材力学性能

铝板牌号	供应状态	厚度/mm	抗拉强度 R_m/MPa	屈服强度 $R_{p0.2}$/MPa	断后伸长率 A(%)	弯曲半径 (90°)	弯曲半径 (180°)
3005	O、H111	0.5~1.5	115~165	>45	14	0t	0t
3005	H22	0.5~1.5	145~195	>110	5	0.5t	1.0t
5005	O、H111	1.5~3.0	100~145	>35	20	0t	0.5t
5052	O、H111	0.5~1.5	170~215	>65	14	0t	0t
5052	H22	0.5~1.5	210~260	>130	6	1.0t	1.5t
5754	O、H111	0.5~1.5	190~240	>80	14	0.5t	0.5t
5182	O、H111	0.5~1.5	255~315	>110	12	—	1.0t
6061	T4	0.4~1.5	205	110	14	1.5t	2.0t
6016	T4	0.4~3.0	170~250	80~140	24	0.5t	0.5t

注:表中 t 是指板料的厚度。

目前,铝板零件的成形性仿真软件主要有 Autoform 和 Dynaform,通过分析出的成形起皱、减薄率和回弹量来调整零件结构及冲压工艺,从而改善铝合金板零件的成形质量。

图4-6所示为黄忠辉使用 Autoform 软件对应用在后尾门外板上的6016-T4铝板材料做的成形性分析及成形极限图(FLD);图4-7所示为对应的减薄率图。

不同铝合金板材的力学性能和成形性决定了其在汽车上的使用范围。图4-8所示为汽车用铝合金板材使用范围的分类及说明。

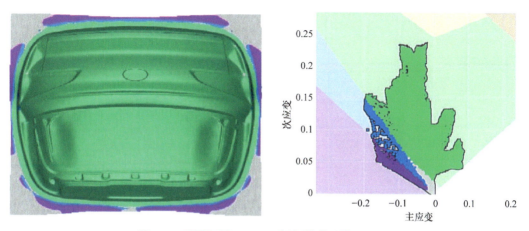

图 4-6　后尾门用 6016-T4 铝板的成形性及 FLD

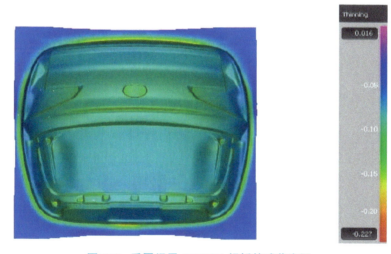

图 4-7　后尾门用 6016-T4 铝板的减薄率图

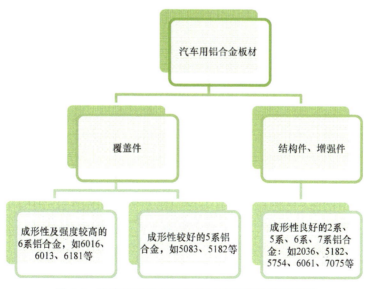

图 4-8　汽车用铝合金板材使用范围的分类及说明

4.3.5 试验方法及结果判定

1. 试验方法

（1）化学成分　化学成分分析方法应符合 ASTM E3061 或 ASTM E1251 的规定，当发生争议时应采用 ASTM E3061 标准进行仲裁分析。

（2）力学性能　产品的室温拉伸力学性能测试应符合 ISO6892-1 的规定，应变硬化指数 n 值的测定应符合 ISO 10275 的规定，塑性应变比 r 值的测试应符合 ISO 10113 和 ASTM E517 的规定。对于产品的翻边性能测试，先将样品预拉伸至规定的应变量，再采用三点弯曲法将试样弯曲至 180°，观察弯曲部分外侧表面，要求无裂纹或局部微裂纹。

（3）尺寸公差　板材的厚度、外形尺寸应采取相应精度的测量工具测量。

（4）表面质量　产品的表面质量需在自然散射光下，通过目视检查。必要时可通过工具测量缺陷尺寸并确定缺陷深度。对于非外露的板材产品（内板、加强板等），允许存在不影响冲压成形的针孔、轻微划痕、轻微凹痕、小印记、轻微色差等表面缺陷。外露板材产品表面质量应按照 SAE J911 的规定进行检测，在受到横向（与轧制方向呈 90°）的拉应力作用后，表面不允许形成影响外观质量的漆刷线或"Roping 纹"；在涂装工序要求能生成高质量的、连续的、100% 覆盖的磷酸锌皮膜。对于低应变条纹板材（RSS），在冲压成形后，表面不允许有拉伸应变痕或吕德斯带（Lüders bands）的表面缺陷。

（5）显微组织　产品的显微组织检测方法应符合 ASTM E407 的规定。

2. 试验取样及结果判定

（1）取样　取样规则应符合表 4-6 的规定。

表 4-6　取样规则

检验项目	取样规则
化学成分	按照 ASTM E55 的规定进行
尺寸公差	板材每批次至少抽取三张进行；带材逐卷检验
温室拉伸力学性能	板材每批次抽取张数的 2%，但不小于两张，每张取一个试样；带材每批次抽取不少于一卷，每卷取两个试样。试样与轧制方向呈 90° 取样，其他要求应符合 ASTM E8/E8M 的规定
烘烤硬化性能	板材每批次抽取张数的 2%，但不小于两张，每张取一个试样；带材每批次抽取不少于一卷，每卷取两个试样。试样与轧制方向呈 90° 取样，其他要求应符合相应的规定
热处理性能	板材每批次抽取张数的 2%，但不小于两张，每张取一个试样；带材每批次抽取不少于一卷，每卷取两个试样。试样与轧制方向呈 90° 取样，其他要求应符合相应的规定
翻边性能	板材每批次抽取张数的 2%，但不小于两张，每张取一个试样；带材每批次抽取不少于一卷，每卷取两个试样。试样分别与轧制方向呈 0°、90° 取样
外观质量	板材逐张检验；带材逐卷检验
漆刷线	板材每批次抽取两张，每张取一个试样；带材每批次抽取不少于一卷，每卷取一个试样。试样与轧制方向呈 90° 取样
显微组织	每炉（批）取两张，每张取一个试样

（2）结果判定

1）化学成分：通过检测试剂的化学成分及熔次判定该产品是否合格。

2）尺寸公差：通过检测样件的尺寸偏差判定该产品是否合格。具体的要求和检测方法参考 GB/T 3880.3—2012《一般工业用铝及铝合金板、带材 第 3 部分：尺寸偏差》。汽车常用铝合金冷轧板厚度尺寸偏差要求见表 4-7。

表 4-7 汽车常用铝合金冷轧板厚度尺寸偏差要求

厚度 /mm	公差范围 /mm
0.6 ~ 0.8	± 0.03
0.8 ~ 1.20	± 0.04
1.2 ~ 1.50	± 0.05
1.5 ~ 2.00	± 0.06
2.0 ~ 2.50	± 0.07
2.5 ~ 3.00	± 0.08
3.0 ~ 3.50	± 0.10

3）室温拉伸力学性能：通过检测样件的室温拉伸力学性能判定该产品是否合格。经供需双方协商，可允许逐张（卷）检验，合格者交货。

4）烘烤硬化性能：通过检测样件的烘烤硬化性能判定该产品是否合格。经供需双方协商，可允许逐张（卷）检验，合格者交货。

5）热处理性能：通过检测样件的热处理性能判定该产品是否合格。经供需双方协商，可允许逐张（卷）检验，合格者交货。

6）外观质量：产品外观质量不合格则该产品不合格。通过检测样件的漆刷线等判定该产品是否合格。必要时通过测量工具界定缺陷的大小。经供需双方协商，可允许逐张（卷）检验，合格者交货。

7）显微组织：通过检测样件的显微组织和产品是否能区分热处理炉次判定该产品是否合格。可依照 GB/T 3246.1—2012《变形铝及铝合金制品组织检验方法 第 1 部分：显微组织检验方法》规定的方法进行检验。

4.4 铝合金板冲压成形工艺介绍

汽车用铝合金板具有出色的冲压性能，在碰撞中也表现出较高强度的性能。铝板耐蚀性强的特点也让它在汽车结构件和外覆盖件中得到了广泛的使用。

对于汽车领域的应用，常用的铝合金板包括不可热处理的 Al-Mg（5000 系列）和可热处理的 Al-Mg-Si（6000 系列）合金。由于化学成分的差异，5000 系列铝板常被用在车身内板或加强板中，部分具有良好成形性能的 5000 系材料（如 5182、5754 等）也会被用在外覆盖件中；而 6000 系列铝板常用于车身外部面板或较复杂的加强板中，兼具高强度和良好的可成形性。

4.4.1 冷冲压成形

铝合金板材可以使用与钢板成形相同或者类似的设备进行冷成形，所有钢板冲压成形的原理基本都适用于铝板冲压成形。但是与相同或相近强度的钢板相比，铝板的成形性能较低，回弹量较大。同时成形时铝板表面敏感性较高，在冲压生产过程中容易产生顶伤、压伤、刮伤等现象。对于每一步的冲压工序中，需做好模具、产品的清洁工作，保证干净无杂物。冲孔和切边的刀口需定期清洗和光磨。对于成形困难的零件，如有黏模或者黏冲头等情况，可以选择正确的冲压润滑油来辅助成形，让材料的流动更顺畅。铝板冲压成形示意图如图4-9所示。

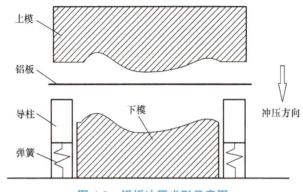

图4-9 铝板冲压成形示意图

铝板翻边时，铝板的一侧产生正应变，而另一侧产生负应变，其平均应变为零，因此长度保持不变。铝板的翻边主要有直翻边和孔翻边，直翻边是使用冲压技术将铝板沿着折边线翻转；孔翻边是用冲头对小孔进行扩孔翻边。

4.4.2 热冲压成形

铝板的强度和可成形性是主要的材料特性，这对于工业应用至关重要。在普通的环境温度下，与钢板相比，铝板的伸长率较小。在可成形性低的冷成形条件下，将铝板冲压成复杂面板形状的零件有很大的挑战性。传统冷成形铝板后，如果杨氏模量低，则该零件更容易受到回弹和起皱问题的困扰，这意味着需要额外的代价来解决这些问题。5000系列铝合金具有最大的可成形性范围，可以在室温下成形，但是其强度较低；而一些6000系列和7000系列的铝合金具有比5000系列更高的强度，但在室温环境下成形困难。

业内已经进行了许多探索来提高铝板的可成形性，如热成形工艺。在高于500℃的温度下，铝板的伸长率会大大提高。特别是5000系的铝合金板，随着温度的升高，伸长率可以增加到100%以上。特别是高强度的铝板，通过传统冷成形工艺，只能成形几何形状简单的零件，复杂的零件需要通过分件方式来分别成形后进行拼接。

图4-10所示为铝板热成形工艺流程。铝板热成形工艺是在铝板冲压成形中，通过将铝板加热到固溶温度之上，从而冲压得到所需零件形状。该工艺可以增加结构件的集成度，减少零件数量，提高结构性能，同时具有降低零件的回弹性、减少整形工序等众多优点。同时，在此过程中存在许多挑战，例如加热铝板并控制其温度、润滑、选择适当的成形压机。如果同时选择加热模具，则模具系统也要求复杂的加热策略，造成较高的模具成本，同时也很难达到均匀的温度条件并

图4-10 铝板热成形工艺流程

保持稳定的模具温度。总之，由于该工艺对温度控制要求高，设备投入较大，生产时间较长，单件成本较高，国内外目前还没有广泛应用。

铝的高热导率允许热量从加热的零件上传导到模具上，有一定的热量损耗。当对模具不进行预加热时，铝板坯料的预热可能会不足以支撑热成形的进行。为了进一步提高该工艺的可成形性，有些供应商在对铝板坯料预热的同时，也会对模具的局部进行预热，如在需深度拉延的位置进行局部加热，来提高铝板均匀变形的能力。

图4-11所示为钢板冷冲压和铝板冷冲压及热冲压回弹对比。可以看出在热冲压条件下，回弹量减少的幅度较为明显，但是与同强度的钢板相比，回弹量还是比较大。

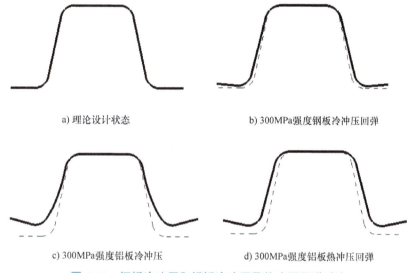

a) 理论设计状态　　　　　　b) 300MPa强度钢板冷冲压回弹

c) 300MPa强度铝板冷冲压　　d) 300MPa强度铝板热冲压回弹

图4-11　钢板冷冲压和铝板冷冲压及热冲压回弹对比

4.5　铝合金薄板的冲压难点及解决方案

铝合金薄板因其在轻量化方面的优势得以在车身上广泛被应用，但仍存在一些不足，主要表现在以下几方面：

1）铝合金薄板的可成形性和拉延性低于钢板，在冲压过程中容易开裂，尤其是形状复杂的零件不易成形。

2）铝合金薄板通常存在性能波动大的特性。

3）回弹难以控制。铝合金薄板的弹性模量远远小于钢板，因此会造成铝合金薄板的回弹远超钢板，导致最终的产品质量无法控制。

4.5.1　铝合金板料冲压开裂

铝合金板料的伸长率仅是普通钢板的一半，在拉延工序时易产生开裂；同时铝合金板料的各向异性系数 R 值不足普通钢板的一半，在抗变薄性能上远低于钢板，表面易产生波纹。

铝板零件的形状尽量简单，拉延深度尽量浅。图4-12所示的铝合金冲压件在 R 角位置成形较困难，开始几轮调试时出现开裂。

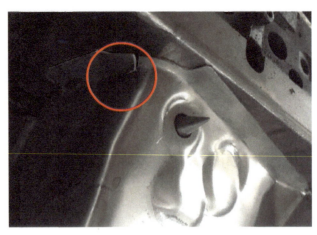

图 4-12　开裂的铝合金冲压件

4.5.2　铝合金板冲压回弹

（1）回弹原因　金属板在冲压成形中，既有弹性变形又有塑形变形，当冲压后卸载压力，发生反向的变形叫作回弹。回弹量的大小直接影响冲压零件的尺寸精度，是冲压工艺的常见问题和难点问题。

（2）回弹问题的解决措施　当前车用铝板类零件的连接多由机器人来完成，若零件尺寸精度低，会导致上件困难、连接失败等许多问题，因此要对铝板零件的回弹进行有效的控制。

1）选择合适的材料。在满足性能、功能等需求的情况下，尽量选择屈服极限小、弹性模量大的材料，降低零件的回弹值。另外，铝板的料厚、表面质量和平整度，对冲压回弹的影响都比较大。因此对弯曲精度要求高的零件，应加强对铝板质量的筛选。

2）设计合理的零件结构。①减小相对弯曲半径（r/t），这对降低冲压回弹非常有效，通常 $r/t \leq 5$ 时，板材的弯曲区已经完全进入塑性状态，但是过小的相对弯曲半径容易在弯曲处开裂，一般资料中提供的板料最小弯曲半径主要是经验值，可以作为零件设计的参考依据；②在不影响零件功能、连接和装配等要求的前提下，通过在冲压件的弯曲处设置加强筋，回弹区变形会受到抑制，既能够减小冲压后的回弹问题，又能够提高零件的性能，图 4-13 所示为某车型前风窗玻璃横梁后板加强筋的布置。

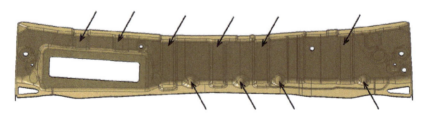

图 4-13　某车型前风窗玻璃横梁后板加强筋的布置

（3）回弹的工艺控制技术　影响铝合金薄板回弹的工艺因素有很多，如模具间隙、模具圆角、压边力等，为了能够控制冲压件的回弹，应反复针对这些参数进行研究和校正，通过工艺因素有效解决回弹问题。

1）工艺设计。增加预成形工序，将一次性成形的冲压件分布于不同的工序中进行，能够减少零件在冲压过程中的内应力；减小凹凸模之间的间隙，调整到一倍料厚的大小，提高零件与模具的贴合度；如果零件某些局部结构不能更改，则可以对零件进行整形工艺。这些都能在一定程度上解决冲压回弹的问题。

2）控制压边力。冲压成形过程中，增加成形阻力能够有效降低回弹。适当的压边力可以对冲压回弹起到抑制作用，但成形阻力的增大容易造成板材严重减薄甚至开裂，尤其是铝板，更容易出现开裂，因此必须对压边力进行合理的控制。利用变压边力控制技术，能够有效改善材料成形性，提高零件的精度。

（4）回弹补偿技术 模具回弹补偿技术是根据零件设计形状为基础来设计模具，再通过经验或者数值仿真对模具进行修正来补偿冲压回弹造成的形状变化。模具的回弹补偿是控制零件回弹的重要措施。图 4-14 所示为 V 形弯曲回弹补偿，将凸模和凹模同时减小一个角度 $\Delta\theta$，使零件回弹后弯曲角度恰好等于设计角度。这种冲压回弹的解决措施对弯曲半径较大、回弹较大的铝合金薄板较为适用。其他弯曲类型，如 L 形弯曲、U 形弯曲、Z 形弯曲等，也可利用类似的原理进行回弹角度补偿。

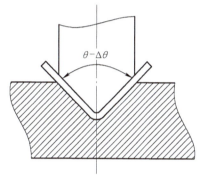

图 4-14 V 形弯曲回弹补偿

（5）回弹仿真 为了有效地控制铝合金薄板的回弹，目前广泛使用有限元法对冲压回弹进行数值仿真和预测，回弹仿真已成为解决冲压回弹问题的重要辅助工具。

4.5.3 铝合金板冲压起皱叠料

铝合金冲压件的起皱叠料现象不仅严重影响零件的外观结构，而且对连接和装配质量也会造成一定程度的影响，甚至会导致整车安全性能的降低。另外，铝合金冲压件起皱叠料缺陷还会造成模具的磨损，影响模具寿命，图 4-15 所示为后围区域铝合金板冲压起皱现象。

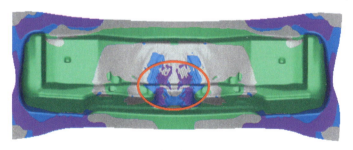

图 4-15 后围区域铝合金板冲压起皱现象

1. 起皱叠料的原因

（1）零件存在多料区 铝合金冲压件出现起皱叠料问题，其主要原因是由于零件结构中存在多料区，因而会造成冲压成型时材料堆积，零件发生起皱叠料。在中小型的冲压件中，经常会因为零件结构而发生起皱叠料的问题。

（2）模具间隙不均匀　凹凸模之间的间隙不均匀，会导致铝合金薄板在成形过程中受到的压力产生变化。在凹凸模之间间隙过小的区域，板材受到的压力较大，相反，凹凸模之间间隙过大的区域，板材受到的压力较小，这样的压力不均匀就容易造成起皱叠料。模具内板材的移动与堆积是造成皱叠的主要原因。

（3）拉延筋设置不合理　拉延筋又称拉伸筋，它是利用调整材料的进料阻力来控制材料的进料速度，从而达到均匀成形的目的。拉延筋可以增加材料的进料阻力，使材料流动保持均匀，同时增大径向拉应力，降低切向压应力，防止压料面起皱。拉延筋过小或位置不正确，不能有效地控制材料流动速度，导致铝板在冲压时材料流动速度过快，形成起皱叠料。

（4）压边力不合理　压边力也是导致铝板在冲压时出现起皱叠料的重要原因。当压边力不足时，不能把板材料边压死，导致板材在冲压过程中材料流动速度过快，发生起皱叠料。特别是当零件尺寸较小的时候，料片尺寸选择保守，导致冲压时压不住料，更容易造成铝板冲压件起皱叠料。

2. 起皱问题的解决措施

（1）零件结构方面　通过零件结构解决铝合金薄板冲压起皱的问题，主要措施有开工艺缺口、增加吸料筋等。

1）开工艺缺口。这种措施是通过将起皱叠料处多余的材料在切边工序中切除，在多料区域开一个工艺切口，可以有效地解决此区域起皱的问题，如图4-16所示。

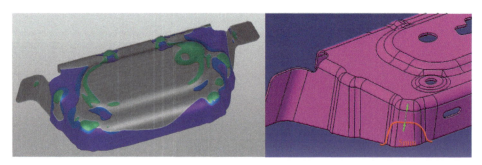

图 4-16　某支架起皱开工艺缺口

2）增加吸料筋。在起皱位置增加吸料筋可以有效避免起皱，多余的材料不会流动到零件的成品区，便能解决此处区域的起皱问题。图4-15中后围区域铝合金板的起皱，可以通过图4-17所示的在起皱部位增加两个吸料筋来优化。

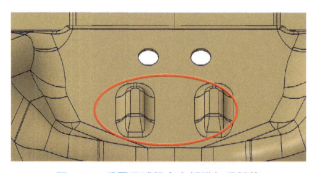

图 4-17　后围区域铝合金板增加吸料筋

（2）拉延筋或拉延槛　对成形模具工序，在压料面上设计拉延筋或者拉延槛可有效改变阻力，控制进料速度及防止起皱（注：为了减少工作量，在工艺补充前期的数模中，拉延筋先暂时不布置，直到在 AutoForm 中布置并分析出理想结果后再在产品数据中添加）。

拉延筋的主要作用有如下几点：

1）拉延件进料速度达到平衡状态，可以增加局部区域的进料阻力。

2）提高覆盖件的刚性，可以加大成形的应力数值。

3）延缓或防止起皱，可以加大径向拉应力或者减少切向压应力。

拉延筋的设计断面如图 4-18 所示，布置原则见表 4-8。

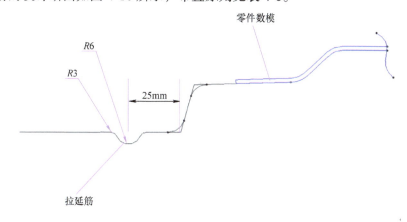

图 4-18　拉延筋的设计断面

表 4-8　拉延筋布置原则

序号	要求	布置原则
1	提高材料变形程度及增加进料的阻力	可放整圈的或间断的 1~3 条拉延筋
2	防止毛坯起皱	在容易起皱的部位设置短筋可以增加径向拉应力，降低切向压应力
3	坯料拉延阻力和进料量	1. 拉延部位深的平面可适当加 1~3 条拉延筋 2. 拉延圆弧部位加大 R 角即可 3. 拉延特征有台阶时，深的部位不加筋，浅的部位加筋

（3）模具间隙　因模具间隙不均匀造成的零件起皱叠料问题，最直接的解决方法就是调整模具间隙。例如车身前围板的成形中，由于模具间隙分布不均匀，使前围板产生了起皱叠料的问题。其解决方法是将前围板的模具间隙通过调整平衡块等方式调整到与零件料厚基本一致，使零件受到的挤压力更加均匀，这样材料在模具内就不会往间隙过大的位置移动和堆积，可有效地消除因模具间隙产生的起皱叠料问题。

（4）压边力　调整模具压边力大小，是解决因压边力导致的起皱叠料问题的重要方法。增大压边力，抑制材料的流动速度，使拉延更加充分，防止零件冲压起皱。调整压边力大小的方式有调整气垫顶杆行程、调整气垫压力、调整平衡块垫片厚度等。对于因料片选用过小而压不住料导致的起皱问题，应增大料片尺寸，以解决起皱叠料问题。

4.5.4　铝板零件外观缺陷及分析

常见的冲压件外观瑕疵有裂纹、缩颈、坑包、变形、麻点、锈蚀、材料瑕疵、起皱、毛刺、拉毛、压痕、划伤、圆角不顺、叠料、滑移线以及冲击线等。外板要求则更为严苛，不允许以上缺陷出现在 A 面上。内板的非关键区域能够接受暗裂、拉毛、滑移线、划伤、压痕等。

1）切屑产生原因。模具切边过程的变形复杂，包括剪切、拉伸、弯曲及横向挤压等变形，很容易产生切边碎屑。板料切边的断面结构通常分为塌角、光亮带、断裂带及毛刺四个区域，板料切边后会形成毛刺带，即零件修边后会产生毛刺，而毛刺在运送到其他冲压工序时会脱落，产生切屑。毛刺的范围将直接影响切屑的严重程度，切边工序需尽量降低毛刺带大小。影响毛刺范围大小的因素都可以认为是造成切屑较多的原因，主要包括刀口及交刀形式、刀口刃入量、刀口间隙和刀口垂直度等。

2）切屑影响。因为铝合金薄板重量较轻，且有一定黏性，在生产过程中，切边碎屑的毛刺容易黏附在模具表面，这些碎屑会造成铝冲压件表面质量问题。合理设计模具结构，充分考虑刀口及交刀形式、刀口刃入量、刀口间隙和刀口垂直度等细节，对模具进行预防性维护是解决切边碎屑的主要途径。

汽车工业对于内、外覆盖件的相关标准有所不同。例如，铝合金外板的冲压车间要求无尘，这是因为沾染在模具型面上的粉尘会划伤外板表面，故要求铝合金外板的冲压车间无尘。

4.5.5　铝板时效性对冲压成形的影响

铝板材料性能波动大，室温下铝合金工件在脱溶期间，其力学性能和物化性能会随着时间产生改变，此类特征的产生过程就叫作自然时效。由于冲压的冷轧铝板会在室温下停留（运输、保存等）产生自然时效，材料性能参数会随着存放时间而发生波动。铝合金板的时效硬化会影响材料性能，使其可成形性随着存放时间的增长而变差，不利于铝板的冲压成形，使得铝制件的质量变差和稳定性变低。

国内多家汽车主机厂采用进口铝合金板料，且通常采用海运，运输周期较长，对于板料的时效性挑战较大。

以某铝板厂商提供的 6016-T4（料厚为 1.0mm）铝合金薄板为例，分别取刚出厂、存放三个月、存放六个月时铝板的试样。通过料片试验得出相关性能参数，详见表 4-9。

表 4-9　不同存放时间铝板的性能参数对比

存放时间	屈服强度 δ_s/MPa	抗拉强度 δ_b/MPa	应变硬化指数 n	塑性应变比 r
刚出厂	114	223	0.277	0.605
三个月	121	231	0.236	0.384
六个月	136	242	0.208	0.354

由表 4-9 中性能参数可知，存放三个月的铝板比刚出厂的铝板冲压成形时发生破裂的趋势显著，存放六个月后的铝板冲压成形时发生破裂的趋势比存放三个月的铝板更大，说明铝合金板冲压成形过程中产生破裂的风险是随着其存放时间的增加而增大的。

为了进一步验证材料时效对冲压成形的影响，通常采用杯突试验，也叫作金属板材的埃利克森试验，是分析板材成形性能的重要方法。该试验是用端部为规定球状的冲头把夹紧的板材压入凹模内，直到板材产生微细裂纹为止，所测量的板材濒临破裂时的压入深度即为杯突值，杯突值越大，说明板材的冲压成形性能越好。

4.6 典型案例设计

4.6.1 前围板

（1）零件工艺分析　根据前围板的结构和材料进行工艺分析，确定零件各部分结构是如何实现的，哪些区域是直接成形无法实现需要整形的，哪些区域是需要翻边的，这些分析都是为后续的工艺补充做准备。

前围板数模及 Y_0 断面数模如图 4-19 所示。

根据图 4-19 中零件的结构，左右两侧及上部翻边结构若直接成形，一方面会造成拉延深度增大，另一方面后续修边不利，需要斜楔修边。因此，将此处做翻边处理，工艺补充时需要将翻边展开。

该零件其他部分都可直接拉延成形，后续修边、冲孔即可实现。

（2）确定数模中心　为了准确地说明汽车车身冲压件在汽车坐标系中的方位与其在拉延冲压工序模具坐标系中的方位关系，在冲压件尺寸链中设计一个基准点。

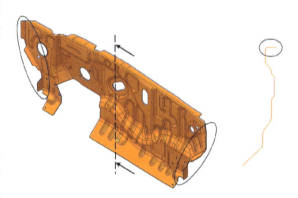

图 4-19　前围板数模及 Y_0 断面数模

设置数模中心需要注意以下几点：

1）数模中心应设立在汽车坐标系中整数位置，不宜出现小数点。

2）数模中心点应在凸凹模型腔之内，即设立在该冲压覆盖件的内侧，不应设立外侧。

3）数模中心应设立在该冲压覆盖件靠近中央的部位，有利于与模具中心或模具重心的重合，也有利于与压力机的压力中心相重合，模具设计希望将这三者重合于一点（模具中心：各冲压工序中模具均在 XY 方向的几何中心）。

4）数模中心并非唯一，只要符合以上条件即可。

5）在此点上建立冲压参考坐标系（后续称为参考坐标系，此名称仅为方便读者理解，模具术语中并无此术语），此时坐标系与原始坐标系方向一致，待按下述确定冲压方向后得出的参考坐标系为最终参考坐标系。

根据上述方法，前围板数模中心如图 4-20 所示。

图 4-20　前围板数模中心

(3) 确定冲压方向 在确定冲压方向的过程中需要注意以下几点：

1) 所有需拉延的钣金要在一次冲压中完成，避免拉延不充分。

2) 为了保证拉延时材料成形不窜动，零件与模具应面接触，避免局部点接触且位于模具中心位置。

3) 模具压边料时应保证进料均匀平整，这样才能保证阻力均匀利于拉延。

4) 对于冲孔切边模具应保证冲压方向尽量一致，这样可以节省工序且提高模具生产效率和调试效率。

根据上述方法，设定前围板冲压方向如图4-21所示。

(4) 确定压料面 拉延工序压料面的适当形状会直接影响零件塑性变形的趋势，具体标准如下：

1) 拉延压料面选取简单曲面。

2) 对于多曲面压料面，尽可能选取两个圆弧倒角尽量大的曲面。

3) 对于形状比较复杂的内板件，压料面可以和零件趋势一致，但也尽量平缓，曲面阶次应控制在 6×6 阶以内。

4) 压料面确定时需要注意的问题：①有利于降低拉延深度；②压边圈在零件成形过程中至

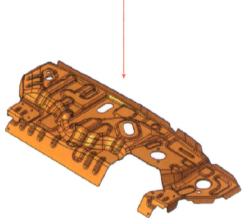

图 4-21 前围板冲压方向

关重要，只有压边圈与模具的形状类似才能保证坯料在成形过程中均匀延展并较少起皱；③压边圈均匀利于坯料在模具里流动，压料面上不得有局部的鼓包、凹坑和下陷（内板件要求不高）；④凸模开始拉延之前，拉延模的凹模和压边圈压紧展开的坯料、使板材夹紧变形的压料面曲面形状应该是光滑圆顺的，如果产生皱纹，那么在后续工序中无法消除并且会体现在外覆盖件表面，达不到覆盖件的质量要求，降低模具寿命与零件尺寸精度。

由于零件本身基本左右对称，且零件走势较单一，按前述压料面的布置原则，可得出与零件走势一致、形状简单的压料面。

(5) 确定工艺补充面 工艺补充面是为了连接压料面与零件数模，达到让零件充分拉延而补充的废料区域，需要注意以下几点：

1) 使拉伸深度尽量浅，但要保证能够拉延充分。

2) 尽量利于垂直修边。

3) 为了提高零件材料利用率，尽可能减少工艺补充。

4) 工艺补充的部分需考虑修边、冲孔、翻边、整形等。

按上述工艺面补充原则和考虑翻边以及方便后续修边，得出前围板工艺补充面如图4-22所示。

(6) 数据的准备 在数模中完成零件的工艺补充和压料面制作后，将该数据状态另存为后缀为 IGS 格式文件，打开

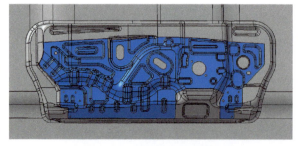

图 4-22 前围板工艺补充面

AotuForm 软件，读入数据。输入模具的几何型面，设置凸模和凹模的行程及运动顺序，指定坯料在模具中的位置，设定拉延筋的位置及宽度。在材料库中选择生产中用到的材料号并等待软件导入相关性能参数。依据冲压供应商企标设置模具型面的摩擦系数。预检查模具运动过程是否为所需指定运动过程。准备就绪后启动软件模拟冲压过程，等待分析结果输出。

（7）分析结果

1）转向管柱连接区域有较大开裂风险，局部减薄严重，如图 4-23 所示。

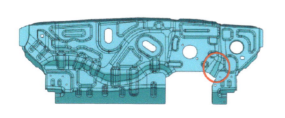 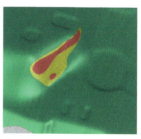

图 4-23 前围板开裂减薄（1）

2）多处凸筋处 R 角出现拉延开裂风险，变薄率大，如图 4-24 所示。

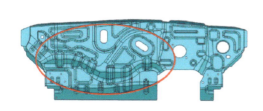 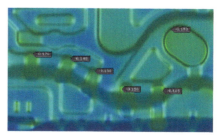

图 4-24 前围板开裂减薄（2）

3）凸圆筋处 R 角出现拉延开裂风险，变薄率大，如图 4-25 所示。

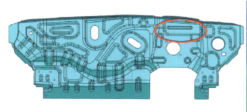 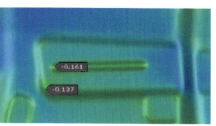

图 4-25 前围板开裂减薄（3）

4）前围板两侧内凹拐角处轮廓不顺，翻边开裂，如图 4-26 所示。

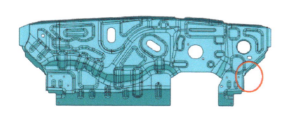 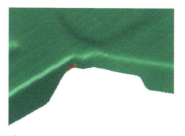

图 4-26 前围板翻边开裂

5）前围板下部侧壁面上筋形状短，回弹大，如图4-27所示。

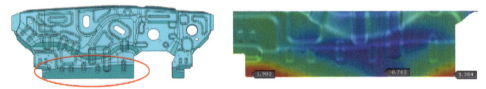

图4-27　前围板回弹

6）上翻边台阶处料边缺口太小，翻边开裂起皱，如图4-28所示。

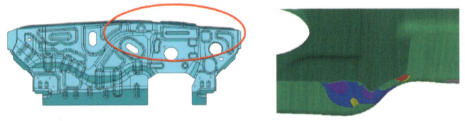

图4-28　前围板翻边开裂起皱

（8）优化方案

1）转向管柱区域开裂严重且周边关系复杂，分别做出以下优化：

① 转向管柱连接区域侧壁斜度应尽量增大，考虑与转向管柱加强板和前扭转盒封板的搭接以及转向管柱的空间，侧壁斜度最终增加了10°，如图4-29所示。

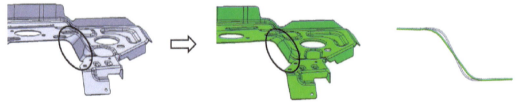

图4-29　转向管柱连接区域侧壁斜度增大

② 侧壁处圆角增加，左边圆角由$R16.5$增加到$R20$，右边圆角由$R8$增加到$R8.5 \sim R9.5$的变倒角，如图4-30所示。

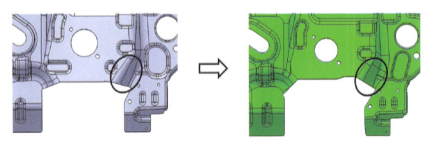

图4-30　增大圆角

③ 增大凸筋的圆角，使尖点放缓，解决开裂问题。底端圆角由$R11.5$增加到$R15.5$，与大面相交的圆角由$R8.5$增加到$R10$。

④ 减少圆筋的深度，由3mm减小到2mm；圆筋末端由圆形特征改为渐变更缓的椭圆

形特征；增大与大面的倒角，由 $R4.5$ 增加到 $R10$，如图 4-31 所示。

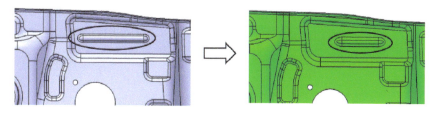

图 4-31 开裂的圆筋优化

2）开裂优化。前围板两侧内凹拐角开裂严重，用填充球化尖点并不能从根本上解决开裂问题，因此做出以下优化：

① 在老鼠洞尺寸允许的情况下尽可能放缓该处圆角过渡，如图 4-32 所示。

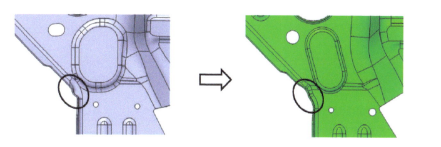

图 4-32 圆角过渡放缓

② 缩短翻边长度，与圆角底边保留 3mm 间隙，如图 4-33 所示。

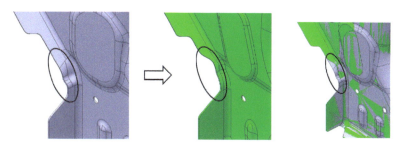

图 4-33 缩短翻边长度

3）增加加强筋。由于回弹面是与前围板横梁的搭接面，因此不能延长此处的加强筋，可以通过增加筋的数量来避免回弹。如图 4-34 所示，增加了 1 号和 2 号筋；由于 NVH 的原因增加了一根竖梁导致 3 号筋取消，通过 4 号筋增加 9mm 宽度来加强此处的结构。

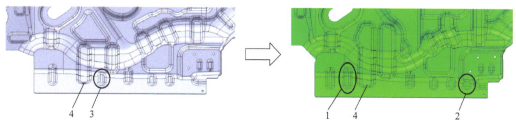

图 4-34 回弹面增加筋

4）工艺缺口。工艺缺口加大，轮廓边界增大22mm，如图4-35所示。

图4-35 工艺缺口加大

（9）优化后分析结果 对优化后的零件重新提交AutoForm进行分析，得到的成形极限图如图4-36所示，可以看出零件区域基本都是绿色和黄色，可以接受。锁定数据开模冲压后的零件如图4-37所示，并未出现开裂，满足设计要求。

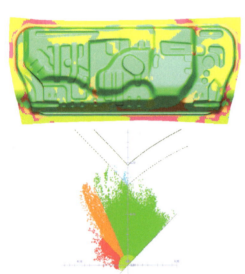

图4-36 成形极限图

图4-37 锁定数据开模冲压后的零件

4.6.2 侧围外板

与钢制侧围外板相比，铝合金侧围外板材料延伸系数较小，伸长率远小于通常外板所使用的钢材。而侧围是面积巨大且结构复杂的冲压件，因此在采用铝合金薄板生产侧围外板时，很多车型对侧围分缝进行调整，通过减小单个部件面积的方法降低冲压难度。接下来以实际车型对铝合金与钢制侧围外板进行对比说明。传统车身侧围外板为钢板，而特斯拉Model S、Model X侧围外板为铝合金薄板，如图4-38和图4-39所示。可以看出，这两款车型的铝合金侧围外板均采用分块的方法将多个冲压件连接成为完整的侧围，而钢板冲压的侧围外板则是完整的一个部件，无须分块冲压。

侧围外板的冲压成形性非常复杂，拉延深度大，特征棱线的R角很小，且零件表面质量要求高，钢板材料常选用DC56深冲钢，其拉延性能好且成形性表现良好。铝板的材料常选用6016，相比DC56，其拉延性能较差，因此开裂比较严重，铝板的设计要尽量将产品的R角放大，且拔模角也要放大。

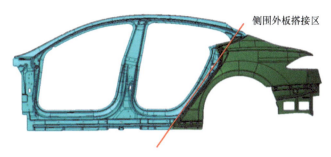

图 4-38　特斯拉 Model—S 侧围外板

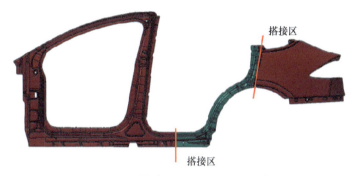

图 4-39　特斯拉 Model—X 侧围外板

参考文献

[1] 宁海涛. 基于精益生产的冲压车间生产线改善研究 [D]. 北京：北京工业大学，2017.
[2] 刘翔. 时效硬化对 6021-T4 铝板成形性能影响及冲压工艺稳健设计 [D]. 长沙：湖南大学，2015.
[3] 褚勇，李全伟，祝林. 汽车轻量化用铝合金板冲压成型性研究 [J]. 模具技术，2014（05）：9-12，18.
[4] 谢茂文. 浅析降低汽车冲压生产的成本控制措施 [C]// 中国工程机械学会，甘肃省机械工业学会. 2014年第四届全国地方机械工程学会学术年会暨新能源装备制造发展论坛论文集. [出版地不详：出版者不详]，2014：355-360.
[5] 李春芳. 模具冲压技术在汽车冲压模中的应用 [J]. 硅谷，2010（13）：161.
[6] 卢志文，李焕峰，李培杰，等. AZ31B 镁合金板材冲压性能的实验研究 [J]. 材料导报，2008（03）：134-136.
[7] 陈林，汪凌云，卢志文. AZ31B 镁合金板材冲压成型性能研究 [J]. 轻合金加工技术，2006（01）：31-34，54.
[8] 邓楚南. 轿车构造（上册）[M]. 北京：人民交通出版社，1993.
[9] 黄忠辉. 汽车铝合金后背门外板成形工艺优化及回弹控制 [D]. 镇江：江苏大学，2017.

第 5 章
汽车铝合金零件典型连接工艺

近几年,随着新能源汽车的发展,对整车轻量化要求越来越高,铝合金零件应用也越来越广泛,其中铝合金零件的连接是影响铝合金应用的一个技术难点。铝连接工艺在汽车上应用广泛,包括采用 FDS 或者搅拌摩擦焊的电池包壳体,采用烧焊的底盘铝副车架,以及应用最多的全铝合金车身或者钢铝混合车身。有这方面应用的国内主机厂包括蔚来、爱驰、北汽、广汽、吉利等。

铝合金零件的连接包括铝合金之间的同质材料连接,还包括铝合金与高强钢或其他轻型材料间的异种材料连接。铝合金同质连接的难点在于铝合金的导电性和导热性良好,且容易与铜电极帽发生化学反应,如果使用传统铜电极对铝-铝连接进行电阻点焊连接,化学反应会烧损铜电极进而影响电极使用寿命,修模频繁,降低生产节拍,无法满足实际连接需求。铝合金与钢之间的异种材料连接难点在于两种材料的物理、化学性质差异巨大,如果使用弧焊或者电阻焊等传统方式连接铝合金与钢,则会在焊缝中产生钢铝金属混合间化合物,会对焊接的强度与可靠性产生严重影响;而且铝合金与钢之间连接处容易产生电化学腐蚀,也会对焊缝的质量、强度、可靠性产生破坏性影响,因此传统的连接工艺并不能解决全铝及钢铝混合车身的连接问题。

现阶段比较成熟的铝合金连接技术分为三类:机械连接、焊接以及胶接。其中,机械连接为冷连接工艺,成熟的机械连接有自冲铆接(SPR)、旋转攻丝铆接(FDS)、无铆钉铆接(TOX)、高强抽芯拉铆、紧固连接等;焊接为热连接工艺,成熟的焊接工艺有铝合金电阻点焊、激光焊、熔化极惰性气体保护焊(MIG)、冷金属过渡焊接(CMT)、搅拌摩擦焊接及铝螺柱焊接;胶接一般指使用结构胶与 SPR 或 FDS 而形成的复合连接,单纯使用结构胶粘接的应用相对较少,铝合金车身成熟连接工艺特点对比见表 5-1。本书只针对目前应用比较广泛的几种连接工艺进行详细介绍,如机械连接中的 SPR、FDS 和紧固连接,焊接中的铝合金电阻点焊、冷金属过渡焊接和铝螺柱焊接,以及胶接中的结构胶粘接。

表 5-1 铝合金车身成熟连接工艺特点对比

评价指标	FDS	CMT	SPR	铝点焊
剥离强度	好	好	好	好
剪切强度	很好	好	很好	好

（续）

评价指标	FDS	CMT	SPR	铝点焊
涂层破坏	有	有	无	有
预加工	不需要	不需要	不需要	不需要
可拆卸	可以	不可以	不可以	不可以
能量消耗	低	很高	低	很高
辅助工序	需开孔	表面清洁	不需要	表面清洁
操作复杂程度	简单	复杂	简单	简单
是否有紧固件	有	无	有	无
带胶连接	可以	不可以	可以	可以
不同材质连接	可以	不可以	可以	不可以
连接方向	单侧连接	单侧连接	双侧连接	双侧连接

5.1 自冲铆接

英国亨罗布（Henrob）公司率先提出了 SPR 连接技术的发展方向，同时进行了相关研究，并率先研发出了 SPR 连接设备。这种连接技术先是应用在建筑行业以及家电制造行业，直到 1993 年，奥迪公司想要研发一款全铝合金车身汽车，便找到 Henrob 公司，打算将 SPR 连接技术应用于汽车制造行业。经过联合研发，奥迪在 A8 的全铝合金车身制造中率先使用了 SPR 技术，此后其他主机厂也纷纷采用铆接技术来连接铝合金车身。目前，SPR 连接技术越来越普及，例如奥迪、宝马、捷豹路虎、奔驰、通用等传统主机厂在一些车型制造中均应用到了 SPR 技术，其中奥迪 A2 的白车身中使用了 1800 多颗 SPR 铆钉；而捷豹路虎的车身更是使用了 2700 多颗 SPR 铆钉。近年来，新成立的新能源主机厂大部分也采用了 SPR 连接技术，如蔚来的白车身中使用了 1700 多颗 SPR 铆钉，爱驰汽车独特的上钢下铝结构，应用的 SPR 铆钉达到 600 多颗。

SPR 技术可实现同种材料和异种材料的连接，因此 SPR 工艺不仅在汽车产业中有应用，在家电和建筑行业也有使用。随着工艺技术的发展，原来常使用点焊或螺栓连接的空调管道及风扇，为了满足降低能耗以及提高生产操作舒适性的要求，都改为 SPR 技术进行连接。随着 SPR 技术不断发展和创新，其可应用和推广使用的产业也将越来越多，创造的社会经济价值也越来越大，因此这项技术有着很大的发展潜力。

5.1.1 SPR 工艺过程

SPR 属于冷连接工艺，是一种快速连接两层或者多层板材的冷成型工艺。连接原理：铆钉先刺穿上层板，然后在模具约束下，铆钉腿部刺入下层板后在周围扩展但不刺破下层板，最后形成机械互锁结构。半空心铆钉自冲铆接工艺过程如图 5-1 所示，共包含四个阶段。

1）压紧阶段：为预防板料在铆接时滑动，铆鼻会率先下压，与铆模一起压紧板料。

2）冲裁阶段：铆接设备都具有铆钉自动传送系统，系统会将铆钉送到铆鼻的正下方，然后冲头在液压或电驱动的作用下下压，将铆钉竖直向下挤压刺破上层板，刺入下层板，板材在铆模和铆钉推力的作用下发生塑性变形。

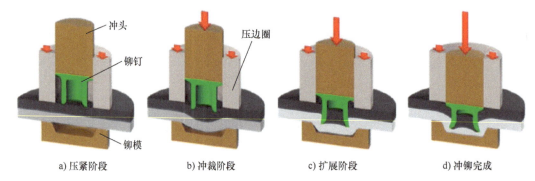

图 5-1 SPR 工艺过程

注：图片来自《汽车车身铝合金自冲铆接研究》。

3）扩展阶段：当下板的大部分接触铆模的底部时，铆钉腿部在下板和铆模底部共同作用下发生塑性变形，并逐渐扩展到周边；铆接力继续增加，下层板材料会逐渐充盈铆模；最后，铆钉腿延伸部分与周围材料形成机械互锁结构。

4）冲铆完成：铆杆下降直到铆钉与上板齐平并且没有间隙接触时，铆杆返回到起始位置，铆鼻释放所有压力，完成铆接。

5.1.2　SPR 工艺特点

作为一种新的连接技术，SPR 较其他传统技术，具有以下优点：

1）可以连接无法焊接或者焊接性差的材料。

2）可以进行异种材料的连接，如可实现高强钢、塑料纤维材料、复合材料等与铝合金之间的连接。

3）它对镀层的损坏比较小或者没有损坏。

4）铆接过程简单，无须对被铆件进行预冲孔。

5）铆接低能耗，无烟尘产生，环保绿色。

6）铆接所用工具的寿命较长，比如铆模。

7）低噪声。

8）铆接连接接头强度高，疲劳寿命长。

9）可以与胶接配合使用。

10）相比于点焊，工艺成本低。

5.1.3　SPR 工艺参数

决定自冲铆接接头连接质量和力学性能的因素众多，如铆钉规格、铆模尺寸以及连接参数等，如图 5-2 所示。其中，铆钉规格包括铆钉头型式、铆钉长度、铆钉硬度、铆钉有效直径以及铆钉腿部尖端尺寸；铆模尺寸包括铆模直径、铆模凸台高度、铆模深度以及铆模外直径；连接参数包括铆接速度或铆接位移。合理的工艺参数，会对后续的试验设计及连接质量优化起到重大作用。

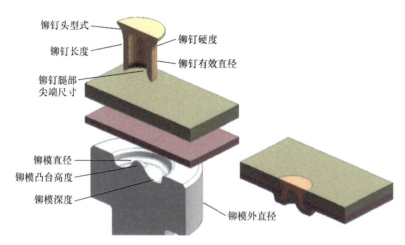

图 5-2 SPR 工艺参数

注：该图片来自亨罗布公司。

铆钉有效直径有两种，一种是铆钉直径为 3.3mm 的 3mm 系列铆钉，另一种是铆钉直径为 5.3mm 的 5mm 系列铆钉。3mm 系列铆钉适合薄板且力学性能要求不高的铆接，5mm 系列铆钉适合厚板且有一定力学要求的铆接，两种系列铆钉铆接结果如图 5-3 所示。

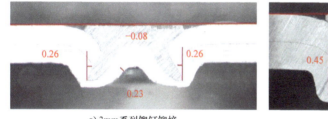

a) 3mm 系列铆钉铆接 b) 5mm 系列铆钉铆接

图 5-3　3mm 和 5mm 系列铆钉铆接结果

铆钉头型式主要有三种，如图 5-4 所示。图 5-4a 所示的铆钉头下部有较大的曲率半径过渡，汽车行业应用较多。图 5-4b 所示的和图 5-4c 所示的均是铆钉头下部与铆钉腿之间过渡有较小的曲率半径，这种头型一般在铆接高强度板材时会应用到。虽然铆钉头部型式有三种，但是铆钉头部法兰的直径却是固定的。针对 3mm 系列的铆钉，头部法兰直径为 5.5mm；针对 5mm 系列铆钉，头部法兰直径为 7.8mm。

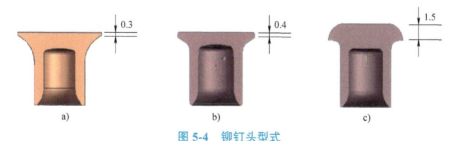

图 5-4　铆钉头型式

铆钉的长度尺寸受铆接板料总厚度的影响，铆钉长度尺寸应该比铆接总料厚大 2~2.5mm。因为铆钉长度决定铆接的互锁量，而互锁量是评价铆接质量的一个重要参数，所以铆钉长度的选择对铆接质量及后续优化都有非常大的影响。

关于铆钉材料硬度和腿部尖端尺寸两个参数，有研究表明铆钉腿部变尖时，接头互锁量增大，剩余料厚增大，剪切强度增大，但接头剥离强度变化不大。如增大铆钉材料的硬度，铆钉腿部的张开角度会变小，互锁量变小，剩余料厚变小，铆钉剪切、剥离强度就会减小，发生自锁失效。

铆模的直径和铆模的凸台高度对铆接质量都有影响。铆模的直径决定铆模型腔的体积，铆模的凸台高度决定铆钉腿部伸开的角度。

5.1.4　SPR 设计要求

1. SPR 连接方向设计要求

铆接过程需要铆钉腿在下层板进行张开形成互锁，要求下层板料能够给铆钉腿部张开提供较小的阻力及足够的张开空间，因此铆接的连接方向要求从强度高的材料到强度低的材料，从材料薄的一侧打向材料厚的一侧，如图 5-5a 所示。在实际设计过程中，由于铆接空间限制，会出现一些下层板厚度小于上层板厚度且下层板强度高于上层板强度的情况，如图 5-5b 所示。随着铆接技术发展，针对此类情况也有相关的解决方案，但需要提前确认连接可行性。

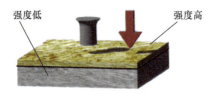 

a) 从薄到厚，从强度高到强度低　　　　b) 从厚到薄，从强度低到强度高

图 5-5　铆接连接方向

注：该图片来自亨罗布公司。

连接方向的不同，对连接后的性能有很大影响，如图 5-6 和图 5-7 所示。图 5-6 所示为相同材质不同厚度的两片铝板组成的铆接组合，进行不同方向铆接所得的铆接剖面。图 5-6a 是上层板为 1.0mm、下层板为 2.0mm 的剖面结果；图 5-6b 是上层板为 2.0mm、下层板为 1.0mm 的剖面结果。图 5-7 所示为不同方向铆接对应的剪切拉伸曲线，从曲线上可以明显看出铆接方向从薄到厚的剪切强度以及吸能值都大于连接方向从厚到薄的情况。

a) 1.0mm+2.0mm　　　　　　　　　　b) 2.0mm+1.0mm

图 5-6　相同材质不同厚度及不同铆接方向的剖面结果

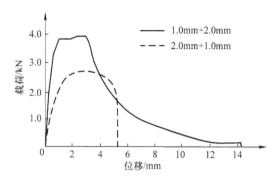

图 5-7 不同方向铆接对应的剪切拉伸曲线

2. SPR 连接法兰设计要求

（1）连接法兰边尺寸 根据选择铆钉直径的不同，连接法兰尺寸也会产生相应的变化。连接法兰尺寸由铆鼻与钣金接触尺寸、零件切边公差、工装定位公差、零件倒角公差以及机器人铆接的定位公差综合计算得出。以阿特拉斯科普柯的铆枪设备为例，3mm 直径铆钉和 5mm 直径铆钉所需求的法兰尺寸如图 5-8 和图 5-9 所示。可以看出，3mm 直径铆钉需求的最小法兰尺寸为 18mm，5mm 直径铆钉需求的最小法兰尺寸为 22mm。

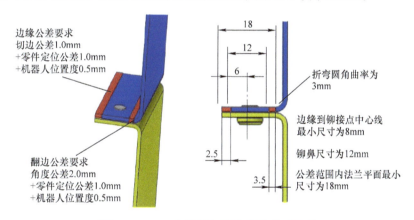

图 5-8 3mm 直径铆钉连接法兰尺寸要求

注：该图片来自亨罗布公司。

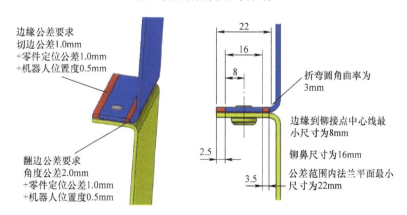

图 5-9 5mm 直径铆钉连接法兰尺寸要求

注：该图片来自亨罗布公司。

（2）铆钉中心到零件法兰边缘的最小距离　铆接力学性能受铆钉中心到法兰边缘距离的影响，当铆钉距离法兰边缘过近时，会导致铆接失效，因此在设计过程中对铆钉距离零件边缘的要求如下：

1）使用 3mm 铆钉铆接，要求铆钉中心线到法兰边缘最小距离 6.0mm。

2）使用 5mm 铆钉铆接，要求铆钉中心线到法兰边缘最小距离 8.0mm。

图 5-10 所示为 5mm 铆钉中心线到法兰边缘最小距离与连接后性能的关系曲线。

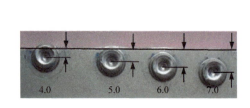
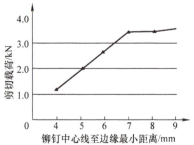

图 5-10　5mm 铆钉中心线到法兰边缘最小距离与连接后性能的关系曲线

（3）连接边法兰角度　连接边法兰几何角度大致分为平角、锐角、钝角、直角。因为 SPR 铆接为双面连接工艺，需要法兰两侧有足够的进枪空间，所以锐角不能使用。

（4）铆枪的进入性　SPR 铆接需双面接触工艺，待铆接组合的两侧必须可以方便铆鼻铆模与零件贴合，才能完成铆接过程。

（5）脱模距离要求　铆接完成后，需要从纽扣处将铆枪向下移动 5mm 来完成脱模动作，如图 5-11 所示。

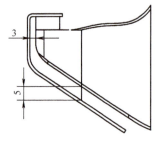

图 5-11　铆接脱模距离要求

5.1.5　SPR 连接检测

SPR 连接检测方法分为非破坏性检测和破坏性检测。非破坏检查方法包含铆钉头高测量检查以及铆钉外观目视检查；破坏性检测是使用工具将实车铆接点剖开，测量相关参数来评价铆接是否合格。

（1）非破坏性检测方法

1）铆钉头高测量检查：将高度仪的探头调整至铆钉中心点的正上方，保证高度计底部三个支点贴合在板材上，如图 5-12 所示；然后略微移动高度计以测得最小值，并将测量的数据记录在登记表中。

2）铆钉外观目视检测：目视观察铆钉是否漏铆、叠铆，纽扣侧是否开裂。

（2）破坏性检测方法　从实际零件上切取需要进行检查的铆接点区域，通过金相切割机将铆点剖开，在显微镜下完成测量和拍照。如果实物零件切割无法满足剖面试片或力学试片尺

图 5-12　铆钉头高测量

寸要求，可以采用试片来做试验。

5.1.6 SPR 连接强度及影响因素

1. SPR 连接强度

连接点的各项力学性能是否满足设计要求，是评价铆钉选择及板材搭接是否合理的重要依据。连接点的力学性能测试方法一般有三种：剪切拉伸、剥离拉伸和十字拉伸，如图 5-13 所示。SPR 连接点强度也可根据这三项力学性能来评价。

（1）不同铆钉直径的铆接性能　SPR 铆钉有直径 3mm 和直径 5mm 两种尺寸规格，分别适用于不同的料厚组合。以铝板为铆接研究对象，对不同厚度搭接组合进行铆接，结束后对每个搭接组进行剪切强度测试，测试结果如图 5-14 所示。当铝板均为薄板时，两种铆钉的剪切强度接近，但 3mm 铆钉铆接外观无刺穿且纽扣表面光滑，而 5mm 铆钉铆接外观质量较差，因此针对薄板的铆接应采用 3mm 铆钉铆接，强度能满足要求且减重降本。随着铆接板厚的增加，5mm 铆钉的剪切强度远高于 3mm 铆钉，因此针对厚板且有强度要求的区域应用 5mm 铆钉铆接。

a) 剪切拉伸试样

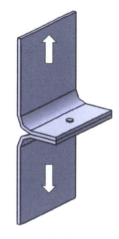

b) 剥离拉伸试样

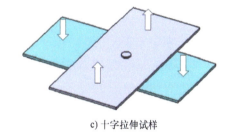

c) 十字拉伸试样

图 5-13　连接强度的测试方法

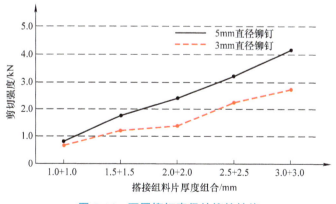

图 5-14　不同铆钉直径的铆接性能

（2）SPR 铆接与铝点焊性能对比　每种连接工艺的力学性能与连接的破坏形式有直接关系，不同的破坏形式如上层板为强度较弱且料厚薄的铝板、下层板为强度高且料厚的铝板这样的搭接组，不管采用何种工艺连接，最终的破坏形式均是上层板破坏，所得到的力学性能也会是一致的，因此不能很好地评价何种连接工艺连接强度高。如需对比两种连接工艺性能，需保证最终破坏形式为连接点破坏。

进行 SPR 铆接，铆接试验后对试样件接头进行剖面分析，运用电子显微镜对金相截面拍照并测量相关尺寸，其结果如图 5-15 所示。对于 SPR 铆接接头，主要测量左右互锁值、底部厚度和头部高度。

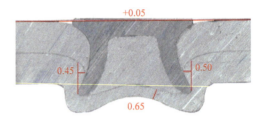

图 5-15 SPR 接头截面金相

图 5-15 所示为 SPR 接头截面，铆钉的头高为 +0.05mm，左右互锁值分别为 0.45mm 和 0.50mm，底部剩余厚度为 0.65mm；从图中可以看出，金相截面具有良好的对称性且无裂纹，铆钉腿没有产生"墩粗"效应，铆钉的塑性变形均匀光滑，材料与铆钉铆模接触的地方产生了塑性变形。

李春平以两层 2.0mm 5182 铝板为试验对象，对比了 SPR 和铝点焊试样的剪切拉伸、十字拉伸和剥离拉伸测试的数据结果见表 5-2。图 5-16 所示为铝点焊接头和 SPR 接头力学性能的对比，可以看出，SPR 的剪切、十字拉伸和剥离强度都要高于铝点焊。

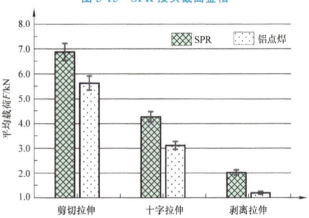

图 5-16 铝点焊接头和 SPR 接头力学性能的对比

注：图片来自《汽车车身铝合金自冲铆接研究》。

表 5-2 SPR 和铝点焊力学性能数据　　　　　　（单位：kN）

连接工艺	SPR			铝点焊		
测试方法	剪切拉伸	十字拉伸	剥离拉伸	剪切拉伸	十字拉伸	剥离拉伸
载荷	6.8	4.2	2.0	5.6	3.1	1.2

图 5-17 所示为铝点焊接头和 SPR 接头载荷 - 位移曲线，由曲线可知，相同板材搭接组合，剥离强度测试时接头的拉伸位移最大，说明剥离时接头的延展性更好。对比可知，SPR 的三种力学性能测试的吸能值都比铝点焊要高，这说明 SPR 接头的破坏性能要强于铝点焊接头。

（3）SPR 与钢点焊性能对比　以两层 1.5mm 的钢板为试验对象，分别进行铆接和钢点焊，并对样品进行剪切强度测试，测试结果如图 5-18 所示。很明显，钢点焊的剪切强度比 SPR 高，因此连接工艺的选择与被连接材料有很大关系。

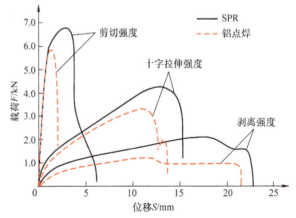

图 5-17 铝点焊接头和 SPR 接头载荷 - 位移曲线

注：图片来自《汽车车身铝合金自冲铆接研究》。

2. SPR 连接强度影响因素

当待连接的搭接组合确定后,此搭接组的连接性能则由铆接剖面测量的头部高度、互锁量及最小剩余料厚三个参数决定,如图 5-19 所示。头部高度是指铆钉头部平面与铆接上层板平面之间的高度差,若上层板为薄板零件,铆钉头部高度过低会对上层板产生剪裁作用,使得铆钉周围受力板料减少,从而大大降低连接强度,因此对于上层板为薄板零件应严格控制头高值。互锁量是指铆钉腿部外侧至

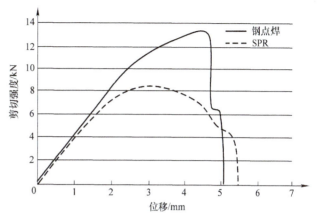

图 5-18 SPR 与钢点焊性能对比

上层板材下边缘点的水平距离,互锁量大,铆钉腿部伸入下层板的量越大,铆钉的连接质量会越高。最小剩余料厚是铆钉腿部到下层板底部的厚度,可以评估铆接的密封质量和下层板的强度,剩余料厚小说明下层板强度不足,下层板可能会有裂纹或直接被刺穿,铆点的密封防腐质量下降。上述三个参数值的大小受两方面影响,一方面是铆接设备的参数,主要包括铆接控制策略以及铆模形状;另一方面则是铆钉的选择,主要包括铆钉直径、铆钉长度、铆钉硬度、铆钉头型以及铆钉腿部尺寸。

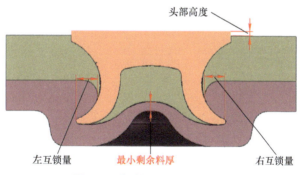

图 5-19 铆接剖面三个参数值

(1)铆接设备参数影响 铆接设备的影响有两部分,一部分是铆接控制策略,另一部分是铆模形状。针对不同厂家的铆枪,其铆接的控制策略也不同,如阿特拉斯的 SPR 铆枪是通过控制铆接速度来实现铆接,而史丹利的 SPR 铆枪则通过控制位移来实现铆接。对于头高的控制,阿特拉斯铆枪通过调整铆接速度来控制,头高值为正值,则增加铆接速度,降低头高值,头高值为负值,则降低铆接速度,提高头高值;史丹利铆枪则通过设定铆接位移来控制头高,基本上设定在头高零位,无须再调整。头高控制在要求范围之内,对于上层板为薄板的搭接组合,连接性能会更加稳定。

铆模结构可以决定互锁量和最小剩余料厚,铆模的结构因素主要是铆模直径、深度和凸台高度。铆模直径及深度会影响铆模的腔体体积,凸台高度则影响铆钉腿部伸开的角度。李春平等人研究了相同铆钉在三种不同结构的铆模形状下,连接 2mm 料厚 5182 的铆接后的性能对比。铆钉及铆模结构尺寸见表 5-3。

表 5-3 铆钉和铆模结构尺寸

铆钉	铆模	
φ7.5, 6, φ5.3	铆模 A 平底铆模	φ9.78, 2
	铆模 B 凸台铆模	φ9.42, 2
	铆模 C 凸台铆模	φ10, 2.21

图 5-20 所示为三种不同形状铆模下铆接点的剪切强度，铆模 A 铆接的铆接点剪切强度最高，偏差最小，说明铆模底部平坦的铆接点剪切强度和稳定性都比底部凸起的铆模更高，同时也说明铆模的形状对铆接点的强度和稳定性都会产生影响。对比三种铆模的腔体体积，发现 $V_A \approx V_C > V_B$（V_A、V_B 和 V_C 分别为铆模 A、B、C 的体积）。在同样的试验条件下，三种铆模的铆钉腿部伸开角度都满足要求，比较三种铆模的铆接接头剪切强度，腔体体积较大的铆模 A 和铆模 C 所对应剪切强度比腔体体积小的铆模 B 更好。这是因为铆模腔体体积越小，板材塑性变形的阻力越大，铆接时铆钉腿部张开的阻力也会变大，铆钉腿部在往下推进和向周边扩散时遇到的阻力相对较大，互锁量变小，剪切强度下降。

（2）铆钉选择影响　铆钉的主要参数包括铆钉直径、铆钉长度、铆钉硬度、铆钉头型以及铆钉腿部尺寸。铆钉直径对性能的影响上文已做了描述，此处不再赘述。铆钉长度由板料的总厚度决定，铆钉增长，刺入板料的深度越深，导致接头互锁量加大，剪切强度也会随之增大，但是过长的铆钉有刺穿板料的风险，会导致接头失效。铆钉的硬度和腿部尺寸对接头性能也有影响，铆钉腿部变尖时，刺入板料变深，互锁量加大，剪切强度增大，但接头剥离强度基本不受影响。铆钉硬度加大，会使腿部伸张角度变小，互锁量减小，剪切强度减小，可能会发生自锁失效。

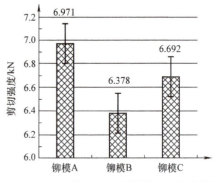

图 5-20　三种不同形状铆模下铆接点的剪切强度

5.1.7　SPR 供应商及设备

1. SPR 供应商

目前，国际主流供应商有阿特拉斯·科普柯（收购原来的 HENROB）、史丹利（收购原来的 TUCKER）、博尔豪夫以及 TOX，随着国内主机厂大量应用铆接设备，国内铆接设备供应商也在逐渐壮大，如贝瑞克、一浦莱斯、斯旺西等。

2. SPR 设备

自冲铆接的设备有很多种,每种设备都有其各自的特点,但基本结构都相同,均由以下结构组成:动力系统(液压或伺服系统)、铆钉供给机构、电气控制器等。根据使用场景的不同,SPR 设备可分为如下四类:

1)手持式 SPR 设备:工人手持挂吊操作的一类 SPR 铆枪,零件尺寸较大,不易移动,使用手持 SPR 铆接设备移动到零件需要铆接位置进行操作,如图 5-21a 所示。

a) 手持式　　　b) 机器人式　　　c) 便携充电式　　　d) 固定式

图 5-21　SPR 设备

2)机器人式 SPR 设备:使用机械臂完成操作的一类 SPR 铆枪,控制机械臂完成各个工位的自冲铆接操作,如图 5-21b 所示。

3)便携充电式 SPR 设备:比手持式 SPR 铆枪愈加细巧,电动驱动,个头虽小,能量却极大,如图 5-21c 所示。

4)固定式 SPR 设备,将 SPR 铆枪固定在支架上,铆枪不动,通过移动零件来实现铆接,一般多用于完成设计初期的料片连接试验,如图 5-21d 所示。

5.1.8　SPR 过程工艺监控

对于全自动化流程来说,除了需要控制系统,也需要对实际的铆接过程进行监控。监控必须在线进行,以便在出现故障时能够停止相应设备。

SPR 过程中最具说服力的两个过程参数是行程和力。如果这两个参数相互依赖,它们就会表现出在相同的连接参数下可再现的特征。有两种在实际情况下建立不同过程监控的方法,一种是将力-行程过程曲线划分在一定范围内,该曲线在每个连接过程中必须在设定的界限内运行,这种监控技术称为窗口技术;另一种是在实际的过程曲线周围设定两条具有规定间距的偏移量曲线,这里称为包络线(包络线技术)。相对于窗口技术来说,包络线技术的优点是可在系统内快速设定包络线,缺点是由于过程的线束在不同范围内散射得很剧烈,因此不能准确地解释整个过程。相应地,包络线必须将不临界的最大偏差范围包括在内,这往往会导致产生极宽的包络线,在该界限内的某些情况下,不合格的连接也可能被识别为合格。

5.1.9　SPR 返修方案

在实际生产过程中,SPR 的缺陷不可避免,因此针对不同缺陷类型需要制定相应的返修方案，如针对铆偏、漏铆缺陷，需要在正确位置中心点用铆枪补铆；针对裂纹、边缘铆穿、高度超标缺陷，可在距离正确位置中心点小于 10mm 的距离内用铆枪补铆或者用抽芯铆钉返修；针对翻滚、叠铆缺陷，清除掉故障铆钉，在距离正确位置中心点小于 10mm 的距离内用铆枪补铆或者用抽芯铆钉返修。

5.1.10 SPR 应用案例

SPR 适用于连接结构部件。机械连接方法比铝点焊的能源消耗少，并且可以实现高度自动化。此外，所得到的 SPR 接头具有比点焊铝接头更好的疲劳强度性能。自冲铆接也适用于混合材料的接头（只要两种材料都具有明显的延展性），并且通常与黏合剂结合使用。SPR 应用车型及数量见表 5-4，某车型 SPR 连接应用如图 5-22 所示。

表 5-4 SPR 应用车型及数量

车型		SPR 数量/个
捷豹	XJ（X350）	3185
	XK coupe	2620
	XK convertible	2620
	I-PACE	2633
奥迪 A8	D2（1994 年）	1100
	D3（2002 年）	2400
	D4	1847
	TT	1606
奔驰 SL（R 231）		1235
宝马 8 系		505

图 5-22 某车型 SPR 连接应用

5.2 旋转攻丝铆接

FDS 技术在 1990 年成功申请专利，但是由于安装工具无法提供螺钉所需的速度和动力，FDS 还不能大规模应用于工业生产中。直到 1996 年，一家英国汽车厂商研发了一种转速高达 2000 r/min 的工具装配 FDS，使 FDS 可以大规模应用于汽车制造。最近，很多国际知名厂家和国内新能源汽车厂商开始使用 FDS 技术，如捷豹、奥迪、蔚来、爱驰、北汽和广汽等，其中奥迪 A8 使用了 740 个 FDS。

5.2.1 FDS 连接工艺介绍

FDS 工艺是一种机械连接工艺，使用特殊的工具转动专用的螺钉高速旋转，熔融并穿透板材，最后在板材形成螺纹来连接板材。FDS 连接系统由三部分构成：驱动设备、特殊螺钉、需连接的板件。FDS 工艺的螺钉接头种类很多，基本可以分为三种，如图 5-23 所示。图 5-23a 是内驱动蘑菇头形螺钉接头，这种螺钉只适用于上层板有预开孔的连接组合。图 5-23b 是外驱动双向法兰头形螺钉接头，优点是有特殊设计的凹槽螺母，能够接收材料上升，螺母设计有双向法兰头结构，使拆卸简单方便，适用于上层板无预开孔的连接组合。图 5-23c 是外驱动单向法兰头形螺钉接头，此类螺钉不可反向转动，优点是便于与工具连接，头高较高，驱动力大。

a) 内驱动蘑菇头　　　　　b) 外驱动双向法兰头　　　　　c) 外驱动单向法兰头

图 5-23　FDS 工艺的三种螺钉接头

注：图片来自《白车身热熔自攻丝工艺及连接点力学性能研究》。

FDS 技术可以根据螺钉螺纹的结构形式分为螺旋形和压扣形旋转攻丝铆接。螺旋形 FDS 铆接板材后，板材形成螺纹，同时螺钉拧入达到规定扭转力矩，依靠螺纹和螺母施加的紧固力来紧固板件，连接后可拆卸，其螺钉如图 5-24a 所示。压扣形 FDS 是依靠螺钉和板材之间形成自锁锁扣进行连接，其螺钉如图 5-24b 所示，对比螺旋形旋转攻丝铆接，这种工艺能够连接高强度钢。两种类型的螺钉均有应用，由于螺旋形螺钉返修及拆卸方便，连接过程中噪声小，因此螺旋形螺钉

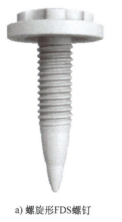

a) 螺旋形FDS螺钉　　　　　b) 压扣形FDS螺钉

图 5-24　FDS 工艺的两种螺钉

应用量远远高过压扣形螺钉。

目前市场上应用较多的 FDS 设备供应商主要有 Weber 和德派，FDS 螺钉供应商主要有阿诺德和毅结特。紧固系统主要包含控制器、螺钉自动送料单元、控制柜和智能装配主机单元。对于旋转攻丝系统，智能装配主机是整个系统的核心。主机主要由预压紧机构、刀头、紧固电机、进给电机、控制模块和主轴构成。图 5-25 所示为 FDS 设备的使用场景。主轴在工作时转速高达到 8000r/min，承受的紧固力达到 3500N，拧紧扭转力矩达到 15N·m。由于要承受很大的反向作用力，因此主轴需要满足强度高、稳定可靠、对中性好的要求。

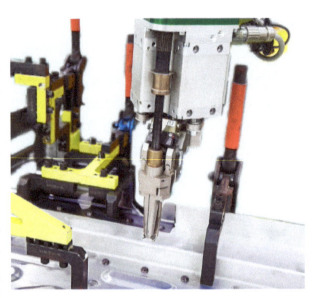

图 5-25　FDS 设备的使用场景

5.2.2　FDS 连接成形机理

FDS 工艺是由热熔钻技术发展而来的热机械连接技术，可以从一侧攻入。FDS 技术借鉴了热熔钻，即使用旋转的锥体摩擦生热进而软化板材的方法，使螺钉穿透并挤压连接板材。对于 FDS 工艺，螺钉钻入板材并形成螺纹，加大了螺钉与板材接触的面积，适用于金属薄板。因螺纹增加了接触面积，故需要更大的紧固力、紧固扭转力矩和更可靠的连接。虽然原理有相同点，但是热熔钻和 FDS 工艺区别很大，特别是在挤压成形阶段以后。热熔钻中，旋转工具是锥形，且表面光滑，仅可以钻孔而无法形成螺纹，需要用一个丝锥去攻出螺纹，然后由紧固件进行连接。FDS 工艺一次完成了这三个步骤，合并了很多工序。FDS 工艺成形过程可分解为六个阶段，如图 5-26 所示。

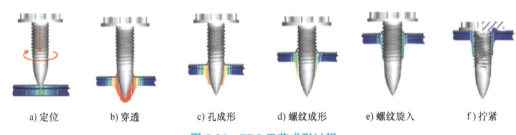

a) 定位　　b) 穿透　　c) 孔成形　　d) 螺纹成形　　e) 螺纹旋入　　f) 拧紧

图 5-26　FDS 工艺成形过程

注：该图片来自《白车身旋转攻丝工艺及连接点力学性能研究》。

（1）螺钉定位阶段　如图 5-26a 所示，定位是 FDS 工艺的准备工序。基本分为两个过程，首先是动力系统的刀头与螺母进行定位，这样能让螺钉和动力系统的主轴同步旋转，还可以预防螺钉高速旋转掉落。然后是螺钉头部与板料的定位，先在板料上预钻一个非常小的预钻孔，预防摩擦过程中螺钉产生晃动。在主轴下压定位之前，会有压紧机构向下压紧板材，可以预防穿透过程过程中板料产生位移或变形。

（2）穿透阶段　如图5-26b所示，热塑性变形阶段，主轴连接螺钉进行高速旋转，螺钉尖端高速旋转摩擦板料，产生的高温会软化尖端附近板料金属，在主轴的下压力之下钻出孔洞，将板件穿透。这个过程中，螺钉与工件要经受500~600℃的高温，但螺钉有特殊镀层保护其不受高温影响。整个过程持续到螺钉刺破工件结束。

（3）孔成形阶段　如图5-26c所示，热塑性变形阶段，当螺钉穿过板后，转速降低，板料仍处于软化状态，螺钉在主轴的下压力下继续向下移动。螺钉的锥形端面与板料的接触面积加大，板料形成熔融状态，并在螺钉的下压和旋转作用下沿径向和轴向产生热塑性流动，最终形成环颈和衬套。螺钉刺穿板料后形成的通孔比板件厚度还要厚得多。

（4）螺纹成形阶段　如图5-26d所示，螺钉最下面有三圈螺纹处称为攻丝区。板料形成环颈和衬套后，主轴转速会继续降低，螺钉开始利用攻丝区在环颈和衬套上攻出螺纹。

（5）螺纹旋入阶段　如图5-26e所示，与正常拧入螺钉一样，螺钉以一定速度开始拧入螺纹孔。

（6）拧紧阶段　如图5-26f所示，此阶段螺钉已经部分拧入板材螺纹孔中，继续旋转拧入，螺母下平面会和板材的上平面接触并产生摩擦，主轴设定好拧紧力矩，螺钉拧紧到设定的力矩后即停止旋转。此过程需要关注拧紧力矩的设定值，因为螺母和板料接触会产生摩擦，如果力矩设定值较大，则螺钉可能会被拧断。

5.2.3　FDS连接优缺点

FDS技术作为新型铝合金材料连接工艺，刚刚引入国内推广。相比目前已经成熟使用的其他铝合金连接方案，FDS具有其独特的优点，但是也存在很多不足。优势主要体现在以下几个方面：

1）可以单侧连接。在车身的生产制造过程中，受周边件限制，某些连接点空间非常小，一些在钣金两侧都需要空间的铆枪会在铆钉面或铆模面与周边件干涉，导致无法连接。FDS工艺可从一侧连接的特点就解决了这种问题，特别是针对铝板和铝型材腔体的连接。FDS工艺单侧进枪的特点，是其他连接工艺无法比拟的。

2）剪切剥离性能好。FDS连接的强度由螺纹连接和螺母与钣金之间的摩擦力共同决定，并且强度约为无钉铆接的两倍。

3）可进行不同材料的组合连接。可实现钢板、塑料、复合材料与铝板之间异种材料的连接。

当然FDS工艺也有其不足之处，最主要的缺点就是螺钉自重大，约5g，过多使用会使整车重量增加。其次，因FDS在连接过程中，螺钉对下层板的压力很大，要求下层板刚度较好，如刚度不够，则需要工装夹具设计支撑。再次，FDS工艺对料厚也有一定要求，如上层板太厚则需要开预孔，下层板不能超过5mm等。最后，FDS设备较贵，设备一次性投入较大。

5.2.4　FDS连接设计要求

目前，汽车白车身上主要应用FDS螺钉的规格多为M5，其螺钉长度要根据零件搭接板厚不同进行选择。但为了避免因螺钉种类过多导致制造过程管理成本增加，设计人员应尽量将连接厚度控制在一个范围内，这样便可使用一种规格型号的螺钉连接所有连接点。

本书所述的设计规范仅针对阿诺德生产的 M5×22 规格型号的螺钉。

1）FDS 连接推荐使用从单侧进枪螺钉尖部进入封闭腔体（例如空心铸件、挤压或液压成形的筒形断面）的情况，并保证压力为 3.5kN 的情况下零件结构不会变形。连接压力由接触力和铆钉尖部对板材的轴向下压力共同叠加组成，因此连接点应该尽量设计在高刚度板料上或靠近零件支撑壁附近，以阻止连接过程中连接点附近发生挠曲和变形导致的零件位置窜动和连接点位置偏移。另外应保证压紧装置压头表面完全接触工件，尽量缩小零件间的间隙。

2）不预开孔情况下连接的最大材料层数为三层。

3）底层材料必须为铝材（铝板或铸铝等），FDS 底层铝材的厚度范围是 1~5mm。

4）FDS 连接允许的最大厚度之和不超过 7.5mm。

5）两侧材料的外表面允许的最大倾角为 3°。

6）FDS 连接的预开孔原则如下：

① 连接组合总厚度小于或等于 5mm，且上层板材料强度小于 600MPa 时，上层板不需要开孔。

② 连接组合总厚度在 5~6mm 之间时，需根据连接试验样品剖面结果判断是否开孔，主要依据是板材间的间隙值大小。

③ 连接组合总厚度大于 6mm 时，如果是两层板，则上层板需开 $\phi 7$ 的预孔，如果是三层板搭接，则第二层板材需开 $\phi 10$ 的预孔。

④ 如果上层板材强度大于 600MPa 或为铝铸件材料，则必须预开孔。如果是两层板，则上层板需开 $\phi 7$ 的预孔，如果是三层板搭接，则第二层板材需开 $\phi 10$ 的预孔。

7）FDS 连接推荐两材料之间使用结构胶，既可防止钢铝腐蚀又可增加连接点强度。

8）FDS 与预冲孔工艺结合时，如果结构胶从预开孔内挤出，则会粘在 FDS 枪压头上，污染枪头。另外，如果胶粘到螺钉头部法兰上，会降低螺钉法兰与零件表面的摩擦力。在相同的拧紧力矩下，螺钉本体会受到较大的紧固力，导致螺钉滑牙或头部断裂。因此，应严格控制 FDS 预开孔位置的涂胶。如果连接法兰面较小，则胶条位置尽量在预开孔位置中断，断胶位置距离孔边缘 5mm 以上。如果连接法兰边够大，也可以在预开孔处绕开。针对直径 3mm 的胶，推荐胶的中心线距 FDS 螺钉中心距离为 15mm，所有涂胶的起点均距零件边缘 5mm 以上，如图 5-27 所示。

9）无预开孔的两层板搭接，法兰尺寸最小为 23mm。有预开孔的两层板搭接，法兰尺寸最小为 24mm。有预开孔的三层板搭接，且第二层板也有预开孔，法兰尺寸最小为 27mm。

10）相邻 FDS 连接点的最小设计中心距为 25mm。

图 5-27　FDS 连接板材间涂胶示意

5.2.5　FDS 连接检测要求

对 FDS 工艺来说，接头质量决定着连接点的力学性能，因此必须对接头性能进行检测，用以确定连接后的连接点是否符合标准要求。在实际生产中，检测分为非破坏性检测和破坏性检测，对于非破坏性检测，主要是从外观察螺钉的完整性（如有无脱帽）、位置有没有在要求范围内（如打紧后螺母和板件的间隙）以及有无溢胶等。

对于破坏性检查，首先从工件中提取单个的试样。其大小直接取决于检测的类型，小尺寸试样用于剖面检测，大尺寸试样用于强度测试。要注意的是，在检测前，胶必须已经烘干。防止混淆试样与连接点，要对试样进行标记。

在制作剖面试样之前，对 FDS 螺钉的终端位置进行无破坏性检测并进行存档。

确定剖面试样的分割线位置有两种方式。对于连接法兰搭接量超过 35mm 的 FDS 连接点，可采用塞尺测量螺钉头部缝隙，通过最大和最小的缝隙来确定分割线，如图 5-28 所示。对于连接法兰较小的 FDS 连接点，切割方向应与涂胶方向一致。在确定分割线之后，用金相切割机将试样沿着分割线剖开，进行后续的剖面测量。

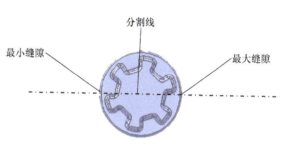

图 5-28 分割线确认示意图

5.2.6 FDS 连接性能及影响因素

FDS 连接工艺的连接性能，可以通过目视检查及剖面测量等方法评判其接头连接质量的好坏，其力学性能则需要经过测量，测量结果反馈到车身仿真分析上，从而评判是否满足设计要求。

不同的搭接组在做力学测试过程中会出现不同的破坏形式，要评价 FDS 螺钉的剪切强度，破坏形式必须是螺钉断裂，则需要搭接组的板材强度较高。以 1500HS-1.5mm+6082-3.5mm 为试验对象，上层板是 1500MPa 的热成形钢板，下层板是铝挤压型材，采用阿诺德的 FDS 螺钉对其进行连接，并进行剪切和十字拉伸测试，测试结果如图 5-29 所示。从图 5-29a 中可以看出，剪切的破坏形式均是螺钉被剪断，说明所得的剪切性能均是螺钉所能承受的最大抗剪性能；从图 5-29b 的性能曲线可以看出，螺钉的抗剪性能在 9.5~10.5kN 之间。即无论 FDS 所连接的板材强度多高，厚度多厚，最终所得到的剪切性能只能达到 10kN 左右。

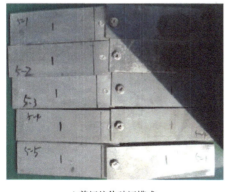

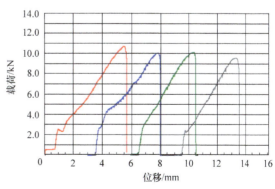

a) 剪切拉伸破坏模式　　　　　　　　　b) 剪切拉伸性能曲线

图 5-29 剪切拉伸的破坏模式及拉伸性能曲线

5.2.7 FDS 连接应用

FDS 适用于连接结构部件。机械连接方法只需零件单侧空间,并且可以实现高度自动化。FDS 接头具有比点焊铝接头更好的疲劳强度性能。FDS 底层板需为铝板,上层板可以是钢板或铝板,但超过连接厚度需要开连接过孔。FDS 应用车型及数量见表 5-5,某车型 FDS 连接应用如图 5-30 所示。

表 5-5 FDS 应用车型及数量

车型	FDS 数量 / 个
奥迪 TT	229
宝马 8 系	150
捷豹 I-PACE	72

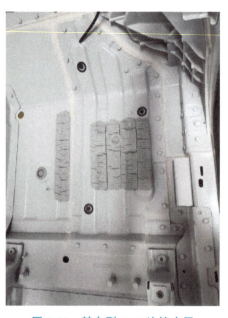

图 5-30 某车型 FDS 连接应用

5.3 铝点焊

铝合金电阻点焊(简称铝点焊)工艺正逐渐成为白车身零件连接的优选方式,与其他连接方式相比,其主要特点包括较高的静强度、性能稳定、加工效益好以及便于自动化生产,对车身的轻量化有着重要的作用及研究意义。此种点焊的产生是热、电、力耦合的过程。即在通电期间,电极和零件以及零件和零件之间的有效电阻生成的热量让零件的温度不断升高,当温度达到零件熔点时,零件开始融化并形成熔池,当停止通电加热后,熔池温度又开始逐渐下降,最终形成焊核以达到连接零件的目的。在整个点焊过程中,电极压力一直存在,以保证前期接触面接触良好以及后期维持阶段补缩良好。

5.3.1 铝点焊基本原理

铝点焊的焊接原理与传统的钢点焊基本一致,如图 5-31 所示。完整的焊接流程分为以下几步:第一步是把零件固定好的同时给电极增加压力;第二步是连通电流,因为零件之间电阻的存在会产生电阻热,导致此处的材料因温度升高熔化从而形成熔核;第三步是维持规定的时间后断开电流,焊核冷却变为焊点,为确保最终质量满足要求,其电极压力需要多维持一段时间;最后去除电极压力,焊接完成。为增加电极帽的使用周期,需在电极帽中间通冷却水。

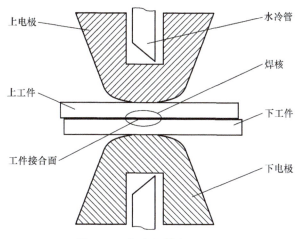

图 5-31　铝点焊基本原理图

铝电阻点焊焊接共有三个阶段：

1）预压阶段：这个阶段存在电极压力，通电电流为零，即未施加焊接电流前的准备阶段。此阶段的电极压力是使用伺服电机带动电极臂使电极帽在工件表面产生预压力。该力基本上可以消除贴合面之间的氧化膜，减少贴合面间不均匀的贴合状况，使电极-零件以及零件-零件接触正常，更好地形成更多的导电斑点，进而能够保持稳定的工作电阻。预压力可以使焊接电流顺利通过并能够减少焊接飞溅现象。如果工件料厚大、刚度大、较难变形，则可以加大电极压力确保焊接贴合面紧密接触。

2）通电加热阶段：该阶段电极压力保持不变，通电电流增加至所需大小，随着通电时间的不断增加，电流通过板料发热，温度逐渐增加。由于接触面产生接触电阻，以及电流流经线路的特征使板料接触面上发热最多，最先升温达到板料熔点，形成初始焊核。固态金属升温融化后体积增大，受到电极帽下压，发生塑性形变并且被挤向板缝，随后板料融化成液态，变成焊核。焊核体积随时间不断增大，当焊核达到质量要求尺寸停止加热后，液态焊核冷凝结晶。

此过程中，液态焊核外圈的金属板材受热，在电极帽的下压下发生塑性变形和再结晶。产生的塑性环可以隔断空气进入焊核与焊缝，避免金属发生冶金反应，还能够减少液态金属产生飞溅。

3）冷却结晶阶段：该过程中电极帽下压力不变，电流减小至零。主要变化为液态焊核在电极帽下压力下逐渐冷却凝固，形成点焊焊核。点焊焊核的力学性能与焊核的组织分布、形态以及晶粒尺寸相关，因此冷却结晶阶段是点焊过程中非常重要的一个阶段。此阶段中电极帽下压力可以使枝晶间补缩通道良好，特别是最后凝固部位。如果液态金属流动性变差，则很容易因为补缩不充分导致疏松缩孔缺陷的产生。

5.3.2　铝点焊焊接特点

因为铝合金的物化性能相对于钢材来说较为独特，所以它在点焊期间会呈现出如下几种特征：

1）极易被氧化的能力：铝合金化学性质活泼，大气环境中极易和氧气发生化合反应从而产生尺寸大概是 0.1μm 的氧化物。该物质熔点较高且密度较大，属于难熔物质，焊接过程中会防碍金属互相熔合，产生焊不透、夹渣、熔合差等缺陷，此外因为氧化物附着很多水分子，增加了形成孔隙的概率。针对铝合金的这种特性，通用公司专门开发了 MDR 电极帽，用于焊接前破除铝表面氧化层，提高焊接质量。

2）较高的导热性和导电性：铝合金的比热容比钢高大约一倍，导热性大概比钢高两倍。点焊时为保证良好焊接性能，必须提高焊接电流，增大热量输入，有时需采用预热等工艺措施。经试验对比和分析可知，如果以同样的速率焊接，则铝合金点焊的热输入量与钢相比会多两至三倍。

3）线膨胀系数大：铝合金的线膨胀系数大概是钢材的三倍，在点焊预压力作用下，点焊期间容易形成很强的应力以及严重变形。

4）高温状态时强度与塑性不高：其点焊的接头强度与母材相比较弱，实际中则会呈现出软化的特征。焊接接头力学性能无法保障，抗拉强度不高，塑性也较差，而且对点焊工艺的参数要求也较为严格。

5.3.3 铝点焊常见焊接缺陷

铝合金材料在用各种焊接方式焊接时，如果焊接参数选择不合理或材料表面洁净度不够，则会产生诸如未熔合、飞溅、结合线伸入、缩孔、裂纹等缺陷。因为焊接头的力学性能受这些缺陷影响较大，所以在制造期间需要尽可能防止此类缺陷的产生。

1. 未熔合缺陷

点焊接头中两侧板材由于焊接时未完全熔化而呈现塑性连接，称为未熔合缺陷。未熔合缺陷的存在使得点焊接头的强度达不到应有的规定值。

2. 飞溅缺陷

飞溅按其所处的空间不同主要可划分成内部飞溅与外部飞溅两类。内部飞溅是指焊接时塑性环的发展速度低于焊核间液态部分的发展速度，导致在高电极压力状态下，焊核间液态部分突破了塑性环封锁，从上下板材间的贴合面处挤出，形成内部飞溅。外部飞溅主要是由于电极与板材之间因为金属溢出而形成的飞溅。

3. 结合线伸入缺陷

如图 5-32 所示，在焊点边缘位置存在连续条状夹杂物以及未熔合缝隙，并且沿着焊核的贴合面进入其内部，此类瑕疵叫作结合线伸入缺陷。在实际应用中，当焊核两边结合线伸入长度小于 0.2mm 时，对焊点质量的影响是可以忽略的。但是当伸入长度大于 0.2mm 时，结合线伸入在一定程度上会导致焊核的关键尺寸缩减，同时会导致应力集中。

4. 缩孔缺陷

焊件在焊后快速冷却的过程中，金属液体体积急剧收缩但焊核中心部位金属液体不足以填充，从而形成缩孔。

5. 裂纹缺陷

不管采用哪种焊接方法进行连接，裂纹都是影响焊件性能的显著缺陷之一，同时也是危险较大的缺陷之一，因此在所有的铝点焊件中，裂纹都是不允许存在的。在铝合金电阻点焊中，裂纹的类型主要包括结合线、外观、内部以及热影响区裂纹等。按照焊接热裂纹生成原理可知，当工件在冷却期间，其实际拉伸应变速度不小于即将形成裂纹的应变速度时，热裂纹则会随之形成。

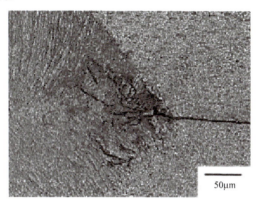

图 5-32 结合线伸入缺陷

注：图片来自《5A06 铝合金电阻点焊接头组织及力学性能的研究》。

5.3.4 铝点焊设计要求

1. 铝点焊焊点设计

（1）焊点位置　焊点的位置必须依据功能需求及结构进行设计。焊点应尽量设计在垂直或水平面上，避免出现在曲面或斜面上。该设计的原因是在曲面或斜面上点焊时，焊枪很难与零件垂直，会导致焊核直径变小和椭圆化，影响连接强度。铝点焊为双面连接，焊点位置两侧必须有足够的进枪空间，以保证焊枪顺利进入和退出。

（2）焊点排布　焊点排布的目的是使所有焊点尽量承受同样大小的力，若受力不均匀，则会影响连接后零件的抗摆以及抗冲击性能。在两个零件连接需要多点排布的情况下，需通过结构设计及仿真分析等诸多方面进行综合确认。

（3）焊点间距　图 5-33 所示为焊点间距布置。当焊接间距偏小（图 5-33a）时，对于后面的焊点，有一部分电流通过已有焊点进行分流，分流出去的电流对该焊点不起加热作用，这会导致第一个焊点之后的所有焊核尺寸逐渐变小。因此，焊点过近导致的分流影响不能被忽略。通常情况下需要按照分流影响的程度，相应地调整工作电流，以此来确保焊核尺寸的一致性。但该方法会相应增加加工成本，因此在满足设计连接强度的情况下，应尽量加大并优化焊点之间的距离，如图 5-33b 所示。关于铝合金点焊，焊点间的最小间距与所连接板材的最薄料厚相关，具体参考值见表 5-6。

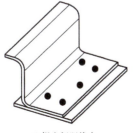
a) 焊点间距偏小

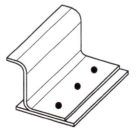
b) 焊点间距正常

图 5-33 焊点间距布置

表 5-6　铝点焊焊点的最小间距参考值

最薄板厚 /mm	0.5	0.8	1.0	1.2	1.5	2.0	2.5	3.0	3.5	4.0
焊点最小间距 /mm	15	15	15	15	25	25	25	30	35	35

2. 铝点焊法兰设计

（1）连接法兰结构　在设计初期，必须考虑法兰结构是否有利于焊枪操作的方便性，以及电极的可达性，避免出现操作困难的结构。

（2）连接法兰尺寸　连接法兰设计重叠量太宽对点焊而言，不会产生负面作用，但会导致材料的浪费，不利于车身轻量化；连接法兰重叠量太窄会对焊接质量造成致命缺陷，从而导致焊点强度降低。例如，侧围门洞处的连接法兰一般很窄，这会导致焊接时飞溅增加，损伤零件表面；零件止口边被压溃，切边不齐，在密封位置会对装配件（尤其是密封条）装配产生影响，导致功能障碍。

铝点焊搭接的最小搭边宽度如图 5-34 所示，最小搭边宽度 $b = 4t+10$（当 $t_1 < t_2$ 时，按 t_2 计算），其中 b 为搭边宽度（mm），t 为板厚（mm）。

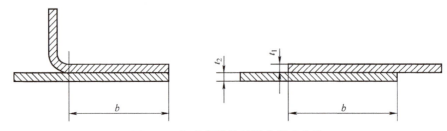

图 5-34　铝点焊搭接的最小搭边宽度

铝点焊最小连接法兰尺寸与料厚的关系见表 5-7。

表 5-7　铝点焊最小连接法兰尺寸与料厚的关系

最薄板厚 /mm	1.0	1.2	1.5	2.0	2.5	3.0	3.5	4.0
最小连接法兰尺寸 /mm	14	14	16	20	24	26	28	30

5.3.5　铝点焊检测要求

铝点焊检测方式也分成非破坏性与破坏性两种类型。非破坏性检测包括目视检查、扁凿检测和超声波检测等方法，可以在对焊点不造成破坏的情况下实施焊点质量快速检查。破坏性检测包括凿开检测、金相分析和抗剪测试等方法，可以对焊点内部情况及连接点的力学性能进行准确检测。

1. 铝点焊非破坏性检测

（1）目视检查　目视检查可以借助简单工具快速地对焊点质量进行初步检查，主要针对焊接质量问题比较明显且易于观察的焊点，常见问题如下：

1）多焊或漏焊：焊点数量必须按照数据和图样要求进行，禁止出现焊点多焊或漏焊。

2）焊点裂纹：禁止焊点中心和周边存在裂纹，如图 5-35 所示。

3）焊点烧穿：禁止存在焊点烧穿或孔洞。

4）边缘焊：边缘焊即焊点离翻边边缘太近，一般要求不小于2mm。

5）焊点变形：焊点压痕变形角度要求小于25°。

6）位置偏差：焊点实际位置与设计位置偏差不得超过10mm。

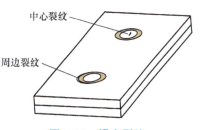

图 5-35 焊点裂纹

7）压痕过深：焊点压痕减薄不得超过20%。

（2）扁凿检测　扁凿检测是一类损坏效果相对而言不大的检验手段，主要用于检查焊点松动。把专用扁凿在距焊点3～10mm的位置插入规定的长度，与被检查相邻两焊点中心线齐平。检测过程中不可上下左右摇晃凿子来验证焊点是否失效，在取出凿子后使用锤子复原工件。

（3）超声波检测　铝点焊的超声波检测与钢点焊的基本一致，即利用声波在零件间传播时被界面反射形成的系列回波信号，通过显示在仪器显示屏上的回波信号的形状或者等效的图谱信号来判断焊点的质量。可以从所有反射回波的尺寸、信号强弱、中间回波的波动范围以及位置之间的差别等方面鉴别有缺陷的焊点，图谱则依据熔合与非熔合颜色区域的连续性、位置及大小方面的差异进行区别，具体情况如下：

1）合格焊点：回波序列振幅急剧衰减，由于焊接金属晶粒相对于母材来说比较粗，声波穿过时能量衰减也很严重，其间隔反映了焊点厚度。图谱上则是熔合区域与非熔合区域有明显的连续性边界，且拟合直径满足相关替代方法的验收标准。

2）焊核熔深不够：显示长的回波序列，原因是声波穿过较少的焊核区域，能量衰减相应减少。

3）焊核尺寸不足：如果稳定回波信号内存在中间波，则通常是母材界面导致的反射波。车间工人借助其判断焊核尺寸与声波束尺寸的相对关系，因此探头尺寸与规定的最小焊核尺寸必须相同。

4）虚焊：在正常回波信号序列的后半段显示中间缺陷波，同时回波序列较长。

5）漏焊：声波未能进入第二层板，回波序列显示比较多的底波信号。

6）过烧：回波序列显示极少的回波，焊核区域过大，声波衰减严重。

2. 铝点焊破坏性检测

铝点焊的破坏性检测一般用来评价焊核直径是否满足设计要求，焊核直径是影响铝点焊力学性能最直接的因素。焊核直径是指焊接面断开时，除去周边附着区域后，中间断开面区域的直径。如果是纽扣形焊点断口，则焊核直径是指呈纽扣形凸起基面的平均直径；如果是混合断口，则焊核直径是指包括结合平面上断口部分在内呈纽扣形凸起基面的平均直径。

（1）凿开检测　对于白车身或标准试片上的铝焊点，采用专用凿子工具，在板材间插入凿子，将板材在焊点处发生撕裂，用游标卡尺测量焊点直径，并评估焊点的质量。

（2）金相分析　选取经过焊点中心且与板表面成90°的剖面，沿着剖面割开后将其进行研磨抛光，制作成磨片。通过合适的腐蚀剂进行腐蚀后，借助显微镜进行观察和测量。焊点剖面照片可观察并测量的参数有：焊核直径及结合平面上的焊点核心的位置、焊核的几何图形（焊核高度和熔入深度等）、焊核的不均匀性（焊缝、气孔和裂纹等），如图5-36所示。

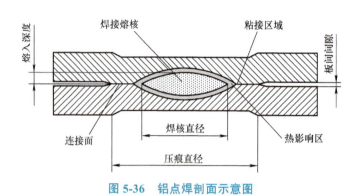

图 5-36 铝点焊剖面示意图

（3）抗剪测试　抗剪测试需将样品加持在拉伸机上进行。取自白车身的试样往往难以保证合适的装夹尺寸，因此抗剪测试多采用料片点焊后进行。测试结束，记录焊点的抗剪强度并测量焊核直径大小。

上述三种破坏性测试方法对焊点进行破坏后，通常会发生"纽扣断裂"，即焊点完好，焊点周围板材撕裂。得到纽扣状焊点，在某些情况下，焊点破坏后会出现"剪切断裂"，即焊点被剪断，板材未撕裂。必须严格区分"剪切断裂"与"粘连"的区别：前者的焊接连接具有足够的强度，且整个连接面上有明显的断裂痕迹；后者是因为焊接输入能量不足，导致结合面粘连，此时断裂面光滑，只有很少的断裂痕迹且连接强度非常低，稍加用力地锤击就可使其脱开。

5.3.6　铝点焊的性能及影响因素

为得到合格的焊点，选择合适的工艺参数最为关键。工艺参数的选择要综合考虑材料性质、钣金厚度、搭接方式及所选用的点焊设备。影响铝点焊质量的工艺参数主要有：焊接电流、焊接时间、电极压力以及电极帽的形状尺寸。

铝点焊性能由焊核直径决定，焊核直径尺寸由电阻产生的热量决定，根据焦耳定律，产热量 Q 为

$$Q = \int_0^t i^2 \left(r_c + 2r_{ew} + 2r_w \right) dt \tag{5-1}$$

式中　i ——焊接电流值；

r_c ——焊件间接触电阻值；

r_{ew} ——电极与焊件之间接触电阻值；

r_w ——焊件内部电阻值；

t ——焊接电流通过的时间。

由式（5-1）可以看出，电阻热最重要的影响参数是焊接电流，即焊接电流对接头质量、接头性能影响最大。焊接电流太小，电阻热不足，界面熔化金属少，导致焊核直径尺寸小，接头性能差；如果焊接电流太大，则剧烈的加热速度会引发严重飞溅，出现焊点表面压痕太深等缺陷，导致接头性能下降。

焊接时间对点焊质量的影响与焊接电流的影响情况类似。焊接时间太短，钣金的搭接界面不能形成焊核或形成的焊核直径尺寸不合格，导致接头性能降低；焊接时间太长，容

易出现焊点表面压痕深、接头变形大、飞溅以及金属过热等焊接缺陷,也会导致接头性能下降。

5.3.7 铝点焊电极使用寿命

电阻点焊电极寿命是指一对新的电极在连续焊接的情况下,焊点强度降低到规定强度以下时所焊接的焊点数。对于一般的钢板点焊,电极在焊接几百个焊点后再进行修模。而对于铝点焊,在焊接几十个焊点后就要进行修模。这是因为铝点焊焊接需要采用很大的电流,大电流会使电极与铝合金表面温度较高,而一般铜和铝之间发生化学反应的温度相对较低,这会导致接触面出现严重合金化反应,电极烧损严重,寿命降低。对于汽车工业而言,工艺稳定性是必须考虑的,因此铝点焊电极寿命一直是制约其工业化应用的关键因素。为尽可能提高铝点焊的电极寿命,其电极形态比钢点焊更加丰富多样。

目前,铝点焊电极帽存在三种形式,如图 5-37a 所示是与钢点焊类似的平头电极帽,主要供应商有 ARO、森德莱和南京小原;图 5-37b 所示是通用专用的螺旋纹 MRD 电极帽;图 5-37c 所示是伏能士开发的履带式电极帽。

a) 平头电极帽　　　　　　b) MRD 电极帽　　　　　　c) 履带式电极帽

图 5-37　铝点焊三种电极帽形式

5.3.8 铝点焊应用案例

图 5-38 和图 5-39 所示分别为两种不同方案的铝点焊外观效果。

图 5-38　通用 MRD 电极铝点焊外观效果　　　图 5-39　伏能士履带式电极铝点焊外观效果

5.4 冷金属过渡焊接

铝合金弧焊工艺主要包括氧乙炔焊、手工电弧焊、TIG 焊、激光焊、搅拌摩擦焊以及 MIG 焊。氧乙炔焊适用于料厚较薄和尺寸不大的工件,虽然技术简单、操作简易,但是加工效率不高,热量扩散太快,热影响区大;手工电弧焊适用于料厚大于 4mm 的工件,可此技术操作不便捷,对操作人员的能力水平有一定的要求,实际应用不多;TIG 技术虽然适用于料厚较薄的零件,焊缝质量较好,但是加工效率不高;激光焊技术适用于精度要求比较严格的零件,此技术的特点主要包括能量不分散、加工效率高,但其设备成本太高,应用范围不广;搅拌摩擦焊适用于各种铝合金,无飞溅和烟尘、接头不易产生气孔和裂纹,但焊接位置适应性差、工装要求严格;MIG 焊适用于薄板和全位置焊,生产效率高、工艺参数调节广泛且成本较低,在实际制造中应用最为普遍,但焊接热输入较大。为继承上述工艺的优点,解决各工艺存在的问题,冷金属过渡焊接工艺应运而生。

冷金属过渡焊接(Cold Metal Transfer,CMT)是当前世界范围内低热输入焊接新工艺的佼佼者,大大减少了焊接期间的热输入量。伏能士(Fronius)公司从 1991 年开始研究钢与铝的异种焊接;1997 年开发出无飞溅引弧工艺,此工艺为冷金属过渡焊接工艺的发展打下了基础;1999 年探索出灯座的微型焊接工艺,同时成功实现了冷金属过渡焊接工艺;2002 年顺利研发出成熟的冷金属过渡焊接工艺,其焊接系统如图 5-40 所示。

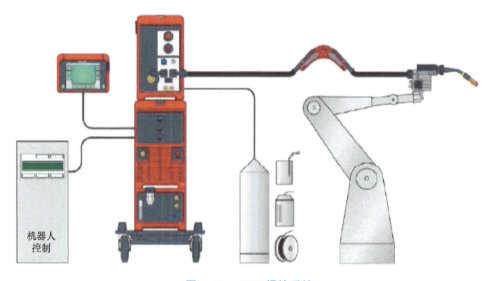

图 5-40 CMT 焊接系统

5.4.1 CMT 机理

冷金属过渡焊接工艺在焊接期间,把熔滴金属向焊接熔池过渡过程与送丝装置的送丝运动相结合。当电弧产生后,焊丝发生熔化,随后熔滴进入熔池的同时电弧熄灭,电流不断减小,最终短路。在出现短路后,其信号被 CMT 相应设备检测到,然后把信号传递给送丝装置。送丝装置收到此信号马上响应,进行焊丝回抽运动使熔滴与焊丝端部脱离,熔滴在没有电流的状态下进入焊接熔池中,接着送丝机构又开始向前送丝,重新引燃电弧进行焊接，在完成整个焊接期间会一直进行这个运动。

5.4.2 CMT 特点

冷金属过渡焊接工艺与各传统同类工艺相比具有下面几个明显的特点：

1）将焊丝送丝过程和过程控制相结合。CMT 工艺成功地把装置送丝运动和焊接控制相结合。在 CMT 焊接期间，送丝运动直接影响着焊接过程。与此同时，焊接期间的熔滴过渡过程也会对送丝装置控制焊丝的运动造成影响。

2）焊接热输入量低。在 CMT 焊接期间，在熔滴与熔池熔合产生短路过渡瞬间，焊机操作装置把工作电流降低到几乎没有，送丝装置暂停送丝工作指令改变成把焊丝拉回，因此使焊接电弧的热输入量降低。

3）焊接电弧稳定。CMT 工艺在焊接期间具备的明显特点即电弧稳定。在 CMT 焊接期间，焊机控制系统可以按照焊接期间实际情况实时调整电弧弧长，从而确保焊接电弧的稳定性，使形成的焊缝均匀一致，焊缝质量重复性较好。

4）熔滴过渡过程无飞溅。在 CMT 焊接期间，通过对熔滴过渡时短路的控制，使熔滴过渡期间工作电流降低到几乎没有，焊接热输入量很小，从而实现此过程无飞溅。

5.4.3 CMT 设计要求

1. 焊缝布置

焊缝是指零件焊接后而形成的结合部分，根据焊缝在空间的位置可分为平焊、横焊、立焊、仰焊。其中平焊是操作最方便，质量最易保证的焊接方式，因此在布置焊缝时，应尽可能选择平焊。为了提高焊接质量，布置焊缝和选择焊接顺序时，应尽可能降低焊接应力和变形，且要保证焊接设备的操作性和零件的美观性，通常需遵循下列原则：

1）焊缝的布置需使焊接操作方便，保证有足够的焊接空间，以便于实施焊接和质量检验，如图 5-41 所示。

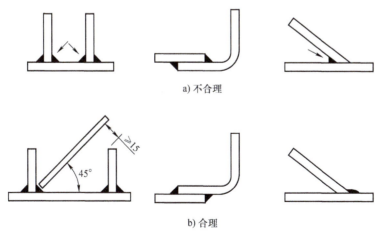

图 5-41 焊缝布置与操作空间

2）焊缝布置应有利于减少焊接应力和变形。因为焊接过程中，热量的输入会使得焊缝周边的热影响区强度降低,所以焊缝布置应尽量对称。当焊缝位置偏离中性轴时,焊接后零件会发生弯曲形变;而当焊缝对称于中性轴时,中性轴两侧的弯曲会被抵消,焊接后能明显降低零件的形变。

3)焊缝布置不宜有多道焊缝集中或交叉。焊缝集中或交叉会导致在焊接时该部分严重过热,接头性能严重下降且会增加焊接残余应力,变形不可控。焊缝应避开加工表面或与其他零件相匹配的面,以免影响加工表面精度和匹配精度。

4)焊缝端头位置不宜有锐角,接头应平滑过渡,且尽可能降低厚度差。

2. 焊接接头形式设计

焊接接头是焊接结构最基本的组成部分,是影响结构性能与安全的关键因素。接头形式设计应将焊接方式、结构形状、强度要求、坡口形状、加工难易等因素综合考虑。

(1)常用焊接接头 焊接接头形式主要有对接接头、T形接头、角接接头、搭接接头四种,见表5-8。

表 5-8 常用焊接接头

接头形式	焊缝形式	接头性能
对接接头		受力均匀、节省板材,但对零件尺寸和装配的要求较高
T形接头		焊缝大多数情况下只能承受非常小的切应力或仅作为联系焊缝
角接接头		焊缝大多数情况下只能承受非常小的切应力或仅作为联系焊缝
搭接接头		对装配要求较低,也易于装配,但接头承载能力较弱

(2)常用焊接接头的特点和尺寸

1)对接接头。对接接头是两个零件在同一平面上将边缘相对焊接起来而形成的接头,是最常见也是最完善的一种接头,具有受力好、强度高和节约材料等优点。但由于是两个零件对接连接,对零件边缘的加工及装配精度要求较高。一般焊接过程会使对接接头的焊缝稍高于母材板面,因此会使焊接后的零件表面不光滑,在焊缝与母材的相交处会造成应力集中。

2)T形接头。T形接头是将相互垂直的零件用角焊缝连接起来的接头。T形接头能承受各种方向的载荷和力矩。T形接头是各种箱型结构中最常用的接头形式。由于T形接头焊缝向母材过渡较为急剧，接头在外力作用下力线扭曲很大，易造成应力分布极不均匀。T形接头结构非常复杂，在角焊缝的根部和趾部都存在严重的应力集中，保证焊透则是避免T形接头应力集中的重要方式。

3）角接接头。角接接头是两块板材成一定角度，在边缘焊接而成的接头。角接接头通常用于箱形构件、骑座式管接头和筒体的连接。与T形接头类似，单面焊的角接接头承受反向弯曲力矩的能力极低。除去焊接的零件非常薄或是重要结构的情况外，通常需要开坡口两面焊，以保证焊接的质量。

4）搭接接头。搭接接头是将两块板材叠放，在端部或侧面进行焊接，或增加塞焊缝、槽焊缝的接头。搭接接头两零件的中心线往往不一致，承受载荷时会产生附加弯矩，使构件形状发生较大的变化，因此应力集中相比对接接头更为复杂，并且接头的应力分布极不均匀。

搭接接头除两板材叠在端面或侧面焊接情况外，还有开槽焊和塞焊（圆孔和长孔）等形式。开槽焊先将被连接件冲切出槽，然后用焊丝金属填满该槽使两板连接起来，槽焊焊缝断面为矩形；塞焊是在被连接的板材上钻孔来代替槽焊的槽，用焊丝金属将孔填满使两板连接起来，塞焊可分为圆孔内塞焊和长孔内塞焊两种。

在车身的设计中，如果在一个较大零件或平面上焊接一个较小的螺母板或支架，则通常采用搭接接头。前纵梁与螺母盖板的搭接接头焊接形式如图5-42所示。

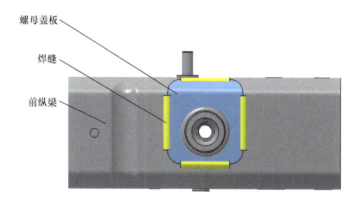

图5-42　前纵梁与螺母盖板的搭接接头焊接形式

5.4.4　CMT检测规范

CMT的检测分为非破坏性检测和破坏性检测。非破坏性检测一般以目视为主，观察焊接表面是否存在缺陷。破坏性检测主要是将焊缝进行剖切和腐蚀处理，在显微镜下测量焊缝厚度、熔深、熔宽等参数，评价焊缝是否合格。

1. CMT非破坏性检测

缺陷描述及目视结果判定见表5-9。

表 5-9 缺陷描述及目视结果判定

序号	缺陷描述	目视结果	判定
1	烧穿，孔洞	—	不允许
2	焊缝偏移，边缘融化	材料未融合或融合无粘结	不允许
3	裂缝（尤其是端部）	—	不允许
4	坑洞	—	不允许
5	焊接飞溅	填充金属滴在连接材料表面	内板允许飞溅，可视面飞溅需清除
6	可见的电弧烧伤	材料表面局部电弧烧伤	如果对功能没有影响，且内部可以接受，则可视面需要清除
7	可见微孔	焊缝表面微孔，在焊接厚度 a 之外	孔径 $d<1mm$，面积小于 5% 的焊缝面积，可接受

2. CMT 破坏性检测

破坏性检测是将焊缝在稳定焊接段剖开，并对剖面进行腐蚀，在显微镜下测量各项参数。接头形式不同，检测参数也有所不同。

5.5 结构胶粘接

5.5.1 车身用胶概述

现如今汽车行业各种技术飞速发展，汽车已不再像从前那样只是用作载人的单一产品。大家越来越看重其动力性、安全性、操控性、舒适性等属性。而车身用胶对车辆的安全性和舒适性产生着至关重要的影响。车身用胶可分为焊装用胶和涂装用胶。焊装用胶主要有点焊密封胶、结构胶、膨胀胶和折边胶，主要是为了加强车身连接处的强度以及密封性，起到减振降噪的功能。涂装用胶主要有三种类型，即接缝密封胶、防石击胶、减振胶（如液态可喷涂型阻尼隔音材料或阻尼贴片），主要是为了满足车身的密封防腐性能。对于传统钢车身结构，除结构胶外，其他种类的胶均已得到成熟应用，而结构胶较多用于钢铝混合车身或全铝合金车身。因此，本章节重点介绍结构胶的性能、用途、涂胶区域及设计规范。

5.5.2 结构胶的特点

汽车结构胶的粘接强度通常较高，能承受结构件的作用力。对普通钢板来说，剪切强度可达 20MPa，剥离强度可达 1MPa 以上。结构胶的主要成分为改性环氧树脂，其粘接工艺虽然只是胶接工艺的一种，但是却具备某些其他连接工艺不能替代的优点。它不但可以粘接复杂的结构零件，还具有较好的密封作用。新兴的结构胶不仅刚度和强度高，在承受冲击载荷时还具备较好的柔性与韧性，尤其是在汽车制造以及使用期间的各种环境温度范围内都能保持这样的特性。

结构胶的优点如下：

1）能够精简车身结构，增强车身框架的整体性，减少零件的数量，有利于车身轻量化。

2）能够降低接头的应力集中，并且能够提升接头的疲劳寿命。常规的连接技术，类似点焊、铆接以及螺接等，其连接处应力集中情况比较严重。而结构胶接头受力均匀，正好弥补了传统连接工艺存在的缺陷。通过图 5-43 和图 5-44 所示的结果可明显看出，与传统连接技术相比，结构胶连接在接头应力分布以及疲劳性能方面有显著优势（注：图 5-44 纵坐标是对接头动态疲劳时间 N 取对数值）。

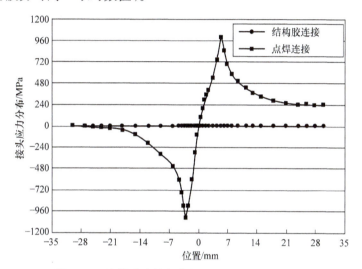

图 5-43　结构胶连接与点焊连接的接头应力分布

注：该图片参考《结构胶在车身安全与轻量化设计中的应用研究》。

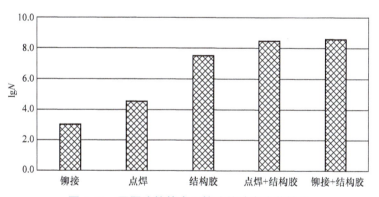

图 5-44　不同连接技术下接头的动态疲劳性能

注：该图片参考《结构胶在车身安全与轻量化设计中的应用研究》。

3）接头表面光顺，具有优良的空气动力学性能，此外还具有优良的降噪性、隔振性和密封性。

4）具有良好的异种材料连接性能。目前，车身结构已由单纯的钢制零件构成发展为由钢板、铝合金、塑料以及碳纤维等多种材质零件混合构成。多种材料混合连接在用传统连接技术进行连接时会有较大的局限性，而结构胶可以减少不同材料连接的局限性。

5）结构胶粘接强度高，在一些特殊区域可采用结构胶代替点焊。如汽车外观零件，可采用结构胶代替点焊以改善焊点麻坑带来的问题。

6）工艺简单，与其他连接工艺间具有较好的兼容性。

5.5.3 结构胶接头形式及失效模式

结构胶接头的形式繁多，如搭接、对接、斜接和套接等。但在车身结构中，结构胶接头的连接方式主要以搭接为主，如图 5-45 所示。车身在焊装车间制造过程中，将结构胶涂在一侧零件的法兰上。经过匹配，车身零件的法兰彼此之间重合，并通过夹具或点焊等工艺将法兰压紧，使得胶扩展开填充整个重合区域，经过涂装烘烤，结构胶固化，将零件粘接在一起并具有一定的承载能力。

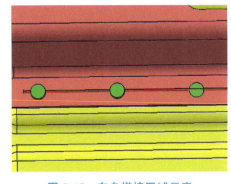

图 5-45　车身搭接区域示意

车辆行驶过程中，在零件搭接处，结构胶的受力情况较为复杂，如图 5-46 所示。有些力作用在胶层的切向，有些力作用在剥离方向。胶层承受各个方向的力，只是有些力大有些力小，其中较大的力对胶层破坏起主导作用。

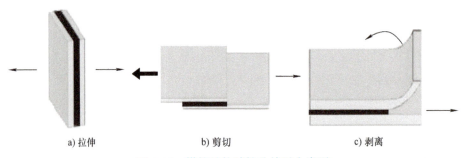

a) 拉伸　　　b) 剪切　　　c) 剥离

图 5-46　搭接结构胶接头的受力类型

注：图片来自《结构胶在车身安全与轻量化设计中的应用研究》。

结构胶接头的失效过程是粘合的反过程，失效和粘合之间存在一定联系。因此，胶粘合的质量其实可以通过观测胶层失效界面的状态来判断。根据结构胶接头失效的部位和形式，接头的失效模式大致可分为以下四种：胶黏剂失效（即内聚失效）、被粘物失效（即母材失效）、界面失效和混合失效。通常情况下，被粘物一般不会发生失效，因此可以重点关注内聚失效、界面失效和混合失效。

5.5.4 结构胶连接性能的影响因素

结构胶的粘接接头由结构胶本体和被粘物两部分组成，因此结构胶接头的性能主要受胶接工艺和接头结构设计两方面的影响。结构设计因素主要是指在设计接头时就应该考虑的影响因素，如胶黏剂和被粘物的接头的几何参数、材料属性等。胶接工艺因素是指在粘接过程中的工艺参数，如接头被粘物的表面处理工艺、固化温度和固化时间、工艺环境参数等。

除了上述提到的相关因素对接头的性能有较大的影响之外，接头的几何参数、胶黏剂及被粘物自身的材料属性和接头的工作环境等因素，也对结构胶接头的性能有一定的影响。

（1）溢胶对结构胶连接的影响　有溢胶试样的剪切强度比无溢胶的试样强度要高。这是因为溢出胶主要集中在零件边缘，无形中增加了搭接面积。在搭接区受到外力作用时，边缘溢胶有效削弱了边缘区域的应力集中，因此提高了接头的强度。在实际生产过程中，如溢胶对后续生产无任何影响，可不擦除溢胶。

（2）接头几何参数对结构胶连接的影响　接头的几何参数包括接头处搭接宽度和搭接长度、结构胶的厚度、配合零件的厚度以及搭接区域的空隙等。

（3）被粘物和胶黏剂的材料属性对结构胶连接的影响　胶黏剂本身的内聚力较低时，其黏度系数较小，分子间相互作用力较小，润湿也较为容易，但是胶层在受外力作用时很容易发生断裂失效，导致结构胶接头的连接强度不会太理想。

（4）冲击、老化和疲劳对结构胶连接的影响　在汽车使用的过程中，结构胶接头的使用寿命会受到发动机振动、路面不平整以及在碰撞过程中所引起的振动和冲击的影响。

5.5.5　结构胶混合连接及性能对比

混合连接是指至少两种基本连接方法的组合。在汽车实际的生产过程中，所使用的混合连接一般都是胶粘接与至少一种连接工艺的组合，如加胶点焊、加胶 FDS 或加胶铆接等。混合连接的主要优点有如下几点：

1）扩展基本连接的功能特性（如焊缝密封、隔音）。

2）改善与点状连接单元的机械特性和使用寿命。

3）避免钢铝连接后的界面腐蚀。

本小节重点讲述铆接与 SPR 加胶前后的性能对比。选择料厚 1.5mm 的 5182 和料厚 2.5mm 的 6082 材料为试验对象，用最优的钉模组合进行加胶和不加胶两种状态的铆接。力学测试试验采用剪切拉伸和十字拉伸两种形式。

剪切拉伸后的料片状态如图 5-47 和图 5-48 所示。破坏形式均为上层板被破坏，铆钉头部将上层板撕裂。剪切拉伸曲线如图 5-49 和图 5-50 所示。加胶铆接拉伸曲线出现两个峰值，较低的是铆接点抗剪能力，较高的是结构胶抗剪切能力。不加胶铆接拉伸曲线只有一个峰值，即铆接点抗剪能力。通过数值分析，加胶状态的铆接其最大剪切值比不加胶铆接的剪切值高 2.5~3 倍。

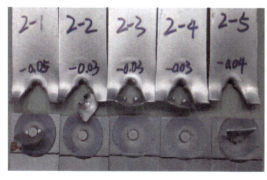

图 5-47　加胶铆接剪切拉伸后的料片状态

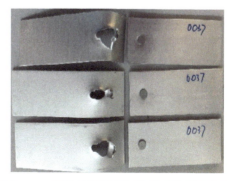

图 5-48　不加胶铆接剪切拉伸后的料片状态

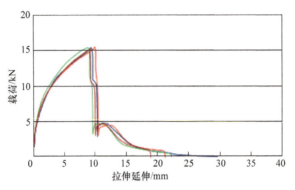

图 5-49　加胶铆接剪切拉伸曲线

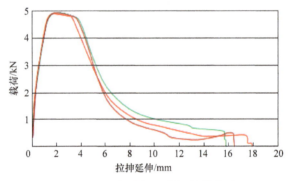

图 5-50　不加胶铆接剪切拉伸曲线

十字拉伸后的料片状态如图 5-51 和图 5-52 所示，破坏形式都是铆钉头从上层板被拉出。十字拉伸曲线如图 5-53 和图 5-54 所示，经过对比可知，十字拉伸性能由 3kN 提升至 4kN，并未有明显的提升。

综上所述，结构胶对于剪切强度有明显的改善，但对于十字拉伸强度没有明显提高，剥离拉伸与十字拉伸一样。

图 5-51　加胶铆接十字拉伸后的料片状态

图 5-52　不加胶铆接十字拉伸后的料片状态

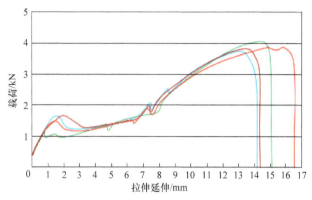

图 5-53 加胶铆接十字拉伸曲线

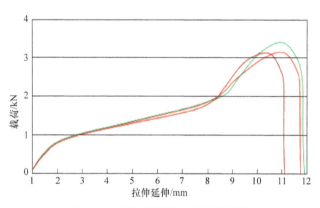

图 5-54 不加胶铆接十字拉伸曲线

5.6 紧固连接

传统钢车身紧固方式主要以焊接螺柱螺母为主，相较于传统钢车身，有铝合金参与的钢铝混合车身，紧固方式更加丰富。例如用于铝型材单方向连接的拉铆螺母螺柱，用于铝型材强度要求较高的铝套筒螺母，用于铝铸件可实现多次拆卸的钢丝螺套，对安装面有平面要求的压铆螺母螺柱等。各类紧固件的名称、紧固方式及图示见表 5-10。

表 5-10 各类紧固件名称、紧固方式及图示

名称	紧固方式	图示
拉铆螺母	通过法兰面和法兰面下方的溃缩筋溃缩加紧板材，通过溃缩筋上花齿提高螺母与板材之间的转动摩擦力，使螺母能够承受住所需要的扭转力矩，满足装配需求	

（续）

名称	紧固方式	图示
拉铆螺柱	将螺柱与拉铆螺母集成在一起，紧固方式与拉铆螺母相同	
压铆螺柱	在外力作用下，将螺柱法兰下方的花齿嵌入板材孔周边本体中，防止螺柱脱落并提供满足安装需求的抗扭能力	
压铆螺母	阿必达螺母：通过压铆工装将钣金挤入螺母小径部分的凹槽内实现紧固，并通过法兰下方花齿增强防旋能力	
	宾科螺母：在板材上冲出翻边孔，通过螺母翻边变形包裹钣金翻边实现紧固，并通过法兰下方花齿增强防旋能力	
套筒螺母	将铝块通过机加出花齿特征和标准螺纹，花齿特征在外力作用下，与型材过盈配合，实现套筒紧固和防旋	
钢丝螺套	在铸件厚壁区域，预攻螺牙，再将钢丝螺套旋入预攻螺牙内，从而实现紧固	

5.6.1 拉铆螺母/螺柱

拉铆螺母是通过法兰面和法兰面下方的溃缩筋溃缩，将板材夹紧从而固定螺母本体，它不需要焊接螺母和攻内螺纹，而且铆接牢固、生产效率高、操作方便。拉铆螺柱则是将螺柱与拉铆螺母集成在一起，紧固方式与拉铆螺母相同。因拉铆螺柱和拉铆螺母在板材作用的部位原理一致，所以本书以拉铆螺母为例进行讲解。拉铆螺母紧固方式如图 5-55 所示。

拉铆螺母本体分为三个部分：螺母头部、螺母本体和螺母尾部。螺母头部可分为平头形、扁平头形、沉头形和密封形；螺母本体可分为直纹形、滚花形、

图 5-55 拉铆螺母紧固方式

六角形、半六角形和开槽形；螺母尾部分为开口形和封闭形。可根据不同的使用场合选择不同组合，使得拉铆螺母的使用范围极大提升。部分形式如图 5-56 所示。

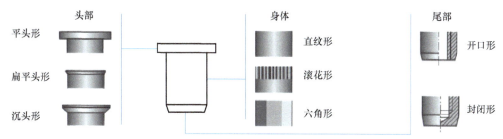

图 5-56　拉铆螺母分类

注：该图片来自博尔豪夫公司。

1. 拉铆工艺

拉铆螺母 / 螺柱拉铆工艺如图 5-57 所示，主要分为四个阶段：

1）第一阶段：转入，拉铆枪头将螺柱或者螺母转入待拉铆的螺母 / 螺柱内部，使拉铆螺母 / 螺柱固定在拉铆枪上。

2）第二阶段：插入，用拉铆枪将拉铆螺母 / 螺柱插入已加工出孔的板材内，拉铆螺母 / 螺柱法兰与钣金贴合，表示插入到位。

3）第三阶段：拉铆，沿拉铆枪主轴反方向施加拉力，使拉铆螺母 / 螺柱本体发生溃缩，直至拉铆枪达到设定好的力值或者位移值，主轴停止对拉铆螺母 / 螺柱作用力。

4）第四阶段：转出，拉铆枪主轴反方向旋转，让枪头从拉铆螺母 / 螺柱内退出，完成拉铆。

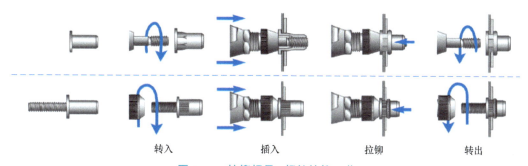

图 5-57　拉铆螺母 / 螺柱拉铆工艺

注：该图片来自博尔豪夫公司。

拉铆设定方法分为行程设定法和拉铆力设定法。行程设定法主要是控制拉铆枪主轴的行动位移，拉铆前，将拉铆枪设定到最大力值，然后根据板厚设定最终停止位移，当达到设定位移时，拉铆枪将自动停止，如图 5-58a 所示。这种方式是拉铆最初的方法，其优点是快速方便，对设备要求低。但缺点也非常明显，因为在实际生产中，板料厚度达不到均匀稳定，所以会造成拉铆质量不稳定。如图 5-58b 所示，拉铆力设定法很好地解决了因板厚不均造成拉铆性能不稳定的问题。拉铆力设定法是在行程设定法的基础上增加拉铆力控制的双重控制法。选择不同的拉铆力，对同一型号螺母在相同板材进行多次测试，根据试验结果，选择最优的拉铆力，便能保证在后续批量生产过程中拉铆质量稳定。拉铆力与行程设定的关系如图 5-59 所示。

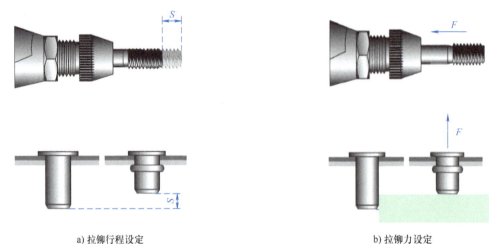

a) 拉铆行程设定　　　　　　　　　b) 拉铆力设定

图 5-58　拉铆行程设定法和拉铆力设定法

注：该图片来自博尔豪夫公司。

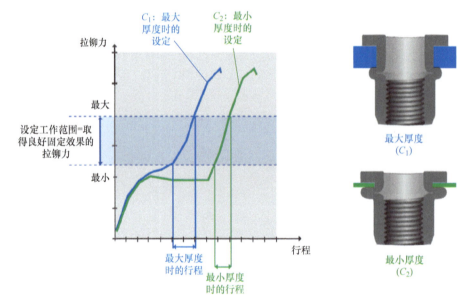

图 5-59　拉铆力与行程设定的关系

注：该图片来自博尔豪夫公司。

2. 工艺优缺点

（1）拉铆螺母/螺柱的优点

1）拉铆螺母为系列标准件，厂家能提供相对完善的应用环境，有专用的操作工具，设计和生产都有很强的可操作性。

2）不需要焊接，通过临时优化调整就易实现。假如很多零件已经安装完毕，由于疏漏或需要改动，需在铝合金车体上增加安装点，此时不允许使用明火也不允许焊接。这种情况下，若结构条件允许，可选用拉铆螺母。

（2）拉铆螺母/螺柱的缺点
1）对基材开孔精度有较高要求，生产工艺成本较高。
2）需要专用安装工具。
3）拉铆螺母价格较高，大量使用会使产品成本大增。
4）仅适合薄板结构，板的总厚度不能大于6mm。

3. 设计要求

拉铆螺母的板材及空间设计主要决定于螺母类型，与设计相关的参数如下：

1）螺母本体参数，如图5-60所示。螺纹规格及头径会影响板材上表面的面积及是否需要加工配套特征。螺母全长影响拉铆空间的匹配，特别在连接结构加强筋比较多的型材零件时，选择连接位置要考虑螺母全长，避免出现螺母插入不到位的情况。螺母本体是圆柱形还是六方形将决定板材的开孔形式，如图5-61所示。一般情况，考虑到板材孔的加工便利性，应用拉铆螺母在金属板材上的情况对应的本体开圆孔形，应用拉铆螺母在塑料零件上的情况对应的本体开六方孔。

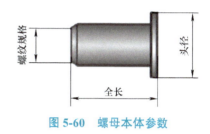

图5-60　螺母本体参数

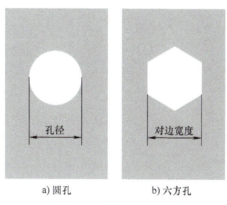

图5-61　板材开孔形式

2）钣金厚度及压溃直径，如图5-62所示。钣金厚度决定螺母溃缩后与板材之间的接触面积的大小，接触面积直接影响拉铆后的扭转力矩性能和防转性能，所以不同种类的拉铆螺母铆接板厚范围有所不同。压溃直径影响板材背面需求无干涉空间的尺寸，见表5-11。

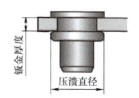

图5-62　钣金厚度及压溃直径

表 5-11 压溃直径

螺母规格	M3	M4	M5	M6	M8	M10	M12
压溃直径 /mm	6.8	8.6	10.1	13.0	15.0	18.0	22.4

拉铆供应商在产品手册上一般都会对其产品各参数做出详细介绍，以博尔豪夫一款常用的拉铆螺母产品为例，各项参数见表 5-12。

表 5-12 某款型号拉铆螺母各项参数

螺纹规格	全长 /mm	头径 /mm	钣金厚度 /mm	孔径（+0.1/0）/mm	紧固行程 /mm	最终长度 /mm	法兰厚度 /mm
M3	8.8	7.0	1.50～1.00	5.0	$S=2.0-e$	5.8	1.0
	9.6		1.00～1.75		$S=2.8-e$	6.0	
	10.4		1.75～2.50		$S=3.4-e$		
	11.2		2.50～3.25		$S=4.1-e$	6.1	
M4	11.0	9.0	0.50～3.00	6.0	$S=4.3-e$	5.8	1.0
	11.6	8.0	2.50～3.25		$S=4.6-e$	6.0	
M5	12.75	10.0	0.50～3.00	7.0	$S=4.7-e$	7.3	1.0
	14.7		3.00～4.00		$S=6.0-e$	8.0	
M6	14.3	13.0	0.50～3.00	9.0	$S=5.0-e$	8.0	1.5
	16.9		3.00～5.50		$S=7.5-e$	8.2	
M8	17.7	16.0	0.50～3.00	11.0	$S=5.5-e$	11.0	1.5
	20.4		3.00～5.50		$S=8.1-e$		
M10	21.8	19.0	0.70～3.50	13.0	$S=6.1-e$	13.9	2.0
	24.0	16.0	3.00～4.50		$S=7.4-e$	14.6	
	25.6		4.50～6.00		$S=8.9-e$	14.5	

4. 质量检测

拉铆螺母/螺柱质量检测分为非破坏性检测和破坏性检测。非破坏性检测方式有两种，分为常规检测和扭转力矩检测。破坏性检测方式也有两种，分为破坏扭转力矩检测和转动力矩检测。

常规检测是通过目视观察花齿是否充分变形且与板面贴合，不允许出现翻边、变形不均、扭曲等情况。安装完成后的产品不出现倾斜、晃动及螺纹脱落情况即为合格，如图5-63所示。拉铆螺母需适配能手动顺利拧入的螺栓。

扭转力矩检测则是选择有拉铆螺母安装的零件，将对应螺纹规格的螺栓手动预紧，然后选用合适的力矩扳手拧紧至螺母安装扭转力矩，观察螺母是否变形旋转，无变形无旋转即合格。由于拉铆螺母本体要发生溃缩，产生溃缩法兰，因此螺母本体强度不能过高，这就导致拉铆螺母强度等级只能做到8级。对于有更高强度要求的情况，则不能选择拉铆螺母。因此在进行扭转力矩检测时，螺母扭转力矩值都是按照8级所对应的扭转力矩进行检测。

图 5-63　拉铆螺母合格状态

破坏扭转力矩检测是在扭转力矩检测法的基础上继续增加扭转力矩，直到螺母破坏，记录破坏扭转力矩值。一般情况下，破坏值应是装配扭转力矩的1.5倍，才能保证后续批量生产无质量问题。

转动力矩也是评价拉铆螺母拉铆性能好坏的重要参数。将拉铆螺母铆接在样板上，在没有任何润滑的情况下，装入试验螺栓。如图5-64所示，逐步增加扭转力矩直到铆接螺母与基材之间产生相对转动，记录对应扭转力矩值。可依照国标定义判断转动扭转力矩值是否合格，也可根据具体用途适当提高转动扭转力矩值。

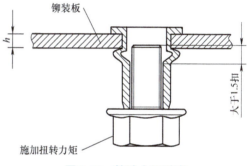

图 5-64　转动力矩测试

5. 返修方案

拉铆螺母/螺柱的主要破坏形式是转动破坏。处理损坏的拉铆螺母/螺柱时，可用工具将法兰或压溃法兰打磨掉，取下损坏的螺母/螺柱，重新拉铆一个上去。然后检查所有性能，都满足要求后即可继续使用。如果不合格，则需扩孔，拉铆更大的螺母/螺柱，对手零件也需要做出相应调整来满足安装需求。

5.6.2　压铆螺母

压铆螺母又称自扣紧螺母，是用在钣金或薄板上的一类螺母，外形呈多边形或者圆形，与基材接触的端面有压花齿和导向槽。该类型螺母的工作原理是将压花齿利用压力装入钣金的预留孔中，预留孔的孔径一般会略小于螺母的压花齿直径或者直接不预开孔。通过施加压力使螺母的压花齿挤入基材内，这会导致孔周围的材料产生塑性变形，此时变形物被挤入导向槽，从而将基材与螺母锁紧。对于压铆来说，一般要求零件的料厚不低于0.8mm。根据零件的料厚和压铆螺母规格，确定螺母具体型号以及相应的压铆力，以确保获得质量稳定的压铆产品。相较于拉铆螺母，压铆螺母连接的抗拉强度、剪切强度高，对于有高强度要求的区域应采用压铆螺母工艺。

1. 压铆工艺

压铆系统由压机系统和压铆工装构成，压机提供压铆力，压铆工装用于固定螺母及零件。压铆工艺过程如图 5-66 所示，可分为三个阶段：

1）第一阶段：将压铆螺母置于下模工装内，如图 5-65a 所示。下模工装一般有两种方式固定压铆螺母，即外轮廓固定和中心销固定。螺母外轮廓固定操作简单，但螺母与零件之间定位会有波动，不利于螺母定位，因此目前主流压铆均为中心销固定螺母。

2）第二阶段：放置钣金，将钣金零件压铆孔位对准下模中心销进行定位，如图 5-65b 所示。

3）第三阶段：给压机输入设定好的压力值，压头压入，完成压铆，如图 5-65c 和图 5-65d 所示。

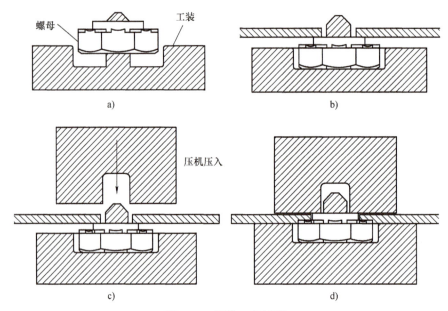

图 5-65　压铆工艺过程

上述的压铆过程，螺母置于下模侧，压机侧只提供压力，螺母静止，板材在压机的推动下完成压铆，这种方式只适合于手动压铆。对于自动化压铆，在压机侧既要提供压力也要自动输送螺母，板材放置在下模侧，螺母在压机推动下，压入板材完成压铆，这两种压铆方式的原理是一致的。

压铆过程中对压力要求非常苛刻，压力太大或太小都不合理，都会产生不合格产品。压力太小，会造成压铆螺母安装不到位，金属材料未能填满螺母防转齿槽和防拉沟槽，从而造成压铆螺母与板材的连接强度不足，使用过程中有脱落的风险。压力太大，压铆螺母会发生变形，螺纹失效，从而导致产品失效报废。因此在压铆过程中要严格控制压铆力。

2. 工艺优缺点

（1）压铆螺母的优点

1）连接强度高，扭转力矩破坏能力强。

2）可连接不同强度及厚度的板材，钣金安装面平整无法兰，安装性良好。

（2）压铆螺母的缺点

1）压铆是双侧压铆工艺，对于铝型材类零件，压铆受空间影响较大。
2）压铆工装复杂且成本高。

3. 设计要求

为保证压铆后的质量和精度，在设计过程中需对如下两个方面设计进行严格控制。

（1）压铆空间设计　压铆是一种双侧压铆工艺，压铆螺母的位置设计要充分考虑周边空间是否能够满足压铆需求，尤其在连接型材腔体类零件时。以阿比达压铆螺母为例，其空间示意图如图5-66所示，对钣金零件压铆空间尺寸具体需求见表5-13。

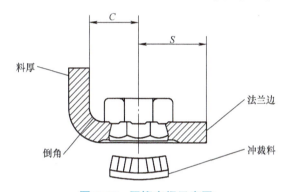

图 5-66　压铆空间示意图

注：该图片来自阿必达公司。

表 5-13　压铆空间尺寸具体需求

螺纹尺寸	螺母中心距边界距离 S/mm	螺母中心距立壁距离 C/mm
M6 × 1	11.81	8.56
	14.43	10.02
M8 × 1.25	14.43	10.02
	18.23	12.16
M10 × 1.5	18.29	12.16
	24.18	15.43
M12 × 1.75	24.18	15.43
	25.96	16.42
M14 × 2	25.96	16.42
	27.79	17.44
M16 × 2	27.79	17.44
	31.79	19.66

对于设计在铝合金型材腔体内的压铆螺母，如图5-67所示。压铆过程中，压铆工装悬臂将伸进型材腔体，如果腔体空间不够导致悬臂强度不能满足压铆要求，则需要在型材上开辅助孔，增加辅助压力撑杆来完成压铆。由于空间约束导致压铆需要更多额外的工作增加，这种压铆设计是不可取的。

（2）零件开孔设计　在待压铆的零件上，开孔设计有三种形式，不开孔、开定位孔和开压铆孔。通过工装或机器人抓件进行精定位的零件，在压铆中可以不用预开孔。这是因为精定位的零件已经可以保证螺母与零件之间的位置关系，所以无须开孔。对于定位精度不高的零件可以在压铆位置开3mm的压铆定位孔，在压铆过程中通过中心销保证螺母与钣金的相对位置。由于压铆螺母压铆孔精度公差要求为-0.07～+0.06mm，机加或冲孔实施起来相对困难。如果孔径超差，则会影响最终的压铆性能，因此建议压铆位置尽量不开孔或者只开定位孔。对于冲压钣金件，如无法避免则需开压铆孔，且对压铆方向也会有一定要求。如图5-68所示，薄板冲压面的开孔周圈会有一些向下的凹陷，图中所指的位置就是一个圆角，此圆角是由冲压带来的副产品，这个圆角只能尽可能地改善，但是无法彻底消除。与之相反的是工件的背面，开孔十分工整。这样的孔能够与螺母形成紧密连接，而类似冲压面那样的开孔，在螺母压入过程中会有"让料"的风险，导致连接质量不达标。针对此现象，在设计过程中，应判定零件将来的冲孔方向，将压铆螺母设计在冲头一侧。

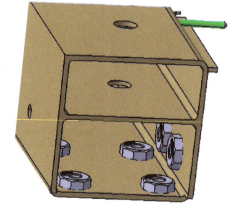

图5-67　铝合金型材腔体设计压铆螺母

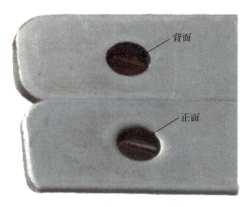

图5-68　钣金冲孔边缘状态

4. 质量检测

压铆螺母检测主要有外观检测、扭转力矩检测和推出力检测。外观检测主要是观察螺母头部下表面与板材上表面贴合且无明显缝隙，安装后产品不松动、不脱落，用适配螺栓应能手动顺利拧入，如图5-69所示。扭转力矩检测分为非破坏扭转力矩检测和破坏扭转力矩检测，非破坏扭转力矩检测是指将对应螺栓安装到螺母中，将扭转力矩拧紧到装配扭转力矩，观察螺母状态；破坏性扭转力矩检测是在非破坏扭转力矩的基础上继续施加扭转力矩，直至连接破坏，破坏扭转力矩值应大于规定值即为合格。

图5-69　压铆螺母合格和不合格状态

在螺栓安装拧紧过程中，螺栓对螺母的作用力与螺母的压铆力方向相反，如推出力不够，在安装时则会存在螺栓将螺母推掉的风险。因此对于压铆工艺而言，推出力一般要求在900~1000N。

5.6.3 压铆螺柱

压铆螺母可实现无干涉的安装平面，但其无法实现预挂。拉铆螺柱可实现预挂但其安装平面会有一个法兰凸起，不满足无干涉平面的需求。针对这种情况，压铆螺柱可解决上述问题。压铆螺柱如图5-70所示。

图 5-70　压铆螺柱

1. 压铆工艺

压铆螺柱是在外力作用下，将螺柱法兰下方的花齿嵌入板材孔周边本体中，防止螺柱脱落并提供满足抗扭能力的一种紧固螺柱。压铆前应根据零件厚度及螺柱的规格选择合适的安装主模和冲模，冲模的深度应略低于压铆螺柱头部。将主模和冲模装到配套的压机工装上，需保证上下模垂直，将螺栓穿过孔放入安装模内，用测试安装时设置好的力进行压铆。产品不能欠压也不要过压，压铆工艺如图5-71所示。

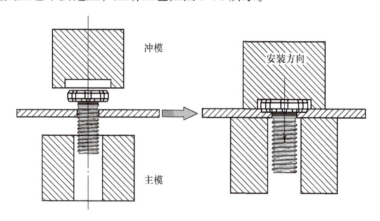

图 5-71　压铆工艺

2. 工艺优缺点

（1）压铆螺柱的优点

1）防脱落和抗扭能力强。

2）压铆结束，安装面无任何特征，能够提供一个无干涉的安装平面。

3）压铆工装简单，成本低。

4）可用于多种不同的钣金材料，如普通钢、铝合金和高强度钢。

5）压铆螺柱成本低，重量轻。

（2）压铆螺柱的缺点　需要零件预先开孔，双面压铆工艺对压铆位置空间需求较大。

3. 设计要求

压铆螺柱相较于其他紧固件，设计要求相对较低，只需要在压铆点开预孔，孔径尺寸根据螺柱规格而定；压铆点两侧需要足够的压铆空间；螺柱法兰侧到倒角的距离在3mm以上；螺柱长度根据对手件法兰厚度和螺母厚度进行选择。

4. 质量检测

螺栓头部下表面与板材上表面贴合且无明显缝隙表示安装到位，如图 5-72 所示，安装后螺栓不松动、不脱落。

a) 合格　　　　　　　　　　　b) 不合格

图 5-72　压铆螺柱合格与不合格状态

注：该图片来自宾科汽车公司。

非破坏扭转力矩检测和破坏扭转力矩检测与其他紧固件测试方法一致，针对压铆螺柱推出力检测应严格控制，一般定义推出力最小为 1000N。

5.6.4　套筒螺母

在钢铝混合车身中，大量应用了铝型材制作的车身梁类件。在一些铝型材梁上布置了很多强度要求高的安装点，如底盘副车架在铝型材前纵梁上布置安装点，前排座椅在前地板横梁上布置安装点等。由于这些安装点对安装强度要求较高，普通紧固连接不能满足其强度需求，强度高的压铆工艺又受型材腔体空间约束无法实现安装。针对这些问题，套筒螺母能够完美解决。如图 5-73 所示，套筒螺母是将铝棒通过机加出花齿特征和标准螺纹，花齿特征在外力作用下与型材过盈配合，实现套筒紧固和防旋。

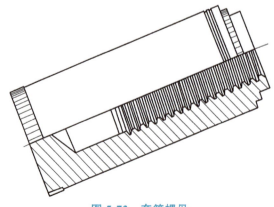

图 5-73　套筒螺母

注：该图片来自宾科汽车公司。

1. 工艺介绍

套筒螺母主要有两种安装形式，一种是通过压铆方式固定在型材上，另一种方式则是焊接在车身型材上，两种不同的安装方式如图 5-74 和图 5-75 所示。焊接的安装方式一般针对型材腔体较大、套筒螺母较长的情况。压铆的安装方式适用于型材腔体较小、套筒螺母较短的情况。安装方式的差别主要是因为压铆方式套筒螺母与型材配合出花齿较多，如果套筒螺母过长，则会导致花齿加工困难，尺寸精度难以保证，因此压铆方式的套筒螺母长度一般不会超过 70mm。因压铆方式的套筒螺母应用更广泛，所以本书重点描述压铆方式的套筒螺母。

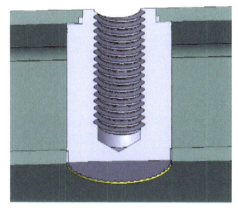

图 5-74　压铆方式安装

图 5-75　焊接方式安装

2. 工艺优缺点

（1）套筒螺母的优点

1）适合于铝型材上需要做高强度安装点的地方。

2）套筒螺母同时冷连接型材的两个端面，使这两个端面共同承担安装件载荷，同时起到支撑型材、充当型材加强筋的作用。

3）此类螺母材料为 7 系铝合金，与型材同属铝合金，因此不发生电化学腐蚀。

4）螺纹强度高，基于两倍螺纹长度，保载可满足 PC10 级的受力要求。

5）高拧紧力矩，满足 PC10.9 级螺栓拧紧力矩要求。

6）安装孔要求简单。

（2）套筒螺母的缺点　只能用于型材零件，且套筒螺母长度受约束，最长不能超过 70mm。

3. 设计要求

套筒螺母只能设计在铝合金型材上，安装位置应避开型材加强筋，安装套筒螺母时需对型材开孔。以宾科某一款产品为例，开孔公差如图 5-76 所示，不同螺纹规格对应的开孔直径见表 5-14。

对于套筒螺母尾部有配合零件的情况，应将螺母长度减短，尾部压入型面以内，避免套筒螺母突出干涉对手件，如图 5-77 所示。

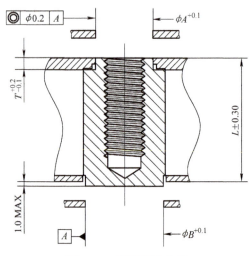

图 5-76 型材开孔公差

表 5-14 型材开孔直径

螺纹规格	标准型压紧侧开孔 ϕA/mm	标准型法兰面开孔 ϕB/mm
M8	11	14.5
M10	15	18.5
M7/16、M12	16	21.5
M14	18	25.0

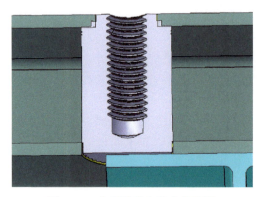

图 5-77 有干涉状态的套筒螺母

4. 质量检测

套筒螺母常规检测主要观察螺母是否压铆到位，安装后的产品不松动、不脱落，用适配螺栓应能手动顺利拧入拧出。套筒螺母扭转力矩检测也分为非破坏扭转力矩检测和破坏扭转力矩检测，方法同其他紧固件检测一样，这里不做赘述。评价套筒螺母另一个重要参数是转动力矩，转动力矩的值决定了在拧紧过程中，套筒螺母是否存在脱落风险。检测方法是将套筒螺母压入型材上，在没有任何润滑剂的条件下，拧入试验螺栓，如图 5-78 所示，施加扭转力矩直至套筒螺母与铆接板之间产生相对转动。测试结束后，将实际转动力矩与设计转动力矩进行对比，判定套筒螺母压铆是否合格。

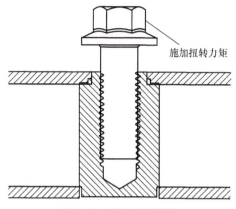

图 5-78 转动力矩测试

以 6061-T6 状态为试验型材,对不同型号套筒螺母进行测试,测试结果见表 5-15。

表 5-15 不同型号套筒螺母测试结果

螺纹规格	螺纹保载 /N	转动力矩 /N·m	检验力矩 /N·m	破坏力矩 /N·m	推出力 /N
M8	38100	> 25	> 37	> 90	> 2000
M10	60300	> 32	> 74	> 125	> 2000
M7/16、M12	88500	> 40	> 104	> 200	> 2000

5.6.5 钢丝螺套

在汽车领域中,螺纹连接应用十分广泛,其失效严重会影响零件的连接可靠性,例如连接松动、螺栓断裂以及内螺孔的生锈堵塞、滑牙等。此时,钢丝螺套的运用能够有效地解决这一问题,如图 5-79 所示。

1. 工艺介绍

钢丝螺套又称螺套,由菱形截面的不锈钢丝绕制而成,形状类似弹簧,具有粗糙度低、精度高、强度好以及耐蚀性强的优点。螺套旋入与之相匹配的螺孔内,螺套外侧靠自身弹力紧密地压在内螺孔孔壁

图 5-79 钢丝螺套

上,内侧形成标准螺纹,可以大大提高螺纹的耐磨性和强度。同时,这种连接方式消除了螺纹之间的配合误差,有利于螺纹上载荷的分布更加均匀,如图 5-80 所示。螺套使载荷沿螺纹长度均匀分布,有效降低了靠近断面处第 1~2 个螺纹之间的应力,消除了螺栓在此处失效的风险。大量试验表明,带螺套的螺纹比普通螺纹的第一螺纹的负荷更低,若用于材质为铝的壳体上要低 30% 左右,若用于材质为钢的壳体上要低 42% 左右。同时,螺套的运用使得前几圈螺纹处载荷降低,后几圈螺纹载荷增加,并且还可以继续向后传递。

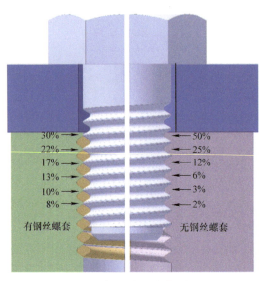

图 5-80　螺牙应力分布对比图

螺套由 1Cr18Ni9Ti 冷轧后绕制而成，降低了螺钉上约 90% 的因摩擦而产生的扭力，因此用很小的拧紧力矩就能获得很大的预紧力矩和拉力，能够有效预防螺栓松脱。另外，使用螺套可以降低零件在高温部位的热应力，防止螺纹卡死或划伤。使用螺套后，在同等强度条件下，可选用尺寸小、强度高的螺栓，从而实现节约材料以及减重的目的。

螺套可用来修复受损的螺纹，当出现螺纹误加工或脱扣、乱牙时，可有效进行修复。修复后的螺纹各项性能更优。同时，还可以利用螺套的特性进行公英制快速转换。由于螺套具有诸多优良特性，它的应用有了很大的发展。

锁紧型螺套是基于普通型螺套改进后的新产品，如图 5-81 所示。锁紧型的中部有 1～2 圈钢丝与其他位置钢丝截面形状不同，呈五边形或者六边形。当螺栓拧到中部时，螺栓前部到达锁紧圈位置，此时，需加大力矩将螺栓拧入，螺栓与锁紧圈相互作用，起到了锁紧作用。实践表明，锁紧型螺套不仅比一般锁紧装置的性能更好，还可重复使用。

例如，英国罗·罗公司生产的某型号发动机，壳体螺孔全部使用了螺套，每台机器用了大约 3000 个螺套。在航空工业中，铝合金、镁合金等被广泛应用，以前为保证铝、镁合金壳体螺孔强度，需要将带有内螺纹的衬套镶入壳体中，衬套与壳体采用过盈配合，精度要求高，装配操作困难，而钢丝螺套的运用不仅解决了加工精度要求高和装配困难的问题，而且质量更轻，性能更好。

图 5-81　锁紧型螺套

2. 工艺优缺点

（1）钢丝螺套在螺纹连接中的优点

1）螺套依靠钢丝的弹力牢靠地压在孔壁上，不需借助其他的方式固定。

2）操作简单、安装方便、快速经济。

3）螺套由一根精密的菱形不锈钢丝绕制而成，两侧螺纹之间没有位移度、垂直度等偏差，有效确保了螺孔位置精度。

4）体积小、重量轻、结构紧凑。

5）保护螺孔，反复多次装拆螺纹，螺孔都不会被损坏。

6）在螺纹连接中能改善负载沿长度方向的分布状态，进而改善螺纹连接的应力分布状态，而且能够抵抗冲击、抵抗振动，提升螺纹连接的疲劳强度。相对于传统的螺纹连接，抗拉强度可提高 80% 以上。

7）螺套表面光滑，摩擦系数小。

8）生产效率高，节省原材料，适于专业化集中生产。

9）螺套用于螺孔修复，操作简单，不需更改其他结构，修复性好，无痕迹。

10）能提高接合面的密封性。

11）起到简化结构、简化工艺、减少零件品种等作用。

（2）钢丝螺套在螺纹连接中的缺点　与零件上直接攻丝相比，钢丝螺套在螺纹连接中有下述缺点：

1）钢丝螺套工艺复杂，操作步骤较多。

2）钢丝螺套存在自重，使用过多会使整车重量增加。

3）螺套成本相对较高。

3. 设计要求

钢丝螺套主要用在铝铸件及一些厚壁零件中，为满足安装性能需求，设计过程中主要关注螺套长度及所在区域的壁厚这两个参数。首先，螺套长度是由母材性能和螺栓等级决定的，相同材质和相同螺栓性能，螺套尺寸越长，所能承受的安装力越大。在 20℃ 时，钢丝螺套的最小长度与母材性能和螺栓等级之间的关系见表 5-16，其中 d 是螺纹的公称直径。值得注意的是，在选用之前，请先确定螺套使用位置是否为高温环境。用于铝合金上的钢丝螺套最高能在 300℃ 的温度内使用，用于镁合金上的钢丝螺套最高能在 100℃ 的温度内使用。

表 5-16　钢丝螺套的最小长度与母材性能和螺栓等级之间的关系（20℃时）

母材强度	钢丝螺套种类				
抗拉强度 /MPa	8.8 级	9.8 级	10.9 级	12.9 级	14.9 级
< 100	3d	3d	—	—	—
100 ~ 150	2.5d	2.5d	2.5d	2.5d	3d
150 ~ 200	2d	2d	2d	2d	2.5d
200 ~ 250	1.5d	1.5d	2d	2.5d	2.5d
250 ~ 300	1.5d	1.5d	1.5d	2d	2d
300 ~ 350	1d	1.5d	1.5d	1.5d	2d
350 ~ 400	1d	1d	1.5d	1.5d	1.5d
> 400	1d	1d	1.5d	1.5d	1.5d

其次是壁厚，如图 5-82 所示，D_{HC} 是安装螺纹大径，d 是公称直径，S 是总壁厚，a 是残余壁厚。经过试验测试得出，安装螺套最小总壁厚应是螺纹大径的 1.75 倍，最小残余壁

厚应是螺纹大径的 0.375 倍，才能满足设计性能要求，即 $S_{min} = 1.75D_{HC}$，$a_{min} = 0.375D_{HC}$。

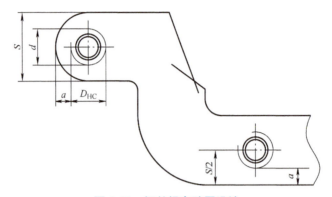

图 5-82 钢丝螺套壁厚设计

注：该图片来自博尔豪夫公司。

4. 质量检测

钢丝螺套的常规检测有螺纹套必须低于安装平面 0.25~0.5 个螺距，如图 5-83 所示。安装后的螺套不松动、不脱落，应满足同规格螺纹通止规检测要求。扭转力矩检测分为非破坏扭转力矩检测和破坏扭转力矩检测。非破坏扭转力矩检测即将螺栓旋入螺套，施加扭转力矩到装配扭转力矩，螺牙及母材无破坏，即为合格。破坏扭转力矩检测是在非破坏扭转力矩的基础上继续施加更大的扭转力矩，直到要求值，查看螺套及母材是否有破坏；如无破坏，即为合格。对于钢丝螺套的质量检测，最为重要的参数为保载力。检测方法是将螺栓旋入设计的安装位置，然后对螺栓施加拉伸力，直至螺栓断裂或螺套被拉出等破坏发生，记录最大拉力，即为钢丝螺套保载力。测试结束后，将实际测试保载力与设计保载力进行对比，判断钢丝螺套是否合格，钢丝螺套测试保载力参考值见表 5-17。

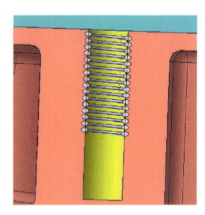

图 5-83 钢丝螺套合格的安装状态

表 5-17 钢丝螺套测试保载力参考值

螺纹规格	保载力 /kN			
	性能等级			
	6 级	8 级	10 级	12 级
M8 × 1	30.2	37.4	43.1	47.0
M10 × 1.25	47.1	58.4	67.3	73.4
M10 × 1	49.7	61.6	71.0	77.4
M12 × 1.5	68.7	84.1	97.8	105.7
M12 × 1.25	71.8	88.0	102.2	110.5
M14 × 1.5	97.5	119.4	138.8	150.0
M16 × 1.5	130.3	159.5	185.4	200.4

5. 钢丝螺套应用案例

钢丝螺套适用于铸件中的安装孔替换。其机械等级高，易于安装孔返修，常用于铝、钢铸件中力学性能要求较高的安装点位置，安装要求简单，只需单侧即可，具体应用车型和位置见表 5-18，应用位置及相关测试如图 5-84 和图 5-85 所示。

表 5-18 钢丝螺套应用车型和位置

车型	应用位置
蔚来 ES8/6	减震塔、后纵梁
爱驰 U5	后纵梁

图 5-84 钢丝螺套在车身与副车架连接上的应用

图 5-85 钢丝螺纹套保证载荷测试

5.7 铝螺柱焊接

电弧螺柱焊出现于 1918 年，经过了上百年的发展。有人将它的发展过程分为三个阶段：第一阶段是螺柱焊技术从产生到成为一种成熟的焊接工艺；第二阶段是自动、半自动焊接技术的问世，使得螺柱焊的效率全面提升；第三阶段是人工智能与逆变技术在螺柱焊接中的成功运用。随着螺柱焊接技术的不断发展，其被广泛应用于汽车制造、造船、航空等行业。据有关报道，日本圆柱头螺钉的每年使用量为 6000 万个，异型棒状螺钉每年使用量为 300 万个，可见螺柱焊接的应用量之大。我国每年用于工程建筑的螺柱为 400 万～500 万个。螺柱焊接有 80% 以上是通过焊机完成的，因此掌握螺柱焊接技术显得非常重要。本书将重点讲解埃姆哈特公司生产的铝螺柱。

5.7.1 铝螺柱介绍

铝螺柱需要有良好的焊接成形性和耐蚀性，因此大多采用 5XXX 系铝镁金制作，主要有 AlMg5（EN AW 5019）和 AlMg4（EN AW 5186）合金，合金成分及力学性能见表 5-19 和表 5-20。

表 5-19　铝螺柱的合金成分

铝螺柱材料牌号	Si	Fe	Cu	Mn	Mg	Cr	Zn	Ti	其他
EN AW 5019	0.4	0.5	0.1	0.1～0.6	4.5～5.6	0.2	0.2	0.2	0.1～0.6 Mn+Cr
EN AW 5186	0.4	0.45	0.25	0.2～0.5	3.8～4.8	0.15	0.4	0.15	0.05 Zr

表 5-20　铝螺柱的力学性能

铝螺柱材料牌号	抗拉强度 /MPa	屈服强度 /MPa	延伸率（%）
EN AW 5186	295～355	255	6
EN AW 5019	270～330	205	12

铝螺柱种类很多，常用的主要有非公制螺牙的 T 型螺柱、公制螺牙的 M 型螺柱和对应的大法兰螺柱等，尺寸示意如图 5-86 所示。可根据实际使用情况与供应商进行沟通选择，不同型号螺柱尺寸范围见表 5-21。

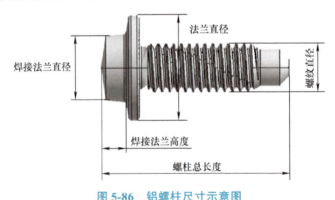

图 5-86　铝螺柱尺寸示意图

表 5-21　不同型号螺柱尺寸范围

螺纹直径 /mm	焊接法兰直径 /mm	焊接法兰高度 /mm	法兰直径 /mm	螺柱总长度（带螺母）/mm
5～10	7.5～11	1.5～5.2	13～19.4	10～34

5.7.2 铝螺柱焊接工艺

1. 铝螺柱的焊接参数

铝螺柱焊接参数是依据零件表面质量、零件料厚以及螺柱焊接法兰直径三个方面的状态来进行调整的。焊接参数主要有螺柱提升高度、焊接电源极性、起动电极极性和脉冲数量等。

（1）螺柱的提升高度　铝螺柱接通电源后，随着焊接电流和时间的推移，在焊核区域会形成有氧化皮包裹的铝液熔合区，螺柱的提升高度将决定螺柱是否在熔合区发生短路。当螺柱的提升高度在 2~6mm 时，即使零件表面有水汽存在，也很难导致短路出现。当焊接工艺采用焊接时间 < 30ms、焊接电流 >1000A 设置时，即使螺柱仅提升 0.8mm，也可以获得非常好的无飞溅焊接效果。即螺柱的提升高度应根据焊接环境的不同进行适应性调整。除了螺柱的提升高度，频繁的电源极性变化也有助于防止焊接过程中的短路。

（2）焊接电源极性　铝螺柱焊接通常采用交流电源进行焊接，当螺柱接负极时，铝螺柱作为热量载体将热量传输到连接区，由于螺柱体积小，散热困难，导致螺柱本体端部熔化。当螺柱接正极时，热量主要集中在零件本体，导致零件熔化。在焊接过程中，螺柱电极的正负极变化使得螺柱和零件均发生相应的熔化，最终使螺柱的焊接质量满足设计要求。

（3）起动电极极性　螺柱焊接的起动电极接正极时，零件会发生熔化，适当控制电流值，使得零件表面只发热，不发生熔化，并对零件表面有一定的清洁作用，此电流值称为清洁电流。在焊接过程中，清洁电流可清除零件表面油脂和润滑剂等残留物，提高焊接表面质量，减少焊接缺陷。

（4）脉冲数量　焊接脉冲数量越多，螺柱和零件相互熔合的量越大，焊接质量会越好，但实际的脉冲数量还需根据焊接板材厚度及焊接法兰直径进行调整。

2. 铝螺柱的焊接类别

（1）交流电焊接铝螺柱　脉冲数较高的交流焊接参数适用于壁厚 ≥ 1.3mm 铝件上的铝螺柱焊接。频繁的极性变化使得螺柱和零件之间有更好的热量平衡。

（2）带有清洁电流的交流电焊接铝螺柱　相较于单纯交流电焊接，带有清洁电流的交流电焊接螺柱，在焊接初始阶段对零件表面有清洁的作用，适用于表面存在油脂和润滑剂等残留物且料厚 ≥ 1.7mm 的零件。

（3）直流电焊接螺柱　交流电焊接螺柱，零件和螺柱均会发生熔化，但对于料厚比较薄的零件，如果零件继续熔化，容易导致板材焊穿现象发生。直流焊接螺柱则只熔化螺柱，尽量避免板材熔化，因此直流焊接一般应用于板厚 ≥ 1.0mm、表面干净无油渍且强度要求不高的螺柱。

5.7.3 铝螺柱焊接特点

与传统焊接钢制螺柱相比，采用拉弧焊铝螺柱时，特别要注意以下问题：

1）焊接所需能量：焊接铝制螺柱比焊接钢制螺柱需要更多的能量，才能满足焊接质量需求。

2）保护气体：由于铝化学性质活泼，所以必须在保护气体的作用下焊接。焊接前对工件的清洗是保证焊接时无紊流的均匀气流所必需的步骤。

3）极性与电流种类：钢螺柱焊接一般采用直流电，螺柱作为正极。但铝螺柱焊接既可采用直流电也可采用交流电，主要根据焊接板材的特性及螺柱种类决定。

4）电弧偏吹：由于铝比钢具有更高的磁阻，导致磁偏差在电弧邻近铝材时要比邻近钢材时大。因此，焊接铝螺柱时，会在零件外表面产生很强的磁力线，影响电弧稳定性。此时要采用陶瓷环和保护气体来尽量减少电弧偏吹。

5）陶瓷环：陶瓷环的支承座在潮湿环境下使用会吸收周围水分，要注意保持陶瓷环与陶瓷座的干燥。在潮湿的环境中，陶瓷环在电弧作用下会分解产生氢气，氢气溶解在焊接熔池中，从而产生气孔影响焊接质量。

6）零件表面：为获得高质量的焊接接头，需要保持零件表面的清洁，因为表面上的油脂在电弧作用下能够分解出自由氢，从而形成气孔。

7）铝材和厚度：试验表明，因为纯铝与铝合金有不同的凝固温度，纯铝与防锈铝相比更易出现气孔，而且随着铝的纯度升高，更容易产生气孔。

5.7.4 铝螺柱焊接的设计要求

1. 铝螺柱板厚选择

铝螺柱的焊接板厚是根据螺柱的型号、所焊材料的材质及表面状态共同决定的，见表5-22。

表 5-22 不同型号螺柱对应的焊接板厚选择

螺柱类型	螺柱示意图	零件类型	零件表面	板材厚度
T5 F7.5		铝冲压板	脱脂，染色和钝化	≥1mm 形成过程后
			有干润滑剂，无油脂，且润滑剂数量不超过1.5g/m²，在组件表面上均匀分布	≥1.3mm
		铝挤压型材	脱脂，染色和钝化且无残留物	≥1mm
		铝铸件	脱脂，染色和钝化，表面无残留，储存时间短，无石墨表面	≥1.3mm
T6 F9 M6 F9 LFX6 F8		铝冲压板	脱脂，染色和钝化	≥1.2mm 形成过程后
			有干润滑剂，无油脂，且润滑剂数量不超过1.5g/m²，在组件表面上均匀分布	≥1.3mm
		铝挤压型材	脱脂，染色和钝化且无残留物	≥1.2mm
		铝铸件	脱脂，染色和钝化，表面无残留，储存时间短，无石墨表面	≥1.3mm

（续）

螺柱类型	螺柱示意图	零件类型	零件表面	板材厚度
M8 F10		铝冲压板	脱脂，染色和钝化	≥1.7mm 形成过程后
			有干润滑剂，无油脂，且润滑剂数量不超过1.5g/m²，在组件表面上均匀分布	≥2mm
		铝挤压型材	脱脂，染色和钝化且无残留物	≥1.7mm
		铝铸件	脱脂，染色和钝化，表面无残留，储存时间短，无石墨表面	≥2mm

2. 铝螺柱焊接法兰设计

不同于钢螺柱连接，铝螺柱焊接需要保护气体来提升焊接质量，因此在焊枪枪头处会存在氩气保护罩。保护气罩的存在会导致铝螺柱焊接要求法兰平面变大，具体见表5-23。

表5-23 不同类型螺柱需求的焊接平面

螺柱类型	陶瓷枪嘴外径/mm	保护气套外径/mm	需求焊接平面/mm
M6GF、M8	35	45	50
M6、T6、T5	35	35	40

螺柱中心至零件边缘的距离可根据法兰尺寸进行计算，螺柱枪与板材间允许最大角度为3°，允许钣金的曲率半径大于40mm。

3. 焊接方向设计

螺柱焊接属于熔焊，焊接过程中会形成熔滴。为保证熔滴受重力作用不发生偏移，要对螺柱焊枪的姿态有严格要求。不同的螺柱种类，要求也有所不同。

4. 焊接位置设计

焊接螺柱的板材背面不应该有胶或者其他密封介质，即使最小的黏合剂，都会导致焊接区严重飞溅。焊接位置不允许钢制件与铝件直接接触，钢制件应与焊接位置有一定的安全距离，如果安全距离不够，则会导致电弧偏弧。在挤压型材焊合线位置应避免接地螺栓的焊接，因为这些位置的组织可能分布不均匀。对于铝铸造件，还应避免在浇口、溢流、分隔和堆积材料等铸造点上进行焊接。此外，还需要考虑钢焊接过程中产生飞溅以及钢板上油污落到铝螺柱焊接表面。

5.7.5 铝螺柱焊接质量

1. 气孔率

在理想的状态下，焊接区域可能出现完全无气孔的情况，但轻微或偶然的污染会导致焊接区域气孔越来越多，且尺寸越来越大，这一切都取决于污染的程度。在焊接区域，当气孔直径小于0.1mm，气孔间没有被裂纹连通或气孔间距离远大于气孔直径时，这种气孔是可以接受的。

2. 连接区域断裂

在一定受力范围内，允许铝螺柱在连接区发生断裂，但断裂区域90%以上的特征应是韧性断裂，不应该存在大气孔。

3. 焊接外观

一种理想的螺柱焊接接头的特征是在焊接区域周围均匀地产生焊缝。焊缝应光滑，表面应光亮，无飞溅现象。对于厚壁零件，铝螺柱焊接后，零件背面无明显焊接特征，仅存在轻微被加热的痕迹。但对于薄壁零件焊接后，螺柱接头背面会有小的凸起，壁厚越薄，凸起特征就会越明显。在保证密封的前提下，允许铝螺柱熔透板材，但不允许在焊接处出现明显裂纹及熔化穿透物过高。

4. 焊接强度

铝螺柱焊接强度的测试分为破坏性测试和非破坏性测试。破坏性测试能够测试出焊接的实际强度和性能。非破坏性测试在可以满足在线测试的同时又能不破坏零件本体。破坏性测试除了测试力学强度外，还需要评估其失效模式是否达到要求。

螺柱的力学测试内容主要取决于对手零件在螺柱上的安装方式，标准法兰螺柱一般采用卡接的安装方式，检测时可只用弯矩扳手检测弯矩，如图 5-87 所示。大法兰螺柱一般采用与螺母配合的拧紧安装方式，检测时既要采用弯矩扳手检测弯矩，也要采用扭转力矩扳手检测扭转力矩。螺柱弯矩破坏性检测如图 5-88 所示。

图 5-87　弯矩扳手

图 5-88　螺柱弯矩破坏性检测

5.7.6　铝螺柱焊接的应用

铝螺柱焊接后，由于受焊接强度影响，只能固定一些非承力部件，如隔音棉、地毯、普通线束或者接地线束。在目前主要由铝合金构成的车身中，大部分车型均用到铝螺柱，某车型上的应用见表 5-24。

表 5-24 某车型上铝螺柱的应用

用途	图片	装配示意图
固定热管理管路、隔音棉、室内天线控制器		
固定隔音棉、地毯、吹脚风管		
接地线束		
线束		

蔚来 ES8 全铝合金车身上应用了大量铝螺柱，如图 5-89 所示。螺柱大部分分布在下车体区域，主要用于接地线束、地毯或制动管的固定。

图 5-89 蔚来 ES8 车身铝螺柱的应用

5.7.7 铝螺柱焊接的返修

铝螺柱在生产制造过程会出现质量不合格的情况，需要根据不同的焊接板厚和质量缺陷进行不同工艺的螺柱返修。焊接板厚可分为两类，厚度在 1.5mm 以下的铝板焊接螺柱可定义为薄板焊接，厚度在 1.5mm 以上的铝板焊接螺柱可定义为厚板焊接。焊接质量缺陷主要有如下几种：①螺柱在焊接面直接脱落，性能不满足非破坏的检测要求；②在厚板焊接时，螺柱脱落或者不满足性能要求导致在检测时破坏了螺柱，可将焊接位置打磨，除掉焊渣，采用手动螺柱焊枪进行补焊；③对于薄板焊接，螺柱脱落可能会导致板材撕裂，出现孔洞，无法继续在此处焊接螺柱，返修前应将空洞处封堵，在其附近焊接相应的螺柱。

参考文献

[1] 高云. 铝合金电阻点焊熔核一次组织及形态模拟 [D]. 南京：南京航空航天大学，2016.

[2] 曾俊伟. 结构胶在车身安全与轻量化设计中的应用研究 [D]. 长沙：湖南大学，2015.

[3] 王艳俊. 轻量化汽车车身铝合金的电阻点焊研究 [D]. 南昌：南昌大学，2017.

[4] 高磊. 异种厚度搭接的铝合金自冲铆接头力学性能研究 [D]. 昆明：昆明理工大学，2015.

[5] 熊林玉，高彦军，史红臣，等. 间隙及错缝对5A06铝合金冷金属过渡焊接头成形及力学性能的影响 [J]. 新技术新工艺，2017（5）：41-43.

[6] 何松健. 白车身热熔自攻丝工艺及连接点力学性能研究 [D]. 合肥：合肥工业大学，2018.

[7] 朱其芳，赵钦新. 动力机械与设备制造工艺学 [M]. 西安：西安交通大学出版社，1999.

[8] 李春平. 汽车车身铝合金自冲铆接研究 [D]. 南昌：南昌大学，2017.

[9] 吴小丹，王敏，孔谅，等. SPR自冲铆接技术研究现状及应用前景 [J]. 电焊机，2016，46（4）：31-36.

[10] 任树杰. 5A06铝合金电阻点焊接头组织及力学性能的研究 [D]. 太原：太原科技大学，2016.

[11] 郭云强. 铝合金CMT焊接性能的研究 [D]. 沈阳：沈阳工业大学，2017.

[12] 周标. 铝合金螺柱焊工艺方法研究 [D]. 南京：南京理工大学，2008.

[13] 和平. 新型内螺纹紧固件——钢丝螺套 [J]. 航空维修与工程，2006（1）：62-63.

第 6 章
铝合金车身设计开发及碰撞维修

本章以铝合金车身系统为例,讲述各个车身模块设计思路和方法,以及铝合金车身碰撞维修的特殊之处。需要说明的是,钢车身和铝合金车身在结构设计及需要满足的功能要求上,并无本质上的差异。

6.1 概述

6.1.1 汽车车身定义和分类

1. 汽车车身定义

汽车车身通常包括白车身和开闭件,具有满足乘员上下车和乘坐的功能,同时又能形成良好的封闭腔体以满足安全和空气动力学的要求。白车身(Body in White,BIW)指的是完成焊装未经喷漆的车身总成,即由各种各样的结构件(含铝铸件/挤压件)和冲压件(含铝板冲压件)通过焊接、铆接、粘接、螺接等连接工艺拼装而成的汽车车身。

2. 汽车车身类型

根据受力情况,车身可以划分成三种:非承载式车身、半承载式车身和承载式车身。

(1)非承载式车身 这种车身的特征是车架与车身采用弹簧或橡胶垫作为柔性连接,图 6-1 所示某车型非承载式车身;在这种状况下,车身固定在车架上对车架的加强效果很小,汽车车身只承受自身的重量、人和货物的重量以及在运行过程中所引起的空气阻力和惯性力;发动机、电器和底盘等系统的重量则由车架承载;这些部件工作时,会始终承载

图 6-1 某车型非承载式车身

注:图片来自于网络。

安装支架传递的力和运行期间车轮跟悬架来自路面传递的力(其中悬架对车架或车身影响最大)。

（2）半承载式车身　此类车身的特征是车身和车架或用螺栓连接，或用铆接、焊接等刚性连接的方法。在这种状况下，除了承载上述的各项载荷，车身在很大程度上还能加强车架，承担部分车架的载荷。

（3）承载式车身　没有车架是承载式车身的显著特征，发动机与底盘各总成直接以车身作为安装基础，通常由车身的下部来保证车身的刚度和强度。图 6-2 所示为蔚来 ES8 纯电动汽车承载式车身。

为了减轻汽车的车身重量并降低成本，承载式车身结构是大多数微型、普通级、中级轿车和部分客车车身常选择的结构。

图 6-2　蔚来 ES8 纯电动汽车承载式车身

6.1.2　车身结构分块

车身包含上下车体，下车体由前舱总成、前地板总成、后地板总成和前/后防撞梁总成，上车体则由侧围总成、后围总成、顶盖总成组成，如图 6-3 所示。

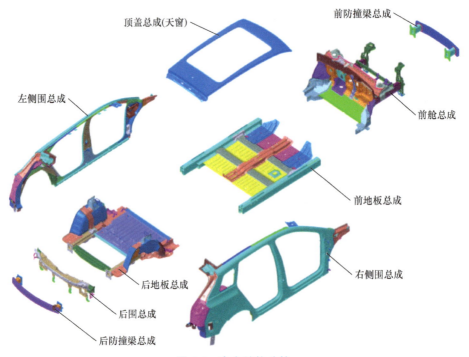

图 6-3　车身结构分块

1. 前舱总成

承载式车身的前部结构，其主要功能是支撑三电系统（电动机、车载充电器）、驱动装置、前悬架和散热器等，并承受各种载荷作用。车身前端结构的横向受力部件主要由前照灯框架、散热器横梁等集成框架承受；两侧的纵向受力部件主要由前纵梁、减振器座、前扭转盒、轮罩、前翼子板支架等构成。前围板总成是隔离车身前部与乘员舱的结构总成，安装并支撑风窗玻璃、刮水器、仪表板横梁、转向管柱、三踏板和空调等；主要由前围上盖板、流水槽、前围板、前围下横梁、转向柱支架等构成。前舱总成对碰撞安全、驾驶员和前排乘客的舒适性及整车性能提升起着关键性作用。

2. 地板总成

车身乘员的支承主要由地板总成来保证，应具备足够的刚度和强度，从而确保车身的承载能力。此外，还需要考虑地板的隔振、降噪、密封和耐蚀性能等方面的要求。因此，地板结构的合理设计对车身结构设计至关重要。

轿车车身地板结构主要由前地板总成、门槛总成、后地板总成、后围板总成等构件组成。门槛梁与座椅横梁是地板总成的关键组件。座椅横梁不仅能够提供并保证座椅安装点的静刚度，而且能够传递侧碰和柱碰的受力。为了改善门槛纵向传力及横向吸能效果，应尽量基于性能及工艺（铝挤压型材）优化其断面结构。后围板总成即为行李舱盖下方连接左右侧围总成的部分，一般包括后围内板、后围加强板、锁扣加强板等，并安装后保险杠及相关电器附件。

3. 侧围总成

侧围是外覆盖件的主要组成部分，是构成乘员舱的主要结构组件，它不仅是支承顶盖、连接车身前后结构的侧面组件，还是安装支承风窗玻璃及车门并确保车身侧面碰撞安全性的承载框架，需要具备较好的抗弯、抗扭刚性和强度；侧围主要由侧围外板、A 柱、B 柱、C/D 柱和加强板等焊接形成。

4. 顶盖总成

顶盖总成由顶盖外板、顶盖前后横梁以及天窗加强板组成，外板通过焊接在其上的组件使其刚度和强度得到加强，如图 6-4 所示。设计时，从增加视野与上下车便利性考量，目前已普遍使用薄车顶、小圆弧过渡、大天窗（乃至全景）的结构形式，不但确保了顶盖总成的强度和刚性，还能降低振动噪声。

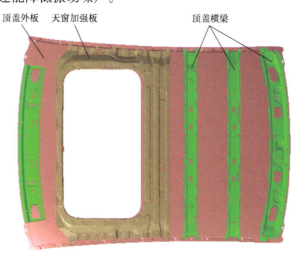

图 6-4 顶盖总成结构（天窗版）

5. 前 / 后防撞梁总成

为降低车身重量，从而增加电动汽车的续驶里程，前 / 后防撞梁总成多采用铝合金材质焊接而成，一般由防撞梁本体、吸能盒、安装板、拖车钩安装套筒等零件组成。防撞梁材料通常使用铝镁硅合金（6XXX 合金系列），如铝合金 6063。

6.1.3 白车身设计要求

1. 重量要求

某车型白车身重量（不含开闭件）目标是350kg，重量分解目标见表6-1。

表6-1　某车型重量分解目标

白车身总成重量/kg	下车体		上车体		总装件	
	重量/kg	占比（%）	重量/kg	占比（%）	重量/kg	占比（%）
350	215	60	123	35	12	5

2. 边界条件及主要对手件

车身骨架是汽车承载的主体，动力总成、动力电池、底盘、内外饰件和电子电器部件等均安装在其上。某车型各总成边界条件及主要对手件详见表6-2。

表6-2　各总成边界条件及主要对手件

序号	总成	主要零件				边界条件及主要对手件
		铝铸件	铝挤压件	铝冲压件	传统冲压件	
1	前舱总成	减振器座、前扭转盒	前纵梁、前围下横梁、前防撞梁	前围板		L113尺寸位置、电控、轮胎、副车架、悬置、前悬架、管路、线路、制动系统、冷却系统及所有零件操作空间与运动件运动包络等
2	前地板总成		门槛、前地板横梁	前地板本体	雪橇板（热成形）、B柱下内板（热成形）	R点①的位置、假人踵点位置、后排假人脚部和腿部数据、换档机构、驻车制动、动力电池组、座椅及所有零件操作空间与运动件运动包络等
3	后地板总成	后扭转盒	后纵梁	后地板本体	后内轮罩、后围板	轮胎、后悬架等安装位置、后排假人H点②、座椅、备胎布置及所有零件操作空间与运动件运动包络等
4	侧围总成			侧围外板等	A柱内板及加强板、B柱内板及加强板、C/D柱内板及加强板	内饰、侧气帘、侧碰传感器、安全带、门洞密封条、拉手、人体布置、背门控制器、倒车雷达控制器、后三角窗、门附件、门线束及所有零件操作空间与运动件运动包络等
5	顶盖总成			顶盖外板	天窗加强板	顶篷、天窗、顶饰条、天线、人体布置、背门附件、背门线束及所有零件操作空间与运动件运动包络等

① R点是指设计时的设计参考点，即"乘坐基准点"。
② H点是指二维或三维人体模型中人体躯干与大腿的连接点，即胯点。

白车身总体设计时需总布置协作，与车身连接的一些硬点需要初步确定完成，如副车架安装点、前悬架安装点、后悬架安装点、电动机悬置安装点等。以前悬架系统为例，其硬点位置如图6-5所示。

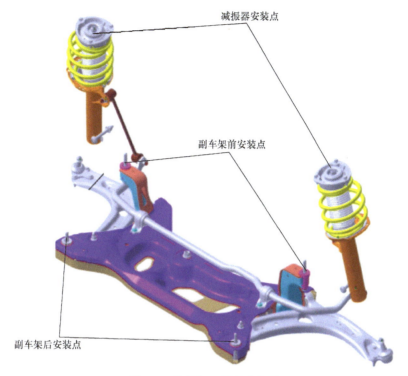

图 6-5 前悬架系统硬点位置

悬架系统能够将所受力与力矩传递并作用在车轮和车架（或车身）上，因此车身上相应连接点的强度相当重要；同样，动力总成悬置、电池及冷却系统等在车身上的安装点位置及控制尺寸也须认真确定，即做好车身布置可行性分析。

3. 轻量化设计要求

汽车作为大批量制造的产品，若减轻单车的质量则能够节省大量的生产原料，减少制造成本。最大限度地减轻汽车本身的重量，能够为汽车产业与汽车运输业带来显著的经济效益。车身结构轻量化设计一般采取以下几种方法：

1）材料轻量化：在确保车身结构组件满足强度和刚度的性能时，尽可能地选用质轻和高强度材料，例如铝合金、镁合金、碳纤维和热成形钢等。

2）结构轻量化：即减薄零件厚度，减少零部件数量。使用 CAE 分析车身结构，优化车身结构设计相当重要，因为高强度材料能够在保证部件结构强度要求的同时，也能满足设计轻量化需求。但单纯采用高强度材料不但会增加成本，而且不会对拉伸弹性模量有显著改善，还可能导致刚度的降低，因此必须靠车身部件的形状设计来保证应有的刚度。

3）工艺轻量化：指使用新型工艺（如激光焊接等）达到降低零部件数量及重量的目的。

4. 车身耐久、耐蚀性、密封性、隔音、隔热要求

汽车在运行期间，时常置身于受侵蚀的环境中，比如雨水的侵蚀、工业区的大气腐蚀、污水的腐蚀等，这些因素会降低汽车的使用寿命，因此必须注重提升车身的耐蚀性。

车身件总体耐蚀性能要求见表 6-3。不同主机厂对乘用车车身耐蚀性能要求不一致，以下设计要求值仅供参考。

不同车身区域的耐蚀等级要求也不一致，如图 6-6 所示，可分为Ⅰ、Ⅱ、Ⅲ区，Ⅰ区要求耐蚀等级最高。

表 6-3 车身件总体耐蚀性能要求

基本条件		国内市场	国际市场	限制条件	备注
防锈保证	外观腐蚀（锈蚀、腐蚀、剥落）	乘用车：5年/10万km（参考值）	乘用车：5年/10万km（参考值）	因为碎石形成的表面锈蚀与漆面划痕；因为酸雨、空中落物、冰雪、雷电、洪水等自然环境原因，或者其他无法避免地因素形成的损坏或表面腐蚀	不含出租车
	穿孔腐蚀（从内向外锈蚀穿孔）	乘用车：8年	乘用车：8年	由于磕碰变形或事故修复后锈穿	—
防锈要求	静态盐雾试验	≤ 2.5mm/1000h（SPCC）	≤ 2.5mm/1000h（SPCC）	—	车身外板件

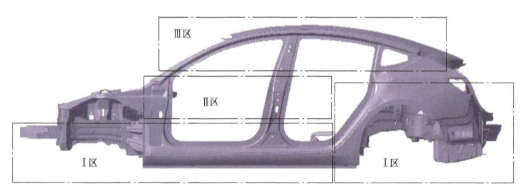

图 6-6 车身骨架耐蚀要求区域划分

常用的耐蚀性措施：

1）改善材料的耐蚀性：铝合金车身在这方面具有很大的优势，因为铝合金表面会形成致密的氧化膜，所以汽车用铝合金件基本都具有良好的耐蚀性。但需要注意的是钢铝混合连接区域的电化学腐蚀。

2）结构设计耐蚀：从结构方案阶段开始，就按照零件的实际应用环境和功用要求考虑耐蚀方案，从结构细节设计、工艺制造等各个方面采取措施防止或延缓腐蚀破坏的进程，缩短其危害。

5. 制造工艺性要求

白车身一般由冲压件、铸件、挤压件及辊压件通过焊接、铆接、粘接及螺接而成，从原料到焊接成白车身，其制造工艺复杂。车身设计师应该设计出制造可行、工艺过程简单的汽车车身，以便降低成本、缩短开发周期。

在定位原理上，遵循 N-2-1 原则。在定位方式上，如定位孔位于刚性零件上，如挤压件和铸造件，则适合采用一个圆孔和一个椭圆孔定位。如果定位孔位于半刚性零件或柔性零件（操作人员通过手就可以将零件变形）上，则应该优先使用双圆孔定位方式。

6. 其他要求

（1）通用性要求　除上述几点外，车身设计还要提高通用性，以降低成本。通过前期平台化的规划，确定平台策略，将主要部件标准化、模块化。这样能使不同车型、不同级别都可以共用，从而极大地降低成本，缩短开发时间，让不同车型能达到互相渗透。平台一旦确定，可以让车型实现资源共享，以一台车为基础，稍加改变，就能打造出定位级别不同的车。

（2）柔性化生产　汽车通用化平台化简化了不同车型的生产，因为各种车型的核心部分，比如电动机和动力电池型号与装配位置都大致相同，所以若以通用化为基础，则柔性化生产也就成为可能。同时，为了满足柔性化生产线的需求，需要使不同的车型采用相同的滑橇。某车型滑橇如图 6-7 所示，图中序号对应的车身位置及关键尺寸详见表 6-4。

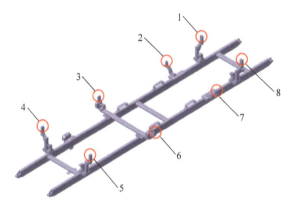

图 6-7　某车型滑橇

表 6-4　某车型滑橇关键尺寸汇总表

序号	车身位置	控制方向	坐标	备注
1	前纵梁	Z	690	
2	前扭转盒	X, Y, Z	（450，-540，490）	
3	门槛/后扭转盒	Y/Z	-630/490	门槛 Y 向控制面带导向
4	后纵梁	Z	700	
5	后纵梁	Z	700	
6	门槛/后扭转盒	Y/Z	630/490	门槛 Y 向控制面带导向
7	前扭转盒	X, Y, Z	（450，540，490）	
8	前纵梁	Z	690	

6.1.4　设计流程

根据整车项目开发进程可分为五个阶段：产品规划、概念设计、工程设计、设计验证、认证及生产准备。

1. 产品规划阶段

此阶段的主要工作包括：

1）对标分析：对标车型数据对比分析，需要了解对标车的零部件结构设计，统计每个零件的料厚、重量和零件相互之间的连接方式，还需留意附件在其上的安装方式；竞标车型的法律法规分析，重点了解对标车通过的碰撞法规。

2）编写零部件可行性研究报告：①开展技术调研，初步确定零部件总成的技术方案；②初步确定性能、质量目标和需要满足的法规；③初步编制 BOM。

2. 概念设计阶段

此阶段的主要工作包括：

1）完成技术方案分析和确认：①确认重量目标并完成目标分解；②总布置分析，硬点及主要部件位置分析；③确定沿用件/改制件/新增件。

2）典型断面设计。

3）初版 3D 数据设计。

4）零部件装配关系分析。

5）通过 CAE 分析，并优化数据：①截面特性分析；②接头刚度分析；③重要安装点的刚度、强度分析；④概念模型模态与刚度分析；⑤概念模型碰撞模拟分析。

3. 工程设计阶段

此阶段主要工作包括：

1）进行具体的工程设计，包括结构、材料、尺寸、性能等，并发布工程数据。

2）零部件技术文件确认及发布：①定位基准信息；②零部件尺寸测量；③ DFMEA；④总装零部件扭转力矩信息等。

3）数字电子样车（Digital Mock Up，DMU）校核。

4）通过 CAE 分析，并优化数据：①重要安装点的刚度、强度优化（电池包安装点/安全带安装点/座椅安装点等）；② BIW 的刚度及耐久性；③整车刚度特性、NVH 性能；④整车碰撞及安全性能分析。

5）工程试制用 EBOM 发布。

4. 设计验证阶段

此阶段主要工作包括：

1）工程样车及样件试制跟踪。

2）工程样车及样件验证试验：①碰撞试验，安装带固定点强度试验；②淋雨试验；③涉水试验；④ NVH 试验；⑤车身刚度及模态试验；⑥电泳性能试验；⑦整车综合耐久试验等。

3）按照工程样车试制试验的反馈，完成工程数据的设计修改，最后发布生产准备数据、图样。

4）完成几何尺寸和公差（Geometric Dimension and Tolerance，GD&T）发布和冻结。

5）完成整车力矩清单更新发布和冻结。

6）EBOM 发布和冻结。

5. 认证及生产准备阶段

此阶段主要工作包括：

1）零部件的工程认可。

2）试拼试装。

3）小批量试生产。

4）按照生产试制情况的反馈，优化产品数据，完成量产数据和图样的锁定，并进行批量生产。车身零部件设计流程如图 6-8 所示。

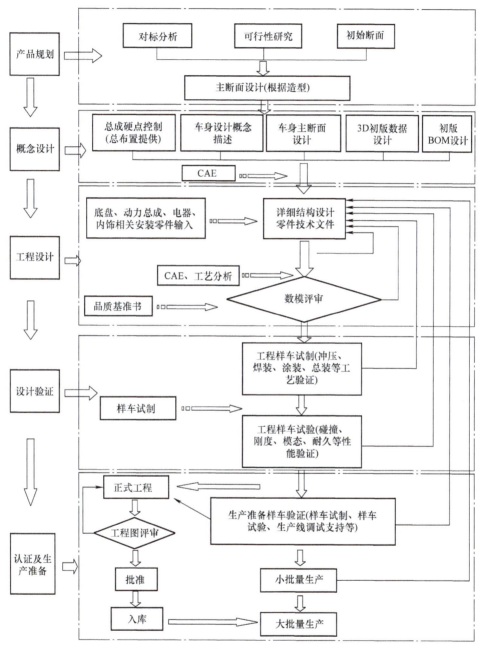

图 6-8 车身零部件设计流程

车身结构设计的各要素之间是互相矛盾并共存的，设计时要综合考量，单一追求某一方面都会造成结构的不合理或浪费。设计出工程制造可行的、低成本的又能符合性能要求的轻量化车身是车身设计师的职责所在。

6.2 前舱骨架总成设计

6.2.1 前舱骨架总成概述

前舱总成是承载式车身中一个举足轻重的部分,位于下车体的前部,是重要的承载安装部件,安装了动力系统、前副车架、前减振器、空调系统、转向系统等整车零部件。按照主要功能的差异,将前舱总成分为前舱骨架总成和前围总成进行讨论。前舱骨架总成主要包括前纵梁总成和减振器座总成,是动力总成、前副车架和前悬架的主要承载与连接部件。

(1)前纵梁总成的结构组成及功用　前舱纵梁为轿车车身前部承载的主要结构,主要支承来自前悬架系统、动力系统悬置的工作载荷,此外,它也是发生正碰时的重要吸能结构,担负着重要的安全功能。如图6-9所示,某车型前纵梁总成由前纵梁前段和前纵梁后段两部分组成。由于纵梁是梁式结构,且形状和截面是沿X方向复杂变化的,通常将纵梁分成前后两个部分,如铝型材前纵梁前段和铝压铸的前纵梁后段。由于前纵梁前段是铝挤压件,不同于传统车的钢制冲压件(较薄),为保证吸能效果及安装点刚度,经CAE验证最终将前纵梁壁厚设计为3.0mm。

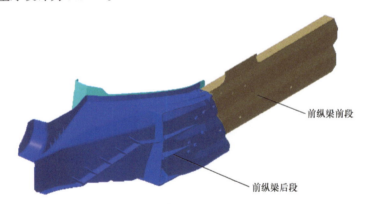

图6-9　某车型前纵梁结构图

(2)减振器座总成的结构　减振器座总成是用来安装前减振器座的主要零部件。图6-10所示为某两个车型的铝合金压铸成形的前减振器座总成。

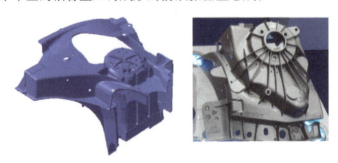

图6-10　减振器座总成结构图

在保证安装硬点性能的情况下进行轻量化设计,并在必要区域设计加强筋,以满足性能要求。此部件替代了传统车的轮罩及轮罩加强板。在设计初期可以不设计加强筋,如果

CAE 分析零件的强度不合格,则可以视情况增加一些大小合适、位置合适的加强筋。这些加强筋对优化减振器在不同路况下的性能表现以及保证减振器座的强度有非常重要的意义。

(3)前纵梁总成与减振器座总成的连接　某车型的前纵梁总成与减振器座总成的连接选择了冷连接方式,包括采用 FDS 连接、螺栓和螺母连接以及 SPR 连接。

6.2.2　前纵梁设计步骤

1. 前纵梁基本尺寸的定义

(1)前纵梁的前部开档设计　主要从两个方面进行考虑:一是满足动力总成的布置,二是满足碰撞法规的要求。大开档尺寸可以承担小偏置碰撞的吸能作用。

输入:动力总成的 X、Y、Z 尺寸;前轮距、轮胎的尺寸和型号以及轮胎包络;目标车型市场的碰撞要求,以及碰撞星级目标;如果是平台件,则还需要同时满足多个车型的总布置要求。

(2)纵梁的高度定义　纵梁高度受 Rcar 摆锤试验的高度(要求摆锤和前防撞梁的有效重叠量不小于 75%)以及前部碰撞性能的影响。图 6-11 所示为某车型的纵梁间距及闭合面尺寸。

(3)纵梁后部形状的确定　影响纵梁后部在 XZ 平面内的设计因素包括转向横拉杆的包络、前副车架安装点高度、人机侧向视角最低点以及门洞止口位置等。

图 6-12 所示为某车型纵梁结构及力传递

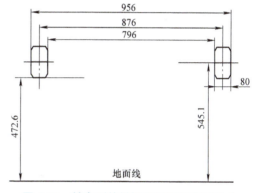

图 6-11　某车型的纵梁间距及闭合面尺寸

方式:前纵梁后段连接门槛梁,采用的是空间三维 S 形的结构,可以很顺畅地将碰撞力从前纵梁前段传递到门槛梁上。一般情况下,前纵梁前段中心线和门槛梁中心线在 Y 向的间距 L 以及高度方向的间距 h 不宜过大,否则不仅结构设计上过渡困难,而且碰撞时容易出现翻折,导致碰撞变形模式不理想。

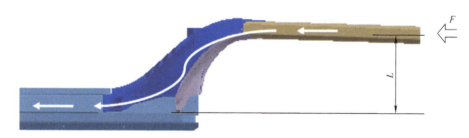

图 6-12　某车型纵梁结构及力传递方式

2. 前纵梁截面料厚的确定

前纵梁前段型材截面的料厚直接决定着碰撞时的吸能大小。截面厚度较薄,则所能吸收的能量少,碰撞时车身前部的变形会比较大,造成前围的侵入量也会较大,不利于对乘员的保护。而如果型材零件的截面厚度过大,则刚性太强,不容易变形吸能,造成碰撞时加速度峰值较高，也不利于乘员的安全。前纵梁设计要经过CAE仿真优化和子系统试验验证后才能获得更优的断面结构，确定最终的断面形状及材料厚度。某车型纵梁断面如图6-13所示。

3. 前纵梁结构设计

（1）输入　输入的内容包括底盘的安装点、动力总成安装点、门槛梁等。

（2）输出　输出的内容包括：①根据各种法规和性能要求，经过碰撞仿真、结构仿真合格后，冻结纵梁典型截面；②详细的前纵梁3D数据、图样，包括各外部安装零件的连接安装结构。

4. 连接点的设计

为满足铝合金挤压件、铝合金铸件或铝合金钣金件间连接的特殊要求，主要选择了冷连接方式。连接点是连接零件的部分，在碰撞期间保证总成相应部位充分溃缩及相应部位不变形，从而使力得到很好的吸收与传递。若是连接点的强度不足，则可能会使部件的吸能受到很大影响。

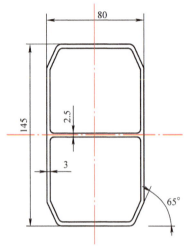

图 6-13　某车型纵梁断面

5. 纵梁吸能结构的设计

在实车碰撞期间，纵梁的形变方式有很多类，如弯折形变、褶皱形变和翘曲形变，或者几种形变方式的综合。褶皱形变是比较理想的形变方式，它能使形变的能量被充分吸收。前纵梁碰撞变形模式主要和材料及结构相关。除了选择伸长率较高的铝合金材料，还可以在前纵梁前段增加诱导孔或诱导筋的设计特征来减弱零件局部结构，从而诱导纵梁的形变。通常是在纵梁的前端设计几条筋，使其轴线与碰撞方向垂直，关于筋的数目和尺寸需要根据CAE仿真和碰撞结果而定。为利于乘员保护，一般纵梁的前部设计得要比后部弱，以充分吸收能量。

6.3　前围总成设计

6.3.1　前围概述

1. 定义

前舱前围总成是隔开乘员舱和车身前端的结构组件。一般由前围板总成、前围板横梁、前风窗横梁上盖板、流水槽总成、前轮罩板和一些必要的加强件等构件组成，如图6-14所示。

2. 车身前围总成的功能要求

在设计前围时，通常从车身的强度、刚度、人机工程、总布置、电子电器系统以及内饰件的固定等方面考虑。对车身的前围总成有以下功能需求：

1）安装和支持前风窗玻璃，支撑转向管柱，安装制动踏板、离合踏板支架。

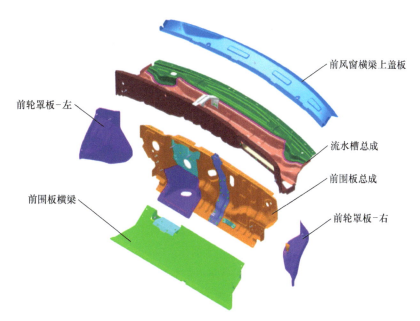

图 6-14 车身前围结构

2）安装内饰隔音垫等，阻隔或降低噪声进入乘客舱。
3）保证车身的刚度模态，降低前舱的振动。
4）提高碰撞安全性，减少碰撞中前围的入侵量。
5）具备较好的密封和阻热效果。
6）设置外部空气吸入口和通风道。
7）安装空调设备及进风口。
8）安装仪表板、刮水器等附件。
9）设置流水槽，使雨水能够顺利排出。

6.3.2 前围结构特点及设计

1. 前围上部的设计

（1）前围上部典型截面　某车型前围的上部通常由前风窗横梁上盖板、前风窗横梁下后板、流水槽、流水槽下加强板、前风窗横梁下板、CCB加强板、副刮水器轴安装支架、空调进风口隔水板等部件组成。某车型前围上部截面如图 6-15 所示。

（2）前围上部设计原则以及注意事项

1）副刮水器轴安装支架。不管单臂或者双臂的刮水器结构，在固定刮水器轴的位置一定要有安装支架。刮水器轴安装支架在设计期间应重点考虑：①提供固定点；②确保安装点的刚度及疲劳耐久性。

2）前风窗横梁上盖板。前风窗横梁上盖板在设计时要考虑刮水器的安装空间，因为刮水器系统是一个整体的连杆机构，在设计时应该使用刮水器的供货数据状态进行空间校核。

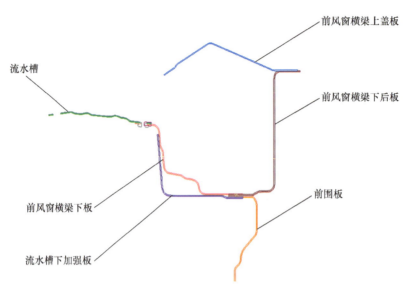

图 6-15 某车型前围上部截面

3)前围前端板的设计。前围前端板包含流水槽下加强板、前风窗横梁下板和流水槽,主要用来阻隔前机舱和固定刮水器电机,在固定刮水器电机的位置必须设置加强板。

4)前风窗横梁下后板的设计。前风窗横梁下后板可以算作前围板的延伸部分,用于固定仪表板系统和空调系统的个别固点。

空调进气口的大小可根据进气量计算得到,某车型滤清器通过压缩 15mm 海绵条密封,为了防止流水槽的水流入滤清器,在空调进气口处有钣金遮挡。

5)流水槽的设计。此凹槽用来排水所以称为流水槽。由于水总是往低处流的,有必要给水一个从高到低的流动方向,如图 6-16 所示。前风窗玻璃及顶盖所受雨量,均可由翼子板处和流水槽共同分流。

不可让水淤积在由铝板搭接构成的空腔里是设计时较为关键的一点,要确保水可以流到车外。流水槽底面制作时应注意两个角度:一是与 X 轴的角度要 $\geq 3°$,前高后低;二是与 Y 轴的角度要 $\geq 3°$,中间高两边低。

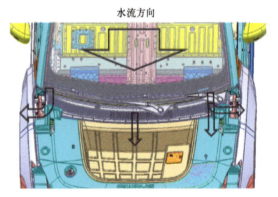

图 6-16 流水槽水流方向示意图

① 排水孔尺寸设计。假设滴到顶盖前半部分的雨水经过前风窗玻璃最终进入流水槽内,滴到顶盖后半部分的雨水流到车尾部。则流水槽内最大总雨量为

$$\text{流水槽内最大总雨量 } W_0 = \text{前风窗玻璃总雨量 } W_1 + \frac{1}{2} \times \text{顶盖总雨量 } W_2 \quad (6-1)$$

式中,W_1 = 前风窗玻璃 Z 向投影面积 $A_1 \times$ 淋雨强度 B;$W_2 = \frac{1}{2} \times$ 顶盖投影面积 $A_2 \times$ 淋雨强度 B。

要求流水槽排水口排水量 $W \geq$ 流水槽内最大总雨量 W_0,因此流水槽排水口每分钟最小

排水流量为

$$Q = \frac{W_0}{60} = \mu A \sqrt{2gH} \qquad (6\text{-}2)$$

式中，μ 是流量系数；A 是过水面积；g 是重力加速度；H 是作用在出水口液面高度。

流水槽总排水孔的最小面积为

$$S = A \times 安全系数 \qquad (6\text{-}3)$$

② 淋雨标准。一些主流主机厂淋雨标准见表6-5。现有主流主机厂淋雨标准为两套，一套为设计验证标准，一套为总装下线淋雨标准，前者为验证设计是否合理，后者为排查工厂质量是否存在问题。一般来说，设计验证标准远高于总装下线淋雨标准（一般约1.5倍），且需各个姿态去验证排水效果。

表6-5 主流主机厂淋雨标准

车企	A	B	C	D	E
淋雨强度/[L/(min·m²)]	50	50	45~50	45~50	45
淋雨时间/s	60	1800	50	50	300

综上所述，确定某车型排水孔的大小为左侧2500mm²、右侧2300mm²，如图6-17所示。

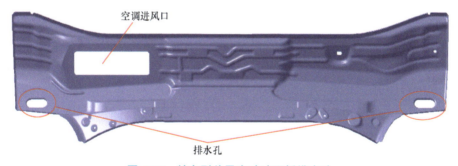

图6-17 某车型前风窗玻璃下板排水孔

2. 前围下部的设计

（1）前围下部的基本构成 主要由前围板、前围板加强板、前围加强纵梁、前围板横梁、转向管柱安装加强板、前轮罩板、空调支架、前围电器线束安装支架组成。

（2）前围下部设计原则以及注意事项

1）设计考虑的主要因素。前围板不仅阻隔发动机舱和乘员舱，还是与地板相连且安装转向系统、三踏板和空调的关键组件。由于在车身中所处的位置独特，使得它必须具备优良的减振、降噪、密封耐蚀和隔热效果。因为人员保护是汽车设计时首要考虑的因素，所以前围下部组件在碰撞期间的入侵量不可大于法规规定的范围。

2）前围板的设计注意点。前围板是前围总成最关键的组件，因为前围板的尺寸较大，占整车重量的份额也较大。此外，它还要满足减振、降噪、密封耐蚀的要求，所以要确保尽可能不在前围板上开孔。因此在设计前围板时，要尽量布置较多的加强筋，不可出现大面积的平坦区域；螺柱也尽可能采用无须在零件上开孔的植焊螺柱。前围板设计有以下几个特点：

① 前围总成有很多的加强筋，为焊接与零件安装提供要求的平面；整体布置粗壮的竖筋，提高强度和 NVH 性能；在大面相交处，考虑到焊接空间，布置密而细的加强筋防止冲压回弹；其余有空白的面布置小筋，加强局部结构，基本不要有大的空白平面。

② 尽可能使用不用在钣金上开孔的植焊螺柱，即使前围板总成的零件有开孔的需求，那么在安装此零件时必须得自带密封圈。某车型为铝螺柱焊接，由于设备气体保护罩需要比传统钢螺柱更大的焊接空间，应尽量保证有大于 $\phi 40$ 的平面作为焊接空间，如果空间紧张，也必须保证极限 $\phi 35$ 的平面作为焊接空间。

③ 前围板的内外都铺有厚厚的隔振棉。隔振棉是用来减振、降噪、隔热的，薄厚问题可以视情况而定。

6.3.3 前围与其他系统的关系

本节内容主要是对前围及其余部件的间隔需求设定的经验值，需要根据不同车型的具体状况来设计间隙的大小。

1. 前围与前舱

前围与前舱最重要的关系是连接关系，某车型前舱均为铝件，多采用 SPR、FDS、螺接等连接方式，如图 6-18 所示为前围与前纵梁的连接。

图 6-18　前围与前纵梁的连接

2. 前围与电机

前围是阻隔前舱和乘员舱的关键部件，需要较好地阻隔来自前舱的振动、噪声与热量。前围和电机间隙要求一般要在 50mm 以上。

3. 前围与副车架

副车架通常不能安装在前围上，它是与前纵梁连接的。副车架与前围之间需要适当的间隔，最小间隙一般达到 15mm 以上。

4. 前围与轮胎

轮胎的包络是设计前围时相当关键的输入。通常，轮胎的包络面与前围间距≥20mm。

5. 前围与转向机

由于某车型前围为平台化，需满足多款车型转向机间前部间隙（达到20mm以上）。

6. 前围与A柱内板

由于前围是铝件，A柱内板为钢件，所以采用SPR和结构胶连接，如图6-19所示。

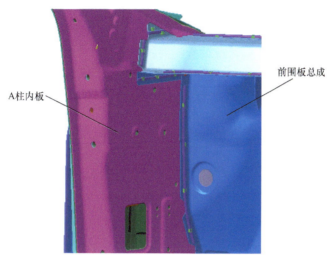

图6-19 前围与A柱内板连接设计要求

7. 前围与前风窗玻璃

前围与前风窗玻璃造型面的主要关系是前围与前风窗玻璃间隙需要达到5mm，如图6-20所示。

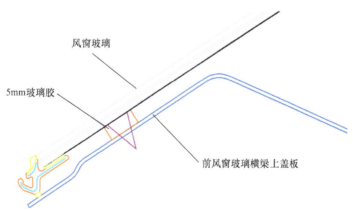

图6-20 前围与前风窗玻璃截面图

8. 前围与前地板

前围与前地板的搭接主要是前围板横梁与前地板本体采用SPR连接，搭接边≥23mm，并保证良好的密封性，如图6-21所示。

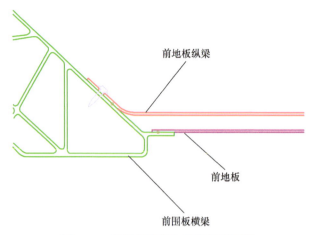

图 6-21　前围板横梁与前地板截面图

6.3.4　前围重要结构件的材料和料厚

前围重要结构件分类及材料选取见表 6-6。

表 6-6　前围重要结构件分类及材料选取

类别	名称	料厚 /mm	材料
铝板	前围板	1.5	5182
	前围板加强板	1.5	5182
	前围加强纵梁	2.0	5754
	前轮罩板 - 左	1.3	5182
	前轮罩板 - 右	1.3	5182
	前风窗横梁上盖板	1.3	5182
	前风窗横梁下后板	1.6	5182
	前风窗横梁下板	1.6	5182
	流水槽下加强板	1.6	5182
	流水槽	1.2	5182

6.3.5　前围的密封

乘员舱噪声的强弱以及舱内干燥等关键性能与前围密封性能的优劣密不可分，尤其注意要在舱内与车身外部连通的焊接边涂密封胶。前围的密封很重要，焊装需要涂点焊密封胶，涂装再涂 PVC 密封胶，双层密封。

PVC 密封胶的设计原则如下：

1）两道密封策略：钣金贴合处的车身密封胶配合钣金接缝处的油漆密封胶即可满足密

封和耐蚀的要求。

2）非涉水区域首选舱内密封，密封性能更好。

3）涉水区域首选舱外密封，能够同时起到密封和耐蚀的作用。若涉水区域在舱外无可达性，则采用舱内密封。

4）油漆密封胶不能影响总装安装孔。

前围涂装密封位置如图 6-22 所示。

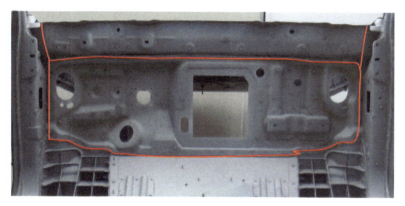

图 6-22　前围涂装密封位置（PVC）

6.4　地板总成设计

6.4.1　地板概述

地板结构是车身舱内的支撑部分，位于下车身的中部和后部。结构上，较强的刚度与强度是地板结构必须具备的，这样才能确保车身的承载要求。地板总成在构成乘员舱和行李舱的同时，还要满足对白车身总成扭转刚度、弯曲刚度、模态、碰撞性能的要求。

当代汽车为迎合造型和视线等需求，普遍应用小窗柱、大块玻璃和薄车顶等结构形式。由此加大了车身底部结构使之大部分承受载荷。新能源汽车需搭载大重量电池包，致使在设计车身时地板结构的承载能力需要更高。此外，地板结构对隔振、降噪和防侵蚀等性能有很高的需求，而且车身乘员舱舒适性的持续改进对地板设计也产生一定影响，致使适宜的地板结构设计变成设计车身结构的关键部分。

车身地板主要包括前地板和后地板。本节主要介绍地板的结构组成及功用，与地板有关的法规要求，地板设计思路及其布置以及今后设计过程中要注意和避免的问题。

地板的设计要求主要有以下几点：

1）包装地板底部的平整性，减少空气阻力。

2）提高地板结构的 NVH 性能。

3）满足耐蚀的性能要求。

4）在满足强度、刚度的要求下，通过拓扑优化等手段实现结构轻量化。

5）尽量增大乘员的活动空间和乘坐的舒适性。

6.4.2 地板的结构组成

1. 前地板的结构组成

如图6-23所示，电动汽车前地板总成通常分为前地板纵梁、前地板面板、座椅前横梁总成、座椅后横梁总成等。纯电动汽车不需布置传动轴、排气管等零件，中通道位置可做成平整状态。前地板连接了前围前舱和后地板，同时与侧围总成进行搭接。在安装功能上，主要需要安装前座椅、副仪表板、换档和驻车机构、地毯、线束、安全气囊ECU、空调风道等。前期设计时，在布置座椅安装点时应尽可能推动座椅安装点上抬，这样可以增大座椅横梁腔体以满足座椅安装点的静刚度目标，还可以减小中央通道的长度以便车身轻量化设计。如果经CAE分析需对座椅安装点进行加强，则可在

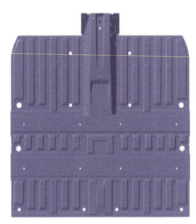

图6-23 前地板结构示意图

中部增加高度为20mm左右的纵梁；由于地板为纯平状体，座椅横梁一般做成一体式。

2. 后地板总成的结构组成

后地板总成通常包括后地板H形骨架、后地板面板、后轮罩总成以及后围板总成，如图6-24所示。后地板总成与前地板、侧围连接，构成后排乘员舱和行李舱，需要满足后排座椅、后悬置总成、备胎及其维修工具、地毯、线束等安装要求。

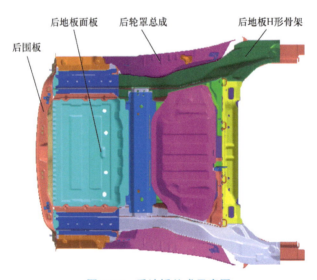

图6-24 后地板总成示意图

后地板面板的结构形式分为两种：一种是整体的；另一种是分成两块的，即中地板和后地板。一般对于地板偏小、形状简单、冲压成形性比较好的后地板本体可以采用整体性

结构；地板偏大、形状复杂、冲压成形性稍差的后地板本体可以分成两块，即中地板本体和后地板本体。

后轮罩内板总成结构形式如图 6-25 所示，按后减振器安装方式可分为后轮罩本体上开孔和后轮罩本体上不开孔两种。目前大部分车型采用后者。这种方式不需要考虑密封问题，后减振器安装方便。但具体应采用哪种形式还与悬架的类型有关。

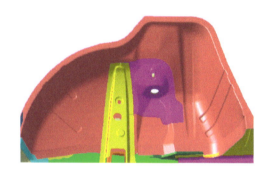 

图 6-25　后轮罩内板总成结构形式

6.4.3　地板总成典型工艺及材料介绍

1. 地板总成工艺

1）由于地板的横梁、纵梁材质均为铝合金材质，从挤压工艺考虑，要注意以下几点：

① 公差制定要充分考虑生产厂家的制造工艺水平，不同长度的铝挤压件公差标准不一样，应根据相应长度内的公差标准合理设计与周边件的匹配公差。

② 零件壁厚不宜太薄，原则上壁厚应在 0.8mm 以上，才能保证变形量较少、成形状态较好、量产性较佳。

③ 挤压成形做不出绝对的尖角特征，设计上带尖角的铝型材会有约 0.3mm 的圆角，经后续的抛光、氧化、喷油等工艺，圆角半径会达到 0.4mm 左右。

2）地板面板和轮罩均为冲压件。冲压成形是一种应用非常普遍的生产工艺，冲压成形的零件尺寸稳定、精度高、重量轻、刚性好、互换性好、生产效率高、能量消耗低、易于操作且易实现自动化生产，在车身零件中占据十分大的比例。

地板总成中所有板类零件均采用冲压工艺生产。尤其是后地板本体，是车身内部大型钣金件，外形尺寸大、特征复杂，安装特征面质量、精度要求高，因此通常采用冲压工艺。在地板面板设计时，为了提升局部刚度模态，减少冲压回弹，通常会设计很多形式的加强筋结构，但要注意考虑漏液的需求。

2. 地板总成材料介绍

地板系统中的前后纵梁、前后横梁、后轮罩内板总成、后扭转力矩盒等关键零件集成性能较高，是碰撞时主要的传力通道，同时也是确保车身弯扭刚度的重要零件。上述零件中，后扭转盒是高压真空铸铝件，前后纵梁、前后横梁为铝挤压成形件，其余件由铝板冲压件或者钢板冲压件组合而成，具体见表 6-7。

表 6-7　地板总成材料汇总

零件名称	推荐材质	屈服强度 /MPa	推荐料厚 /mm
前排座椅前、后横梁	6082-T6	290～310	3、2.5
前地板纵梁	5754	120～140	2.5
前地板本体 - 前	5182	≥160	1.5
前地板本体 - 中/后	5754	120～140	1.2
后纵梁	6063-T6	≥210	2.5～3
后地板前横梁、中横梁、后横梁	6082-T6	290～310	2.5～3
后扭转盒	AlSi10MnMg	≥120	3～7（主体料厚）
后悬架安装支架	AlSi10MnMg	≥120	3～7（主体料厚）
后地板本体	5182	≥160	1.2

6.4.4　地板设计思路及其布置

1. 前地板设计思路及其布置

（1）前地板的作用　前地板本体作为前地板系统的重要组成部分，主要起到以下几点作用：

1）为乘员提供合理的人机空间，满足总布置要求。

2）保证有足够的刚度和强度。

3）结构应尽量简单，满足相关零件的安装。

为满足乘员脚部舒适性要求，一般在踵点位置处将地板面设计为与整车坐标平面 XY 平行的平面。

（2）脚部空间的校核　如图 6-26 所示，前座椅后安装点的布置在前地板后横梁上，横梁的高度及安装点处局部面的 Y 向宽度对后排乘客的脚部空间有一定影响，要满足横梁高度≤前地板上沥青板厚度+海绵垫的厚度；横梁安装点局部型面的 Y 向宽度应尽量大，以给后排乘客的脚部留有足够的空间；地板的 Z 向位置是由乘员脚步位置和电池包位置共同决定的。

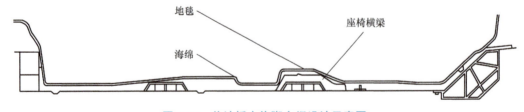

图 6-26　前地板本体脚空间设计示意图

（3）地板布置对碰撞的考虑　新能源汽车为布置电池包，取消了前地板下的纵梁。为保证碰撞时能量的有效传递，扭转盒采用高压真空铸铝工艺，门槛边梁采用挤压型材结构，扭转盒与门槛搭接处增加热成型雪橇板。

对于前地板前部来说，受前碰的影响比较大，因此应尽量考虑用 X 向加强筋，更有助于抵挡前碰。

（4）前地板的安装功能　前地板主要安装功能有安装座椅、副仪表板、线束、传感器等。

1）前排座椅的布置。座椅前、后横梁作为地板系统中的重要组成部分，主要起到以下几点作用：①保证前座椅安装要求；②为侧碰、柱碰提供传力通道；③保证整车的扭转刚度。

2）侧门槛内板的布置。对于普通车型来说，此处的线束直径一般为 16mm；对于新能源汽车，车载电器比较多，此处线束直径需要增大，至少为 23mm。

新能源汽车电池包通常放在前地板下方，柱碰时门槛梁需要适当的腔体来溃缩吸收能量以保护电池包。

2. 后地板设计思路及其布置

汽车车身选型及布置，对汽车的动力性、经济性、舒适性、操纵稳定性、行驶安全性以及汽车使用寿命和维修保养等都有直接的影响。因此，在进行车身选型及布置设计时，必须明确车身应具有的基本性能以及如何实现这些性能。

（1）后地板系统设计原则　后地板系统在设计时应遵循以下几个原则：①共线生产原则；②平台化战略；③底盘安装硬点刚度目标值；④提高车身强度和刚度。

（2）后地板的基本安装功能

1）后排座椅的布置。后排座椅的布置主要考虑座椅安装点的布置与刚度。座椅 A 面在造型阶段就已经完成，H 点也基本确定，与后地板关系比较紧密的就是座椅骨架。座椅骨架结构需要承受动态、静态负载，同时需要为泡沫、护板、座椅附件等提供直接或间接的支撑，是座椅中最重要的组成部分。

为给后排乘客提供足够的支撑与保护，需要保证后排乘客 H 点在后碰过程中的位移量在一定的范围内，并且在后碰工况下后排座安装点不能失效，因此对安装点的强度要求很高。

2）儿童座椅固定点的布置。儿童座椅固定点在美国标准和欧洲标准中都要求配置，中国也要求在 2006 年 2 月以后的新车型都配有儿童座椅固定点。

对于儿童座椅来说，每个单独的固定系统有三个固定点，一个在上部，两个在下部。儿童座椅下部两个固定点主要靠两个挂钩来实现，该挂钩可以焊接在车身上（图 6-27），也可以焊接在座椅骨架上。

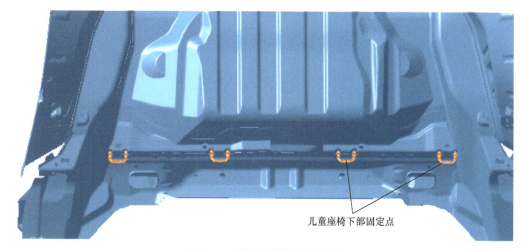

图 6-27　儿童座椅下部固定点

3）底盘件的布置。在布置底盘件时，要着重考虑以下几个方面：

① 后悬架包络体与车身的间隙。后悬架在行驶过程中有跳动，一般要求后地板与后悬架的跳动包络面间隙大于 4mm。

② 后轮胎包络体与车身的间隙。车身和后轮胎包络体之间的距离必须大于 10mm。

③ 制动管路与车身的间隙。制动管路除了安装点以外，与车身的间隙一般要大于 10mm。

4）备胎的布置。新能源汽车为减轻整车重量，增加电池包布置空间，有些车型会用补胎液替代备胎。本小结简要阐述备胎布置要求，主要考虑以下两个方面：

① 备胎与电池包间的间隙，考虑后碰备胎对电池包的挤压情况。如图 6-28 所示，图中 A、B、C 的大小对于电池包的安全性是非常重要的。对于 A 值而言，要尽量大于零，从而减小备胎与电池包的 Z 向重叠量，备胎底面高于电池包的顶面最好，这样在后碰过程中备胎就会沿车头方向移动，碰到电池包的可能性也会减小，电池包受挤压的可能性就会减小；对于 B 值而言，希望它尽量大，增加备胎与电池包的 X 向间隙，在后碰的时候，备胎沿车头方向移动，碰到电池包的可能性就会更小，有利于减小电池包的受损程度，推荐 $B \geq 100mm$；对于 C 值而言，推荐 $C \geq 150mm$。

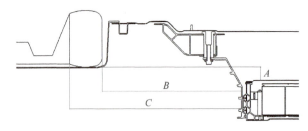

图 6-28　后地板备胎与电池包布置间隙图

② 备胎的布置要求。备胎的固定需考虑备胎槽刚度模态、备胎与备胎槽钣金间隙（大于 15mm）以及备胎取放的方便性。

6.4.5　后围板设计注意事项

后围板总成一般包括后围内外板、后围加强板、后围锁安装板及后围锁活动螺母盒。后围板是后碰的受力件之一，要通过一定的腔体设计来满足耐撞性要求。在安装功能上，需安装后防撞梁、后保险杠、线束、锁扣等。

后围板总成结构形式一般分为两种，具体如图 6-29 所示。

1）后围外板自上而下，后围内板较小。

2）后围内板自上而下，后围外板较小。

为防止由于制造误差及附件开孔导致后围总成空腔内的积水流入舱内，一般采用第一种结构形式。

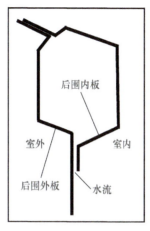 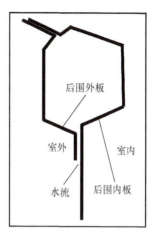

图 6-29 常见后围板搭接形式

6.5 侧围总成设计

6.5.1 侧围总成概述

侧围总成是车身外观件之一，且侧围总成中的 A 柱外板和上边梁（shotgun）外板与前舱总成连接，门槛外板、轮罩外板分别与前地板总成和后地板总成连接，侧围外板和顶盖、前后门、后背门连接。因此，侧围总成对外观、尺寸、装配、密封性、抗凹性以及侧碰安全性都有较高的设计和制造要求。侧围总成的设计开发和制造都是铝合金车身应用中的重点和难点之一。

随着消费者审美水平的提高，汽车的造型设计也越来越时尚和富有冲击力，由此带来的则是侧围型面更加犀利多变和复杂化，拉延面越来越深，特征倒角越来越小，表面质量要求越来越高，给结构设计和生产制造都带来了很大的挑战。

6.5.2 侧围结构组成及作用

侧围（Side Body）是整车结构不可缺少的一部分，侧围结构如图 6-30 所示。侧围分为左、右侧围两大部分，但是一般零件都是左右对称的（除个别安装点）。下面以某车型的焊接装配关系为例，分析侧围总成的各组成部分及相关作用。

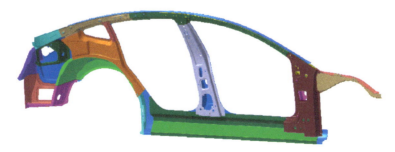

图 6-30 侧围结构

1. 侧围外板总成

侧围外板总成可以分为翼子板后安装支架 A 总成、翼子板后安装支架 B 总成、翼子板下安装支架总成、侧围外板、侧围导水槽-尾灯下板总成、后门锁安装加强板总成及侧围外板前上堵板。侧围外板总成的零件结构如图 6-31 所示。

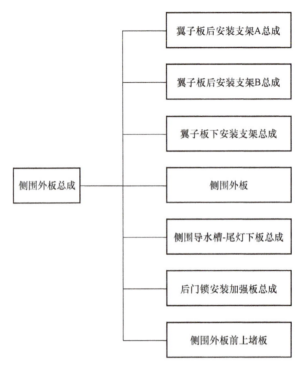

图 6-31　侧围外板总成的零件结构

（1）侧围外板　侧围外板的门洞需符合乘员上下车的人机舒适性，同时还需要满足安装侧门、密封条、充电口小门、尾灯等零部件。侧围外板是汽车开发周期最长的零件，而且是工艺性最为复杂、单件成本最高的零件。它是整车设计中的一个基准，车门与侧围配合的密封面、侧围内板、加强板的设计都是以侧围外板为基准来设计开发的，以此来保证车身各组成结构同步设计。同时，侧围外板承担着整车造型主要载体的作用，在整车开发过程中是基准，是核心。在前期布置的时候，与外板有关系的零件（比如四门铰链、密封条截面等）布置一定要合理。传统钢车身或者钢铝混合车身，侧围外板使用的材料为低强度深拉延的钢板，而铝合金车身侧围外板采用的是铝冲压板，具体可以参考第 4 章的铝板冲压内容。

（2）侧围导水槽-尾灯下板总成　确保雨水不能流入车内，同时需要安装尾灯，增加相关的加强板，以保证安装强度。在流水槽上部，还需要设计气弹簧安装点，与 D 柱加强板用结构胶连接，从而提高安装点的强度，确保后背门的正常开启。尤其需要注意两点：后尾灯处漏水问题可能会导致尾灯失效；后背门气撑杆处的漏水问题也是一大难问题，需要重点关注。

（3）后门锁安装加强板总成　主要负责后门锁扣的安装作用。

2. 侧围内板和加强板总成

侧围内板和加强板总成作为侧围总成中重要的一个组成部分,发挥着很大的作用。其零件结构如图 6-32 所示。

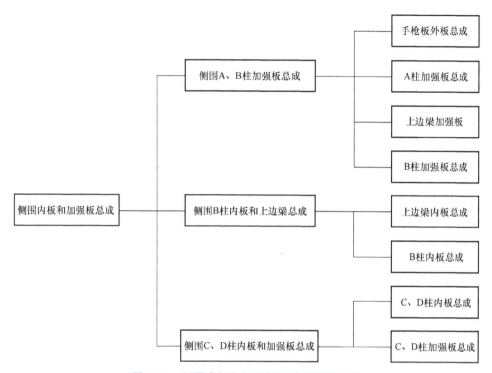

图 6-32 侧围内板和加强板总成的零件结构

(1) 侧围 A、B、C、D 柱内板　这里所说的内板包括整个侧围内部的钣金(每个车型由于结构、类型、档次不同,导致内板分块也不同)。侧围内板主要承担安装附件,比如 A/B/C 柱护板、线束、安全带、侧面安全气囊、乘客扶手、倒车雷达等,起到载体的作用。侧碰传感器安装在 B 柱内板的下侧,它对安装点的强度和刚度要求较高,应该重点关注。同时,侧碰传感器是一个通用件,在 B 柱内板上设置的安装点应该也是通用的,而不是对称的。

(2) A 柱加强板总成　主要发挥加强作用,提高整车碰撞性能,尤其是整车正面碰撞和偏置碰撞时能量都通过纵梁和前机舱上边梁(shotgun)传递到 A 柱上,从而使侧围发生变形,影响前门的开启。此外,A 柱上还需要安装前门铰链,增加铰链加强板,从而提高铰链安装点处的强度,更好地承受车门的载荷,有效防止车门下垂。

(3) B 柱加强板总成　增加了 B 柱的强度,提高了侧碰性能,同时也能选用较小的料厚,降低车身重量。此外,还需要增加后门的铰链加强板和前安全带上的安装支架,提高安装点的强度,确保安装点不失效。

(4) C、D 柱加强板总成　增加 C、D 柱强度,提高整车碰撞性能。

3. 侧围空腔阻隔设计

车身侧围总成由内板、外板及加强板焊接而成,存在贯通的空腔结构,通常所说的空腔共鸣噪声就是在空腔通道产生的高速气流场。因此，为提高车身密封性、乘坐舒适性，空腔阻隔显得尤为重要，它能对空腔进行有效封堵，减少刺耳的中、高频噪声。

6.5.3 侧围总成设计要求

1. 重量设计要求

侧围总成在满足性能要求的前提下，重量也要尽可能地轻。因此，除了材料上尽可能采用铝合金之外，在结构上也可以通过CAE仿真来实现轻量化；在制造工艺上，通过激光焊接可以减小焊接宽度从而减轻重量。

一般设计之初，会根据对标车型情况和车型的尺寸，给侧围总成设定一个重量设计目标。在随后的车型开发过程中，会以目标重量为依据，通过结构设计和优化来满足目标重量。部分车型侧围重量对比见表6-8。

表6-8 部分车型侧围重量对比

车型	A车型	B车型	C车型
侧围重量/kg	96	110	85
白车身重量/kg	320	340	285

2. 法规设计要求

（1）侧面碰撞 在碰撞中，特别是侧面碰撞和柱碰，对侧围结构强度有不同的要求。具体的需要满足的侧面碰撞法规以及正面碰撞法规会在第7章中进行介绍。这里仅介绍影响碰撞的关键零件，以及设计中的哪项事项会影响到碰撞性能。

图6-33所示为大众某车型侧面碰撞瞬间。可以看出，移动壁障侧面碰撞的撞击点主要是整车B柱的中下部。主要碰撞的零件包括侧围外板、侧围内板和加强板总成。在侧围设计中，可以通过以下措施来提高侧面碰撞性能：

1）在保证成型的前提下，尽量选择强度较高的金属材料。

2）结构设计合理。外板可以采用铝冲压板，而A、B、C柱等关键接头位置可以考虑使用铸铝件，不仅提高了接头的刚度，也提升了耐撞性能。

图6-33 大众某车型侧面碰撞瞬间

（2）安全带固定点 安全带在碰撞中将乘员限制在位置上，起到减缓冲击、保护乘员安全的作用。因此，安全带在侧围上的固定点不发生失效是对侧围结构的一个基本法规要求。安全带固定的标准要求主要参考GB 14167—2013《汽车安全带安装固定点、ISOFIX固定点系统及上拉带固定点》、GB 14166—2013《机动车乘员用安全带、约束系统、儿童约束系统 ISOFIX和儿童约束系统》、FMVSS 210《安全带总成安装固定点》、ECE R14—2004《关于汽车安全带安装固定点认证的统一规定》。在侧围设计的时候，一定要设计好安全带固定点的结构强度，确保不会失效。

3. 侧围门洞止口 B-R-LINE 的确定

B-R-LINE 是指侧围外板门洞止口，用于安装密封条的止口边，也是侧围内板、加强板和外板焊接的区域，如图 6-34 所示。BR-LINE 的确定需考虑多方面的因素，如造型、H 点的位置、乘员上下车、安全带的布置。

B-R-LINE 是侧围区域零件和前后门零件开发设计的参考线，一旦确定下来尽量不要更改，否则需要调整的零件众多。

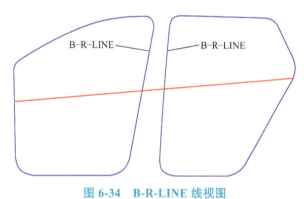

图 6-34 B-R-LINE 线视图

6.5.4 侧围总成断面设计

典型断面可以体现各零件间的搭接关系，是零件设计的基础和基准，截面的形状和尺寸直接影响白车身的模态和刚度。图 6-35 所示为某 SUV 车型侧面的典型断面位置，其中大部分和侧围总成零件相关。在侧围总成的设计正向开发中，在造型 CAS 面的基础上，一定要做好典型断面的对标工作和分析工作，并初步确定典型断面的各个尺寸，才能减少后续的重复工作。本节将简要介绍某车型三个位置的典型断面。

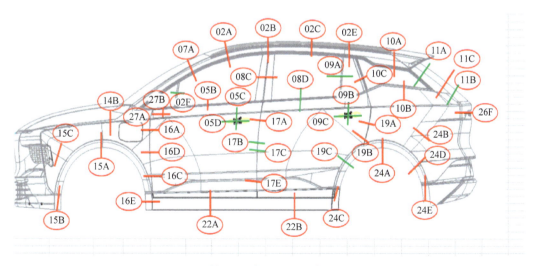

图 6-35 某 SUV 车型侧面的典型断面位置

（1）侧围 /A 柱 / 前门上铰链 / 前翼子板处断面 如图 6-36 所示，该断面中主要包含以下内容：

1）各组成零件的名称、料厚。
2）各组成零件的连接、密封配合和相对位置关系。
3）前门的运动校核。
4）前翼子板与前门的外观间隙。

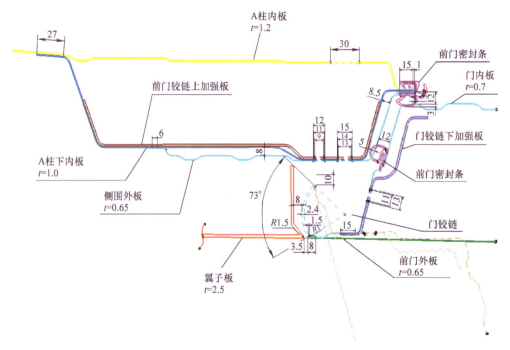

图 6-36　侧围 /A 柱 / 前门上铰链 / 前翼子板处断面

（2）侧围 /B 柱 / 前后门玻璃导轨 / 安全带处断面　如图 6-37 所示，该断面主要体现侧围 B 柱与前后门玻璃配合的关系，同时对于安全带固定点加强板的位置也进行了说明。

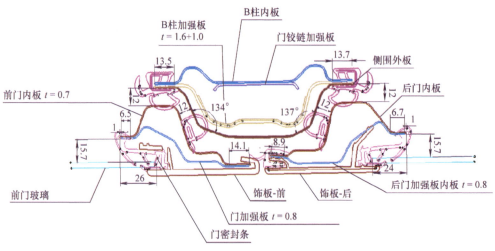

图 6-37　侧围 /B 柱 / 前后门玻璃导轨 / 安全带处断面

（3）侧围/顶盖/后门处断面 如图6-38所示，该断面体现了后门洞处密封面的配合要求，以及侧围与顶盖的配合关系。

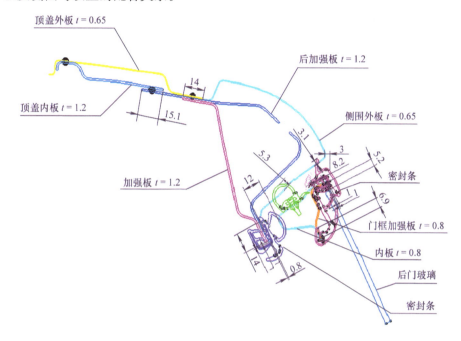

图6-38 侧围/顶盖/后门处断面

通过以上3个典型断面的案例可以看出，断面图的分析和绘制是车身设计中的重要部分，贯穿于侧围数据设计的始终，是CAS面工程可行性分析的重要手段，能够指导具体结构的设计以及数据冻结前的校核。通过典型断面，可以确定关键位置零部件的截面形状及相对位置关系；通过断面尺寸的对标分析，可以获得最佳的结构设计；同时，有利于各零部件工程师之间的协同配合，确定重要零件配合尺寸或者实现运动校核。

因此，侧围典型断面图要尽量多地包含有用的信息，包括包边长短、料厚、圆倒角等。多对标、多绘图、积累丰富的断面分析和设计能力，是工程师必备的技能之一。

6.6 顶盖总成设计

6.6.1 顶盖概述

汽车顶盖通常分为无天窗顶盖和带天窗顶盖两种：无天窗顶盖属于轮廓尺寸较大的覆盖件，是白车身结构的一部分，具有刚性好、安全性高、侧翻时对乘员的保护性强的优点，缺点是顶部无通风，无采光。带天窗顶盖一般用于高配车型上，具有良好的采光性和通风性，缺点是天窗的运动机构复杂，与周边零件间隙不足时易产生异响，橡胶老化后密封性变差且安全性差，可能有漏水的售后问题。汽车天窗根据结构形式一般分为外滑式、内藏式、外掀式以及全景天窗。外滑式指玻璃窗在顶盖上面滑动；内藏式的玻璃窗在顶盖下面与篷顶内饰衬之间滑动；外掀式则是天窗倾斜升高，打开一定角度，但是开口较小；全景天窗形式还可以分为可开启式和封闭式,可开启式一般同时具备上掀和后滑的功能。天窗的结构通常包括玻璃窗、天窗导轨、密封条和开启机构。

对于带天窗的顶盖总成,有如下的功能要求:

1)安装要求:包括安装天窗、前顶灯、后顶灯、内后视镜、遮阳板、线束等,同时需满足于尾门运动校核间隙的要求。

2)安全性要求:车顶应满足顶压的法规要求以及承担一部分侧碰的力传递,需具有一定的刚度和强度。

3)隔热减噪:阻止外界温度传导和振动噪声的传递,可以增加增强垫或隔热层复合材料,同时需要保证密封性。

4)外覆盖件要求:需要满足表面质量要求以及外板抗凹性的要求。

6.6.2 顶盖总成结构设计

在造型开发阶段,顶盖外板的可行性分析需要注意顶盖型面是否满足大板刚度要求、带天窗顶盖是否与天窗相匹配等。顶盖外板一般选用烘烤硬化钢板以同时满足成型性和刚度的需要。顶盖横梁选择高强度钢板以提升车顶结构强度。

无天窗顶盖中间横梁一般 1~2 根,布置在 B 柱对齐或靠后的位置,以提高顶盖结构的刚度和结构强度。若有天窗和无天窗配置同时存在,则需要考虑顶盖外板除天窗以外位置结构的通用性,比如前后车顶横梁一般是共用的。

1. 顶盖前横梁

顶盖前横梁位于前风窗玻璃与顶盖的连接处,具有结构支撑和传递侧碰力的作用。同时,该零件上通常还开设有安装孔用于安装遮阳板和前顶灯。在进行顶盖前横梁设计时,要综合考虑其材料、断面及总布置方式,图 6-39 所示为某车型顶盖和前横梁搭接截面图。

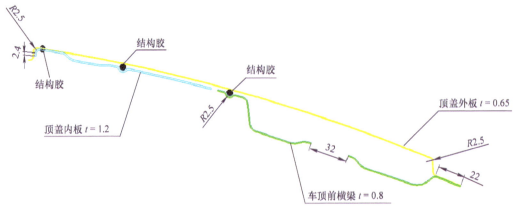

图 6-39 某车型顶盖和前横梁搭接截面图

2. 顶盖后横梁

某车型顶盖后横梁左右两侧与 D 柱加强板焊接在一起,截面图如图 6-40 所示。其中,顶盖后部结构一定要考虑背门过开时仍有一定的安全间隙。

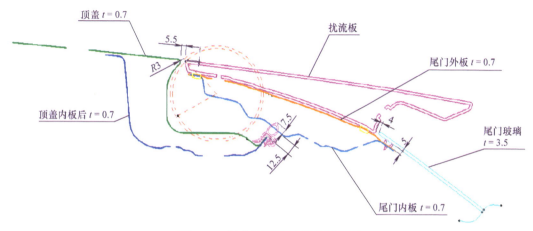

图 6-40 某车型顶盖后横梁截面图

3. 天窗加强板

对于有天窗顶盖的车型，需要设计天窗加强板，给天窗提供安装点的同时，保证天窗安装强度的要求。其中，天窗安装板与天窗的运动包络要有 8mm 以上的运动间隙，以防止异响。

6.7 门盖总成设计

6.7.1 铝合金车门总成设计

车门设计是汽车车身设计的重要组成部分。车门主要由车门钣金件、玻璃、玻璃升降器、铰链、门锁、限位器、密封条、水切等部分组成。门洞止口为车门、侧围和内饰设计的硬点之一，是内饰护板造型的输入条件，也是车门密封系统设计的基础。

车门总成由门体钣金总成、附件总成、内饰盖板总成三部分组成，如图 6-41 所示。以汽车前车门为例，门体钣金总成根据结构一般分为整体式车门和分体式车门，如图 6-42 所示。整体式车门一体成形，较为美观。分体式车门结构中，窗框是由几段通过辊压工艺成形的窗框导轨和一些冲压件拼焊而成的一个总成件，由于窗框的几段导轨在拼焊连接处都是尖角，这几个部位的玻璃泥槽需要接角过渡，对制造工艺要求较高。

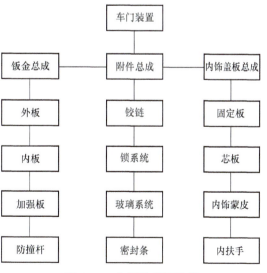

图 6-41 车门总成的组成

随着铝合金材料的应用，门体钣金总成的材料由钢替换为冲压铝板和铸铝的车型越来越多。特斯拉 Model 3 的车门内板和车门外板都是由铝板冲压而成的,而且车门防撞杆也是一根 W 形的铝横梁。如图 6-43 所示,奔驰 C 级铝合金车门的内外板和窗框采用铝板冲压,而车门防撞杆和横梁加强件采用的是铝挤压件,在满足碰撞要求的情况下,与钢车门相比减重效果超过 30%。连接过程使用了包边、胶接、激光焊接、SPR 和铝点焊。凯迪拉克 CT6 使用铝合金后的轻量化白车身重量为 375.4kg,减重约 100kg,它的四个车门通过使用铝合金,减重 21.6kg。而保时捷 Panamera 的车门内板是铝压铸件,使用的材料是 AlMg6Si2MnZr。

图 6-42 整体式和分体式车门

图 6-43 奔驰 C 级铝合金车门

6.7.2 铝合金机盖总成设计

机盖一般由机盖外板、内板、锁扣安装加强板、铰链安装螺母板以及铰链等组成。本小节主要介绍铝合金机盖的材料、连接方式和减重效果,其他关于行人保护区域的设定、机盖开启高度、缓冲块的布置、机盖锁的设计、铰链的校核等遵从常规的设计要求,不再一一列举。铝合金机盖外板材料的选择,要考虑抗凹性、抗划痕性、耐蚀性、抗氧化性、良好的成形性等,一般选择 6 系铝材料;而内板材料主要是要考虑综合性能(如刚度模态等),通常选择 5 系铝合金。连接上,铝合金内外板的连接通过包边和胶实现,而锁扣安装加强板则通过铆接和机盖内板连接。

某项目机盖的结构性能目标设定如下所示,仅供参考:

1）机盖第一阶整体模态不低于25Hz。
2）机盖开闭耐久满足0.5万次。
3）机盖内手柄开启力为20~55N。
4）机盖安全钩开启力为14~20N。
5）机盖在最大开启角度时，与地面线的距离一般大于1700mm。
6）机舱盖扭转刚度为120N·m/（°）。
7）抗凹性分析，车门在50N及400N作用力下测试抗凹性。加载50N后变形<2.5mm，加载400N后变形<15mm，卸载后残余变形<0.5mm。
8）机舱盖横向刚度为100N·m。

某纯电动跑车的前机盖是铝合金材料，前盖外板材料是6014-T4，料厚0.9mm，内板材料是5182，料厚是1.0mm。在同样满足模态、刚度、耐久、行人保护等性能的要求情况下，与钢板机盖对比，减重约6kg，减重45%，具体参数见表6-9。其机盖一阶扭转模态如图6-44所示。

表6-9 前盖内外板材料对比

零件名称	前盖外板	前盖内板
零件尺寸	1600mm×1020mm×190mm	1600mm×1020mm×200mm
钢板重量/厚度	7.3kg/0.65mm	6kg/0.65mm
铝板重量/厚度	4.1kg/0.9mm	3.2kg/1.0mm
减重	3.2kg	2.8kg

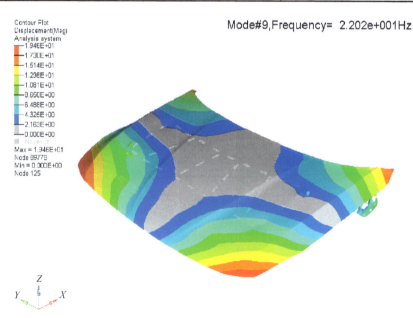

图6-44 机盖一阶扭转模态

上汽某车型铝合金前盖外板的材料是6016，厚度是1.0mm，内板的材料是5182，厚度是1.0mm。本田讴歌NSX铝合金机盖的外板材料是6系铝板，厚度0.9mm，内板是5系铝板，厚度是1.1mm，如图6-45所示。

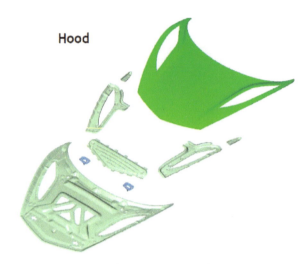

图 6-45 本田讴歌 NSX 铝合金机盖

6.8 铝合金车身的碰撞维修

汽车的损坏不仅与车型有关，还与车速、直接碰撞点的位置、车辆自重及驾驶员临时的应变能力等因素有关。因此，在不同的碰撞案例中车辆的损坏也各不一样，这就需要汽车维修人员在车辆修复工作中不断总结经验，找到最有效的修复工艺方法。

为了对车辆的碰撞进行研究、评测并制定正确有效的修复工艺，可将碰撞后的车身划分成两类，一类是车身轻微损坏，另一类是车身严重损坏。

铝合金车身轻微损坏，主要是车身外覆盖件的刮擦与磕碰。对于车身轻微损坏，首先目测损坏部位，然后进行测量与检查，以便确定碰撞损坏的程度并制定可行的修复方案。车身的轻微损坏中，通常情况下，构成部件总成的内板、加强板及安装板件等不会受到损坏，只涉及外板件的损坏，如机盖外板、侧围外板、车门外板等。可用整形修复装置或者钣金工具进行修理，经过检查后完成涂装步骤即可。

铝合金车身严重的碰撞损坏，不仅包括外覆盖件的损坏，同时涉及内板、加强板及安装板，结构功能件也可能损坏或严重变形。对于门盖类总成件，由于是可拆卸部件，可直接更换安装，之后进行安装点力矩与关键点的位置度等检测并调整好间隙面差即可。对于车身安装结构件，如前后防撞梁总成等，也可以直接拆卸并进行更换，之后同样进行安装点的力矩与关键点的位置度检测。对于车身焊接总成零件的损坏修复，需要进行拆除并对车身进行校正，同时更换新的零部件并按照可行的修复工艺将其连接在车身上。如对前纵梁、减震塔的修复，首先需要拆除螺栓螺母、FDS 及 SPR 等的连接，然后更换新的前纵梁、减震塔，之后用 FDS 返修钉、SPR 返修钉等将其连接在车身上。更换完成后需要对关键点进行位置度及连接点的扭转力矩检测，对于密封部位需要进行涂胶处理以及耐蚀性喷漆处理等，以确保修复后的车身整体尺寸与功能合格，使用不受影响。严重损坏的车身修复工艺流程如图 6-46 所示。

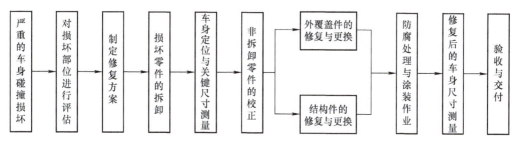

图 6-46 严重损坏的车身修复工艺流程图

6.8.1 铝合金车身修复要求及注意事项

1. 铝合金车身修复的硬件需求

（1）铝合金车身专用气体保护焊机和外形修复机　因为铝合金熔点不高，还容易产生变形，焊接期间需要的电流也不高，所以需选用特制的气体保护焊机。外形修复机也不能像普通的外形修复机一样进行点击拉伸，只能采用专用的铝合金车身外形修复机焊接介子钉，使用介子钉拉伸器进行拉伸。

（2）专用的铝合金车身维修工具　铝合金车身在连接上大量应用了 FDS 及 SPR 连接，故在修复铝合金车身时需要用到 FDS 及 SPR 返修工艺，通常是手持式专用 FDS 及 SPR 返修枪。其他修理器具通常也是特制的，不可以与修理钢车身的器具混合使用。由于修理钢车身后，器具可能附着铁屑，此后若是拿来修理铝合金车身，铁屑会侵入铝件，导致铝钣金件形成腐蚀。

（3）防爆集尘与吸尘系统　铝合金零件在加工期间会生成大量铝粉，人体吸入后会对身体造成伤害。此外，铝粉还容易燃烧爆炸，因此在对铝合金车身进行维修时需要防爆集尘与吸尘系统，以保证车身修复工作的安全。

（4）独立的维修空间　因为铝合金车身修复工艺要求严格，为确保汽车维修质量和维修操作安全，避免铝粉对车间的污染和产生爆炸，要设立单独的铝合金车身维修工位。

（5）专业的维修培训　由于铝合金车身的材料性能与连接技术与钢车身有很大区别，故需对维修工人进行专门的培养和训练，使其掌握铝车身维修技术，以便进行铝合金车身修理时的拉伸、焊接、铆接、粘接、FDS 以及 SPR 连接等。

2. 铝合金车身维修注意事项

铝合金车身在碰撞中，通常会出现褶皱、破裂、变形等，很多情况下无法复原，只能通过更换新零件进行修复。如果破损较小，则维修过程中要注意以下事项：

1）禁止对车架零件进行加热修复。

2）校正车架时，不要影响未损坏区域。

3）关键部位尽量避免进行 MAG 焊接，以免影响强度。

4）不得使用腐蚀铝合金工具进行维修。

5）尽量避免冷敲击修复（冷敲击可能使面板变脆，而导致铝材破裂或出现裂痕的风险；因此冷敲击修复仅适用于长度不超过 50mm 且深度不超过 4mm 的范围）。

6）不得使用明火进行加热，加热温度不超过 180℃（板件受热温度）。

7）修复后不得出现裂纹、破裂、孔洞、明显烧蚀等现象。

8）修复后整体凹陷度不超过 1.5mm，点区域凹陷度不超过 2mm。

9）修复后不允许出现凸点，不允许出现蹦弹、板件变软等现象。

10）修复后需进行内部和表面耐蚀。

6.8.2 铝合金车身连接的修复

对于铝合金车身零件的维修，不管只是修复还是全新替换，往往需要将待修复零件从原车身上分离出来，再进行后续的工序。与传统钢车身相比，因为连接形式上存在较大的差异（详见第 5 章），对连接处的分离需要不同的设备和工艺要求。以下简单介绍几种常用的铝合金车身连接修复的方法。

1. SPR 铆钉修复

使用冲铆设备去除铆钉是最简单高效的分离方式，主要有以下三个步骤：

1）选择并安装铆钉去除冲模。

2）调节合适的气压。

3）对准铆钉中心从铆钉背面将铆钉冲出，如图 6-47 所示。

2. 压铆螺母的分离与修复

如果有需求，也可以返修。在条件有限的情况下，可以用一些简单的方式对压铆螺母进行分离和修复。更换后，虽然螺母与钣金之间产生的抗扭性能有所下降，

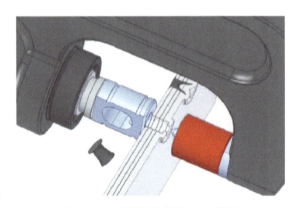

图 6-47　冲铆设备去除 SPR 铆钉

但也高于剥离扭转力矩的要求，可以满足实际装配要求。以阿必达公司的压铆螺母为例，主要有以下三个步骤：

1）选择与压铆螺母直径大致相同的顶杆冲头，或者选择与压铆螺母螺纹匹配的短螺栓或者更大一点的螺栓。将顶杆冲头或者螺栓紧靠螺母的鼻端，用有机械延展性的锤子敲打顶杆冲头或者螺栓，直到螺母从工件上分离，如图 6-48 所示。

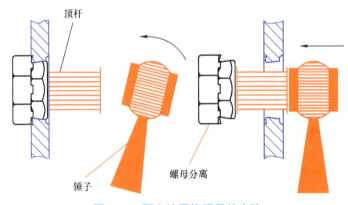

图 6-48　阿必达压铆螺母的去除

2）将一个新的压铆螺母放在空出的接收孔上方，把与螺母外径相当的钢套筒放在工件前侧（六角套筒即可使用）。将等级 10.9 的螺栓穿过钢垫圈，然后通过套筒和工件并与新螺母的螺纹连接，如图 6-49 所示。

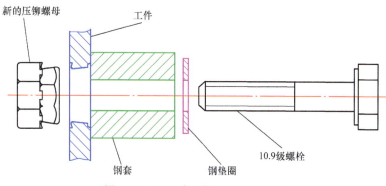

图 6-49　阿必达压铆螺母连接准备

3）通过在螺栓上施加拧紧力矩来完成压铆螺母和工件的连接。注意确保压铆螺母中心与工件上的孔中心充分对准。直到螺母与孔完全接合后，除掉螺栓，则工件更换压铆螺母的工作完成，如图 6-50 所示。

3. 电阻点焊分离

使用钻头去除电阻点焊是最常用的分离方式（图 6-51），主要有以下四个步骤：
1）使用中心冲定位焊点中心。
2）使用砂带机打磨焊点明显凸起的部分。
3）使用定位钻钻头对准焊点进行钻除，注意不要伤及要保留的铝板件。
4）使用钣金錾子进行分离。

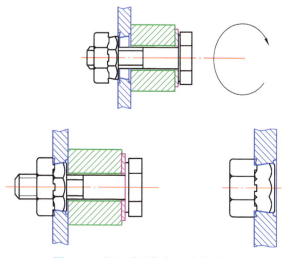

图 6-50　阿必达压铆螺母连接过程

图 6-51　钻头分离电阻点焊

4. 焊缝分离

烧焊的焊缝分离相对比较困难,可以使用砂轮机对焊缝边缘进行磨削(图 6-52)。因为容易产生铝粉末,所以要特别注意防止粉尘爆炸。磨削时,注意控制磨削的速度和力度以及板件温度。

图 6-52　砂轮机进行焊缝分离

5. 胶结分离

针对胶粘区域的分离,需先加热破坏其内部的连接(当板件温度上升至 85~120℃的时候,胶内部的连接强度会逐渐下降);然后使用钣金錾子进行分离(图 6-53)。为了保证人身安全和零件强度,需采用一些措施来监控加热温度,温度切勿超过 180℃。

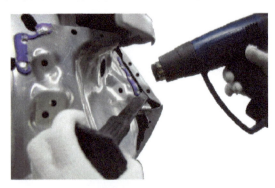

图 6-53　胶结分离

6.8.3 铝合金车身维修符号

图 6-54 所示为铝合金车身常见维修工具符号，图 6-55 所示为铝合金车身常见连接符号。

图 6-54 铝合金车身常见维修工具符号

图 6-55 铝合金车身常见连接符号

参考文献

[1] 尚建利，张婷. 汽车车身焊接质量控制与检测研究 [J]. 机械管理开发，2019，34（1）:221-222，224.

[2] 艾买尔江·阿不地喀地尔. 承载式车身的发展及应用 [J]. 汽车与配件，2016（32）:68-70.

[3] 姜涛，张桂林，李敏，等. 汽车座椅静强度试验综述 [J]. 武汉理工大学学报（交通科学与工程版），

2014，38（5）:1040-1044，1049.

[4] 郝霆，王雍. 轿车车身结构抗侧面碰撞要求的分析 [J]. 上海师范大学学报（自然科学版），2007（1）:39-43.

[5] 刘春玲. YD01 型轿车车身结构分析研究 [D]. 秦皇岛：燕山大学，2005.

[6] 孙星，许伟伟. 浅谈铝合金车身的维修 [J]. 汽车维修与保养，2018（5）:82-84.

[7] 刘世强. 浅谈轿车铝合金车身损伤的维修技术 [J]. 南方农机，2017，48（1）:79+88.

[8] 郭有瑞. 铝合金车身钣金修复技术探讨 [J]. 汽车维修，2016（11）:16-19.

[9] 张湘衡，高月鹏. 汽车车身结构和维修技术解析（三）[J]. 汽车维修与保养，2015（2）:83-85.

[10] 张文金，王青春. 汽车铝质车身材料修复新技术研究 [J]. 硅谷，2014，7（12）:61-62.

[11] 朱琳. 铝质车身修复方法初探 [J]. 汽车运用，2012（2）:42-43.

[12] 林泉. 铝质车身的修复 [J]. 科技信息，2010（28）:771.

[13] 程本付. 铝质车身的结构特点与维修须知 [J]. 汽车维修与保养，2008（7）:60-61.

[14] 臧联防. 铝质车身的修复 [J]. 汽车维修与保养，2006（11）:63-66.

[15] 郑爱珍. 影响汽车技术状况的因素分析 [J]. 科技情报开发与经济，2004（11）:313-314.

[16] 张湘衡. 汽车车身修复 [M]. 武汉：华中科技大学出版社，2008.

[17] 白车身及车身骨架结构设计要求 [DB/OL]. （2020-03-17）[2021-04-14].https：//wenku.baidu.com/view/d00fba265a1b6db97f1922791688884868662b844.html.

第 7 章
铝合金车身的性能开发及轻量化设计

7.1 概述

铝合金车身的性能开发及轻量化设计是一款正向开发的铝合金车身关键的组成部分,其性能好坏与轻量化水平是衡量项目成败的重要指标。铝合金车身的性能主要包括强度、刚度、疲劳耐久性、NVH 性能和碰撞安全性几大部分。

汽车车身强度是指汽车车身抵抗外力破坏的能力,车身刚度是指汽车车身抵抗变形的能力。车身强度主要与车身结构和材料有关,强度不足的后果是车身会发生开裂、断裂、塑变及压溃等,使车身丧失使用功能。车身刚度主要与车身制造工艺及结构有关,刚度不足的后果是车身在使用中会发生异响及共振,或车身开口部位变形过大,导致车门开闭困难、密封性下降。车身刚度不足甚至会影响车辆的操纵稳定性。由此可见,车身结构需要满足一定的强度和刚度要求。一般来讲,车身刚度高的强度性能也好,在行驶中受到各种外力的变形也小。

汽车疲劳耐久性是指汽车在预期行驶里程内不出现导致汽车功能失效缺陷的能力,是评价汽车安全可靠性的重要指标之一。传统设计采用试验验证的方法来暴露疲劳耐久问题,具有设计周期长、成本高的特点,且后期由于布置空间、模具、开发成本等限制造成设计变更困难。目前,通过计算机虚拟仿真与疲劳耐久试验相结合,在产品设计过程中规避疲劳耐久设计问题,提高了产品品质,节约了开发的时间和人力成本。

汽车的 NVH 性能是指汽车驾驶过程中的噪声(Noise)、振动(Vibration)和声振粗糙度(Harshness)。汽车车身除了需要足够的强度来保证疲劳耐久寿命以及足够的刚度来保证装配与安全性外,还需要足够的动态性能来保证顾客的乘坐舒适性,并控制噪声与振动。振动噪声问题都可以通过"激励源 - 传递路径 - 接收体"的模型来解决。NVH 的激励源主要有动力总成、轮胎路面、空气流动等。根据传递路径不同,分为动力、车身、底盘、电器及附件传递等。结构振动与噪声主要集中在 400Hz 以下的低频段,主要是由发动机、轮胎路面引起的车身结构振动及结构辐射噪声;空气噪声主要集中在 800Hz 以上的中高频段,主要由发动机、轮胎、空气流动引起,通过孔洞缝隙、声学包等传至车内。车身是振动与噪声的重要通道,低频段的 NVH 性能研究显得非常重要。本章对车身进行模态、噪声传递函数以及振动传递函数进行分析,识别薄弱点,提出优化建议,从而减少车身低频结构的振动和噪声。

汽车车身碰撞安全性是指汽车在碰撞时能够有效吸能，确保车舱内有足够的空间来保护人员，因此，整车结构未必越坚固越好。碰撞载荷是驾驶过程中车身的极端载荷。为能够有效地保护乘员的安全，车身整体上应保证中间硬两端软的结构，以便在发生正面碰撞或后部碰撞时，车身正面或后部可以吸收80%以上因碰撞产生的能量。因此，车身结构需要合理分布力传递路径或提高局部的吸能效率。因为发生前后碰撞时，大部分的能量需要被车身纵梁吸收，所以纵梁材料和截面的选择对碰撞有很大影响。汽车在碰撞时，通过纵梁和吸能盒的变形来吸能，尽量降低车舱的形变量。利用现代技术对中空管状梁内施以填充材料，还可以大大提高其吸收能量的能力。通常，车身前后结构具有一定的柔韧性，并且当发生前后碰撞时，车身前后具有足够的吸能空间。在侧面碰撞的情况下，为了保护乘员和电池的安全性，没有额外的空间通过变形吸能，因此，车身侧面需要足够坚固，通常用超高强钢或者碳纤维加强结构来保证；设计时应该加强侧面结构的抗冲击强度，减小侧面的侵入变形，以保证发生侧碰后，电池有足够的安全间隙避免挤压起火，且乘员有足够的生存空间。

7.2 车身强度耐久性能

7.2.1 白车身强度理论

汽车强度是指构件抵抗破坏的能力，即构件在确定外力的作用下，没有发生塑性变形与断裂。强度是汽车在使用过程中承受各种复杂载荷能保持正常工作的最基本的要求。如果白车身强度不足，则车身会由于应力集中而产生整体或局部的塑性变形，疲劳耐久性能下降而影响汽车安全性与寿命。因此，在设计车身的时候必须考虑强度性能要求。车身材料强度失效的主要形式是发生塑性应变。

$$\sigma_{\max} \leqslant [\sigma] = \frac{\sigma_s}{f_s} \quad (7\text{-}1)$$

式中，$[\sigma]$是许用应力（MPa）；σ_s是塑性材料的屈服极限（MPa）；f_s是安全系数。

通过车身强度分析可以获取车身应力的分布区间，识别局部应力集中的风险点。要保证车身材料符合强度性能的要求，以免破坏失效。

车身强度设计准则：典型强度工况下，如垂向跳动、制动、转弯、过坎、转弯制动工况，车身件对应材料的最大应力不应超过材料的许用值。

7.2.1.1 白车身强度分析

1. 白车身强度分析模型

在白车身强度分析有限元计算模型中，分析模型钣金件网格单元基本尺寸按照8mm×8mm的四边形壳单元进行划分；采用精度较高的ACM实体单元模拟焊点，焊点直径6mm，adhesive单元模拟焊缝粘胶，螺栓连接采用RBE2单元连接；根据BOM进行

Trimmed Body（TB）⊖ 配重；质量单元使用点质量 CONM2 单元模拟，位置位于各部件质心位置。白车身强度分析有限元计算模型如图 7-1 所示。

2. 白车身强度分析结果

白车身强度分析采用惯性释放的方式，分析工况为白车身典型强度分析工况：垂向、前进制动、后退制动、左转弯、右转弯、前轮过坎、后轮过坎、转弯制动、左前轮跳动、左后轮跳动、右后轮跳动。重点找出不满足强度设计要求的部件，分析结果如图 7-2 所示。

图 7-1　白车身强度分析有限元计算模型

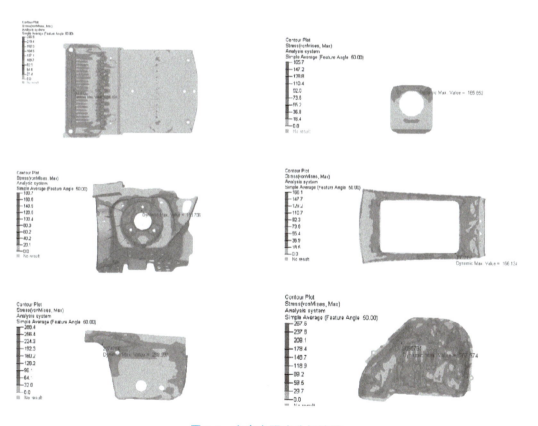

图 7-2　白车身强度分析结果

在白车身典型强度各工况下，最大应力超过其材料屈服强度的零件主要集中在后地板本体、前副车架前安装轴套螺母盖板、减振器、顶盖外板、后地板尾部连接板、后轮罩内板等部位。白车身强度分析结果汇总见表 7-1。

⊖ Trimmed Body 是将车身去除底盘与动力总成后的部分，它包含白车身、闭合件、副车架、转向系统、动力电池及内外饰等。

表 7-1 白车身强度分析结果汇总

分析工况	零件名	应力评价标准 /MPa	优化前 /MPa
白车身强度	后地板本体	< 165（Al 5182）	246.8
	前副车架前安装轴套螺母盖板	< 112（Al 5754）	165.7
	减振器	< 132（AlSi10MnMg）	180.7
	顶盖外板	< 160（Al 6016）	166.1
	后地板尾部连接板	< 284（Al 6082）	288.4
	后轮罩内板	< 243（Al 6063）	267.6

7.2.1.2 白车身结构优化

对白车身强度分析的结果进行进一步分析与优化：减振器顶部大面积应力偏大，增加顶部料厚，且由于孔洞周围应力比较大，考虑在孔周围分布一些辐射筋；后地板与后轮罩大面积应力超标，而后地板连接板连接区域局部刚度不足，考虑增加后地板区域的传力路径与刚度；前副车架前安装轴套螺母盖局部应力超标，由于垂向工况现已增加了减振器的刚度，所以不重点优化；顶盖外板应力稍许超标，由于硬点与传力路径已做优化，所以也不做重点优化。具体方案如下。

1. 减振器座厚度增加

减振器座在减振器安装孔区域，局部增加料厚，由 5mm 增加到 7mm，并增加孔周围的辐射加强筋，使之更靠近减振器安装孔，如图 7-3 所示。

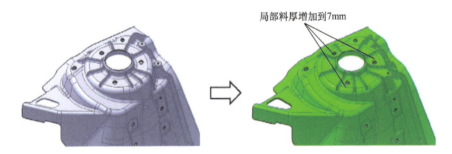

图 7-3 减振器座结构优化

2. 后地板本体优化

在后地板本体下方增加两根纵梁，如图 7-4 所示。

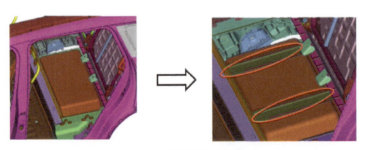

图 7-4 后地板本体优化

7.2.1.3 优化后白车身强度分析

经优化后的后地板本体、前副车架前安装轴套螺母盖板、减振器、顶盖外板、后地板尾部连接板、后轮罩内板的强度分析结果见表7-2。可以看出优化后，白车身最大应力各典型工况的最大应力小于材料的屈服强度，符合性能标准。

表 7-2 优化后强度分析结果汇总

分析工况	零件名	应力评价标准 /MPa	优化后 /MPa
白车身强度强度	后地板本体	< 165（Al 5182）	144.7
	前副车架前安装轴套螺母盖板	< 112（Al 5754）	104.7
	减振器	< 132（AlSi10MnMg）	126.8
	顶盖外板	< 160（Al 6016）	159.0
	后地板尾部连接板	< 284（Al 6082）	226.7
	后轮罩内板	< 243（Al 6063）	213.9

7.2.2 白车身疲劳耐久

汽车疲劳破坏是指材料结构受到交变载荷作用而发生失效。汽车在使用过程中都会受到路面交变载荷的作用，便会存在疲劳耐久问题。疲劳耐久是评估整车性能的重要参数和标准，会影响到整车的安全可靠性，是消费者比较关注的重点性能之一。

疲劳是一个长期累积的过程，它是由于某点应力或应变水平较高形成损伤，在一定数量的循环扰动下最终产生裂纹或材料断裂破坏。与静力破坏不同的是，疲劳是损伤长期积累的结果，而静力是瞬间破坏的结果。

Miner 线性累积损伤理论是目前最知名、应用最广的疲劳计算理论。其表达式为

$$D = n/N \tag{7-2}$$

式中，D 是结构件的疲劳损伤；n 是循环次数；N 是疲劳破坏的寿命。

若 S 为恒幅应力水平，那么在 S 的作用下，如果 $n = 0$，则 $D = 0$，构件的疲劳损伤为 0；如果 $n = N$，那么 $D = 1$，构件失效。

同理，构件在应力水平 S_i 的作用下，经受 n_i 次循环的损伤为 $D_i = n_i / N_i$。那么在 m 个应力水平 S_i 的作用下，经过 n_i 次循环后，总损伤表达式为

$$D = \sum_{1}^{m} D_i = \sum n_i / N_i \, (i = 1, 2, \cdots, m) \tag{7-3}$$

破坏准则为

$$D = \sum n_i / N_i = 1 \tag{7-4}$$

式中，n_i 是构件在应力水平 S_i 下的循环次数，取决于载荷谱信息；N_i 是构件在对应的 S_i 下

的疲劳破坏循环次数。

1. 疲劳分析模型

模型大体与强度分析一致，局部需特殊处理。如焊点采用 Rbe3-Bar-Rbe3 单元模拟（力法），焊缝采用 Pshell 单元模拟，且保证与 Pshell 相邻单元无三角形。采用惯性释放的方式，在白车身各接附点加载 X、Y、Z 三个方向的单位力与力矩，通过 NASTRAN 软件计算得到车身的单位应力。采用疲劳分析软件计算车身的多轴向疲劳损伤值。输入 FE 模型的节点、单元、材料信息 S-N 曲线、各通道的载荷谱和前期计算的单位应力值、影响参数等信息。

2. 疲劳分析结果

（1）母材疲劳损伤　白车身母材疲劳损伤分析结果如图 7-5 所示，其中母材疲劳损伤最大值为 0.12，远小于母材损伤目标值 1。

图 7-5　白车身母材疲劳损伤分析结果

（2）焊点疲劳损伤　白车身焊点疲劳损伤分析结果如图 7-6 所示，其最大损伤值为 0.4874，小于目标值 1，满足性能要求。

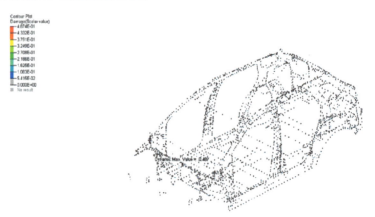

图 7-6　白车身焊点疲劳损伤分析结果

7.2.3　车顶抗凹性、雪压强度及案例

汽车翻车时，车厢会因顶部挤压而造成严重的乘员死亡与伤害事故，所以汽车在设计

时需要考虑车顶受到外界冲击时的抗压能力。如果车顶抗压强度不足，可能导致车顶被压溃，乘员生存空间受到威胁。目前，国内外顶盖设计标准有 GB 26134—2010《乘用车顶部抗压强度》与 FMVSS216《车顶准静态压溃试验标准》。车身顶盖重量重、面积大，除了需符合特定的碰撞设计标准，也需要达到足够的局部抗凹、整体的顶盖雪压性能。目前尚未有统一的抗凹及顶盖雪压分析评价标准。本节结合某车型，阐述车顶抗凹性、雪压强度的分析优化。

7.2.3.1 顶盖抗凹性分析理论

覆盖件的抗凹性是指其在承受外载时，不易发生凹陷弯曲与局部形变并维持原状的能力。它是评估车身覆盖件性能的一项重要参考依据。车身顶盖由于尺寸面积大且曲率大，在重力作用下会产生一定的预变形。在汽车的使用过程中可能会受其他外载的影响，如人为因素、高空坠物、碎石冲击等，这些外载都可能会导致顶盖发生一定的弯曲变形甚至留下永久凹痕。评估抗凹性能的指标主要有抗凹刚度与抗凹稳定性。抗凹刚度反映的是覆盖件不易因外载而发生弹性形变的能力，是一个静态评价指标；抗凹稳定性反映的是覆盖件不易产生失稳的能力，它是一个动态评价指标。当外载荷增加时，结构挠度也增加，直至达到某极值，载荷突然下降，这种载荷变点与手按压外覆盖件突然凹下去的感觉相吻合。如果外部载荷保持恒定或稍微改变，则位移将急剧增加，出现油壶效应。产生油壶效应时的载荷点 P 称为油壶载荷，如图 7-7 所示。

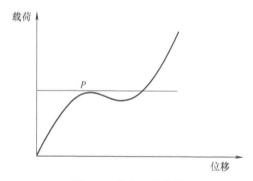

图 7-7　载荷 - 位移图

1. 顶盖抗凹分析模型

顶盖抗凹分析考察点如图 7-8 所示，在建立模型过程中要注意以下几点：

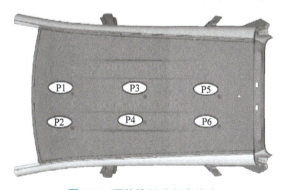

图 7-8　顶盖抗凹分析考察点

1)截取白车身顶盖部分有限元模型,截取部分距离后门窗框垂直距离应大于150mm。

2)根据模态法、均布压力法与主观评价经验,截取端面,并对端面的平动与转动自由度进行约束。由于顶盖结构左右对称,仅选取一侧,对结构薄弱的6个位置进行P1~P6编号。

3)抗凹加载压头使用高52mm、直径$\phi 70$的铝制圆柱,端部为2mm橡胶层。约束压头非橡胶端的所有自由度(顶盖法向除外)。压头的橡胶端分别对顶盖外板的P1~P6位置施加法向载荷力$F = 100N$。

4)压头的橡胶端面与顶盖建立接触,顶盖部分需输入非线性材料属性。

2. 顶盖抗凹分析结果

经计算,P2、P3、P4点是顶盖抗凹分析不满足性能要求的考察点,详见表7-3。这是因为顶盖面积比较大,在重力作用下,特别是中间区域缺少相应支撑显得比较薄弱。其他点均符合抗凹分析要求。P2、P3计算结果出现失稳,P4残余位移0.363mm,大于目标值0.1mm,如图7-9所示。

表7-3 顶盖抗凹分析结果汇总

加载点	评价标准/mm	弹性变形/mm	残余位移/mm
P1	1. 弹性变形 < 7 2. 残余位移 < 0.1	2.875	0
P2		2.42	0
P3		9.546	0.56
P4		6.901	0.363
P5		6.114	0
P6		6.292	0

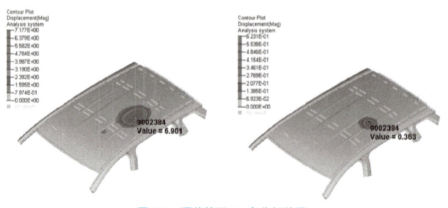

图7-9 顶盖抗凹P4点分析结果

7.2.3.2 顶盖雪压强度分析

车顶抗凹考察的是车顶局部位置的刚度性能,而顶盖雪压强度分析考察的是车顶整体的强度性能,也是考察车顶盖抵抗雪压载荷变形的一种能力。雪压载荷作用在车顶盖时,顶盖会产生比较大的弯曲变形。当载荷达到一定极限的时候,顶盖结构会发生永久的塑性变形,因此需要设定相应的工况与评价标准。目前来说,各大企业还没有形成一套统一的标准与评价体系。弹性薄板理论的基本假定为:①垂直板中平面的法线在变形后仍为垂直弹性曲面的直线,且长度不变;②垂直于中平面方向的正应力与其他两个方向的正应力相比较,可以忽略;③板的中平面无伸缩变形。

1. 顶盖雪压强度分析模型信息

顶盖雪压强度分析所用有限元网格模型与顶盖抗凹分析一致。约束截取端面部分的平动与转动自由度，为在顶盖外板表面加载，模拟积雪 100cm 厚度时顶盖 Z 向受压情况。积雪密度一般为 $0.1g/cm^3$，根据顶盖面积推算，最终沿整体坐标系 Z 负向施加 0.0012MPa 的压强。

2. 顶盖雪压强度分析结果

由于各企业评价标准不一致，此案例中评价标准为顶盖雪压要求最大变形小于 8mm，最大应力小于材料屈服强度。如图 7-10 所示，顶盖雪压强度分析最大变形 8.549mm，最大应力 157.426MPa。位移略超出设定目标值 8mm，应力少于 Al 6016 材料屈服 160MPa，不满足性能要求。从顶盖雪压分析结果可以看出，顶盖中间区域刚度比较低。

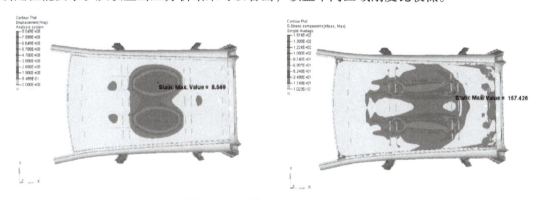

图 7-10 顶盖雪压强度分析结果

7.2.3.3 车顶结构优化

顶盖加强筋与加强结构位置的布置对结构的抗凹雪压性影响很大，顶盖加强筋的高度、宽度以及顶盖加强结构布置位置等直接影响到截面的惯性矩，即截面的抗弯能力。由于之前顶盖抗凹与雪压性能不满足要求，一是考虑增加加强筋，加强筋的布置间距尽量均匀，既为了外观设计优美，也免得局部刚度偏弱。二是增加补强贴，考虑到仿真薄弱区域的大小与轻量化设计，选择结构发泡材料，它具有重量轻、加强效果好的特点，不仅能增加结构局部支撑刚度改善局部抗凹性能，还能隔音降噪改善 NVH 性能。

综上，顶盖加筋优化方案增加纵筋至五条，如图 7-11 所示。

顶盖加补强贴优化方案如图 7-12 所示。在顶盖前、中、后三个区域增加补强贴，此加强板采用发泡材料，既能增加局部结构的刚度又不至于增加过多重量。

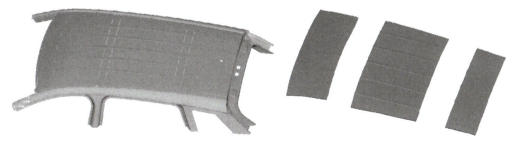

图 7-11 顶盖加筋优化方案　　图 7-12 顶盖加补强贴优化方案

7.2.3.4 优化后顶盖的抗凹性及雪压强度

1. 优化后顶盖的抗凹性

优化后，P1~P6考察点优化结构计算的位移结果均小于目标值，无残余变形，满足性能要求，详见表7-4。

表7-4 顶盖抗凹分析结果汇总

分析工况	评价标准	弹性变形 /mm	残余位移 /mm
P1	1. 弹性变形小于7mm 2. 残余位移小于0.1mm	0.485	0
P2		0.405	0
P3		1.663	0
P4		1.339	0
P5		3.229	0
P6		1.305	0

2. 优化后顶盖雪压强度

如图7-13所示，顶盖雪压强度分析最大变形1.065mm，最大应力87.256MPa，最大变形及应力小于目标值，满足相关使用性能要求，优化后性能提升显著。

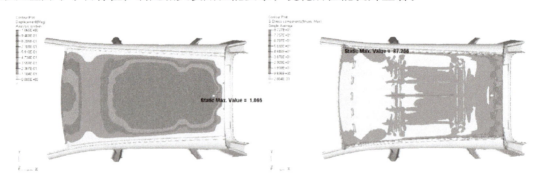

图7-13 顶盖雪压强度分析结果

7.2.4 悬置安装点强度

悬置支架是动力总成悬置系统的重要组成部件，主要作用有两点：①衰减与缓冲动力系统对车身产生的振动，减少整车的振动与噪声；②有效支撑动力总成，保证动力总成的正常工作。悬置支架在设计的时候要保证具有足够的强度，以免在汽车使用或试验时断裂，导致动力系统发生异常造成严重后果。

1. 悬置安装点强度分析模型

如图7-14所示，钣金件单元基本尺寸按照8mm×8mm进行划分；铸铝件基本尺寸按照4mm×4mm单元进行划分。截取BIW前半

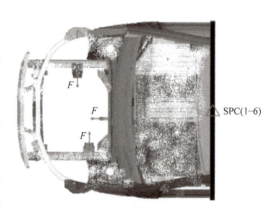

图7-14 悬置安装点强度分析模型

车身件模型作为悬置安装点强度分析模型，约束截取端面部分的平动与转动自由度，安装悬置支架车身侧相关部件材料赋材料非线性曲线。悬置安装点分析工况采用极端与典型的28种工况（表7-5），并在各悬置硬点上施加多体软件提取的相应载荷。

表7-5 悬置安装点分析工况

序号	工况	序号	工况
1	静态设计位置	15	右横向加载
2	发动机最大前进转矩	16	5g 向上及 3g 左横向加载
3	发动机最大倒档转矩	17	5g 向上及 3g 右横向加载
4	发动机最大前进转矩与向前加速	18	5g 向下及 3g 左横向加载
5	发动机最大前进转矩与左转弯	19	5g 向下及 3g 右横向加载
6	发动机最大前进转矩与右转弯	20	粗糙路面上行
7	发动机最大前进转矩与颠簸	21	粗糙路面下行
8	发动机最大前进转矩与反弹	22	向前纵向载荷
9	发动机最大后退转矩与倒档加速	23	向后纵向载荷
10	8km/h 前碰（-11g）	24	向前循环晃动
11	8km/h 后碰（+11g）	25	向后循环晃动
12	4g 垂直向上加载	26	1g 向下加载
13	6g 垂直向下加载	27	向前部分转矩
14	左横向加载	28	后退部分转矩

2. 悬置安装点强度分析结果

结果显示，左悬置、右悬置与支架后悬置各工况最大应力均小于所用材料屈服强度，满足设计要求。其中，发动机最大前进转矩工况后悬置支架强度分析结果如图7-15所示，最大应力为163.68MPa。

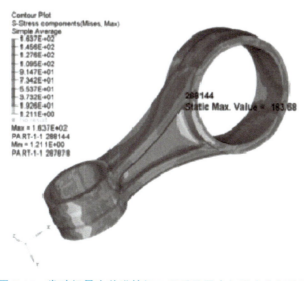

图7-15 发动机最大前进转矩工况后悬置支架强度分析结果

7.2.5 举升点强度

汽车在更换轮胎或者维修的时候,需要举起车身结构。千斤顶装置举升位置一般设在汽车的门槛梁处,有的在门槛梁位置加焊一钣金支架。如果门槛梁举升位置刚度强度比较差,则门槛梁位置会发生局部永久变形及断裂失效等,严重影响车的外观及用户体验感受。长期举升某个位置,门槛梁结构表面的保护层会发生破坏,产生锈斑,进而扩散或锈穿。腐蚀不仅对汽车的外观造成了严重的影响,也会大大缩短汽车的使用寿命。因此,汽车举升点的强度设计显得尤为重要。

1. 举升点强度分析模型

在建立举升点强度分析模型过程中,要注意以下几点规则:

1)截取车身部分结构进行分析,由于车身左右对称,故只需分析左侧或者右侧即可。截取位置则要求距千斤顶作用点至少600mm。

2)分析过程中,千斤顶作用点及其周围件需输入非线性材料属性。

3)通过RBE3单元连接到作用点受力区域,在RBE3从节点位置施加不同角度的载荷。具体工况边界条件、加载方式及评价标准见表7-6。

以前举升点为例,按照上述建模规则分别截取前车身模型,在车身截断位置约束1~6平动转动自由度,如图7-16所示。

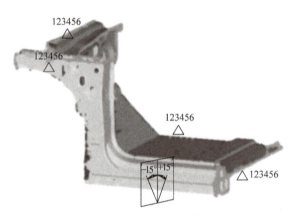

图7-16 千斤顶作用点加载示意图

表7-6 千斤顶作用点强度分析工况

工况	约束	加载	评价标准
工况一		车身满载状态时,求出各加载点的支反力	
工况二	约束截取端面平动转动1~6自由度	YZ平面15°向内加工况一所得支反力	工况二与工况三下: 1. 加载点残余位移小于1.5mm 2. 材料塑性应变小于2%
工况三		YZ平面15°向外加工况一所得支反力	

2. 举升点强度分析结果

千斤顶作用点强度分析一般要求各工况加载点残余位移小于1.5mm,材料塑性应变小于2%。在举升点强度分析的两种工况下,残余位移和材料塑性应变均小于目标值,满足设计要求,见表7-7。

表 7-7 举升点强度分析结果汇总

分析工况	评价标准	残余位移 /mm	塑性应变（%）
工况二	1. 加载点残余位移小于 1.5mm	0.098	0.07
工况三	2. 材料塑性应变小于 2%	0.108	0.12

7.2.6 脱钩安装点强度

GB 32087—2015《轻型汽车牵引装置》明确规定了最大允许总质量不大于 3500kg 的 M 类和 N1 类汽车的牵引装置的技术要求与试验方法。该标准规定，脱钩强度要求牵引装置应能承受的最小静载荷（包括拉伸静载荷和压缩静载荷）为

$$F = Mg/2 \qquad (7\text{-}5)$$

式中，F 是拖车钩承受的最小试验静载荷（N）；M 是整车最大允许总质量（kg）；g 是重力加速度，$g = 9.8\text{m/s}^2$。

试验要求试验汽车应处于制造商规定的整备质量状态，并按照图 7-17 所示的方式对过牵引装置工作区域中心点且平行于车辆纵向垂直面的水平线以及对牵引装置沿垂直方向 ±5°、水平方向 ±25° 分别施加拉伸和压缩静载荷 F。

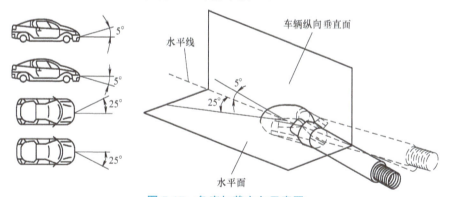

图 7-17 角度加载方向示意图

试验完成后，安装在车上的每一个牵引装置都要符合以下要求：

1）牵引装置及其固定件不应失效、断裂或产生影响正常使用的变形。

2）安装在牵引装置附近的其他部件（如车辆的灯具、信号装置、制动系统、转向系统等）不应出现影响正常工作的损坏。

1. 拖钩安装点强度模型

后拖车钩水平加载工况如图 7-18 所示，建模过程中注意以下几点：

1）截取车身部分结构进行分析，要求截取位置距加载点至少 600mm。

2）与拖车钩连接部件，例如防撞梁、吸能盒、纵梁等需输入非线性材料属性。

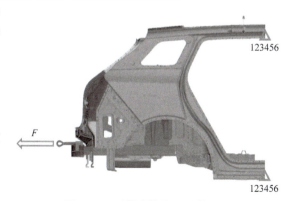

图 7-18 后拖车钩水平加载工况

3）部件间焊点连接使用 ACM 实体单元模拟，安装支座与车身的焊缝连接使用 RBE2 单元，结构胶使用 ADHESIVE 单元模拟。

2. 拖钩安装点强度分析结果

根据 GB 32087—2015《轻型汽车牵引装置》规定的试验工况仿真分析，分析结果见表 7-8。从表中可知，设计方案均满足国标相关性能要求。

表 7-8 拖钩安装点强度分析结果汇总

分析工况	评价标准	残余位移 /mm	塑性应变（%）
0° 直拉	1. 残余位移小于 1.5mm 2. 最大塑性应变小于 2.0%	0.324	0.6
0° 直推		0.652	0.8
垂直 −5° 斜拉		0.132	0.3
垂直 −5° 斜推		0.214	0.4
垂直 +5° 斜拉		0.597	0.8
垂直 +5° 斜推		0.575	1.4
水平 +25° 斜拉		0.227	0.4
水平 +25° 斜推		0.423	0.6
水平 −25° 斜拉		0.355	0.9
水平 −25° 斜推		0.694	1.4

图 7-19 是 +5° 斜拉工况下拖钩安装点强度分析结果，可以看出，残余位移为 0.597mm，塑性应变为 0.8%；图 7-20 是 +25° 斜拉工况下拖钩安装点强度分析结果，可以看出，残余位移为 0.227mm，塑性应变为 0.4%。

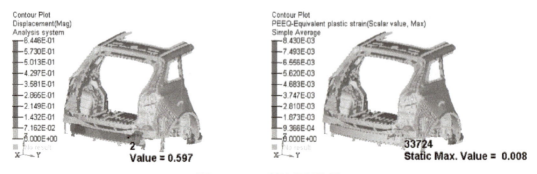

图 7-19 +5° 斜拉分析结果

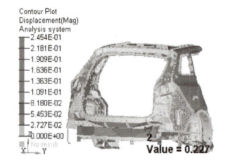
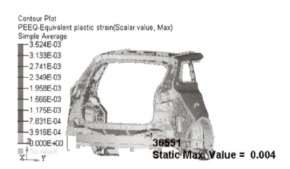

图 7-20 +25° 斜拉分析结果

7.3 车身 NVH 性能

车身 NVH 性能是产品各大性能中最重要的性能之一，国内外各大汽车主机厂将 NVH 性能等同于燃油经济性与安全性进行设计与控制。而世界著名汽车质量评估机构 J.D.Power 在汽车质量性能评价指标中有 1/3 的评价指标与 NVH 直接相关。国内外因 NVH 问题延迟交付或者停产的案例屡见不鲜，因此国内外主机厂越来越重视 NVH 的性能开发，以此来提高自身品牌的竞争力。图 7-21 所示为 NVH 性能开发流程，包括制定车身 NVH 的目标和评价体系、过程开发、性能控制。其中，NVH 性能目标包括车外噪声目标、车内噪声与振动目标、声学包目标和气密目标等。

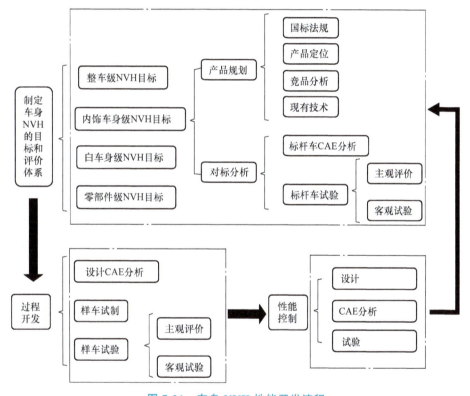

图 7-21　车身 NVH 性能开发流程

（1）制定车身 NVH 的目标和评价体系　主要参考国际与政府强制的通过噪声限制的法规、市场定位、对应顾客群在不同路面与工况下的汽车振动噪声水平与声品质的要求、标杆车的 NVH 水平、公司现阶段在 NVH 设计仿真分析与试验各方面的能力、定点供应商的水平与 NVH 主客观评价要求。

如图 7-22 所示，整车级 NVH 性能分解为白车身的模态、刚度，内饰车身的模态、原点动刚度、噪声传递函数、振动传递函数等。本节主要描述车身的 NVH 设计，通过对车身进行 CAE 分析，识别关键薄弱点，优化车身结构，确保低频段噪声与振动达到 NVH 性能设计目标。

（2）过程开发　CAD 设计与 CAE 分析相结合。CAE 对设计的 CAD 数据方案进行整车目标校核、优化与改进，然后进行样车的试制与试验。对试制样车进行全面的 NVH 性能测试并与设计的目标值对比。

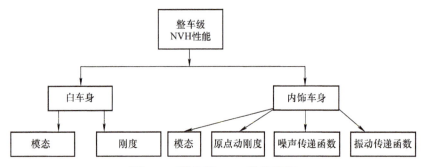

图 7-22 整车级 NVH 性能分解

（3）性能控制 通过比对 CAE 仿真测试与设定的 NVH 目标值，量化差距，提出优化方案进行设计。对优化方案进行有效的 CAE 分析与试验验证，避免设计失误。由于设计装配、空间间隙、供应商产品质量等通常会导致一些 NVH 问题，所以需要不断反复，以确保 NVH 目标达成与保证投产顺利进行。

7.3.1 模态

模态是机械振动领域中研究结构动力特有性质方法的一种。它是结构的一种固有特性，每一阶模态都具有固有频率、模态振型和阻尼比。由于车身结构的振动与驾驶室腔的声压耦合，引发声腔共鸣并且噪声放大。当某阶声学模态与某阶结构模态相近时，声压会急剧增大从而引起车内乘员与驾驶员的不适。因此，有必要进行声腔模态和结构模态分析，以把控车辆中声压和结构模态的分布。在设计中综合考虑其他激励频率，合理设计模态形式与频率分布，从而达到控制车内噪声，改善驾驶员舒适性的目的。

7.3.1.1 声腔模态

对乘用车来说，声腔包含乘员舱内部声腔、前座椅声腔、后座椅声腔以及行李舱（包含备胎舱）声腔。车身四周由不同系统的钣金件围成了一个封闭声腔，封闭的空气类似于固体，不同点在于结构模态分布以位移表征，而声腔模态以声压表征。声腔模态与内 CAS 造型、内饰设计和总布置空间密切相关。一般而言，一旦造型确定，声腔模态就基本确定，后期较难发生改变。声腔模态的仿真前提条件是车内流体是可压缩的，同时是连续均匀的；没有声扰动的时候，介质是静态的；声音在传播过程中，介质的稠密和稀疏过程是绝热的；介质中传递的是小振幅声波，即声压远小于静态声压。

声腔建模通过提取声腔的边界，围成一个空间，再将该空间划分为平均单元尺寸边长为 40mm 的四面体实体网格。后座椅与地板无间隙，且后座椅声腔与行李舱声腔相互连通，连通部分在模型中共节点。定义声腔属性的卡片为 MAT10，座椅声腔密度设置为 $1.30 \times 10^{-11} t/mm^3$ 其他声腔密度设置为 $1.192 \times 10^{-12} t/mm^3$。以某车型为例，声腔有限元模型如图 7-23 所示，有限元仿真计算得到的声腔模态

图 7-23 声腔有限元模型

振型及频率见表7-9。图7-24所示为声腔模态振型。

表7-9 声腔模态振型及频率

序号	振型	频率/Hz
1	一阶纵向	48.8
2	二阶纵向	91.1
3	一阶横向	118.1
4	一阶垂向	139.4
5	纵向横向交织	140.2

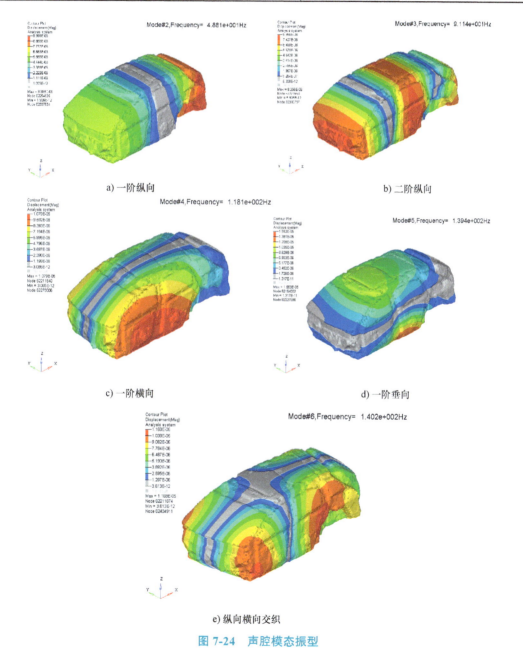

a) 一阶纵向　　　　b) 二阶纵向

c) 一阶横向　　　　d) 一阶垂向

e) 纵向横向交织

图7-24 声腔模态振型

在声腔模态振型图中，颜色表示声压线，压力为 0 的区域为声压模态节面。振型上，一阶模态为纵向，节面位于驾驶舱中间位置，声压向驾驶舱前后逐渐增大；二阶模态是纵向的，声压朝向驾驶员的后侧和中侧持续增加；三阶模态是横向的，声压朝向驾驶员的左右两侧持续增加；四阶为垂向，声压向驾驶员上下两侧持续增加；第五阶层为纵向横向交织，最大声压位于驾驶舱四个角端位置。声压越大的区域，当受到外界激励时，灵敏度越大，声压小的区域反之亦然，而声压为 0 的区域则不发生任何变化。在工程设计中，应该尽量使节面的位置位于驾驶员耳朵处，以使得驾驶员处噪声最小。

7.3.1.2　结构模态

车身结构模态仿真是汽车噪声预测与控制的重要一环。车身结构由于其自身钣金的振动而向驾驶舱传播噪声，并且外部激励源也会通过车身传递一部分噪声。车身的结构模态设计需要考虑以下几点：①避频声腔模态；②与外界激励源频率保持一定的频率间距；③满足特定的目标值。由于内饰车身（Trimmed Body）状态接近于整车状态，所以内饰车身的模态分析具有非常大的参考价值。内饰车身包括座椅系统、四门两盖开闭件、前端模块、转向系统、前副车架等各子系统。分析掌握结构内饰车身的模态，可以使车身、各子系统具备很好的避频声腔模态、相邻结构模态和激励频率，并使之符合一定的模态刚度要求。如果子系统模态与车身模态耦合，则可能会产生异响问题。车身、子系统各模态频率与发动机、路面等激励频率一致，可能会引起噪声振动问题。

内饰车身有限元分析模型，包含玻璃、天窗、电池包、开闭件、前副车架、座椅、转向系统等信息。进行自由模态分析，在分析结果中筛选出各主要模态阶次。内饰车身仿真分析得到的模态振型及频率见表 7-10。车身结构模态振型和转向系统模态振型如图 7-25 和图 7-26 所示。

车身的一阶弯曲模态与一阶扭转模态对于汽车整体、转向盘和座椅的振动以及车舱内的轰鸣有很大影响。从有限元分析的结果看，除了转向系统，车身及各子系统模态都符合设计目标与避频要求。但转向系统模态频率偏低，小于 35Hz 的设计目标要求，当受外界激励时，如果位移大则能引起转向盘的抖动问题。因此，必须对转向系统的模态进行优化。

表 7-10　内饰车身模态振型及频率

类别	模态振型	频率 /Hz
车身结构模态	一阶弯曲模态	26.56
	一阶扭转模态	32.87
	一阶前舱横摆模态	25.4
开闭件系统模态	前机盖一阶扭转	23.69
	前门一阶扭转	37.86
	后门一阶扭转	34.77
	后背门一阶弯曲	32.8
座椅系统模态	前排座椅左右摆动	17.26
	前排座椅前后摆动	24.35
转向系统模态	一阶垂向摆动模态	31.98
	一阶横向摆动模态	34.56

(续)

类别	模态振型	频率 /Hz
前端模块模态	Y 向平动	18.51
	Z 向平动	17.43
	X 向平动	18.3

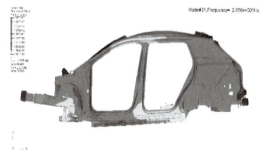

a) 一阶弯曲　　　　　　　　　　　b) 一阶扭转

图 7-25　车身结构模态振型

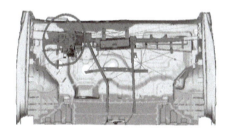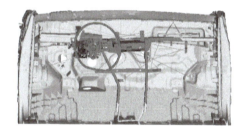

a) 垂向摆动　　　　　　　　　　　b) 横向摆动

图 7-26　转向系统模态振型

从转向系统模态分析结果来看，转向系统垂向摆动模态为 31.98Hz，距目标 3.02Hz，而横向摆动模态距目标 35Hz 较近。进一步分析导致垂向摆动刚度不足的原因，可以看出转向管柱左侧有一铸铝支架与前围相连，增加了整车 X 向的刚度；而右侧端挂有一将近 9kg 的空调，导致整车 X 向连接刚度不足。故考虑在转向系统的右边与侧围之间增加一铸铝支架，如图 7-27 所示。

图 7-27　新增支架方案

优化后的转向系统模态振型如图 7-28 所示，可以看出优化后的转向系统垂向摆动模态得到大幅提高，由原来的 31.98Hz 提高到了 37.37Hz，提高了 5.39Hz。横向摆动模态也由原来的 34.56Hz 提高到了 35.16Hz，提高了 0.6Hz。从振型上看，前围与侧围的受力更均匀。优化后的结果满足转向系统的模态要求。

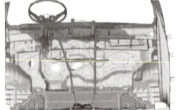
a) 优化后转向系统垂向摆动

b) 优化后转向系统横向摆动

图 7-28 优化后的转向系统模态振型

7.3.2 扭转刚度

汽车在使用时，车身在外力的作用下会发生扭转形变，扭转刚度体现出车身抵御扭转能力的强弱。扭转刚度还与车身模态频率和振动密切相关。

当汽车行驶在不平路面上时，路面的激励传递到车身，车身承受振动。在扭转工况下，车身结构不断地吸收和释放能量，结构件的疲劳寿命会逐渐减小。只有当车身的扭转刚度足够时，才能抵抗扭转振动，从而满足疲劳与 NVH 要求。通过对扭转刚度的仿真分析来进行合理的车身设计，能够防止车身在不同工况下出现的可靠耐久性、振动及噪声等相关问题，使汽车整体性能指标得到全面提高。

针对不同的车型，各个企业都有自己的分析标准，对约束和加载的设置也有很大的不同。本节依据某公司的车身刚度分析标准，在白车身相关位置施加载荷及约束，如图 7-29 所示。

以马自达 cx-5 为例，示意下车身扭转刚度 CAE 分析过程。

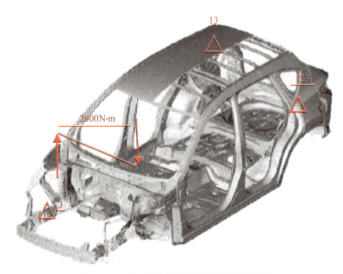

图 7-29 白车身扭转刚度有限元模型

1. 扭转刚度模型

白车身扭转刚度有限元模型如图 7-29 所示，建模过程需注意以下几点：

1）白车身模型钣金件单元平均尺寸为 8mm×8mm，采用 ACM 实体单元模拟焊点，ADHESIVE 单元模拟焊缝粘胶。

2）约束前防撞梁中心 Z 方向平动自由度，约束左后弹簧座安装点 X、Y、Z 方向平动自由度，约束右后弹簧座安装点 X、Z 方向平动自由度。

3）在左右前减振器安装点中心处以力偶形式施加 2000N·m 的力矩。

2. 扭转刚度分析结果处理

对有限元模型进行分析计算，由于车身结构对称，因此其位移云图基本也左右对称。通过查看模型及分析结果，进行白车身扭转刚度计算，计算公式如下

$$\theta_1 = \arctan\left(\frac{d_1 + d_2}{D_1}\right) \quad (7\text{-}6)$$

$$\theta_2 = \arctan\left(\frac{d_3 + d_4}{D_2}\right) \quad (7\text{-}7)$$

$$K_\theta = \frac{T}{(\theta_1 - \theta_2)} \times \frac{\pi}{180} \quad (7\text{-}8)$$

式中，d_1 是左前纵梁上 X 坐标与前减振器中心 X 坐标一致的点的 Z 向位移绝对值；d_2 是右前纵梁上 X 坐标与前减振器中心 X 坐标一致的点的 Z 向位移绝对值；D_1 是左右前纵梁上 X 坐标与左右前减振器中心 X 坐标一致的点的 Y 向间距；d_3 是左后纵梁上 X 坐标与后减振器中心 X 坐标一致的点的 Z 向位移绝对值；d_4 是右后纵梁上 X 坐标与后减振器中心 X 坐标一致的点的 Z 向位移绝对值；D_2 是左右后纵梁上 X 坐标与左右后减振器中心 X 坐标一致的点的 Y 向间距；θ_1 是前端扭转角（°）；θ_2 是后端扭转角（°）；K_θ 是扭转刚度 [N·m/（°）]，2011 年欧洲车身年会公布的马自达 CX-5 车身扭转刚度为 27000 N·m/（°）。

7.3.3 弯曲刚度

白车身结构弯曲刚度是车身在受到垂向载荷作用时，车身结构抵御弯曲形变的能力。汽车在使用时，在外力作用下，车身将发生弯曲形变，弯曲刚度体现出了车身对抵御弯曲形变能力的强弱。弯曲刚度又与车身模态频率和振动密切相关。通过对弯曲刚度的仿真分析来进行合理的车身设计，能够防止车身在不同工况下出现的可靠耐久性、振动及噪声等相关问题，使汽车整体性能指标得到全面的提高。若车身设计不满足刚度需求，会导致车身结构在低频范围内发生局部共振，从而使车舱内空气发生共鸣，对汽车整体的 NVH 性能造成严重影响。

1. 弯曲刚度计算有限元模型

以 2018 年欧洲车身年会展出的宝马 8 系为例，在建立弯曲刚度有限元模型过程中，要注意以下几点：

1）白车身模型钣金件单元平均尺寸为 8mm×8mm，采用 ACM 实体单元模拟焊点，

ADHESIVE 单元模拟焊缝粘胶。

2）约束左前减振器 Y、Z 向平动自由度，右前减振器 Z 向自由度，左后弹簧座安装点 X、Y、Z 向平动自由度，右后弹簧座安装点 X、Z 向平动自由度；使用 RBE3 分别抓取前后排左右座椅安装点，在前后排左右两侧座椅 R 点处各施加 1000N 整车 −Z 方向的垂向力，如图 7-30 所示。

3）在门槛梁下方中间节点位置建立一个集合，便于后处理读取位移值。

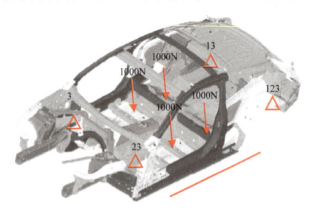

图 7-30　弯曲刚度加载工况

2. 弯曲刚度分析结果

在后处理软件 Hyperview 中读取门槛梁下方中间节点集合位置对应的位移，进行白车身弯曲刚度计算，计算公式如下

$$K = \left(\frac{4000}{\delta_1 + \delta_2}\right) \times 2 \qquad (7\text{-}9)$$

式中，K 是弯曲刚度（N/mm），2018 年欧洲车身年会公布的宝马 8 系白车身弯曲刚度值为 15700 N/mm；δ_1 是左门槛梁下方 Z 向位移绝对值最大的点的 Z 向位移（mm）；δ_2 是右门槛梁下方 Z 向位移绝对值最大的点的 Z 向位移（mm）。

7.3.4　接头刚度

车身接头指车身结构中两个以上承载构件相互交接的部位，梁、接头和钣金是白车身三大重要组成部分，其中，梁和接头结构对白车身刚度起到决定性作用。车身接头的性能是影响整个车身刚度和模态的重要因素，接头刚度对车身整体刚度性能的作用占到一半以上，具体作用的大小对不同车型是有所区别的。

1. 接头类型

（1）轿车　轿车车身有很多接头，不同车型主要接头类型也有所差别，如图 7-31 所示，主要有以下几种：

1）A1 连接头：A 柱下段与前地板前横梁、地板边梁的连接部位。

2）A2 连接头：A 柱与风窗玻璃横梁、机舱上边梁的连接部位。

3）A3 连接头：A 柱上段与顶篷前横梁的连接部位。

4）B1连接头：B柱下段与前地板横梁、地板边梁的连接部位。
5）B2连接头：B柱上段与顶篷中横梁、顶篷边梁的连接部位。
6）C1连接头：C柱下段与后地板前横梁、地板边梁的连接部位。
7）C2连接头：C柱上段与顶篷后横梁、顶篷边梁的连接部位。

（2）SUV 对于SUV，除了轿车的七个接头外，还有两个重要的接头，如图7-32所示。

1）D1连接头：D柱下段与后地板纵梁、后围的连接部位。
2）D2连接头：D柱上段与顶篷后横梁、顶篷边梁的连接部位。

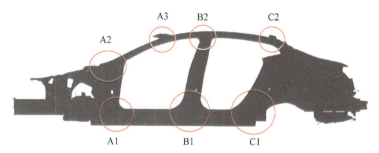

图7-31 轿车车身的主要接头

图7-32 SUV车身另外两个重要的接头

2. B柱上端接头刚度有限元模型

研究车身接头刚度可分别截取A柱、B柱上端、B柱下端、D柱接头进行刚度分析。由于近似认为车身是对称结构，这样就只需研究车身一侧的接头。本节以B柱上端接头为例，进行刚度分析。

B柱上端接头有限元模型如图7-33所示，建模过程应注意以下几点：
1）截取B柱白车身上端接头中心周围300mm范围结构作为分析模型。
2）用RBE2单元连接各截面节点，各截面质心为主点，截面端面各节点为从点。在截面质心处建立局部坐标系，Z轴垂直于分析截面。
3）约束除加载截面外其余截面节点自由度，在截面质心点位置局部坐标系方向加载1000N的力与1000N·mm的力矩。

3. 接头刚度分析结果

B柱上接头刚度分析结果汇总见表7-11。B柱上端接头与标杆车1、标杆车2相比，性能处于中等水平，标杆车1的综合性能最优，标杆车2的B柱接头性能最差。这是因为B柱上接头在A柱、B柱端设有加强板结构，所以计算得到的里外方向的刚度相比于其他车型偏大。出于轻量化等因素考虑，分析车型无加强板，而与同样无加强板设计的标杆车2相比，B柱上接头性能更优。

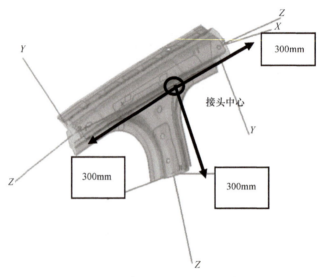

图 7-33　B柱上端接头有限元模型

表 7-11　接头刚度分析结果汇总

	B柱上接头			
接头端描述		A柱端	B柱端	顶盖纵梁端
接头刚度	上下/（N/mm）	2222	—	1374
	里外/（N/mm）	2318	57	3509
	前后/（N/mm）	—	1773	—
	扭转/（N·m/rad）	5.32×10^4	4.20×10^4	1.60×10^5
标杆车1接头刚度	上下/（N/mm）	1377	—	1037
	里外/（N/mm）	4348	127	11364
	前后/（N/mm）	—	1203	—
	扭转/（N·m/rad）	7.2×10^4	5.2×10^4	1.42×10^5
标杆车2接头刚度	上下/（N/mm）	1707	—	817
	里外/（N/mm）	1460	78	2353
	前后/（N/mm）	—	1067	—
	扭转/（N·m/rad）	3.46×10^4	2.30×10^4	4.70×10^4

7.3.5 原点动刚度

7.3.5.1 原点动刚度分析

结构刚度分为静刚度与动刚度,静刚度是车身在受到静载荷时抵抗变形的能力,动刚度则是车身在受到动载荷时抵抗变形的能力。

汽车在实际使用过程中,作用在车身上的载荷基本为动载荷,因此车身在外界动载荷作用下的动刚度性能一直备受关注。汽车发动机、悬架系统等通过接附点将振动传递到车身面板,车身面板振动很容易引发室内空腔轰鸣,从而影响乘员的舒适性。因此,车身安装点的动刚度将会直接影响到车身的振动与噪声。当动载荷与车身的某阶模态固有频率相近时,很容易引起共振使得车身动应力急剧增大而导致车身疲劳破坏。因此,汽车的动刚度分析具有非常重要的意义。

动刚度表示的是结构产生单位振幅需要的动态力,是评价汽车 NVH 性能的重要指标。单自由度黏弹性系统动力学模型为

$$m\ddot{x} + c\dot{x} + kx = f \tag{7-10}$$

式中,m 是系统质量;c 是阻尼;k 是系统刚度;x 是系统位移;f 是激励力。

通过推导得到系统的刚度为

$$k_\mathrm{d} = \frac{f}{x} = (k - m\omega^2) + j\omega c \tag{7-11}$$

由式(7-11)可以看出,刚度是激励频率 ω 的函数,其幅值为

$$|k_\mathrm{d}(\omega)| = \sqrt{(k - m\omega^2)^2 + (c\omega)^2} \tag{7-12}$$

它主要由静刚度、质量和阻尼决定,如果激励点与响应点为同一点,则得到的动刚度即为原点动刚度。因为加速度容易测量,因此一般用加速度来表示振动响应。原点动刚度是激励力与加速度响应的比值即加速度阻抗。加速度导纳(Input Point Inertance,IPI)的表达为

$$\mathrm{IPI} = \frac{\ddot{x}}{f} = \frac{\omega^2 x}{f} = \frac{\omega^2}{k_\mathrm{d}} \tag{7-13}$$

IPI 值可以通过直接测量或计算得到,但概念较为抽象,习惯将其称为原点动刚度。安装点的动刚度性能采用激励频率范围内的频响模量曲线来进行评价。频响模量的计算公式为

$$\mathrm{FRM} = \frac{\sqrt{(a_X^2 + a_Y^2 + a_Z^2)}}{F} \tag{7-14}$$

式中,a_X、a_Y、a_Z 是安装点在 X、Y 和 Z 方向的加速度响应;F 是激励力大小。

对车身各接附点动刚度进行分析，确保动刚度值满足目标要求，以保障整车的 NVH 性能，为设计提供参考依据。动力总成、前悬置、前副车架与车身的关键接附点在车身前部机舱位置，后悬置与车身的关键接附点在车身后部后地板位置，本节主要分析后地板接附点动刚度仿真分析和优化过程。

1. 后地板接附点动刚度模型

1）车身钣金件的网格基本尺寸按 8mm × 8mm 划分，铸件画成基本长度尺寸为 4mm 的四面体。

2）BIP 为惯性释放状态，对接附点 X、Y、Z 方向分别施加单位变频力。

3）激励点示意图如图 7-34 所示，激励点编号说明见表 7-12。

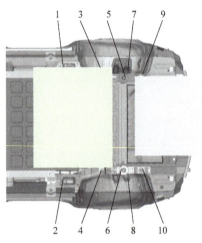

图 7-34 激励点示意图

表 7-12 车身激励点编号说明

编号	接附点	编号	接附点
1	左后拖曳臂接附点	6	右后弹簧座接附点
2	右后拖曳臂接附点	7	左后减振器接附点
3	后副车架左前接附点	8	右后减振器接附点
4	后副车架右前接附点	9	后副车架左后接附点
5	左后弹簧座接附点	10	后副车架右后接附点

2. 后地板接附点动刚度分析结果

对以上激励点的 X、Y、Z 三个方向上施加激振力，并且执行频率响应分析，动刚度为激振力幅值与响应位移之比，结果见表 7-13。可以看出，左后、右后减振器接附点 Y 向动刚度远小于目标值（5000N/mm）要求，且左右动刚度值不对称，结合后地板轮包处结构发现，右后轮包预留加油口方案导致轮包高度较左侧加高，且在轮包内侧未增加支架对减振器接附点进行加强，初步分析轮包区域刚度不足导致后减振器接附点 Y 向动刚度小于目标值；左后、右后拖曳臂接附点 Y 向动刚度略小于目标值（5000N/mm）要求，需进行优化。

表 7-13 车身激励点动刚度分析结果汇总

编号	节点名称	方向	平均动刚度 /（N/mm）
1	左后拖曳臂接附点	X	38420.7
		Y	4452.2
		Z	8642.9
2	右后拖曳臂接附点	X	38214.7
		Y	4354.8
		Z	8753.6
3	后副车架左前接附点	X	93541.3
		Y	38551.2
		Z	16545.4

（续）

编号	节点名称	方向	平均动刚度/（N/mm）
4	后副车架右前接附点	X	94515.7
		Y	38511.8
		Z	17651.4
5	左后弹簧座接附点	X	54564.1
		Y	21647.5
		Z	16542.1
6	右后弹簧座接附点	X	53584.4
		Y	22448.1
		Z	13778.5
7	左后减振器接附点	X	31057.6
		Y	3854.3
		Z	17541.2
8	右后减振器接附点	X	33054.9
		Y	1805.8
		Z	18214.8
9	后副车架左后接附点	X	42894.9
		Y	15244.1
		Z	17521.6
10	后副车架右后接附点	X	42405.6
		Y	15010.9
		Z	16840.6

7.3.5.2 结构优化

根据上一节的分析，取消原有支架，在左/右后轮包内侧增加如图 7-35 所示的支架（编号 1~3），使得车身形成减振器安装板加强板→后轮罩内板→后轮罩加强板和后排安全带下安装板→D 柱内板→后门框上加强板组成的环状结构，提高 Y 向支撑，并降低 Z 向高度。

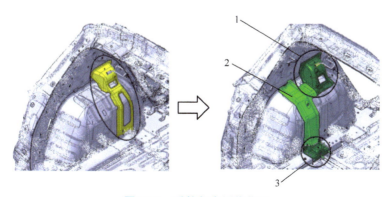

图 7-35 后轮包内侧优化图

7.3.5.3 优化后原点动刚度分析结果

后轮包处结构优化后,动刚度提升明显。优化后车身各激励点 X、Y、Z 方向的动刚度均满足目标值要求,优化后车身激励点动刚度分析结果汇总见表 7-14。

表 7-14 优化后车身激励点动刚度分析结果汇总

编号	节点名称	方向	优化动刚度/(N/mm)
1	左后拖曳臂接附点	X	51588.4
		Y	7852.5
		Z	14250
2	右后拖曳臂接附点	X	52704.1
		Y	8425.8
		Z	13522.2
3	后副车架左前接附点	X	82940.9
		Y	38402.8
		Z	16024.3
4	后副车架右前接附点	X	81942.4
		Y	38235.1
		Z	16210.9
5	左后弹簧座接附点	X	49025.6
		Y	14502.1
		Z	14012.2
6	右后弹簧座接附点	X	47810.2
		Y	15120.5
		Z	13842.7
7	左后减振器接附点	X	25438.6
		Y	6226.3
		Z	17998.4
8	右后减振器接附点	X	26304.8
		Y	6342.8
		Z	18241.9
9	后副车架左后接附点	X	48201.1
		Y	13407.2
		Z	15230.3
10	后副车架右后接附点	X	47122.3
		Y	13110.3
		Z	15086.9

如图 7-36 所示,优化后左后减振器接附点(编号 7)、右后减振器接附点(编号 8)Y 方向的动刚度提升非常明显,左后拖曳臂接附点(编号 1)、右后拖曳臂接附点(编号 2)Y 向动刚度也提升到目标值以上。

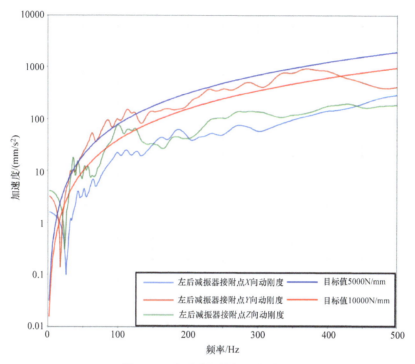

图 7-36 左后减振器接附点动刚度

7.3.6 噪声传递函数

外部噪声通过以下两个途径传递：空气声传递途径和结构声传递途径。其中，结构声是被人耳间接接收的。噪声传递函数即 NTF，是测点声压值与激励加载力的比值，其与声学灵敏度的定义一致。NTF 分析实则为频率响应分析，可以掌握车身在收到外部激励时的声压分布。噪声传递函数与外部激励大小无关，而与车身结构相关，是评价车内低频噪声的重要指数和标准。

人耳作为噪声的接受端，GB/T 18697—2002《声学 汽车车内噪声测量方法》中明确规定了测点位置的选取，即选取驾驶员右耳点为声压参考点。影响驾驶员与乘客耳旁噪声的主要因素有：车身结构、外部激励、车身内部声腔。噪声传递函数主要考察的是车身结构是否合理。

如图 7-37 所示，传统的 NTF 分析将单位力激励应用于动力系统、底盘系统、排气系统（燃料）和车身的连接点，以获得驾驶室中的声压响应，车内任一点的声压值即为车身传递函数。车内声压是车内噪声最为直接的指标。

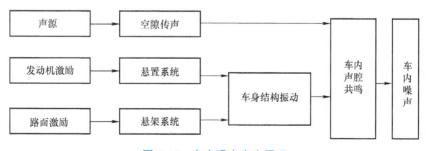

图 7-37 车内噪声产生原理

7.3.6.1 噪声传递函数分析

1. 噪声传递函数模型信息

1）车身钣金件基本尺寸按照 8mm×8mm 单元进行划分，铸件挤压件等采用四面体单元划分，单元基本长度尺寸为 8mm。

2）模型含白车身、电池包、风窗玻璃、后三角窗玻璃、前副车架、天窗、悬置、CCB、座椅等。

3）噪声传递函数仿真分析激励点示意图如图 7-38，激励点编号和名称见表 7-15。

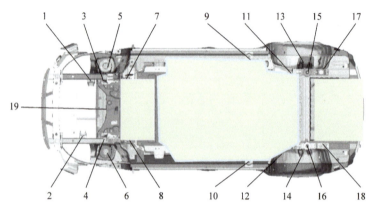

图 7-38　噪声传递函数仿真分析激励点示意图

表 7-15　噪声传递函数仿真分析激励点编号和名称

编号	接附点名称	编号	接附点名称
1	左悬置接附点	11	后副车架左前接附点
2	右悬置接附点	12	后副车架右前接附点
3	前悬摆臂左前接附点	13	左后减振器接附点
4	前悬摆臂右前接附点	14	右后减振器接附点
5	左前减振器接附点	15	左后弹簧座接附点
6	右前减振器接附点	16	右后弹簧座接附点
7	前悬摆臂左后接附点	17	后副车架左后接附点
8	前悬摆臂右后接附点	18	后副车架右后接附点
9	左后拖曳臂接附点	19	后悬置接附点
10	右后拖曳臂接附点		

2. 噪声传递函数分析结果

驾驶员右耳声压不合格激励点位置结果汇总见表 7-16，后排右侧乘员左耳声压不合格激励点位置结果汇总见表 7-17。

表 7-16　驾驶员右耳声压不合格激励点位置结果汇总

序号	节点名称	编号	方向	目标值/dB	优化前
1	右前减振器接附点	6	X	57	61.2dB（195.5Hz）
			Y	57	60.6dB（200.0Hz）
			Z	55	满足
2	左后减振器接附点	13	X	57	满足
			Y	57	64.8dB（288.0Hz）
			Z	55	满足
3	右后减振器接附点	14	X	57	满足
			Y	57	66.8dB（148.5Hz）
			Z	55	满足

表 7-17　后排右侧乘员左耳声压不合格激励点位置结果汇总

序号	节点名称	编号	方向	目标值/dB	优化前
1	左后减振器接附点	13	X	57	满足
			Y	57	62.9dB（197.5Hz）
			Z	55	满足
2	右后减振器接附点	14	X	57	满足
			Y	57	65.8dB（203.0Hz）
			Z	55	满足

从分析结果可知：

1）左后减振器接附点与右后减振器接附点 NTF 超标严重，需要进行优化。

2）右前减振器接附点 NTF 超标，需要优化。

3）NTF 整体分析结果较差。

NTF 表示声学响应与激励点的敏感度，为了得到良好的 NVH 性能，一般将 NTF 峰值控制在 60dB 以下。

7.3.6.2　基于噪声传递函数的结构优化

由于 NTF 分析的部分指标不满足项目要求，故需要进行相关的 NTF 优化。结果表明，左后、右后减振器接附点 Y 向 NTF 曲线峰值严重未达标；右前减振器接附点 X、Y 向超标 3.5dB 左右。通过观察这三个激励点的动刚度分析结果可以看出，右前减振器 X、Y 向动刚度值达到既定目标，而左后、右后减振器接附点 Y 向动刚度值严重超标，需要重点优化。计算模态贡献量最大的车身面板与声腔节点贡献量，确定前围板、侧围内外板支撑需要优化的区域。基于 7.3.5.2 小节提出的动刚度优化方案，继而提出以下优化方案。

1. 后地板结构优化

增加后地板后横梁，腔体大小为 37mm×35mm，材料为 Al 6082，料厚为 2.5mm，连接左右轮罩、后纵梁和后地板，提高后减振器安装位置处的稳定性。后地板结构优化方案及后横梁口型如图 7-39 所示。

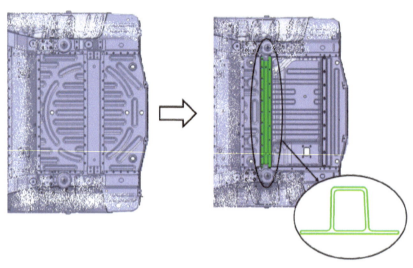

图 7-39　后地板结构优化方案及后横梁口型

2. 前围板处结构优化

在前围板处增加一根连接前风窗玻璃横梁下后板、前围板、前围板横梁的竖直支撑板，材料为 Al 5754、料厚为 2mm，支撑以后的模型如图 7-40 所示。

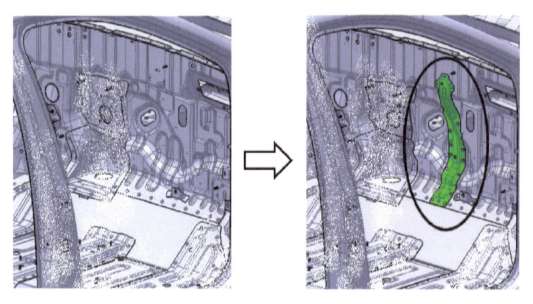

图 7-40　前围板处结构优化

7.3.6.3　优化后噪声传递函数分析结果

优化后的驾驶员右耳声压结果汇总见表 7-18，后排右侧乘员左耳声压结果汇总见表 7-19。

表7-18 优化后的驾驶员右耳声压结果汇总

序号	节点名称	编号	方向	目标值/dB	优化后
1	右前减振器接附点	6	X	57	满足
			Y	57	满足
			Z	55	满足
2	左后减振器接附点	13	X	57	满足
			Y	57	满足
			Z	55	满足
3	右后减振器接附点	14	X	57	满足
			Y	57	满足
			Z	55	满足

表7-19 优化后的后排右侧乘员左耳声压结果汇总

序号	节点名称	编号	方向	目标值/dB	优化后
1	左后减振器接附点	13	X	57	满足
			Y	57	满足
			Z	55	满足
2	右后减振器接附点	14	X	57	满足
			Y	57	满足
			Z	55	满足

1. 驾驶员右耳声压

右前减振器接附点 X 向优化前后分析结果曲线如图7-41所示,可以看出,驾驶员右耳畔声压均小于57dB,满足目标值。

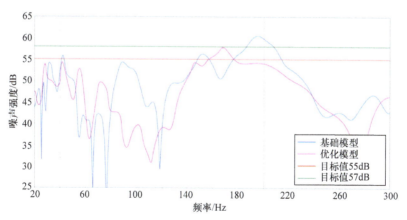

图7-41 右前减振器接附点 X 向优化前后分析结果曲线

右前减振器接附点 Y 向优化前后分析结果曲线如图7-42所示,可以看出,驾驶员右耳畔声压均小于57dB,满足目标值。

左后减振器接附点 Y 向优化前后分析结果曲线如图7-43所示,可以看出,驾驶员右耳畔声压均小于57dB,满足目标值。

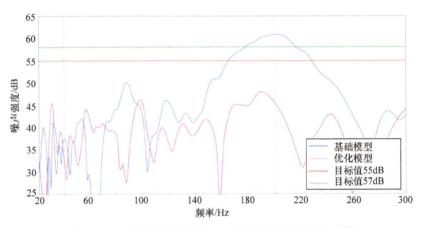

图 7-42　右前减振器接附点 Y 向优化前后分析结果曲线

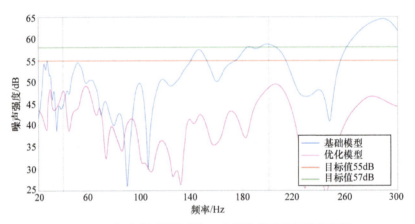

图 7-43　左后减振器接附点 Y 向优化前后分析结果曲线

右后减振器接附点 Y 向优化前后分析结果曲线如图 7-44 所示，可以看出，驾驶员右耳畔声压均小于 57dB，满足目标值。

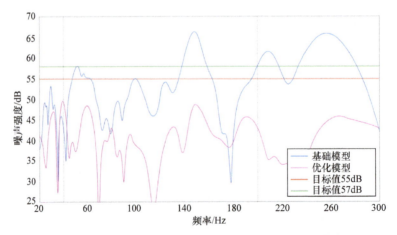

图 7-44　右后减振器接附点 Y 向优化前后分析结果曲线

2. 后排右侧乘员左耳声压

左后减振器接附点 Y 向优化前后分析结果曲线如图 7-45 所示，可以看出，后排右侧乘员左耳声压噪声传递值均小于 57dB，满足目标值。

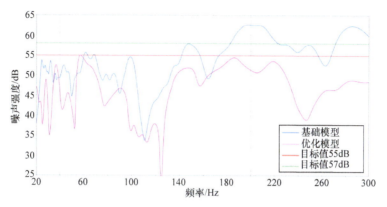

图 7-45　左后减振器接附点 Y 向优化前后分析结果曲线

右后减振器接附点 Y 向优化前后分析结果曲线如图 7-46 所示，可以看出，后排右侧乘员左耳声压噪声传递值均小于 57dB，满足目标值。

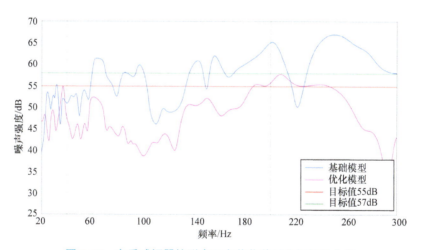

图 7-46　右后减振器接附点 Y 向优化前后分析结果曲线

7.3.7　振动传递函数

动力系统、悬架系统等激励源通过车身连接点将振动传递到车身，进而传递到驾驶员能感觉到的方向盘与座椅位置。振动传递函数（VTF）表示的是驾驶员直接感受到的振动响应与外界激励之间的比值，它反映的是振动响应对激励信号的灵敏度，与振动灵敏度定义一致。振动响应点一般选取驾驶员能直接感受到的如方向盘振动点、驾驶员座椅导轨右后振动点、驾驶员座椅振动点、变速杆上的振动点等。振动响应与激励源激励频率以及振幅相关，但振动传递函数与外界激励大小无关，是评价车内低频振动 NVH 性能的重要依据。

VTF 分析可以用"振动激励源 - 传递函数 - 振动响应"模型来描述。在具有 n 个自由度的线性常数系统上执行瞬态激励,其运动微分方程为

$$M\ddot{x} + C\dot{x} + Kx = f(t) \tag{7-15}$$

式中,M、C、K 分别是质量、阻尼和刚度矩阵;$f(t)$、x、$\dot{x}$、$\ddot{x}$ 分别是激振力、位移响应、速度响应和加速度响应向量。

对上式进行傅里叶变换,可以得到系统的函数传递矩阵 H_{ab} 为

$$H_{ab}(\omega_i) = \frac{X_a(\omega_i)}{F_b(\omega_i)} \tag{7-16}$$

式中,$H_{ab}(\omega_i)$ 是系统的频率响应函数,即传递函数;$X_a(\omega_i)$ 是系统在 a 点响应函数的傅里叶变换;$F_b(\omega_i)$ 是系统在 b 点激振时的激振力函数的傅里叶变换,其极值点所对应的 ω_i 是被测系统的各阶固有频率($i = 1,2,3\cdots,n$)。

1. 振动传递函数模型信息

振动传递函数分析的有限元模型参照 NTF 分析模型,接附点编号也与 NTF 分析一致。

响应点说明:振动传递函数仿真分析响应点分别为方向盘 12 点(节点号为 7012)、驾驶员座椅导轨右后安装点(节点号为 6014)和驾驶员右脚点(节点号为 6015)。具体的响应点位置如图 7-47 所示,响应点的坐标需要与总布置确认。

2. 振动传递函数结果

通过查看方向盘 12 点(节点号为 7012)、驾驶员座椅导轨右后安装点(节点号为 6014)和驾驶员右脚点(节点号为 6015)的加速度曲线,根据与目标值的对比,进而对内饰车身(TB)的 NVH 性能做出评价。其评价原则如下:

1)加速度结果要求低于目标值。

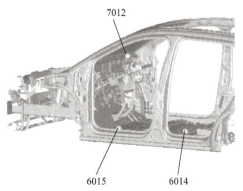

图 7-47 振动传递函数仿真分析响应点位置

2)对于速度结果高于目标值的情况,需要针对该峰值对应的频率进行优化,进而降低该频率对应的速度结果,最终达到低于目标值的目的。

振动传递函数分析结果汇总见表 7-20,全局 VTF 分析均结果满足目标值要求。

表 7-20 振动传递函数分析结果汇总

分析工况	评审内容	目标值 /(mm/s²)	分析结果
TB_VTF 分析	方向盘 12 点	150	达标
	驾驶员座椅右后安装点	100	达标
	驾驶员右脚点	100	达标

其中,激励点为左前减振器接附点,方向盘 12 点(节点号为 7012)在 X、Y、Z 方向振动传递函数分析结果如图 7-48 所示。X 向在 100Hz 时最大振动为 34.9mm/s²;Y 向在 43Hz 时最大振动为 25.1 mm/s²;Z 向在 100Hz 时最大振动为 13.8mm/s²。

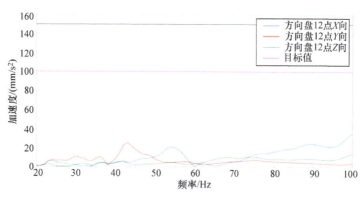

图 7-48 方向盘 12 点 X、Y、Z 方向振动传递函数分析结果

7.4 铝合金车身被动碰撞安全

汽车的碰撞安全有主动性安全和被动性安全：主动性安全主要涉及雷达监控、人工智能、主动制动等技术；而汽车的被动安全主要是在发生撞击时，通过车身结构的耐撞性和其他安全器件（如安全气囊、座椅安全带等）对车上乘员和车外行人安全提供保护。据有关数据表明，在汽车发生的碰撞事故中，正碰概率为 49%，侧碰概率为 25%，而后碰概率则为 22%。本节将通过介绍低速碰撞、高速碰撞的法规，以及中国和欧洲的新车评价规程来阐述车身碰撞结构设计中需要重点考虑的因素，然后基于这些综合要求，讲述铝合金车身耐撞性结构设计。

7.4.1 汽车碰撞安全法规

车身设计应遵守与汽车安全有关的一些标准与法规，即车身结构设计应具有很好的碰撞安全性。要求车身结构在碰撞时被适当地损坏，利用车身特定部位的合理变形来吸收碰撞能量，从而减缓碰撞传递给乘员的冲击，保护乘员安全。

（1）国内 国内车身相关的一些汽车安全法律法规见表 7-21。

表 7-21 国内车身相关安全法规

标准号	标准名称	标准号	标准名称
GB/T 20913—2007	乘用车正面偏置碰撞的乘员保护	GB/T 37337—2019	汽车侧面柱碰撞的乘员保护
GB 11551—2014	汽车正面碰撞的乘员保护	GB 20071—2006	汽车侧面碰撞的乘员保护
GB 15743—1995	轿车侧门强度	GB/T 28382—2012	纯电动乘用车技术条件
GB/T 24550—2009	汽车对行人的碰撞保护	GB 11552—2009	乘用车内部凸出物
GB 14167—2013	汽车安全带安装固定点、ISOFIX 固定点系统及上拉带固定点	GB 26134—2010	乘用车顶部抗压强度
GB 15083—2019	汽车座椅、安装座椅固定装置及头枕强度要求和试验方法	GB 17354—1998	汽车前、后端保护装置

(2)国外　国外有关乘用车安全的法规如下所示：
1) FMVSS：美国联邦机动车安全标准。
2) EEC：欧洲经济共同体机动车指令。
3) ECE：联合国欧洲经济委员会机动车法规。
4) ADR：澳大利亚机动车安全设计法规。
5) 日本道路运输车辆安全标准。
6) ISO：国际标准。

7.4.2　新车评价规程

各国的安全相关法规是对汽车安全的一个基本要求，是每个上市汽车必须满足的要求，相对来说比较容易满足。而新车评价规程（NCAP）和法规相比，测评的项目更加全面，要求更为苛刻。它把一般性试验是否合格的判断量化为星级评定，评定项包括对乘车人员的保护、对儿童的保护、道路安全弱势群体和安全辅助。如图 7-49 所示为被动安全碰撞的各种工况。由于权威公正，影响广泛，很多主机厂为了展示自己车辆的安全性，在汽车开发时会设定星级开发的目标，上市后会去专业机构做新车评价，通过好的测试评分来提升竞争力，争取消费者的信任。

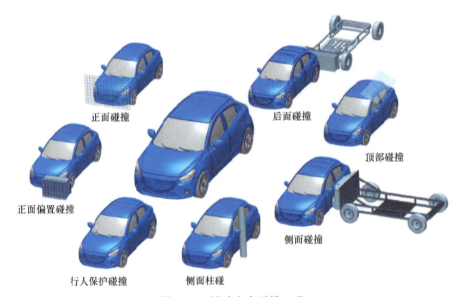

图 7-49　被动安全碰撞工况

NCAP 体系除了中国的 C-NCAP 外，还包括美国的 US NCAP、欧洲的 Euro NCAP、日本的 J-NCAP、韩国的 KNCAP、东南亚的 ASEANNCAP 和拉丁美洲的 Latin NCAP。主机厂根据销售市场的需要，在项目定义初期，就重点研究某个或某几个区域的 NCAP 星级评价并进行可行性分析。当前，中国主机厂通常对 C-NCAP 和 Euro NCAP 研究得比较多，以下将重点介绍一下这两个新车评价规程。

1. C-NCAP 介绍

C-NCAP 从 2005 年开始运行，并经过几次修改和补充，最新的是 2018 版 C-NCAP。新标准对车辆安全性通过系统的评估方法给出评分，为消费者购买新车提供参考，提高了主机厂对车辆安全的重视。

2018 版 C-NCAP 的规程相比 2015 版增加了行人保护试验，重点针对行人的头部和腿部；侧碰可变形壁障的碰撞能量、高度等参数也发生了变化；增加了对纯电动和油电混合汽车的试验和评价方法，对电安全的防触电以及防火防爆进行了评估。

即将要实施的 2021 版 C-NCAP 和 2018 版相比，又有了比较大的更改和修订。对于铝车身结构设计性能开发来说，影响比较大的有：正面碰撞中，取消了偏置变形壁障（Offset Deformable Barrier，ODB），引入了移动式渐变性可变形壁障（Mobile Progressive Deformable Barrier，MPDB）。在刚性正面壁障（Front Rigid Barrier，FRB）中，新增了约束系统一致性评价和惩罚性评价。鞭打试验中增加后排乘员的安全性评估，对于后排乘员的保护性能给予更多的重视。在侧面碰撞中，增加了柱碰（POLE），试验车以 32km/h 的速度及 75°角碰撞立柱；在先进的欧洲可移动变形壁障（Advaced European Mobile Deformable Barrier，AE-MDB）碰撞试验中，前排远端座位位置增加假人的放置，进行数据采集但不进行评价。同时，也加大了对儿童保护的力度。在 FRB 试验中车辆后排新增放置 1 个 Q3 儿童假人，在 MPDB 试验中车辆后排新增放置 1 个 Q6 儿童假人，增加了对儿童假人的损伤评估。

2. Euro NCAP 介绍

Euro NCAP 是民间研究性质的非营利组织机构。与 C-NCAP 对比，Euro NCAP 是全球影响力更大的安全评价标准，要求更为苛刻，也是业内公认最为严苛的新车碰撞测试标准之一。2018 版的 C-NCAP 与 2018 版的 Euro NCAP，碰撞工况和假人布置对比如图 7-50 所示，除了柱碰不一样，其他基本一致，说明 C-NCAP 和 Euro NCAP 的评估体系总体上比较接近。Euro NCAP 的碰撞工况包括正面碰撞、偏置碰撞、行人保护碰撞、侧碰和柱碰，评分项涵盖成人假人伤害、儿童假人伤害、行人伤害、安全辅助评分。如果要获五星评分，除总体得分要满足五星所要求的得分之外，每个单项的得分也必须达到一定的门槛，不能有明显的弱项。

欧洲已于 2020 年施行新的 NCAP 评价工况，采用 MPDB 试验和新的前碰假人及渐变强度可变形壁障（PDB），给车身的被动安全设计带来很大的挑战。该测试评价项主要是通过汽车碰撞的兼容性评价和优化，降低事故对人员造成的损伤。在碰撞发生时，车辆怎样能保证本车乘员的安全，又能减少对被撞车辆造成的损伤，即为该评价的核心。C-NCAP 也将在 2021 年引入 MPDB 试验来取代现有的 ODB 试验，因此研究 MPDB 碰撞测试是非常有必要的，以下就基于 Euro NCAP 相关评价章程来解析一下 MPDB 评价过程。

（1）MPDB 碰撞工况简介　MPDB 和 ODB 的一个明显区别在于将固定的可变形壁障替换为可移动的碰撞小车模拟更真实的实际对撞，通过评价兼容性来评估对方车辆的乘员安全性。

MPDB 工况如图 7-51 所示，与现在的 ODB 工况差别较大。壁障车的重量为 1400kg，屏障车和碰撞车两者以 50km/h 的速度相互移动，并以 50% 的重叠率相互碰撞。

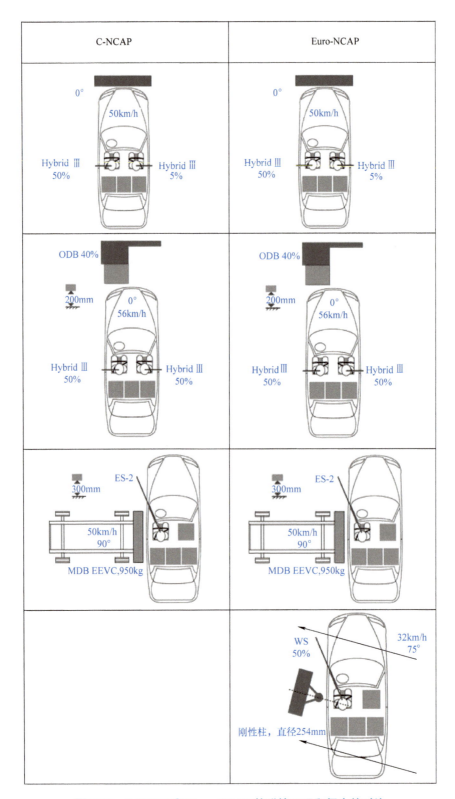

图 7-50　C-NCAP 和 Euro NCAP 的碰撞工况和假人的对比

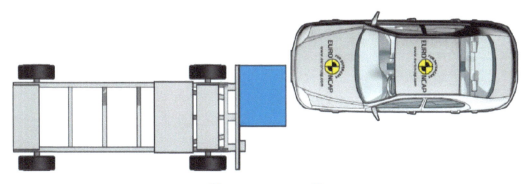

图 7-51　MPDB 工况

MPDB 与 ODB 工况的比较见表 7-22，两者的碰撞速度、方式和前排假人均不相同。碰撞的速度和方式不同，对汽车的形变状态和对假人作用的加速度波形产生了较大的影响；前排假人的不同，对整车加速度脉冲的响应速度与伤害的敏感程度也会有所区别。

表 7-22　MPDB 与 ODB 工况差异对比

工况	MPDB	ODB
速度/（km/h）	50	64
前排假人	主驾：THOR 副驾：Hybird Ⅲ	主驾：Hybird Ⅲ 副驾：Hybird Ⅲ
后排假人	Q6、Q10	Q6、Q10

与 ODB 试验相比，MPDB 试验更接近汽车发生碰撞时的真实场景，对汽车安全更具有指导意义。

（2）相容性评估　相容性评估主要从以下三个方面进行综合评估。

1）壁障变形标准差（SD）。图 7-52 所示为壁障变形区示意图。SD 的计算步骤如下：

第一步：通过扫描变形壁障，获取点云，得到最大 10mm 的网格。

第二步：以未发生变形壁障的中心为中心，得到间隔为 20mm 的网格点。

第三步：沿着 X 方向将网格点投影到变形壁障的网格上，计算评估区域每个点的侵入量。

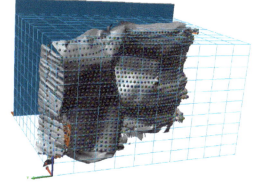

图 7-52　壁障变形区示意图

2）乘员负载指数（OLC）。OLC 高低限值为 25g 和 40g，它们之间采用线性插值。

3）壁障击穿（Bottoming out）。若在大于 40mm×40mm 的区域中存在 630mm 的侵入量，需要扣除 2 分。击穿修正分记为 MBottoming-out。

在 2020 年和 2021 年，相容性修正分（MCompat）乘以系数 0.5（即 MCompat 极限值为 −4 分）；MCompat 从 MPDB 正面碰撞的总分（16 分）中扣除。

（3）针对 MPDB 的结构设计优化　若设计条件允许，前端上下左右形成强度均匀的整体框架，框架范围足够覆盖 SD 考察区域；碰撞时与壁障的接触面积增加，减少 SD 值；若无法形成上下左右强度均匀的整体框架，应尽可能扩大上下防撞横梁的跨度，能延伸到对前轮防护的位置。同时增加上下防撞横梁的强度，不能在碰撞中断裂或撕裂。设计多条碰撞车身传力路径也可以有效改善壁障变形 SD 值：

1）防撞梁—前纵梁—门槛梁—车身后部骨架。
2）防撞梁—前纵梁—A 柱。
3）防撞梁—散热器框架—手枪板—A 柱—A 柱上部。

此外，合理匹配纵梁的强度，既不能太软也不能太硬，太软会导致车身变形较大，OLC 偏高；太硬会击穿壁障，导致壁障 SD 值大。因此纵梁前后的强度需要匹配好，理想状态是防撞梁吸能盒优先溃缩，将力传递至纵梁及手枪板，纵梁前部溃缩吸能，避免击穿壁障；纵梁后部折弯变形，防火墙侵入量小从而减少假人伤害值。

图 7-53 所示为 A、B、C 三款车型碰撞 SD 评价对比。A 车型的 SD 值较小，结果优秀，B 车型次之，C 车型较差。从碰撞结果图可以看出，A 车型防护梁强度足够，且跨度在三辆车中最大，碰撞没有发生断裂，防护延伸至前轮位置；前端有变形均匀的散热器框架，手枪板与散热器框架、防撞梁均有连接关系，碰撞力有多条传递路径，这一系列措施导致碰撞 SD 值较小；B、C 车型的前防撞梁跨度小，无法为前端做出全面防护，且防撞梁强度不足，碰撞时发生折断，造成碰撞 SD 值较大。C 车型的纵梁碰撞时只有防撞梁吸能盒溃缩，纵梁前部未溃缩吸能，导致其 SD 值在三个车型中最大。

a) A 车型　　　　　　　b) B 车型　　　　　　　c) C 车型

图 7-53　三款车型碰撞 SD 评价对比

7.4.3　中国保险安全指数

在中国保险行业协会的指导下，中国汽车工程研究院股份有限公司与中保研汽车技术研究院有限公司（简称中保研）在充分研究并借鉴国际成熟经验的基础上，结合中国汽车保险与车辆安全技术现状，经过多轮论证、最终制定形成"中国保险汽车安全指数"（以下简称"C-IASI"）测试评价体系。中保研借鉴了美国公路安全协会（IIHS）的运作方法，其碰撞测试标准与 IIHS 基本相同，主要为保险业服务，测试结果好的车型相对保费费率低，测试结果差的车型相对保费费率高。

本节就基于相关评价章程来介绍 C-IASI 的评价过程。

C-IASI 的安全测试项目中除了正面 25% 的偏置碰撞、行人保护测试、侧面碰撞、车顶强度测试、座椅/头枕（俗称鞭打测试）外，还包括与主流安全配置自动紧急制动（Autonomous Emergency Braking）的效果测试以及低速耐撞性和维修经济性测试，而最后这两项测试更多是关于车辆维修成本和车险保费合理性层面的。图 7-54 所示为 C-IASI 的评价体系。

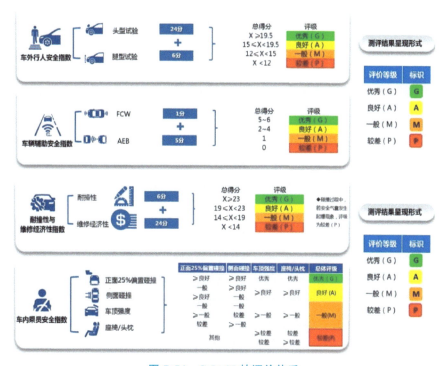

图 7-54 C-IASI 的评价体系

1. 车辆乘员安全指标

车辆乘员安全指标体系的设计，参照美国 IIHS 高速试验标准，如正面碰撞、侧面碰撞、车顶强度、座椅/头枕测试等，并进行结果评价。C-IASI 和 IIHS 测试工况对比见表 7-23。

表 7-23 C-IASI 和 IIHS 测试工况对比

	C-IASI	IIHS
正面碰撞	25% 偏置（64km/h）	25% 偏置（64km/h）
侧面碰撞	移动壁障（50km/h，重 1500kg，高 1138mm）	移动壁障（50km/h，重 1500kg，高 1500mm）
座椅/头枕测试	16km/h	16km/h
车顶强度测试	√	√

（1）正面 25% 偏置碰撞试验 试验车辆以 64.4km/h±1km/h 的速度，以 25%±1% 的重叠率（驾驶员侧）正面撞击固定刚性壁障（图 7-55），采集假人伤害数据、车体结构变形数据以及假人运动状态数据。

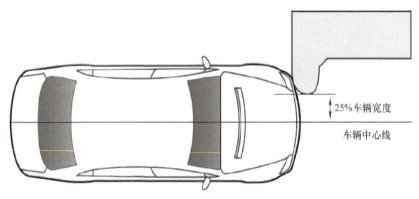

图 7-55 正面 25% 偏置碰撞

（2）侧面碰撞试验　如图 7-56 所示，试验使用前端安装 IIHS 碰撞块的移动可变形壁障（MDB）撞击试验车辆驾驶员侧。MDB 行驶方向与试验车辆的纵向中心平面垂直，MDB 纵向中心线对准试验车辆碰撞参考线，碰撞速度为 50km/h±1km/h。试验车辆驾驶员位置及第二排左侧座椅位置上各放置一个 SID-IIs（D 版）型假人，用于测量碰撞过程中驾驶员及第二排左侧乘员的损伤情况。

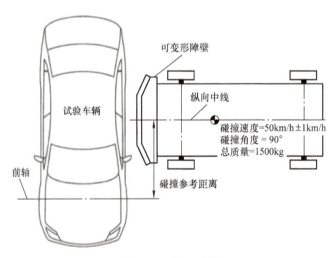

图 7-56 侧面碰撞

（3）车顶强度测试　测试时，加载装置的刚性压板以约 5mm/s 的速度给试验车辆施加载荷，加载位移 ≥ 127mm，采集压板位移量 127mm 范围内测得的峰值载荷与车重（整备质量状态）的比值（SWR）。

（4）座椅/头枕测试　座椅/头枕评估分为静态测试和动态测试两部分。首先进行座椅头枕的静态几何形状测量和评价，然后将座椅安装到台车上进行模拟追尾碰撞（波形满足特定的几何界限），完成动态测试和评价，最后对座椅/头枕的总体进行评价。

2. 车外行人安全指数

头型试验采用儿童/成人头型，以 11.1m/s±0.2 m/s 的速度冲击发动机罩等车辆前部结构，测量头部伤害指标。腿型试验根据保险杠离地高度选用 TRL 上腿型或 FLEX-PLI 柔性腿型以 11.1m/s±0.2m/s 速度冲击车辆前保险杠，测量腿部伤害指标。TRL 上腿型冲击车辆包络线 775mm，测量大腿/骨盆的伤害作为监测项。

3. 车辆辅助安全指数

试验工况分为前车碰撞预警（Forward Collision Warning，FCW）功能测试和自动制动辅助系统（AEB）功能测试，FCW 功能测试包含 72km/h±1.6km/h 的速度对静止目标车、低速目标车和减速目标车的测试工况；AEB 功能测试包含以 20km/h±1km/h 和 40km/h±1km/h 的速度对静止目标车的测试工况，采集目标车车速、主车车速、两车横向距离、两车纵向距离、横摆角速度、FCW 报警时刻等数据。

4. 耐撞性与维修经济性指数

在车辆低速结构正面碰撞中，试验车辆以 15km/h 的速度撞击刚性壁障。在车辆低速结构追尾碰撞中，装有刚性壁障的移动台车以 15km/h 的速度撞击静止的试验车辆后部。另外开展车辆保险杠系统的静态和动态测试，作为车辆耐撞性与维修经济性指数的监测项目。

7.4.4　铝合金车身被动碰撞安全结构设计

1. 低速碰撞铝车身安全性设计

为了降低维修费用以及把车身损伤降至最小，设计上应主要考虑以下方面：

1）将轿车乘客区设计为高强度、高刚度的结构，以便经受多方向的碰撞而基本不变形。

2）将车身前部和后部设计成可定向变形的结构，以便在碰撞时有效地吸能。

3）在车身前部配置高强度的横向连接件，以承受正面碰撞的冲击。

4）将车身地板设计成耐碰撞结构，以传递剩余的碰撞能量。

5）车门框及 A、B、C 柱应具有足够的刚度和强度，以保证碰撞发生后，车门能被打开。

6）车顶盖应采用加强壳体和车顶框架结构，以保证顶盖抗压能力。

7）轿车的纵向结构从发动机舱到乘员舱的变形阻力逐渐增大，以避免或减少汽车的碰撞损伤，降低修理费用。

8）当正面、后面、侧面碰撞后，保证车内乘员无伤害。

9）需要考虑行人保护法规。

10）车身本体后部经重量为 1000kg 的碰撞车以 15km/h 车速和 40% 覆盖面碰撞试验，除车身本体后部零件外，其他车身本体零件不需要再更换，减少维修费用。

2. 高速时轿车车身安全性设计

不仅需要对轿车车身提出更高的耐撞性要求，更重要的是使乘客得到最优的保护，既要考虑自身车内的乘客安全，还要考虑对方车内的乘客安全。车身本体碰撞承载结构采用轻量化设计，尽量采用挤出铝或者铸铝结构件，使强度提高。下一小节将通过五个具体的案例来进行阐述。

7.5　碰撞安全 CAE 分析案例

通过 CAE 仿真车辆的碰撞，可以提升车辆的安全性。碰撞 CAE 仿真分析是在产品开发设计阶段，使用有限元分析技术和高性能计算机，对汽车发生碰撞的场景进行模拟。与传统的碰撞试验相比，碰撞 CAE 分析可以分析汽车在设计阶段的碰撞性能，有助于在早期发现原设计的不足，有效指导整车的设计和优化。利用 CAE 分析这一先进技术，可将新车型的整个研发周期减少至两年左右，降低研发费用，提高汽车被动安全性能。

7.5.1 前部碰撞 CAE 仿真及优化设计案例

2018 版 C-NCAP 中，前部碰撞包括正面碰撞和正面偏置碰撞。以下将分别介绍它们的 CAE 仿真及车身结构的设计优化。

1. 模型搭建

模型简介：某车型 CAE 模型根据 CATIA 整车数模和 BOM 表进行网格划分和模型搭建，整车整备质量 1750kg。与碰撞安全相关的结构件网格划分情况见表 7-24。

表 7-24 模型网格划分

网格划分尺寸	10mm	最小网格尺寸	5mm
网格最大翘曲角度	15°	最小雅克比	0.55
整车节点数	160 万	整车单元数	157 万

模型计算检查：如图 7-57 所示，可以看出，模型能量和质量变化量小于 5%，能量变化曲线平滑未见突变。

2. 正面碰撞仿真结果概述

为了定量考察碰撞仿真结果的精度，需要定义一些考察项目。因为在碰撞中假人的伤害来源于加速度和侵入量两个方面，所以这两个项目是必须要考察的。其中，加速度取车身左右侧 B 柱下方的加速度代表整车的加速度响应进行监控，侵入量选取前围上的特定点进行考察。

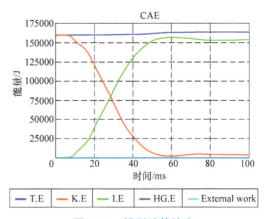

图 7-57 模型计算检查

1）由正面碰撞整车变形图（图 7-58）可以看出，A 柱和顶边梁没有出现折弯变形；前车轮没有挤压门槛前端；前车门未出现较明显的结构变形。

2）左右侧 B 柱下端正面碰撞加速度曲线如图 7-59 所示。左侧 B 柱下端加速度峰值为 41.5g，右侧 B 柱下端加速度峰值为 40.1g。同时根据加速度曲线计算得到，左侧加速度 OLC 值为 29.8g，右侧加速度 OLC 值为 30.2g，超过分析目标值 29g，不满足约束系统匹配的要求，需要进行相应的优化。

3）侵入量仿真分析结论目标值和分析值详见表 7-25，其中加速踏板的 X 向侵入量 81mm、制动踏板的 X 向侵入量 80mm，超过分析目标设定要求。前围板上部侵入量最大，

图 7-58 正面碰撞整车变形图

其值约为 101mm，如图 7-60 所示，满足目标要求。

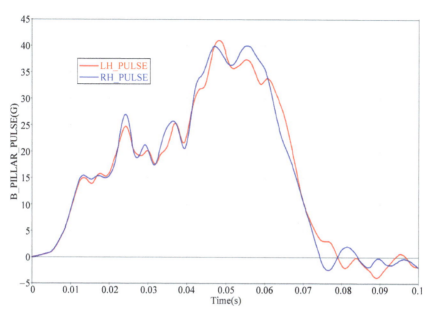

图 7-59　左右侧 B 柱下端正面碰撞加速度曲线

表 7-25　正面碰撞仿真分析结论

序号	分析项	评价标准	优化前
1	左侧 B 柱下端最大峰值加速度	<40g	45.72g
2	右侧 B 柱下端最大峰值加速度	<40g	42.64g
3	B 柱下端 X 向最大位移	<600mm	557.8mm
4	前围板侵入量	<120mm	101 mm
5	制动助力器支座侵入量	<90mm	72.5 mm
6	转向管柱 X 向侵入量	<20mm	6.5 mm
7	转向管柱 Y 向侵入量	<20mm	6.3 mm
8	转向管柱 Z 向侵入量	<20mm	8.1 mm
9	脚掌-歇脚处侵入量	<60mm	20.3 mm
10	IP 横梁左侧侵入量	<20mm	6.4 mm
11	IP 横梁中部侵入量	<20mm	5.7 mm
12	IP 横梁右侧侵入量	<20mm	7.1 mm
13	加速踏板 X 向侵入量	<50mm	81.0 mm
14	加速踏板 Z 向侵入量	<50mm	18.3 mm
15	制动踏板 X 向侵入量	<50mm	80.0 mm
16	制动踏板 Z 向侵入量	<50mm	19.2 mm
17	A 柱左侧变形量	<20mm	11.5 mm
18	A 柱右侧变形量	<20mm	8.5 mm
19	门框变形量	<20mm	11.7 mm

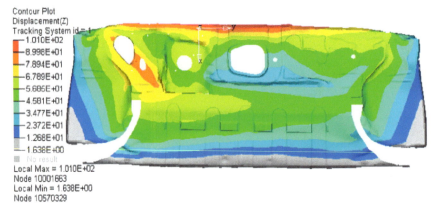

图 7-60　正面碰撞前围板侵入量

3. 偏置碰撞仿真结果概述

1）偏置碰撞整车变形图如图 7-61 所示，可以看出，整车外形变形模式正常。A 柱和顶边梁没有出现折弯变形；前车轮挤压门槛前端；前车门未出现较明显的结构变形。

2）左右侧 B 柱下端加速度曲线如图 7-62 所示。左侧 B 柱下端加速度峰值为 37.5g，右侧 B 柱下端加速度峰值为 38.1g。同时根据加速度曲线计算得到，左侧加速度 OLC 值为 28.9g，右侧加速度 OLC 值为 28.8g，满足分析目标值小于 29g。

图 7-61　偏置碰撞整车变形图

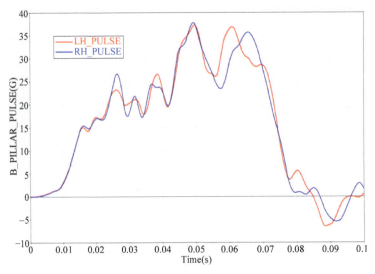

图 7-62　左右侧 B 柱下端加速度曲线

3）偏置碰撞仿真分析结论详见表 7-26。前围板侵入量 136.3mm（图 7-63）、制动助力器支座侵入量 124.9mm、加速踏板 X 向侵入量 91.9mm、制动踏板 X 向侵入量 67.3mm，超过分析目标设定要求。

铝合金车身的性能开发及轻量化设计 第7章

表 7-26 偏置碰撞仿真分析结论

序号	分析项	评价标准	优化前
1	左侧 B 柱下端最大峰值加速度	<40g	38.50g
2	右侧 B 柱下端最大峰值加速度	<40g	31.13g
3	B 柱下端 X 向最大位移	<1200mm	1152.5mm
4	前围板侵入量	<120mm	136.3 mm
5	制动助力器支座侵入量	<90mm	124.9 mm
6	转向管柱 X 向侵入量	<20mm	9.2 mm
7	转向管柱 Y 向侵入量	<20mm	7.1 mm
8	转向管柱 Z 向侵入量	<20mm	11.3 mm
9	脚掌-歇脚处侵入量	<60mm	28.1 mm
10	IP 横梁左侧侵入量	<20mm	4.5 mm
11	IP 横梁中部侵入量	<20mm	11.8 mm
12	IP 横梁右侧侵入量	<20mm	5.5 mm
13	加速踏板 X 向侵入量	<50mm	91.9 mm
14	加速踏板 Z 向侵入量	<50mm	14.9 mm
15	制动踏板 X 向侵入量	<50mm	67.3 mm
16	制动踏板 Z 向侵入量	<50mm	16.1 mm
17	A 柱左侧变形量	<20mm	8.9 mm
18	A 柱右侧变形量	<20mm	5.9 mm
19	B 柱左侧变形量	<20mm	9.7 mm
20	B 柱右侧变形量	<20mm	8.7 mm

图 7-63 前围板侵入量

4. 车身结构优化

(1) 吸能盒结构优化 优化前的吸能盒,口型为"目"字形,料厚 3mm,材料为 6082-T6,其结构相对于"日"字形结构较强。为确保纵梁前端压溃,需要弱化成"日"字形,料厚减为 2.5mm,材料更改为 6063-T6,如图 7-64 所示。

图 7-64 吸能盒结构优化

（2）前纵梁优化　如图 7-65 所示，通过增加压溃筋弱化纵梁，降低纵梁刚度，使得纵梁传递到扭力盒的力下降，从而降低扭力盒断裂风险。

图 7-65 前纵梁压溃筋

（3）减震塔结构优化　如图 7-66 所示，取消图中圈出的减震塔的部分钣金，弱化减震塔连接纵梁 X 向的结构，让纵梁中段也能充分压溃。

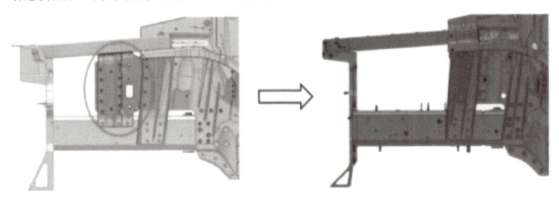

图 7-66 减震塔结构优化

5. 结构优化后 CAE 仿真分析

（1）正面碰撞结构优化　正面碰撞结构优化后，CAE 仿真分析的结果满足以下要求：

1）从整车加速度来看，左、右侧 B 柱下端输出点的加速度峰值均未超 $40g$（图 7-67），满足性能要求。

2）前围板侵入量如图 7-68 所示，满足性能要求。

3）各输出点侵入量均未超过目标值，满足性能要求。

（2）偏置碰撞结构优化　偏置碰撞结果优化后，CAE 仿真分析结果满足以下要求：

1）从整车加速度来看，左、右侧 B 柱下端输出点的加速度峰值均未超 $40g$（图 7-69），满足性能要求。

2）前围板侵入量如图 7-70 所示，满足性能要求。

铝合金车身的性能开发及轻量化设计 第7章

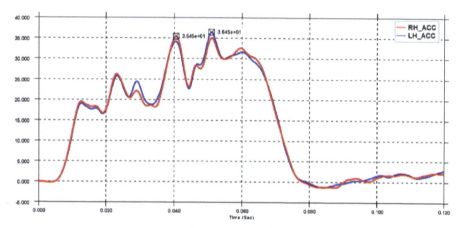

图 7-67　优化后正面碰撞 B 柱下端加速度

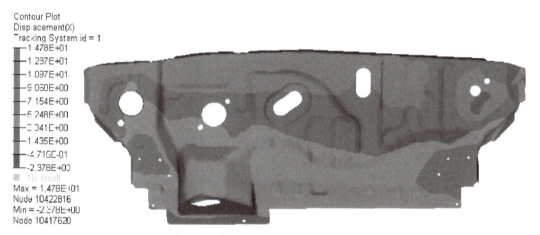

图 7-68　优化后正面碰撞前围板侵入量

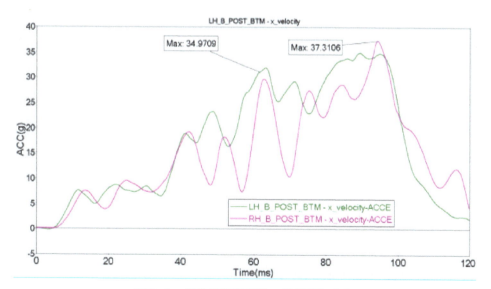

图 7-69　优化后偏置碰撞 B 柱下端加速度

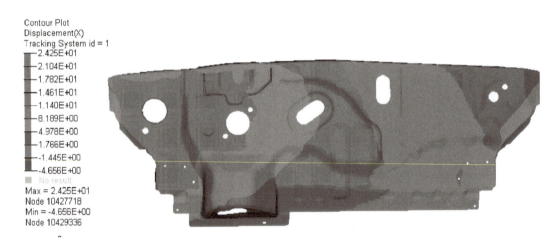

图 7-70 优化后偏置碰撞前围板侵入量

7.5.2 侧面碰撞 CAE 仿真及优化设计案例

1. 模型搭建

整车模型与前部碰撞中的模型一样。C-NCAP 侧面碰撞工况如图 7-71 所示,重达 1400kg 的移动壁障,行驶方向与试验垂直,中心线对准试验车 R 点后 250mm 处,碰撞速度为 50km/h。

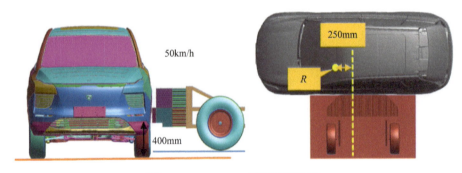

图 7-71 C-NCAP 侧面碰撞工况

2. 侧面碰撞仿真结果概述

侧碰中,侵入量及侵入速度大小直接影响车内乘员的伤害情况,因此对这两个参数指标进行分析考察。其中在 B 柱选取五处分析测量点(编号 1~5),前门选取三处分析测量点(编号 6~8),后门选取三处分析测量点(编号 9~11),如图 7-72 所示。

根据 C-NCAP 侧碰工况对模型进行仿真分析,侧碰侵入速度

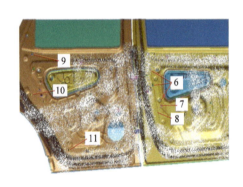

图 7-72 侧碰分析考察取点

仿真结果见表7-27。其中，B柱顶端、B柱（对应胸部）、B柱（对应腹部）、B柱（对应盆腔）、前门（对应胸部）、前门（对应腹部）等六处监测点侵入速度超过目标设定要求。侧碰整车变形 Y 向截面视图和 X 向截面视图如图7-73和图7-74所示，可以看出，前门与B柱结构变形明显，侵入量较高，座椅与B柱产生接触。

表7-27 侧碰侵入速度仿真结果

序号	分析项	目标值/（m/s）	优化前/（m/s）
1	B柱顶端速度	6.0	6.9
2	门槛速度	7.0	6.5
3	B柱（对应胸部）速度	7.0（40ms前）	10.17
4	B柱（对应腹部）速度		7.67
5	B柱（对应盆腔）速度		7.17
6	前门（对应胸部）速度	7.5（40ms前）	11.2
7	前门（对应腹部）速度		7.68
8	前门（对应盆腔）速度		7.12
9	后门上部速度	7.0（40ms前）	4.1
10	后门中部速度		5.61
11	后门下部速度		6.0

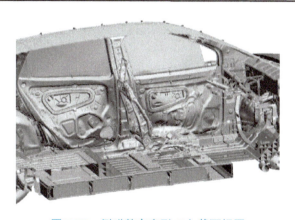

图7-73 侧碰整车变形 Y 向截面视图

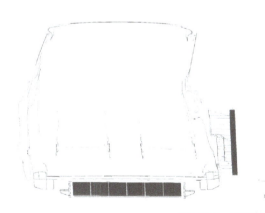
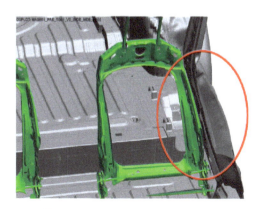

图7-74 侧碰整车变形 X 向截面视图

侧碰侵入量仿真结果详见表 7-28，其中 B 柱（对应胸部）、B 柱（对应腹部）、B 柱（对应盆腔）、前门（对应胸部）、前门（对应腹部）、前门（对应盆腔）、后门下部等七处监测点侵入量超过目标设定要求。

表 7-28 侧碰侵入量仿真结果

序号	分析项	目标值 /mm	优化前 /mm
1	B 柱顶端侵入量	25	10.35
2	门槛侵入量	40	12.7
3	B 柱（对应胸部）侵入量	120	204
4	B 柱（对应腹部）侵入量	120	136
5	B 柱（对应盆腔）侵入量	120	122
6	前门（对应胸部）侵入量	120	204
7	前门（对应腹部）侵入量	120	134.7
8	前门（对应盆腔）侵入量	120	168.1
9	后门上部侵入量	120	37.7
10	后门中部侵入量	120	102
11	后门下部侵入量	120	166

3. 车身结构优化

（1）材料优化　B 柱变形较大，侧围 B 柱内板需加强，材质由 6061-T6 变更为 7075-T7，料厚保持 2.0mm。

（2）B 柱结构优化　仿真分析 B 柱侵入量、侵入速度均超过目标值，需对 B 柱结构进行加强，在 B 柱外板增加加强板，如图 7-75 所示。

（3）后门结构优化　仿真分析后门侵入量超过目标值，对后门结构进行优化。将后门防撞梁下部与车门搭接位置下移，与门槛重叠，加强根部支撑，减少侵入量，如图 7-76 所示。

图 7-75　B 柱结构优化　　　　　图 7-76　后门结构优化

4. 结构优化后 CAE 仿真分析

侧碰优化前后碰撞变形对比如图 7-77 所示，可以看出，优化后车门与 B 柱侵入量明显减小。

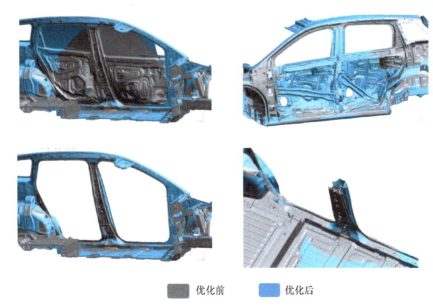

■ 优化前　　■ 优化后

图 7-77　侧碰优化前后碰撞变形对比

优化后侧碰侵入速度和侵入量的仿真分析结果详见表 7-29 和表 7-30，均满足设计要求。

表 7-29　优化后侧碰侵入速度仿真分析结果

序号	分析项	目标值/(m/s)	优化后/(m/s)
1	B 柱顶端速度	6.0	5.8
2	门槛速度	7.0	6.24
3	B 柱（对应胸部）速度	7.0（40ms 前）	4.44
4	B 柱（对应腹部）速度		4.03
5	B 柱（对应盆腔）速度		3.92
6	前门（对应胸部）速度	7.5（40ms 前）	4.63
7	前门（对应腹部）速度		4.9
8	前门（对应盆腔）速度		3.87
9	后门上部速度	7.0（40ms 前）	5.02
10	后门中部速度		4.56
11	后门下部速度		4.19

表 7-30　优化后侧碰侵入量仿真分析结果

序号	分析项	目标值/mm	优化后/mm
1	B 柱顶端侵入量	25	22
2	门槛侵入量	40	9
3	B 柱（对应胸部）侵入量	120	82
4	B 柱（对应腹部）侵入量	120	61
5	B 柱（对应盆腔）侵入量	120	53
6	前门（对应胸部）侵入量	120	91

（续）

序号	分析项	目标值/mm	优化后/mm
7	前门（对应腹部）侵入量	120	94
8	前门（对应盆腔）侵入量	120	70
9	后门上部侵入量	120	60
10	后门中部侵入量	120	56
11	后门下部侵入量	120	85

7.6 车身轻量化设计

由于全球变暖、能源短缺等问题日益严重，车身轻量化是汽车与社会环境共同可持续发展的重要途径。据有关数据研究，汽车重量每减轻10%，加速时间降低8%，制动距离降低5%，疲劳失效降低50%，燃油消耗降低约7%，尾气排放降低5%，材料成本降低10%。车身轻量化是在保证汽车结构安全、NVH、强度等性能不低于原有水平前提下的减重，主要途径有结构轻量化、材料轻量化、工艺轻量化，如图7-78所示。

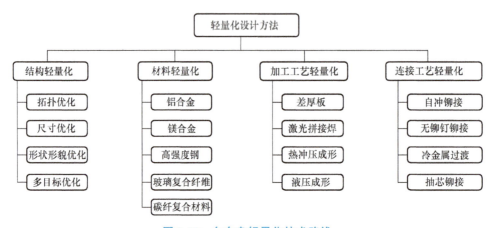

图7-78　白车身轻量化技术路线

结构轻量化设计方法主要有拓扑、尺寸、形状形貌的优化以及多目标优化。拓扑优化的本质就是找到材料的最佳传力路径，通过挖孔抠洞的方式去除一些冗余的材料。尺寸优化是指通过合理分配结构的一些基本属性，如料厚、弹性模量、截面参数、重量等，从而改善结构性能、降低重量。形状优化是通过更改车身结构的边界、节点的位置或几何形状来提升性能。形貌优化则是在可设计区域中根据节点的扰动生成加强筋，它主要用于寻找板状结构的最优加强筋布置，在降低或者保持车身重量不变的同时增加车身强度、提高模态频率。当下，CAE数字模拟仿真的技术被广泛认可，它能有效缩短生产周期，降低研发成本与试验成本。结构优化是CAE结构轻量化的主要手段。

材料轻量化包含金属与非金属材料的应用。金属材料主要有铝合金、镁合金和高强度钢；非金属材料则为玻璃复合纤维、碳纤复合材料。目前，市面上高强度钢的强度越来越高，可在辊轧成形、热冲压成形、液压成形工艺中应用，使得钢板的壁厚也越来越薄。高强度钢保证了车身的碰撞、疲劳耐久性能，同时薄壁钢板使得车身具有更低的重量。铝合金、镁合金等由于具有较低密度的物理属性,在车身性能不低于原水平的情况下能大幅递降车身重量。非金属材料由于具有远低于金属材料的密度而广泛应用于中高端车中。由于其物料成本高、工艺复杂,故造车成本比较高。

工艺轻量化主要包括两方面的内容,一是零件先进制造工艺,二是车身先进制造工艺。零件先进制造工艺主要有差厚板工艺(Tailor Rolling Blank,TRB)、激光拼接焊工艺(Tailor Welded Blank,TWB)、热冲压成形工艺、液压成形工艺。先进的车身制造工艺主要有冷金属过渡焊接、自冲铆接、无铆钉铆接、抽芯铆接等,这些连接工艺为新材料的使用提供了保障。

7.6.1 前地板的轻量化设计

7.6.1.1 前地板骨架结构拓扑分析

结构优化设计包含设计变量、目标函数与约束条件三个要素。设计变量是指改动的参数,如材料密度、料厚、截面形状等;目标函数是指设计的最佳性能或参数,例如最小质量和最大一阶模态;约束条件是关于设计变量的函数,是指对某些性能与参数加以限制,如体积分数不低于0.3。

结构优化数学模型可表述为

$$\min : f(t) = f(t_1, t_2, \cdots, t_n) \tag{7-17}$$

$$\text{s.t}: g_{lj}(t) \leq 0 \quad (l=1, 2, 3\cdots; j=1, 2, 3\cdots)$$

$$t_i^L \leq t_i \leq t_i^U \quad i=1, \cdots, n$$

式中,$f(t)$是设计目标;$g_{lj}(t)$是第l个工况的第j个约束条件;t_i是第i号单元的设计变量;t_i^L与t_i^U分别是拓扑变量的上下限;n是设计变量的个数。

车身结构拓扑优化是为了找到车身结构在模态、弯扭刚度、强度、碰撞等多学科性能约束下的车身材料最佳传力路径。通过解读拓扑优化的结果,把合适的材料布置在合适的地方,从而得到前地板横梁布置的位置。

1. 白车身拓扑优化分析模型

白车身拓扑优化分析模型网格为六面体单元,尺寸按照25mm×25mm×25mm单元进行划分;设计变量为每个单元的密度,约束条件为满足模态、弯扭刚度、前碰、后碰、侧碰、柱碰等相关性能目标要求,白车身设计空间体积分数小于0.3;目标为质量最小。白车身拓扑优化有限元计算模型如图7-79所示。

2. 白车身拓扑优化结果及几何解析

经过39轮优化迭代收敛,白车身拓扑优化结果如图7-80所示。针对白车身拓扑优化得到的骨架结构,对目标区域前地板部分进行拓扑优

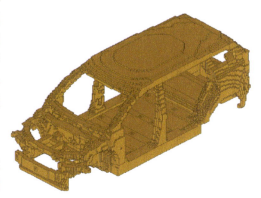

图7-79 白车身拓扑优化有限元计算模型

化分析解读，可以看出，前地板主要通过两根横梁与门槛梁搭接组成框架结构。综合考虑人机工程与总布置空间等，参考拓扑优化解析的前地板骨架结构如图7-81所示。

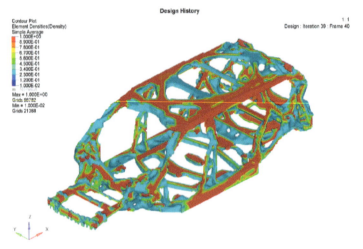

图7-80 白车身拓扑优化结果

7.6.1.2 前地板结构轻量化设计

根据拓扑优化得到的前地板框架，对前地板模型进行详细设计。优化前的结构如图7-82a所示，可以看出，它是由前地板本体-前、前地板本体-后先焊接，再与座椅前后横梁搭接。优化前的前地板部分设计断面如图7-83a所示，可以看出，前地板横梁底面与前地板全部搭接。考虑到搭接效率与材料利用率，将原来的2块前地板分为3块前地板，去掉前地板与横梁重合部分材料，再与座椅前后横梁搭接。前地板轻量化设计的结构如图7-82b所示，断面如图7-83b所示，在座椅横梁不变的情况下，共减少了300mm×1250mm地板本体面积，地板总重量由6.5kg降低到5.0kg，减重1.5kg，减重效果明显。

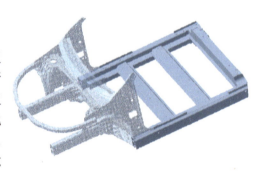

图7-81 拓扑优化解析的前地板骨架结构

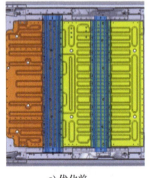

a) 优化前

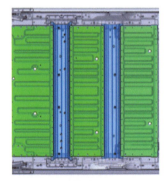

b) 轻量化

图7-82 前地板轻量化结构优化

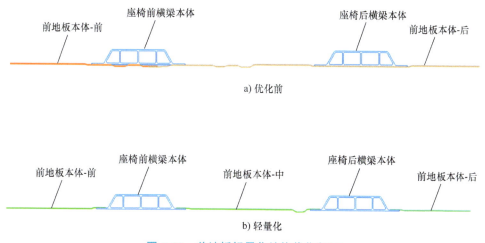

图 7-83 前地板轻量化结构优化断面

7.6.1.3 前地板轻量化前后刚度分析对比

1. 模型信息

约束前端 2 个减振器座中心点 X、Y、Z 方向平动自由度，后端 2 个弹簧座中心 Z 方向平动自由度，施加 7848N 的压力载荷。选取白车身地板 6 个加载区域，如图 7-84 所示。

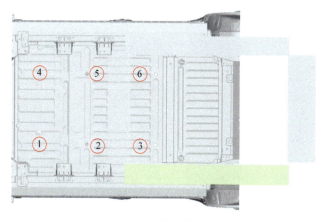

图 7-84 白车身地板加载区域

2. 前地板刚度分析结果对比

（1）优化前刚度分析结果　前地板优化前刚度分析位移云图如图 7-85 所示，由于车身左右对称，故只显示左半部分的结果。地板区域 1、地板区域 2、地板区域 3 的位移分别为 13.78mm、18.20mm、18.16mm。经计算，地板区域 1 的刚度为 569.52N/mm，大于目标值 500N/mm；地板区域 2、地板区域 3 的刚度分别为 431.21N/mm、432.16N/mm，大于目标值 300N/mm。

（2）轻量化后刚度分析结果　轻量化后的刚度分析，地板区域 1、地板区域 2、地板区域 3 的位移分别为 13.84mm、18.38mm、18.33mm。经计算，地板区域 1 的刚度为 567.05N/mm，大于目标值 500N/mm；地板区域 2、地板区域 3 的刚度分别为 426.99N/mm、

428.15N/mm，大于目标值 300N/mm。前地板轻量化刚度分析位移云图如图 7-86 所示。

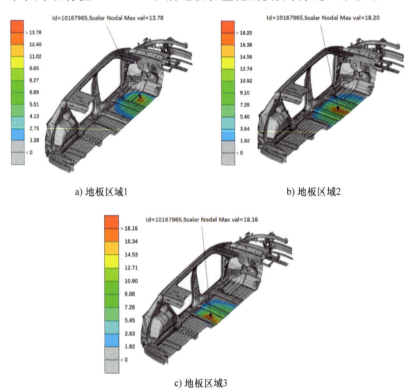

图 7-85　前地板优化前刚度分析位移云图

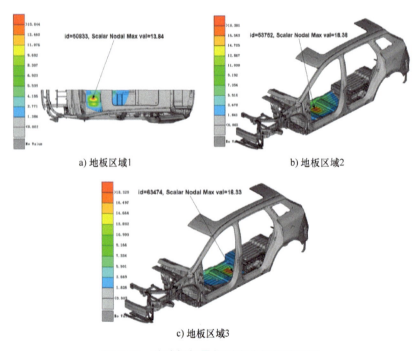

图 7-86　前地板轻量化刚度分析位移云图

(3) 前地板轻量化设计结论　经过白车身拓扑优化与结果解读，对前地板部分进行轻量化设计。前地板优化前后刚度分析对比见表7-31，地板的刚度性能基本不发生变化，实现减重1.5kg。

表7-31　前地板优化前后刚度分析对比

工况	优化前		轻量化后		刚度目标值/(N/mm)
	位移/mm	刚度/(N/mm)	位移/mm	刚度/(N/mm)	
地板区域1	13.78	569.52	13.84	567.05	大于500
地板区域2	18.20	431.21	18.38	426.99	大于300
地板区域3	18.16	432.16	18.33	428.15	

7.6.2　后扭力盒的轻量化设计

汽车后扭力盒作为后悬架的框架结构，与门槛梁、后纵梁、后轮罩相连，起着关键的连接作用。汽车后扭力盒不仅需要保证车身具有足够的刚度与强度，还需要在后碰时能够充分抵御变形从而保护电池包。

7.6.2.1　后扭力盒铝代钢设计

初始汽车扭力盒设计是由六个料厚1.6mm与一个2.0mm的高强度钢板组成，通过CO_2保护焊与点焊连接，集成化程度低，且需要经过冲压、焊接、电泳等过程，工艺工序复杂，成本较高，重量较大，如图7-87所示。

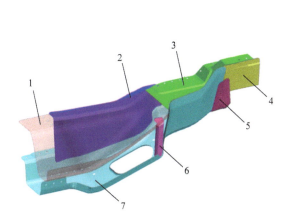

序号	料厚/mm	材料
1	1.6	高强钢
2	1.6	
3	1.6	
4	1.6	
5	2.0	
6	1.6	
7	1.6	

图7-87　初始后扭力盒结构设计

由于铝具有比较低的材料密度及比较好的力学性能，且铸铝件具有强度高、抵御变形性好的特点，被广泛应用于汽车减震塔、扭力盒等设计中，如奥迪A8、宝马6系等。故考虑将七个钢板组成的扭力盒以一个铸铝件替代，使其集成化程度得到提高。采用的铸铝件料厚为3~5mm，通过布置纵横交错及斜向的加强筋提高强度和弯扭刚度；单边减重1.14kg，双边减重2.28kg。后扭力盒轻量化结构优化如图7-88所示。

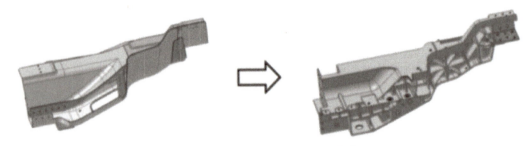

图 7-88 后扭力盒轻量化结构优化

7.6.2.2 后扭力盒 CAE 分析对比

1. 强度分析结果对比

（1）钣金方案分析结果　钣金方案强度仿真分析结果如图 7-89 所示，综合考虑所有强度工况后得到后退制动工况最为恶劣，扭力盒最大应力为 644.8MPa，但未超过材料的屈服极限。

（2）轻量化后分析结果　轻量化后的铸铝扭转盒强度分析结果如图 7-90 所示，综合考虑所有强度工况后得到后退制动工况最为恶劣，扭力盒最大应力为 121.455MPa。轻量化后的后扭力盒改为真空压铸铝合金集成化设计后，比钢板焊接的后扭力盒在各工况下的最大应力明显下降。

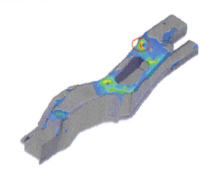
图 7-89 钣金扭转盒强度分析结果

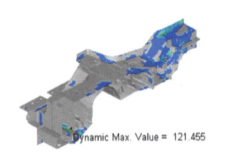
图 7-90 铸铝扭转盒强度分析结果

2. 刚度分析结果对比

经过有限元分析，得到后扭力盒钣金方案与轻量化后铸铝件的弯扭刚度分析结果对比（表 7-32）。可以看出，后扭力盒经轻量化后，弯曲刚度由 20779.2N/mm 增加到 23054.8N/mm，增加了 2275.6N/mm，满足目标值 20000N/mm；扭转刚度由 29471N·m/(°) 增加到 30529.5N·m/(°)，增加了 1058.5 N·m/(°)，满足目标值 25000N·m/(°)。

表 7-32 后扭力盒弯扭刚度分析对比

仿真分析项目	原方案	轻量化扭力盒方案	仿真目标值
弯曲刚度 /（N/mm）	20779.2	23054.8	大于或等于 20000
扭转刚度 /[N·m/(°)]	29471	30529.5	大于或等于 25000

3. 后碰分析结果对比

后扭力盒 50km/h 的后碰分析结果如图 7-91 所示；通过对比分析钢制后扭力盒和铸铝

后扭力盒的分析结果，得到后扭力盒的碰撞最大塑性应变由钢制后扭力盒的 15% 降到铝制后扭力盒的 9%。碰撞过程中，后副车架与电池包始终未接触，电池包得到了有效保护。

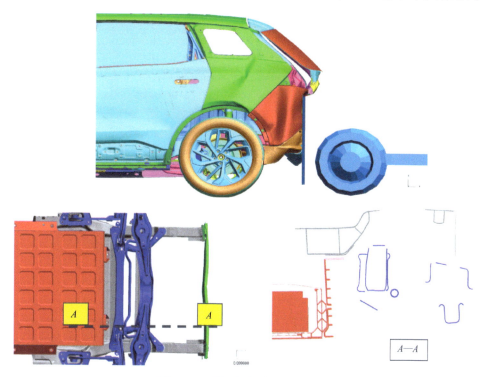

图 7-91　后扭力盒后碰分析结果

7.6.2.3　后扭力盒轻量化设计结论

后扭力盒通过真空压铸铝合金替代钣金件集成化设计，共减重 2.28kg；后扭力盒最大应力由 644.8MPa 减少到 121.455MPa；弯曲刚度、扭转刚度分别提升 1058N·m/（°）和 2275.6N/m 且满足目标值；后部碰撞最大塑性应变也有所降低。可见，后扭转盒轻量化设计不仅减重效果明显，对性能也有较大的提升。

参考文献

[1] 张林波，柳杨，黄鹏程，等.有限元疲劳分析法在汽车工程中的应用[J].计算机辅助工程，2006，15（1）：195-198.
[2] 陈传尧.疲劳与断裂[M].湖北：华中科技大学出版社，2001.
[3] 余志生.汽车理论[M].北京：机械工业出版社，2009：78-80.
[4] 庞剑.汽车车身噪声与振动控制[M].北京：机械工业出版社，2015.
[5] 丁博，张胜兰，夏洪兵.基于频响模量的白车身ACU安装点动刚度优化[J].湖北汽车工业学院学报，2018，32（4）：6-10.
[6] 胡苏楠，张代胜.内饰车身振动传递函数性能试验分析[J].农业装备与车辆工程，2018，56（12）：18-22，55.

[7] 李雪城.某型汽车车身整体与局部振动分析及控制研究[D].合肥：合肥工业大学，2018.

[8] 冷川，李军.汽车NVH性能研究综述[J].汽车工业研究，2017（11）：51-55.

[9] 王岩.某SUV振动性能仿真分析与白车身结构优化研究[D].合肥：合肥工业大学，2017.

[10] 吴云兵，林德强，顾国微，等.轻型汽车牵引装置试验方法研究[J].汽车实用技术，2017（2）：176-177，181.

[11] 高宏亮.基于NASTRAN的某SUV车身刚度及模态的仿真与优化[D].天津：天津科技大学，2017.

[12] 王宇.某轿车车身NVH性能分析与研究[D].合肥：合肥工业大学，2016.

[13] 张宁，李建功，刘宏达.东风风神AX7碰撞测试[J].汽车科技，2016（2）：1-6.

[14] 王静波.汽车预拉紧式安全带在乘员保护系统中的研究与验证[D].沈阳：东北大学，2015.

[15] 涂小春.基于性能驱动的微型纯电动车车身设计及优化[D].长沙：湖南大学，2015.

[16] 王峻峰，乔鑫.某轻型汽车前端牵引装置强度有限元分析与优化[C]//中国汽车工程学会.2014中国汽车工程学会年会论文集.北京：机械工业出版社，2014:818-821.

第 8 章
铝合金材料工艺与新能源车架构开发展望

8.1 铝合金新材料

8.1.1 铸铝新材料

目前，铝合金车身结构件大量使用真空高压铸铝件，而这些零件均需要通过热处理工艺来改善其力学性能，提升其伸长率来适应于铆接工艺。同时，热处理会导致铝合金零件变形以及成本大幅上升，该问题也是影响铝合金大规模应用的行业难题。免热处理高伸长率的铸铝材料在需求强烈的情况下应运而生。德国 Rheinfelden 公司率先推出了免热处理铸铝新材料：Castasil-37 属于 AlSi 系合金，Castasil-42 属于 AlMg 系合金，屈服强度大于 120MPa，在压铸铸态下，断后伸长率可达到 12% 以上，且能够直接通过压铸工艺制造出复杂的汽车零部件，不需要热处理来改善合金的性能，应用前景十分广阔。2019 年的欧洲车身年会（ECB）上，路虎宣布成功将 C65K（与 Castasil-37 和 Castasil-42 的性能接近）的免热处理铸铝材料首次应用在 EVOQUE 车型上，并且满足 SPR 连接所需的高伸长率要求，如图 8-1 所示。

图 8-1 路虎免热处理减震塔

Castasil-37 材料和 Silafont-36 材料相比（表 8-1），从成分上增加了 Zr，可以晶粒细化提高伸长率，但是会导致零件二次熔炼的难度增大，一般压铸厂无法直接回炉废料和有缺陷的零件。另外，由于添加了贵金属，导致单位重量的材料费上升，但节省了热处理的工序，整体综合成本是降低的。

Castasil-42 材料的缺点是材料收缩率大，在 8%~10% 左右，给零件尺寸控制和模具设计带来挑战。但是材料中贵金属含量较少，材料费较低，有很大的应用优势。

Silafont-36、Castasil-37 和 Castasil-42 三种材料的性能对比见表 8-2，可以看出无热处

理情况下，Castasil-37 和 Castasil-42 的屈服强度及抗拉强度与 Silafont-36 相差无几，而在断后伸长率上优势明显。

表 8-1　Silafont-36、Castasil-37 和 Castasil-42 的材料成分对比

材料类型	材料成分									
	Si	Fe	Cu	Mn	Mg	Zn	Ti	Mo	Zr	其他
Silafont-36	9.5~11.5	0.15	0.03	0.5~0.8	0.1~0.5	0.07	0.15	—	—	Sr
Castasil-37	8.5~10.5	0.15	0.05	0.35~0.6	0.06	0.07	—	0.1~0.3	0.1~0.3	Sr
Castasil-42	0.2	1.5~1.7	0.2	0.15	4.1~4.5	0.3	0.2	—	—	Be

表 8-2　Silafont-36、Castasil-37 和 Castasil-42 的性能对比

材料类型	热处理	壁厚/mm	屈服强度/MPa	抗拉强度/MPa	断后伸长率（%）
Silafont-36	无	—	120~150	250~290	5~11
Castasil-37	无	2~3	120~150	260~300	10~14
Castasil-42	无	2~3	125~135	245~265	11~15

AlSi 系和 AlMg 系的 Silafont-36、Castasil-37、Castasil-42、Aural-2 等压铸铝合金专利材料，开始应用于高端汽车（如奥迪 A8）的车身构件，并开始走向中高端汽车（如奔驰 C 系列）。但是这些合金的屈服强度以及韧性仍然无法满足新能源汽车的轻量化要求。德国 Rheinfelden 公司在原 Silafont-36 合金的基础上通过添加 Cu 和 Zn 以及微量元素，开发出了耐蚀性能等同于 Silafont-36、屈服强度超过 250MPa、断后伸长率超过 10% 的承载结构件用新型 AlSiMgCuZn 合金材料 Silafont-38。该材料可以广泛应用于大型薄壁复杂结构件，轻量化效果明显。

8.1.2　超塑性铝合金板

超塑性合金指伸长率超高的一类合金，其特有的性质是其可以延伸 10 倍、20 倍甚至达到上百倍，而不会产生缩颈或断裂。超塑性是在特殊的环境下合金表现出反常的低流变抗力、高流变性能的现象。目前，超塑性合金已经在航天、汽车等行业中应用推广。为满足轻量化需求，汽车工业多采用铝合金超塑性板。

超塑性材料较传统材料钣金相比，因其大伸长率和小应力的特点使材料具有优异的可成形性，且能够避免常见的回弹问题。此类材料应用在车身部件上时，是理想的覆盖件材料。挪威海德鲁（Hydro）推出了三种用于铝板超塑性成形的新型铝合金材料，并将其应用于汽车行业。当铝板（通常为 5083 合金）经过冷轧后加热至 450~520℃时，铝的微观结构就会转变为 $10\mu m$ 或更小范围内的非常细小的晶粒，产生的新微观结构使材料变软，材料的可成形性变好。当材料处于这种加热状态时，将铝板放入模具中，并将加压气体吹到板上，便可以制造出复杂的几何形状，还能实现高质量的表面粗糙度。超塑性成形的缺点是生产周期较长，单个零件的生产周期接近半小时。

部分超塑性铝合金材料化学成分见表 8-3，力学性能见表 8-4。

表 8-3 部分超塑性铝合金材料化学成分

超塑铝合金牌号	化学成分（质量分数）(%)			
	Al	Cu	Mg	Zn
ZAS（日本）	3.9~4.3	2.85~3.35	0.03~0.06	余量
ZnAl22	20~24	1.4~1.0	0.001~0.04	余量
ZnAl22Cu0.5Mg0.02	21~22	0.45~0.55	0.015~0.03	余量
ZnAl4-1	3.5~4.5	0.73~1.25	0.03~0.08	余量

表 8-4 部分超塑性铝合金力学性能

超塑铝合金牌号	在超塑温度时			超塑处理后常温			强化处理后		
	温度/(℃)	抗拉强度 R_m/MPa	伸长率 A(%)	抗拉强度 R_m/MPa	伸长率 A(%)	硬度 HBS	抗拉强度 R_m/MPa	伸长率 A(%)	硬度 HBS
ZnAl22	250	2~8	>1000	295~325	28~33	59~79	392~422	7~11	84~110
ZnAl22Cu0.5Mg0.02	250±10	≤6	≥1000	≥420	≥10	≥120	—	—	—

8.1.3 7XXX 系铝合金

7XXX 系铝合金是 AlMgZnCu 合金，是可热处理合金，属于超硬铝合金，有良好的耐磨性和焊接性。与 6XXX 系铝合金相比较，7XXX 系铝合金有更好的力学性能，在轻量化、绿色节能、高安全性汽车制造方面有巨大的发展空间。

1. 化学成分

6XXX 系铝合金所含的合金元素主要为 Mg 和 Si，属 Al-Mg-Si 系合金；7XXX 系铝合金添加了较多的 Zn 元素，属 Al-Zn-Mg 系合金。几种 7XXX 系铝合金的化学成分见表 8-5。

表 8-5 几种 7XXX 系铝合金的化学成分

牌号	材料成分（%）								
	Al	Cr	Zn	Mg	Mn	Cu	Si	Zr	Fe
7020	91.2~94.7	0.10~0.35	4.0~5.0	1.0~1.4	0.05~0.50	≤0.20	≤0.35	0.08~0.20	≤0.20
7005	91.0~94.7	0.06~0.20	4.0~5.0	1.0~1.8	0.20~0.70	≤0.10	≤0.35	0.08~0.20	≤0.10
7N01	91.4~93.7	≤0.30	4.35~4.7	1.4~1.6	0.45~0.55	≤0.30	≤0.30	0.12~0.18	≤0.20
7075	87.1~91.4	0.18~0.28	5.1~6.1	2.1~2.9	≤0.30	1.2~2.0	≤0.40	—	1.2~2.0

2. 力学性能

7XXX 系铝合金是目前强度最高的铝合金材料，在相同的结构强度要求下，使用 7XXX 系铝合金可降低车身重量，有利于汽车轻量化。经过热处理（固溶处理+人工时效）后，几种 6XXX 系和 7XXX 系铝合金的力学性能对比见表 8-6。可以看出，7XXX 系铝合金的强度明显高于 6XXX 系铝合金。在强度提高的同时，7XXX 系铝合金的断后伸长率和弹性模量与 6XXX 系铝合金基本相同；而 7XXX 系铝合金的硬度则明显高于 6XXX 系铝合金。

表 8-6 几种 6XXX 系和 7XXX 系铝合金的力学性能对比

牌号	屈服强度/MPa	抗拉强度/MPa	断后伸长率（%）	弹性模量/GPa	硬度 HV
6005A	260	300	—	70.0	—
6082	250	290	10	71.0	95
7020	280	350	10	—	104
7005	290	350	13	72.0	106
7N01	371	432	13	—	—
7075	503	572	11	71.7	175

虽然 7XXX 系铝合金在力学性能上有明显优势，但也有一定的缺陷：由于添加了 Zn 元素，7XXX 系铝合金对应力腐蚀开裂的敏感性较高；在强度和硬度明显提高的同时，也增加了 7XXX 系铝合金型材的挤压难度。因此，解决 7XXX 系铝合金的应力腐蚀和加工性能问题是今后的研究方向。

3. 7XXX 系铝合金在车身中的应用

7XXX 系铝合金型材作为碰撞安全结构，具有极强的断裂韧性，可充分利用折叠式形变把碰撞能量吸收掉，尽可能避免碰撞能量传递到车舱内，保护乘员的安全。某车型白车身在前后纵梁、前防撞横梁采用了 7003 铝合金型材。7003 铝合金加入了 Zn、Mg 等金属元素，强度、韧度和耐磨性大大提高。图 8-2 所示是 7003-T7 铝合金前纵梁碰撞试验效果图。

图 8-2 7003-T7 铝合金前纵梁碰撞试验效果图

4. 7XXX 系铝合金的应用前景

7XXX 系铝合金通常应用在航空航天领域中，属于航空铝，不过随着汽车轻量化的发展趋势，铝合金车身市场份额的提高，汽车主机厂特别是新能源汽车生产厂家，对更高性能的轻量化材料的需求更加迫切，诺贝丽斯宣布已开发出专为汽车安全结构而设计的 Advanz™7000 高强度铝合金系列。

Advanz™7XXX 系列铝合金可以做得更薄，屈服强度从 230MPa 提高到 500~600MPa，可用于制造前后防撞梁系统、B 柱、车门防撞梁等车身安全结构件。与当前汽车应用的高强钢相比，Advanz™7XXX 系列能够在保证汽车安全性能的同时，使车身的重量进一步减轻，

图 8-3 Advanz™ 7XXX 系列 B 柱

图 8-3 所示是 Advanz™ 7XXX 系列 B 柱。

8.1.4 泡沫铝

泡沫铝是金属铝基体中分散着无数气孔的类似泡沫状的超轻金属材料,气孔的不规则性和立体性叠加铝的特性,使其具有良好的物理性能、化学性能、力学性能以及可回收性。

1. 主要性能特点

1)轻量化:泡沫铝密度为金属铝的 0.1~0.4 倍。

2)比强度和比刚度高:泡沫铝可承受的重量能够达到自重的 60 倍以上,抗弯比刚度为钢的 1.5 倍。

3)抗冲击性:泡沫铝有较大的孔径和较高的孔隙率,在受到外界载荷时易发生变形,在压缩变形的过程中能吸收大量能量。

4)吸音性能:由于泡沫铝的特殊结构,在声波作用时,泡沫空腔的气泡受到声波振动而变形,让一部分声波的振动转为热能,从而消耗声能。

5)电磁屏蔽性能:电磁波频率在 2.6~18GHz 之间时,泡沫铝的电磁屏蔽量可达 60~90dB。

6)热学性能:气孔互相连通的通孔泡沫铝,在对流的环境下拥有优异的散热性,导热性随着孔隙率的增大而呈指数降低。

7)易成形:泡沫铝可以切割、钻孔、胶粘,通过磨压可以制成各种形状,并且可以像普通铝一样进行表面处理,还可以构成大尺寸的轻质高刚度板。

2. 泡沫铝在车身中的应用

1)吸能结构。泡沫铝吸能效率可达 $7MJ/m^3$,充填泡沫铝的结构可明显改善传统结构的变形和破裂方式,通过内部气泡的变形、坍塌和破裂等方式消耗能量,提升吸能性能。因此,泡沫铝是汽车理想的冲击防护材料,可应用于汽车的防撞梁、前纵梁、B 柱和门槛等碰撞吸能结构,如图 8-4 所示。

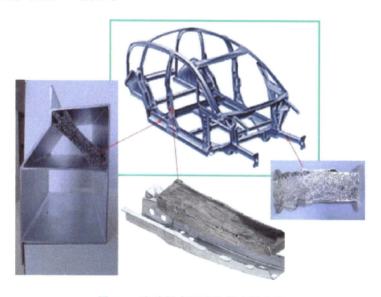

图 8-4 泡沫铝在吸能结构上的应用

2）轻质结构。泡沫铝有密度较小、比强度和比刚度高的特性，采用泡沫铝制造的零件既能满足相应的强度、刚度需求，又能大大降低汽车的重量。

德国卡曼汽车公司则采用金属薄板—泡沫铝—金属薄板形成了"三明治"的泡沫铝夹芯结构来制作吉雅轿车的顶盖板，不仅重量下降25%，而且刚度比原来的钢构件提高7倍左右。如图8-5所示是泡沫铝夹芯结构材料。

3）泡沫铝还在振动噪声控制、散热、隔热、安全和环保等方面具有一定优势，适合应用在汽车上。

3. 泡沫铝的应用前景

尽管泡沫铝性能优异，人们对其研究也已经较为深入和系统，但是由于泡沫铝生产加工工艺比较复杂，制备泡沫铝的原材料（铝粉或铝合金）也较贵，

图8-5　泡沫铝夹芯结构

因此现阶段在汽车上没有得到广泛应用，仅有一小部分汽车零件采用泡沫铝。泡沫铝是集重量轻、力学性能优异、吸音隔热性良好等于一体的多功能材料。如何降低制造成本，实现规模化生产，是泡沫铝广泛应用于汽车产业的关键。

更为先进的制备工艺的出现及现有制备工艺方法的改进，将会推进泡沫铝在汽车领域中的应用。泡沫铝为汽车的轻量化、安全性、舒适性、节能环保等一系列问题提供了新的可行发展途径。

8.2　铝合金新工艺

8.2.1　新铸造工艺

1. 半固态压铸

半固态压铸不同于传统的压铸，合金被加热到液态后，凝固时不断搅拌，使传统压铸形成的晶状骨架打碎分散形成颗粒状形态，由这些颗粒组织构成的半固态金属液压铸成坯料或铸件。

半固态压铸目前分为触变成型和流变成型两种。流变成型由于工艺流程短、成本低，是目前半固态成形技术主要的发展方向。深圳银宝山新压铸科技有限公司在半固态压铸方面做了不少研究，也成功试模出了高固相半固态汽车减震塔零件。

半固态压铸优点明显，尺寸精度优于液态压铸。与液态铸件相比，半固态压铸消除了柱状晶和粗枝晶，成形后合金组织更加细密，分布更匀称。对比液态压铸和半固态压铸产品表面光泽度，可以发现半固态压铸表面光泽度明显优于液态压铸。力学性能方面，半固态压铸也表现良好，不同工艺和不同材料半固态压铸的力学性能对比见表8-7。

此外，模具寿命长也是半固态压铸的一大优点。与传统液态压铸对比，模具参数（模温、料温、温差、填充速度）对比见表8-8，半固态压铸填充物对模具的冲刷和腐蚀比较小，模具寿命可达液态压铸的2倍左右。半固态成形零部件疲劳寿命与锻造成形产品相当，

明显高于铸造产品。

表 8-7 力学性能对比

合金牌号及状态	屈服强度 /MPa	抗拉强度 /MPa	伸长率（%）	加工方法
A356-T6	221~241	290~317	9~11	半固态压铸
A357-T6	276~296	338~345	8~10	半固态压铸
A319s-T6	310~330	400~410	4~7	半固态压铸
A201-T7	410~420	460~470	5~7	半固态压铸
A356-T6	207	283	10	金属型铸造
6061-T6	276	310	12	锻造
ZG230-450	230	450	22	铸钢
Q235	235	375~460	25	冲压

表 8-8 模具参数对比

参数	半固态压铸	传统液态压铸
模具温度 /℃	250~280	180~200
填料温度 /℃	570~600	660~680
填充速度 /（m/s）	<5	40~60

2. 充氧压铸

充氧压铸简称 PF 法（Pore-Free Die casting），在合金注射前，将氧气一类的活性气体引入压力室和空腔中以替换空腔中的空气和其他气体。当液态金属填充空腔时，排气通道首先排出一部分氧气，填充的金属液体与未及时排出的残余氧气反应产生金属氧化物颗粒并扩散到金属铸件内部，从而减少了铸件内部的含气量。液态合金想要形成细小的颗粒，需要在 0.03s 内完成与氧气的反应，因此浇注时需要有非常高的喷射速度。充氧压铸与普通铸造的比较见表 8-9。

表 8-9 充氧压铸与普通铸造的比较

类型	铸件密度 /（g/cm³）	含气量 /（mL/100gAl）	浇口速度 /（m/s）
普通铸造	2.529~2.590	10~50	40~60
充氧压铸	2.673~2.675	1~3	60~70

充氧压铸主要应用在以下几种铸件中：①对气孔或含气量有严格要求的铸件；②要求在 200~300℃ 环境中工作的铸件；③要求进行热处理，对硬度及强度有特殊要求的铸件。

充氧压铸具有以下特点：

1）有效减少压铸件内部气孔，提高铸件质量。使用充氧压铸法生产的铸件较传统压铸件强度可以提升 10%，伸长率提高 50%~100%。

2）充氧压铸件进一步热处理后，可以提高压铸件的力学性能。热处理后，抗拉强度提升 30% 以上，屈服强度提高 100%，冲击韧性也显著提高。

3）铝合金充氧压铸件可在 200~300℃ 的环境中工作。

4）充氧压铸对合金成分烧损甚微。

5）与真空压铸相比，结构简单，操作方便，投资少。

充氧压铸的装置：充氧压铸有很多种方法，现在主流有在模具上充氧和在压室充氧两种方法，两种方法的目标都是使氧气快速彻底替代模具型腔和压室中的空气。使用充氧压铸工艺时，应当使用立式压铸机，若使用卧式压铸机，压室充氧后，铝液与氧气接触面积大，铝液易氧化。充氧压铸装置如图 8-6 所示。

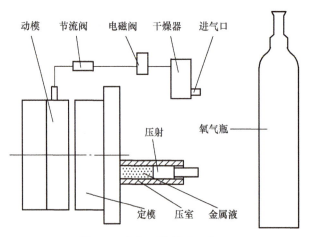

图 8-6　充氧压铸装置示意图

充氧压铸方法可有效降低铸件内的气体含量，提高铸件强度，防止铸件热处理过程中变形，可稳定生产大量优质铸件，将在未来更广泛地用于生产汽车零部件和其他高品质铸件。许多国内厂商也尝试过充氧压铸工艺，最后因为工艺技术门槛太高而放弃。

3. 多向一体成型铸造

特斯拉近期发布了和大型铸造机相关的专利，并将它命名为汽车车架多向一体成型铸造机及相关铸造方法，如图 8-7 所示。

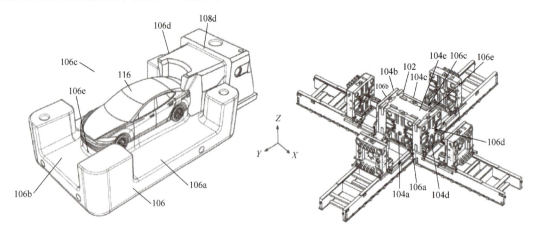

图 8-7　特斯拉多向一体成型铸造技术示意图

目前汽车制造中，传统压铸工艺存在一些问题。通常情况下，汽车工厂大都采用多个压铸机来铸造车架的不同部件，然后再由机器或工人通过焊接或其他工艺拼装在一起，最后才能形成车架总成。但是这一套流程下来，整个车架生产的工艺环节就会变多，而且所涉及的专业领域更多，会带来更高的人力和技术成本。

为了提升效率，需要对压铸机进行改进，特别是与车架铸造方面相关的部分，以减少最终组装车辆时所需的工作。

特斯拉发明的这个车架多向一体成型铸造机，比较核心的是模具的系统，包括一个具有车辆覆盖件模具，以及几个可以相对于覆盖件模具平移的凸压模具，这些凸压模具会在需要的时候分别移动到铸造机中央的铸造区，负责不同部件的铸造，实现在一台机器上完成绝大部分车架的铸造工作。

这个方案是用六个大滑块做模具，类似于抽芯一样，通过改造车框架的设计，采用这六个滑块分别应对车体六个面，底部有一个最大的滑块上下运动。考虑到充型问题，可能需要通过多点来压射，所有模具大滑块内部需要嵌入发热件镶块。要采用高真空、多工位的喷涂系统以及定点喷涂混合使用，可以取消切边机，用机器人来取件抛光打磨。

但是特斯拉提出的方案主要侧重点在于压铸机的设计，对一体式车架的结构设计细节及方法都未涉及。鉴于此，笔者根据已有项目经验并结合实际的应用和前瞻性，设计了如图 8-8 所示的一体式压铸成型的铝合金车身架构。该车身架构包括前纵梁、减震塔、A柱内板、一号横梁、门槛梁、座椅横梁、踵板横梁、后纵梁、后横梁和轮罩等，所有这些主要部件相互连接，构成一个整体。实际实施时，为了降低技术难度和对压铸机吨位的要求，可以先分为几个部分，比如前舱、前地板、后地板，再分别进行压铸后连接，这个方案实施的可行性较大。在可见的未来，一体式压铸铝合金车身的集成度将越来越高，最终实现真正的一次压铸成型。

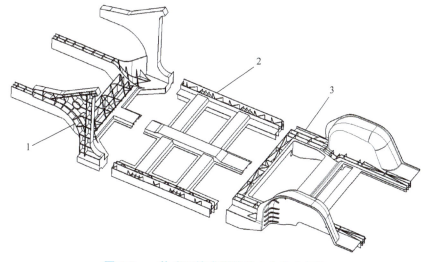

图 8-8　一体式压铸成型的铝合金车身架构
1—前舱　2—前地板　3—后地板

8.2.2　新的铝合金连接技术

1. 铝点焊

点焊相较于其他常用连接方式具有以下优点：①无添加材料、轻量化明显；②成本低、制造敏捷度高；③易于实现自动化、灵活性好；④效率较高。但由于铝合金表面存在氧化膜层（表 8-10），以及铝材散热快、电阻率高等特点，对传统的点焊技术提出很大挑战。随着钢铝混合车身的流行，铝与铝、铝与钢的连接技术成为国内钢铝混合车身发展的一个难点。SPR、FDS、铆接等工艺要求使用特定的连接材料，成本高于点焊，因此新型点焊技术的研究和应用对于轻量化非常重要。

表 8-10 铝合金与铝合金氧化膜的部分物理属性

物理属性	铝合金	铝合金氧化膜
熔点 /℃	620~560	> 2000
电阻率 /Ω·m	2.83×10^{-8}	10^{12}

注：铝合金与铝合金氧化膜物理属性依据其合金元素及表面状态而变化，表中所列的数值仅供对比参考。

目前，市场上主流的铝点焊技术有通用的 MRD 技术和伏能士电极带式点焊技术，MRD 的缺点是对电极帽的磨损比较快，在 CT6 项目生产中需要较频繁地维修电极帽和更换电极帽。电极带式点焊的原理：电极会压住电极带进行焊接，避免电极与工件直接接触，焊接完当前焊点后，电极带可以自动移动至下一个焊点，但是该方式对焊点的周边空间要求比较高以及对胶的污染比较敏感。

2. 光纤激光焊技术

铝合金材料由于其重量轻、坚固和易于模块化设计而越来越多地用于当今的汽车工业中。然而，由于铝和铝合金容易在空气中氧化形成氧化膜，在焊接过程中可能出现诸如焊接孔、氧化夹杂物、未熔化和不充分渗透等各种问题。电阻焊、TIG 和 MIG 焊都会产生上述问题，但是激光焊接技术可以较好地避免上述焊接缺陷。

光纤激光焊接技术具有功率密度大、焊接效率高、光束质量高、灵活免维护及可柔性加工等优点。

3. 自冲摩擦铆焊工艺

如第 3 章案例减震塔所提到的，铸件的伸长率决定了 SPR 连接的效果。伸长率低于 10% 的零件在进行 SPR 铆接时，有一定的开裂风险，而 10% 的伸长率要求对于大部分铸件材料来说，即使通过热处理等调试工艺也难以达到，对于压铸件供应商的要求非常高。笔者有幸考察过中国、德国、英国、日本、瑞士等地的多个压铸件供应商，无论是做小批量样件的供应商，还是做量产件的供应商，能做到同时满足伸长率、屈服强度和抗拉强度性能的供应商屈指可数，这对供应商的选择以及零件成本控制都有非常不利的影响。用其他连接方式取代 SPR 铆接来克服低伸长率铝合金件的开裂问题，也是一个比较好的选择。比如凯迪拉克 CT6 使用 CMT 和铝点焊技术进行连接，其他车型也有通过 FDS、螺栓连接等来替代。

此外，不少公司和机构也开发了新的连接工艺，比如上海交通大学李永兵教授研究了一种吸收 FDS 的优点应用在 SPR 上的自冲摩擦铆焊工艺（Friction Self-Pierce Riveting, F-SPR），以此来解决铸铝、7XXX、2XXX 等低延展性轻合金铆接难题，如图 8-9 所示。同时该技术加热与铆接过程一体化，工艺成本低、效率高；且通过机械、固相复合连接，接头性能高。连接过程采用分段式 F-SPR 工艺，在极速旋转下，待连接零件材料软化，并形成超细等轴晶，在停转墩铆阶段可以获得较佳的机械自锁，提高接头组织硬度，有效削弱摩擦热的负面效应，最终实现铆接力和能量输入的协调控制。

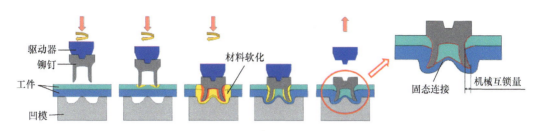

图 8-9 自冲摩擦铆焊工艺工程

4. 搅拌摩擦点焊

搅拌摩擦点焊（Friction Stir Spot Welding，FSSW）是在搅拌摩擦焊的基础上开发的一种新型固相修补焊接技术，具有接头质量好、缺陷少、变形小等优点，是一种不用熔化就能接合多种材料的轻量化技术。搅拌摩擦点焊能够形成点焊的搭接接头，其焊缝外观与铝合金构件之间的电阻点焊类似，在异种材料焊接的发展方向上具有广泛的应用前景。

（1）搅拌摩擦点焊的优点　目前被较为广泛应用的铝合金单点连接技术在生产制造中都有一定的局限性，与电阻点焊等连接工艺相比，使用搅拌摩擦点焊来连接铝板有下列优点：

1）焊接质量好且稳定、表面缺陷少、焊后变形小。

2）节省能源、降低成本。由马自达汽车公司的试验发现，使用搅拌摩擦点焊可减少99%的能耗，能耗从电阻点焊的每焊点 40W·h 减少到每焊点 0.4W·h，即采用搅拌摩擦点焊每焊点的电能消耗仅仅是传统电阻点焊的1%。

3）不需要特殊的结构，使用搅拌摩擦点焊连接时，仍然可以用电阻焊、铆接进行连接，不必更改零件的搭接结构。

4）连接工具寿命长。马自达汽车公司的生产试验表明，搅拌摩擦点焊的搅拌头在经过10万次的点连接后，未出现损耗的情况。

5）工作环境清洁。搅拌摩擦点焊无须大电流，工作环境没有灰尘和烟雾，生产过程清洁，没有产生任何电磁和噪声污染，是绿色无污染的工艺。

（2）搅拌摩擦点焊的基本原理　焊接过程可分为三个阶段：

1）压入过程：搅拌头快速旋转，利用上部的压力插入需要焊接的零件中，在压力的作用下，被焊接的零件与搅拌头发生摩擦并产生热量，软化周围的材料，使搅拌头更深入零件。

2）连接过程：搅拌头压入零件中后，继续对搅拌头施加压力，使轴肩接触零件表面，并持续旋转一定的时间。

3）回撤过程：焊接完成后，搅拌头从零件中退出，在焊缝中心处形成典型的退出凹孔。

（3）搅拌摩擦点焊在车身中的应用　马自达汽车公司正在研究利用搅拌摩擦点焊对铝合金和碳纤维（CFRP）点连接的方法（图 8-10）。在铝合金与碳纤维焊接时，搅拌头快速旋转产生的摩擦热会使碳纤维的母材局部熔化，与铝合金连接在一起。通过优化搅拌头的直径、按压载荷和转速来控制接合界面的温度，这种方法可以应用于母材使用 PP、PA6 等热塑性树脂的碳纤维与铝合金进行点连接。

这是马自达汽车公司以焊接铝合金和钢板的搅拌摩擦点焊技术为基础，以全面推广为目标开发的技术。在上一代"Roadster"中，马自达汽车公司就将搅拌摩擦点焊应用在行李舱盖部位，如图 8-11 所示。

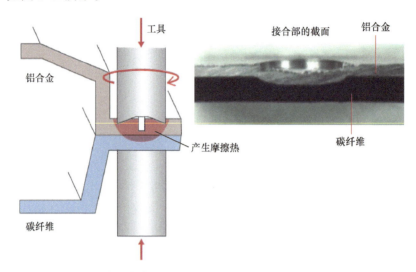

图 8-10　马自达汽车公司正在开发的铝合金与碳纤维点连接方法

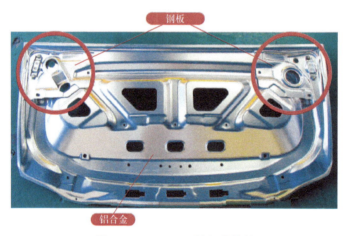

图 8-11　Roadster 的行李舱盖

（4）搅拌摩擦点焊的应用前景　在航空航天、汽车等行业中，对碳纤维增强复合材料和铝合金进行有效焊接的需求日益增加，搅拌摩擦点焊是用于金属与复合材料固态焊接的一种全新方式。但是目前此类试验太少，接头强度达不到可以生产应用的水平，将来需要更加深入和系统的研究。

搅拌摩擦点焊这项技术在国外正处在不断探索与发展中，而国内理论、设备、工艺和应用还处在空白阶段。由于该技术在焊接铝、镁等轻合金及其他新型材料等异种材料的焊接上具有显著优势，搅拌摩擦点焊很可能会代替传统的电阻点焊和铆接，成为汽车车身焊接的重要方式。

5. 摩擦塞铆焊

摩擦塞铆焊（FEW）是一种先进的连接技术，它通过"紧固件"的高速旋转及适当的压力穿透上层板料，这时"紧固件"暂停压入，保持旋转产生热量并熔化下层板料，并在压力的作用下，完成"紧固件"与下层板料的焊接。摩擦塞铆焊是一种 FDS 与 RSW 结合的工艺。

（1）摩擦塞铆焊的特点　目前，汽车领域中为了追求轻量化，钢铝混合的车身已经越来越成熟。车身钢铝混合连接应用较多的冷连接有 SPR、Clinching、FDS，但是在超高强钢、热成形钢与铝合金连接上仍然存在一定难度。摩擦塞铆焊主要解决的就是超高强钢、热成形钢与铝合金的连接。

FEW 具有以下优点：
1）可以直接连接超高强钢、热成形钢和铝合金。
2）不需要提前开孔、预处理或后处理。
3）连接强度高。
4）能与结构胶配合使用。
5）可消除钢板和铝板之间的热膨胀差异。
6）一套设备可适用的焊接零件厚度范围大。

FEW 具有以下缺点：
1）焊接设备需要两侧空间，必须双面操作。
2）需要添加额外的紧固件，使车身重量增加。
3）钉头突出，不利于空间布置。
4）下层板必须是钢板。

（2）摩擦塞铆焊的连接过程　FEW 连接过程如图 8-12 所示，可分为四个阶段。
1）预热：转动"元件"加热上层板料。
2）穿透：旋转紧固件并施加轴向压力穿过上板。
3）熔化：旋转的紧固件通过摩擦产生热能，并继续施加压力熔化下板的上表面。
4）焊接：紧固件与下板融合，上下板料焊接完成。

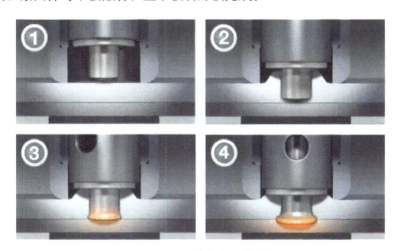

图 8-12　摩擦塞铆焊连接过程

（3）摩擦塞铆焊在车身中的应用　2019 款奥迪 A8 的车身采用了摩擦塞铆焊这种新型的连接方式，主要用于在热成形钢与铸铝件或铝板的焊接，图 8-13 所示是奥迪 A8 上的摩擦塞铆焊。

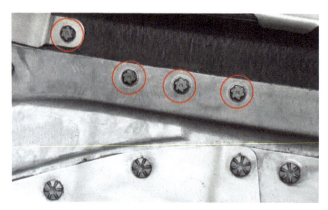

图 8-13　奥迪 A8 上的摩擦塞铆焊

（4）摩擦塞铆焊的应用前景　当前，超高强钢板和热成形钢板在车身上的使用率日益增加，摩擦塞铆焊是超高强钢板、热成形钢板与铝合金板的可靠连接方式。摩擦塞铆焊技术现阶段还未广泛应用在汽车制造中，但随着车身异种材料使用的不断发展，这种复合式连接方法的应用将会越来越多。

8.2.3　铝合金温热成形

在新能源汽车高速发展下，汽车轻量化材料进入高强钢与铝、镁合金混合应用的时代，铝合金热成形技术的应用潜力较大。各现有的钢热成形冲压供应商可使用已有的产线进行改良，用于生产热成形铝合金零部件。

1. 铝合金温热成形简介

铝合金温热成形技术是将铝合金板材加热到一定的成形温度（200~400℃），使板材在该温度下有良好的伸长率（20%~25%），在模具内进行冲压成形，从而获得强度高、回弹小的轻质金属冲压件。根据板料成形过程中温度变化情况，温热成形可分为等温和非等温成形。

等温成形是指板料在成形过程中温度基本恒定，其工艺过程如图 8-14 的 B 曲线所示；非等温成形中，板料温度在与模具的接触过程中发生变化，其工艺过程如图 8-14 的 A 曲线和 C 曲线所示。

2. 铝合金温热成形特点

（1）铝合金温热成形优点

1）温热条件下，铝合金板的塑性变形能力提升，显著改善了成形性。

2）可以改善常温成形时铝合金出现的勒德斯线和橘皮现象，改善表面质量。

3）温热成形-淬火一体化成形工艺能大大降低铝板回弹问题，提高产品精度、成形质量以及零件的力学性能。

（2）铝合金的温热成形性　下面通过

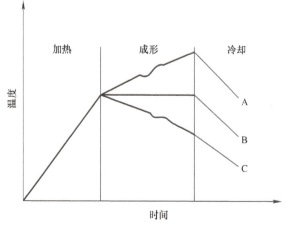

图 8-14　铝合金温热成形工艺过程

拉伸试验，对 T6 态 7075 铝合金盒形件的温热成形性进行研究。

等温试验中，凸模、凹模、压边、铝板的温度保持相同；非等温试验中，凸模使用冷却水冷却，保持其温度略高于室温，铝板和其他模具温度与等温试验相等。分别在 25℃、100℃、140℃、180℃、220℃、260℃、300℃ 温度下进行试验。得到的极限拉伸比与成形温度的关系如图 8-15 所示；成形高度与成形温度的关系如图 8-16 所示。

由图 8-15 和图 8-16 可以看出，温度达到 140℃ 以上时，极限拉伸比和成形高度明显提高；温度达到 200℃ 时，极限拉伸比和成形高度不再明显上升，且随着温度的提升，有下降趋势。因此，对于 T6 态 7075 铝合金温热成形在 180~220℃ 时，性能远大于传统冷冲压成形。

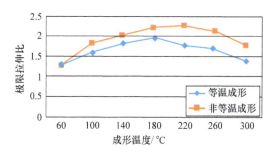

图 8-15 成形温度对于极限拉伸比的影响

注：图片来自《T6 态 7075 铝合金的温拉深成形研究》。

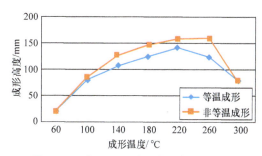

图 8-16 成形温度对于成形高度的影响

注：图片来自《T6 态 7075 铝合金的温拉深成形研究》。

铝合金温热冲压除了对成形性有较显著的作用外，对零件的抗拉强度、屈服强度和伸长率有也较大影响。

如对某 7075 材料的门防撞梁零件在不同温度冲压工艺下的结果进行对比，见表 8-11。

表 8-11 7075 门防撞梁不同温度冲压的结果对比

对比项	冷冲压	温冲压（180℃）	温冲压（320℃）	热冲压
抗拉强度 $R_p0.2$/MPa	—	470	270	480
屈服强度 R_m/MPa	—	525	390	550
伸长率 A（%）	—	14	11	11
成形性	很差	好	好	很好
开裂	是	部分	部分	否
回弹	否	较多	有些	否

3. 铝合金温热成形的应用前景

在室温条件下，铝板的成形性能低于钢板，想要得到结构更加复杂，精度和质量要求更高的铝合金零件变得困难，铝合金板材的温热成形将有效解决这一问题。

目前能够使用的量产温热成形铝合金件，仅限于航空航天领域中的部分零件。而温热成形工艺在汽车领域中的应用还远远不够成熟，仍然有大量的问题需要解决和克服。因此，对铝合金温热成形技术的研究和发展，不仅对汽车轻量化，甚至对整个制造业都具有重大意义。

8.3 新能源车铝合金架构平台开发前景

鉴于成本、周期、企业发展战略等各方面考虑，国内外主流汽车主机厂在产品规划时，不会只考虑单一的车型产品，而是从汽车产品型谱车型考虑，提前布局不同价位、性能、尺寸、造型风格的车型。这就需要先有一个整车基础架构平台，然后基于这个架构平台，共有化核心部件和新技术。这是未来汽车主机厂发展的必经之路。

8.3.1 铝合金架构平台简介

1. 架构的定义

根据 IEEE 1471 的定义，架构是所有子系统有序的集合，包括各个子系统、环境之间的联系，也包括设计和演变的基本方向。对于汽车来说，所谓架构，实际上就是汽车某一系列的产品采用相同的工程解决方案和模块化制造工艺的综合。

从逻辑定义上，架构、平台和车型三者之间的关系如图 8-17 所示，架构是最顶层最核心的部分，基于此可以衍生出 A 级、B 级平台，基于平台又可以有很多车型。当然，在实际应用中，很多时候架构和平台没有区分得这么清楚，后文就以架构平台来统称。

图 8-17　架构、平台和车型的关系

架构平台分车身、动力、电池/燃油系统、底盘、座椅、空调系统等几大模块，每个模块根据不同车型的配置要求和性能要求进行系统选型后组合而成，如图 8-18 所示。架构平台的开发中，最重要的是车身架构平台开发，它像人体骨骼一样是所有其他功能模块的载体。下文主要介绍铝合金车身架构平台的开发。

不同车型	前悬 短	前悬 长	轴距 短	轴距 中	轴距 长	后悬 短	后悬 长	电池容量 短	电池容量 中	电池容量 长	输出 小	输出 中	输出 大
A		●		●			●		●				●
B	●				●	●				●		●	
C	●		●			●		●			●		
……													

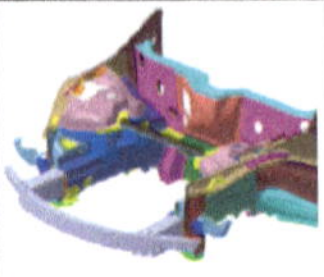

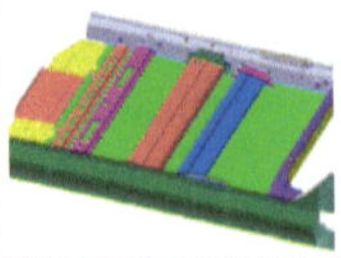

图 8-18　模块化架构平台的组合

2. 新能源车架构平台开发优势

铝合金车身开发架构平台具有以下四个方面的优势：

1）延展性：能涵盖从 A 级到 B 级或者 B 级到 C 级车。

2）开发快：可以快速用组合魔方的方法来搭建新的车型，传统正向开发一款车需要 2~3 年甚至 4~5 年，而基于成熟的架构平台开发的车型只需 1~2 年甚至更短。

3）成本低：20%~50% 左右的零件共用化率会减少工装模具投入，同时也会因规模效应而降低零件采购价格。

4）可靠性：成熟的架构平台是经过反复试验验证的，可以减少新车型因验证不充分而带来的各种问题。

3. 新能源车架构平台开发的现状

鉴于铝合金车身架构平台在轻量化上的显著效果，国内外多家主机厂都在开发或生产基于铝合金车身的车型。比如在 2019 年日内瓦车展上获评 2019 年欧洲年度车称号的捷豹 I PACE（图 8-19）就是基于 EDM 全铝车身平台开发的。而如图 8-20 所示的 Benteler 全铝车身平台（BEDS）是专为支持电动汽车而设计的集成平台，目前已和国内多家新势力造车企业都有接洽，其中恒驰汽车计划基于该平台开发新的电动汽车。而国内也有不少车企已经或者计划推出基于铝车身平台开发的车型，如基于蔚来全铝车身平台的两款车 ES8（图 8-21）和 ES6，以及爱驰汽车基于 MAS 铝车身平台开发的 U5 车身。

图 8-19　基于 EDM 全铝车身平台的捷豹 I PACE

图 8-20　Benteler 全铝车身平台

图 8-21　基于蔚来全铝车身平台的 ES8

8.3.2　铝合金架构平台布置策略

1. 尺寸策略

同一车身架构平台下，不同车型的长、宽、高都不一样，可能轮距、轴距、前悬、后悬也都有差异，这些变化需要通过车身相应尺寸的灵活调整来实现。但是如图 8-22 所示的编号为 5 的尺寸，即驾驶员的脚掌点到前轮心的距离是固定不变的，这就是尺寸硬点。它决定了可布置轮胎的最大尺寸，同时影响转向系统 / 踏板布置与前排脚部空间。

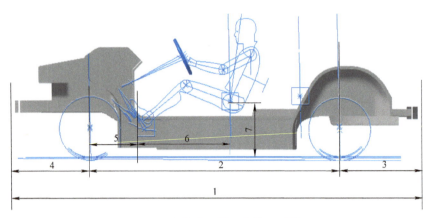

图 8-22　铝车身架构平台的尺寸策略

2. 零件共用策略

不同主机厂的铝合金车身架构平台的布置、边界条件都存在较大差异，在零件共用策略和零件通用化率上都会有所差异，需要具体项目具体分析。图 8-23 所示为某一铝合金车身架构平台的零件共用策略示意图。可以看出，前、后悬的长度变化通过改变前、后防撞梁吸能盒的长度来实现，轴距的变化通过改变前地板及门槛梁的长度来实现，车宽的变化通过门槛止口的变化来实现，而铝挤压型材在长度变化上自由度很高，前面章节已做详细阐述。

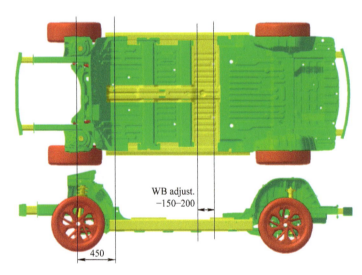

图 8-23　铝合金车身架构平台的零件共用策略示意图

3. 关键模块的连接布置策略

与铝合金车身架构平台连接的关键模块有动力总成模块、电池/燃油系统模块、空调系统模块、底盘模块等，它们之间的安装布置需要考虑性能、轴荷、空间等因素。下面以动力模块及电池模块和车身连接策略为例来简单说明。图 8-24 所示为前驱、后驱和四驱三种不同动力配置的布置示意图，与铝合金车身的连接要根据配置的不同综合考虑车身的接口，尽量实现连接件共用。

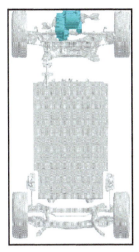  

图 8-24　考虑不同驱动形式的动力总成与车身的连接

8.3.3　铝合金架构平台共享

从上文的介绍说明可知，架构平台开发至关重要，也是核心技术。但是正向开发一个能落地量产的架构平台耗时耗力，比如上汽的 A 架构是耗时近五年耗资数十亿元打造而成的，而大众 MEB（半正向开发）从 2015 年立项到 2019 年推出第一款车，也经历了四年时间，耗资无数。目前，国内上百家车企都在自行进行平台架构和车型的开发，可以说是百家争鸣，确实产生了很多创新的想法，但也造成了很多的资源浪费。

尤其是对于新势力造车企业来说，各个企业宣传的核心竞争力主要体现在智能驾驶、续驶里程以及炫酷的造型，而架构作为传统部件，不是其重点发展和宣传的亮点；但架构作为各个模块的载体，其稳定性和可靠性至关重要，需要企业开放并共享架构，以达到规模效应降低成本。举例来说，架构开发通常在车型开发之前，周期通常为 18 个月，铝合金车身架构开发费用为 5 亿元左右，一旦实现共享，各个主机厂可分摊开发成本，缩短车型开发周期，只有这样才能在异常激烈的市场竞争中寻求生机。

很多主机厂也意识到这个问题，也在开展类似工作，比如大众目前已宣布对外开放 MEB 平台，让更多的主机厂使用，福特也已决定付费使用 MEB 平台。

参考文献

[1] 中国汽车材料网. 汽车材料与制造工艺年鉴 [M]. 中国汽车材料网，2019.
[2] 骆桐生，许琳. 金属压铸工艺与模具设计 [M]. 北京：清华大学出版社，2006.
[3] 耿志雄. 铝合金梯级压铸过程的数值模拟、参数优化及应用 [D]. 苏州：苏州大学，2010.
[4] 潘欢. 铝合金压铸用高真空技术的开发与应用 [D]. 武汉：华中科技大学，2008.
[5] 周健波，田福祥. 压力铸造的现状与发展 [J]. 铸造设备研究，2006（2）:48-51.
[6] 赖华清，徐翔，范宏训. 充氧压铸及其应用 [J]. 金属成形工艺，2004，22（2）:12-14.
[7] 王辉，高霖，陈明和，等. T6 态 7075 铝合金的温拉深成形研究 [J]. 中国机械工程，2012（1）:232-235.
[8] 黄华. 高强铝合金板材温热成形实验与理论研究 [D]. 上海：上海交通大学，2010.